大正デモクラシーと

# 鳥居素川

評伝

Sosen Torii

冨田啓一郎

熊本出版文化会館

1902(明治35)年7月4日、ドイツのハレ市で撮影。「この日は渡航のため門司で母と妻に別れ丁度1年。且つ我が誕辰(誕生日)なり」35歳。「懐かしさに堪えず。新服を着け撮影。母と妻に送らんと欲す。夕、友人3人と鶏飯をつくり喫す。新来の奈良漬の味最も佳なり」(「欧行日誌」より)

# まえがき

熊本は明治維新以来、言論人・新聞記者を輩出した県といわれる。しかし各人の志は多岐にわたって、政治家志向や国策がらみの思惑があったり、中には不良文士もいたりして、戦前までの新聞記者像は芳しいものではなかった。まずは現在の記者像とは一致しない。それは新聞自体の発展過程が示すものでもある。その中で明治・大正・昭和期にわたる言論人のうち、際立つ先人を歳の順に言えば、まず本山彦一、徳富蘇峰、池辺三山が挙がるであろう。次は特に大正デモクラシー期に鋭い政権批判によって名を成した素川《そせん》・鳥居赫雄《てるお》（一八六七・慶応三年～一九二八・昭和三年）を推すのが順当であろう。その素川の新聞記者ひと筋の生きざまを述べようというのが本書の趣旨である。生前の素川と直接関わりを持った先学たちの著書も何冊かある。在勤した朝日新聞の社史をはじめ、素川が登場する「伝記」の類をも含めると数多くなる。しかし、素川自身の著書は管見ながら三冊（敗戦後の文庫本を含むと四冊）しか知らない。「新聞記事は二度利用するものではない」というのが彼の持論であったというから、無理からぬことではあるが、「白伝」は無いし「評伝」の類も少ない中で、先行本が間違うと、それが引き継がれて、周囲の状況との矛盾が罷り通ることになる。それが気になっていた。

素川には末裔がない。ところが素川の妻トモの姪っ子に当たる、当時熊本市江津一丁目にお住いの小林澄さんから、横浜の日本新聞博物館よりも早く開設した、熊本日日新聞社の新聞博物館に、素川の日記や書・写真類一七点が寄贈されたのは一九九一（平成三）年であった。これをのちの館長・南良平氏の配慮を得て、手書きの鳥居日記「客窓要録」「遊滬日誌」「欧行日誌」の三冊を読ませてもらうことができた。それによって素川の出自や不明であった幼少の頃、済々黌でのドイツ語学習、上京して独逸学協会学校での修学。中断して上海の日清貿易研究所へ転出、疾病で帰郷。京都へ転居し、養生と禅三昧の雌伏の時代まで、日記による新しい発見と確認ができて、「若き素川像」をかなり明瞭にして、それが本書のバックボーンとなっている。

さらには新聞「日本」時代には日清戦争従軍と陽明学への接近がある。大阪朝日新聞に転じてドイツ留学を果たし、経済学での世界把握を学び、社会政策派としての確信を得て論陣を張る。就中、米騒動・シベリア出兵をめぐる寺内正毅内閣との宿命の対決、それが白虹筆禍事件に伴う退職となるが、世界大戦へ流れる時代感を掌握した新聞編集の手腕。もともと佐々友房・国権党系の流れを汲む鳥居素川であるが、権力への強い対抗心と新時代改革への意欲。さらに寺内政権と〝刺し違え〟たのち、朝日・毎日を相手に「大正日日新聞」創刊とその挫折まで、彼の勇み立つ思想的高揚とその変遷を追及するのが本書の目標である。

時あたかも「生誕一五〇周年」ということで、夏目漱石に関心が集まったが、鳥居素川も同じ一八六七（慶応三）年生まれなので、記念の年に当たる。しかも漱石を「象牙の塔」から新聞小説の世界へ誘い出す「朝日招聘」を発議したのは鳥居素川であり、入社を実現したのが池辺三山という関係にある。三人の信頼と交友にも言及した。御叱声を頂きたい。

大正デモクラシーと鳥居素川　評伝／目次

# I　生い立ち

## 鳥居家のこと

通例に従ってやはり、鳥居赫雄の出自、生い立ちから始める方が適当であろうと思う。そこで鳥居生存中に直接関係した先学たちの伝記類などを読み比べ、それらの違いをわきまえて、当方は「素川日記」を基本にして、新しく見つけた資料を援用しながら検討することにした。

まず、鳥居赫雄が「熊本藩士鳥居般蔵の三男として慶応三年七月四日、熊本の本庄に生まれた」ことは確かだが、赫雄は母の一人っ子で、しかも末っ子ともいわれ、兄姉が多いといいながら、その数が一致しない。鳥居の日記「客窓要録」によると、上京後に学資の援助を受ける義兄がいるが、その関係が定かにできない。兄姉の名前が何人も挙がるが、その長幼の関係がつかめない。また朝日新聞の「伝記」などによる鳥居評は変人扱いに読めるが、どんな人であったかと思っていたところ、遺品寄贈から五年も経過していたが、最後の証人・小林澄さんと連絡が取れたのは一九九六年九月のことであった。小林さんは、鳥居の妻トモの妹である自分の母親の遺品を整理していて、鳥居の日記などを発見、熊本日日新聞社の新聞博物館に寄贈した方である。

その小林さんから幸運にも三通の戸籍謄本を見せてもらうことができ、兄姉の名前や長幼の関係を明確にすることができた。三通は三人の戸主別になっていて、許しを得て、以下に判明する関係を拾ってみる。

《戸主・鳥居一男》＝本籍地は熊本市本荘町

「鳥居一男」は、前戸主の亡父鳥居数恵の長男で、明治八年一一月一六日生まれである。西南戦争で西郷隆盛に与した父が、熊本隊二番小隊長として戦死したあと、明治一一年一月に死跡相続している。本籍は託麻郡本庄村一五九番地で、のちに飽託郡を経て熊本市本荘町に訂正されている。旧戸籍法にそって「叔父赫雄」たち四人が後に記されており、昭和八年一一月に「改製ニ付本戸籍ヲ抹消ス」と貼り紙してある。

戸主の次には、まず「祖母ヨシ」が記載される。亡祖父般蔵の後妻で、託麻郡春竹村の松岡元廸の長女とある。いわゆる「春竹の医者松岡家」の出自が確認できる。ヨシはのちに分家する赫雄方に入籍している。

次が「母テツ」で、亡父数恵の妻である。飽田郡上松尾村の平川大左エ門の三女。明治八年一月入籍、昭和五年に御船町で死亡、除籍とある。いわゆる素川がいう「哲姉」であって、「客窓要録」によって、明治二四年ごろまで長男一男を育てながら、赫雄の留守中は義母ヨシと同居していたことが確認できる。

次が肝心の「叔父赫雄」である。亡祖父般蔵の三男、慶応三年七月四日生まれ。これらは、従来の記述と合致するが、「明治二十三年七月十二日、託麻郡本庄村　松本シケ養兄復籍入籍」ともある。これは「客窓要録」に明治二三年「四月、明治一九年来、杢本姓を称へ来りし処、今般、鳥居に復姓す」とあるのと符号するようだが、姓が一致しない。三三年一〇月には飽託郡健軍村三三四二番地に分家して、除籍になっている。

最後に「叔母き□」（謄本コピーが黒ずんで読めない）がいる。「亡祖父般蔵二女」とあって、安政元年生まれ。さらに明治三三年八月に京都市上京区麩屋早道□、戸主長谷川純安、協議離婚、とある。「客窓要録」には二三年九月二一日、赫雄が中国渡航について母の許しを得るための帰途に「姉夫長谷川純宅ニ投ス。阿喜登姉様ニ別ル殆ント九年ノ久シキニ及ヒ一朝ニシテ相遇フ」と喜んでおり歓待される。伊豆記述によると「三姉（名不明）は熊本で長谷川（名不明）に嫁した。長谷川が京都の電気会社に勤務することになったので、共に京都に移り、傍ら旅館を経営した。屋号を麹屋といった。この三姉は、男のような気性の婦人で、断髪して常に馬に乗り、競馬にも出場するという元気者であったとのことである」という（『三代言論人集』第七巻、伊豆富人「鳥居素川」一四九頁）。以上から「阿喜登姉様」は異母二姉であり名は『きと』と確定できよう。二姉は「夭死」はしていないことになる。また赫雄による長谷川の名「純」は戸籍の純安と一致しない。

## 《戸主・鳥居赫雄》終焉の地は兵庫県芦屋

戸主鳥居赫雄の「雄」の文字が、戸籍上は「右」偏になっている。

この戸籍には母と妻を含む三人が記載されている。明治三三年一〇月二七日届けによって「鳥居一男方ヨリ分家」、本籍地は「飽託郡健軍村大字健軍三三四二番地」となっており、分家にあたって変更したようである。現実には当時、兵庫県芦屋に住んでおり、住所は正確には「兵庫県武庫郡精道村芦屋字河原毛一七七番地ノ四」とある。赫雄はここで「昭和三年三月十日午前四時十分」死亡している。妻トモが届け出て、家督を相続、この戸籍は抹消される。

次の「母ヨシ」は、「鳥居一男祖母入籍」とあり、赫雄の分家に合わせて移籍している。母は明治二四年、赫雄とともに熊本を出て、厳しい京都時代を経て、赫雄の異動に伴って、東京、大阪、芦屋と移住、四三年二月一六日死亡している。赫雄日記では気丈で優しい母であったし、赫雄の母思いもまた厚かった。
「妻トモ」は、父光永惟齊と母ミチヨの長女で、明治一三年四月四日生まれ。明治三三年一二月二八日、「健軍村大字健軍三二四二番地」の光永惟信によって「妹婚姻届出、同日入籍」している。変更した赫雄の本籍地は、惟信と一〇〇番違いであり、トモの兄惟信の居宅の近くであったろうか。

## 《戸主・鳥居トモ》老後は帰郷して暮らす

「鳥居トモ」は父母、出生とも既述通り。昭和三年三月一〇日、前戸主赫雄の死亡により相続、本籍地は「飽託郡健軍村大字健軍三二四二番地」とあるので、兄惟信と同じになっている。昭和三七年九月一八日「熊本市本荘町四八三番地」で死亡、同居の親族光永友弘が届け出ている。生活の場は本荘に移っていたわけで、戸籍を見せてもらった小林澄さんも一時同居していたとのことであった。

## 兄弟姉妹関係の推定

以上の三通の戸籍謄本、鳥居日記「客窓要録」、伊豆富人「鳥居素川」などを照合して、家族関係を検証してみると、特に判然としなかった姉たちの関係を含めて、七人兄姉弟は次のようになると思われる。

異母長兄＝鳥居弥直（明治五年死亡）
異母二兄＝鳥居数恵（西南戦争で戦死）
　　妻・テツ（哲・熊本）――長男・一男
異母長姉＝名前不詳（京都市から福島県西白川郡へ移住）

　　　　夫・松村秀實（地方役人）
異母二姉＝きと（喜登・京都市）――長男（佐藤？）次郎
　　　　夫・長谷川純安（電気会社員）
異母三姉＝きか（喜嘉・鳥取）――長男・秀文
　　　　夫・（氏名不詳）
実姉四姉＝えき（恵喜・北海道へ行き、のち熊本へ帰る）――長女・榮
　　　　夫・米良四郎次（のちに手紙の宛名から名前判明）
本人三男＝鳥居赫雄（兵庫芦屋に居住）
　　　　妻・トモ（友子）

## 姪っ子の小林さんの証言

小林さんは一〇歳ぐらいまで熊本にいて、父親の仕事の関係で朝鮮へ行き、女学校一年生ごろ初めて伯父鳥居素川に会い、素川の死亡は一八歳のころであったという。また、敗戦後に本荘で、伯母友子といっしょに住んでいたが、聞いた話では、素川は、新聞社で何かあったなと思われるときなど、帰宅の様子は、伯母を突き退けるように部屋に入ってきたということであった。

小林さんには、素川夫妻の墓所が京都府八幡市八幡福禄谷一五三の円福寺にあることも教えてもらった。訪ねてみると応接の若い僧侶によれば、円福寺は、「京都の岩清水八幡宮の南西の方角」というが、ちょうど国道1号線が京都府から大阪府枚方市に接するあたり、つまり歴史上知られる洞ヶ峠に位置する。天明年

高橋長秋一族の墓地に接して鳥居赫雄・友子の墓（右端）があった
（京都府八幡市八幡福禄谷の円福寺裏山）

間に開創された臨済宗妙心寺末の修行道場という。その広く深い裏山に墓地があり、竹林を背に、なんと、三基の墓碑がある高橋長秋一家の墓地に隣接して、鳥居素川の墓があった。墓地の広さは高橋家の半分ほど、石の枠囲いのなかに、背丈ほどの五層の墓碑がすっくと立っている。墓石には「鳥居赫雄墓」「鳥居友子墓」と併記して刻まれてある。小林さんによると、素川が希望して、高橋の隣に墓地を設定したという。二人は最終的にはともに大阪で生きた肥後人であったし、知られぬ親交があった。大正日日新聞創刊にあたっても大阪財界に一定の地位を占めていた高橋の援助が大きかった。深閑として眠る素川の墓前には生花が供えてあった。だれが参拝するのか、僧も知らないということであった。

# 少年時代のころ

## 小学校は先進的本山校

次に鳥居赫雄（素川）の小学校教育について述べる。

伊豆富人「鳥居素川」（『三代言論人集』第七巻、昭和三七年、時事通信社刊、「伊豆本」と略）も『熊本県大百科事典』（昭和五七年、熊本日日新聞社刊、「大百科」と略）も、素川の就学については「済々黌」に進む段階からしか触れていない。これに対して新妻莞『新聞人・鳥居素川』（昭和四四年、朝日新聞社刊、「新妻本」と略）は「六歳から漢学塾」「今どきなら幼稚園に通うとしごろから、当時聞こえた明石華陵の漢学塾に入り、それから済々黌に進むのですが、…」（同書一五頁）と述べて、伊豆記述に沿っていくらか詳しくなっている。いわば素川の子供時代については、一般的には不明のままといえる。

そこで創立一〇〇周年に合わせて続々刊行された「小学校誌」などを探してみる。

まず『向山　九十周年記念誌』（昭和四二年刊、向山小学校広報部編集）に収録される河喜多義忠「初代校長　菅沼安隆先生」がある。その中で「菅沼校長時代の卒業生」として「落合為誠、鳥居赫雄（素川）、嘉悦孝子、石光真清、坂梨（杉原）伊作、石光真臣、徳富健次郎（蘆花）、坂梨（塘林）乙亥、宇野哲人」らの氏名があげられ、「鳥居赫雄」が登場している。つまり、錚々たるメンバーの中にあって、鳥居は向山小学校の初代校長時代の二番目にあげられるくらい古い卒業生ということになるようだ。

ここで、向山小学校の沿革を逆上ると、『創立六十年　熊本市向山尋常高等小学校』（昭和一一年年刊）によれば、大正一三年、向榮小学校と本山小学校が合併して、双方から一字をとって「向山」小学校が成立している。一方の向榮小学校は明治九年創立の迎街小学校が前身であり、同一六年に向榮小学校と改称している。他方の本山小学校は、「明治四年に竹崎茶堂が設立した日新堂幼年塾と吉井松次郎経営の私塾生を併合して、明治九年、公立本山小学校として創立」されている。その本山小学校の初代校長が菅沼安隆とある。つまり、鳥居赫雄は本山小学校卒業生ということになる。

河喜多によれば、それら卒業生の説明の中で、鳥居は「日本新聞史上最高峰の一人。大正デモクラシーの大指導者。大阪の朝日新聞主筆となり大正七年寺内内閣を打倒した大記者、著書もある」としている。河喜多執筆文は『向山百年』（昭和五二年、向山小学校創立百周年記念事業期成会刊）に転載されている。さらに同校の生徒向け冊子『のびゆく向山』（昭和五二年、向山小学校刊）にも「校区の先輩」として「徳富蘆花、嘉悦孝子、鳥居素川、宇野哲人、塘林乙亥、落合為誠、乾孚志」の七人をあげて、鳥居を「すぐれた文章と、するどい意見で朝日新聞の中心となった人で、日本国中にその名を知られました」と説明してある。しかしどんな子供であったか、在学期間、いつ卒業したかについては述べられない。

次に、鳥居の「本山校卒業」を確実にするために、鳥居の本籍地にある本荘小学校の百年誌もみなければならない。『本荘』（昭和五四年刊、本荘小学校創立百周年記念事業期成会編）があり、その中で「本荘校区の人物」（同書一八〇頁）として、「本山彦一、右田半四郎、栃原助之進、高木第四郎、鳥居素川、大田黒惟信、貫正雄、松島慶蔵、吉原正喜」をあげてあり、鳥居についての説明を引用する。

「鳥居素川　慶応三年（一八六七）鳥居般蔵の三男として本荘町に生まれた。本名は赫雄、素川は号である。本山小学校、済々黌に学んで上京。大阪朝日に入社して堂々たる筆陣をはった。夏目漱石を朝日新聞社に入社させたのは鳥居素川と池辺三山である。大正七年、内閣弾劾から圧力を受け朝日をさる。

新聞界に残した功績は大きい。昭和三年になくなる。六十二歳」

「本山小学校に学んで」と記してあり、他校出身者と認めながらも「校区の人物」として取り上げていることになる。これで素川の本山小学校卒業が確実になった。なお、同書には本山彦一や鳥居素川らを取り上げた高木徳「日本の新聞と、わが本荘」がある。

## 本山は実学党系の中心地

さて、ここで疑問が生じる。それは本山小学校が、実学党・竹崎茶堂の日新堂を前身にしていることに起因する。河喜多によると、校長「菅沼先生は少年部主任として、日新堂閉塾まで五年間新式教育に当った」という経歴があり、いわば竹崎の教育方針を受け継ぐ菅沼校長である。その本山小学校に、学校党側に分類される鳥居赫雄がなぜ越境までして入学したのかという疑問である。

さらに河喜多は、多彩な「創立当時の本山校職員」（『向山百年』二四八頁）を次のように紹介する。

次席は「東京師範学校卒の熊本唯一の最新教育家」甲斐利四郎。ほかに牧師、同志社社長代理などの経歴は記されないが、「後で名貯金局長として全国貯金奨励講演された」金森通倫がおり、また「燃料学を研究して工学博士に。父は熊本医学校創設に当りし大先覚者」である内藤游もいる。さらに「外務省会計部長に」なる西村賤夫、「全国一の書家」土肥樵石、そして説明が一番詳しいのが石光真澄で「十三才で新屋敷町の栃原塾で北里柴三郎、本山彦一等と学び、十五才で日新堂に入り更らに熊本洋学校に学び、東京へ行き勉強中、本山校創設で郷里より呼ばれて教師となり、後年、日本最初のビール会社を作って社長となった。母の兄は栃原知定―木下門人」とある。

以上から、当時としては本山小学校には大変なスタッフがそろっていたといえる。のちの著名人たちの若いころであり、情熱的な最新教育であったろう。その授業を受ける生徒数は明治一一年には男子が一一〇人、女子三〇人であったという（『熊本県教育史』上四四三頁、「県管内小学校表」）。それにしても石光真澄とともに洋学校出身である金森通倫もいて、実学党系というよりも、洋学校出身など〝新知識人〟とでもいえる若い力が目立っている。

（なお、河喜多は「迎町に迎街小学校を作り、初代校長に二十八才の菅沼安隆氏を迎えた」と記すが、『創立六十年』は、「迎街」の初代校長は曽根甲士人、本山小学校が菅沼安隆としている。また「明治十一年熊本県管内小学校表」の本山校の設立年は明治「八年」になっている。）

さらに本山には小学校のほかに、明治六年に白川県権参事を辞任した嘉悦氏房が、西南戦争後の一〇年一〇月に洋学を主とする広取黌（広取英学塾ともいう）を自宅に開設（一五年廃校）しており、教務に野々口為志、修身科講師に村井貫山がいたという（『向山百年』一九五頁）。村井は異色かもしれないが、いわば本山は実学党の中心地であった。

ところで西南戦争で学校党系の熊本隊（池辺吉十郎隊長）の第二小隊長となる、赫雄の兄数恵は〝犬猿の仲〟であるはずの実学党が指導する本山小学校を、忌避するどころか選んで、なぜ弟を入学させたのか。本山小学校創立は明治九年九月であり、薩摩の進軍のうわさが絶えないころであり、神風連の乱は一〇月である。あるいは赫雄の入学は兄数恵の戦死のあとであろうか。そう推測すると学齢に遅れてしまうことになる。とすると、母ヨシによる選択が強まる。いずれにしろ、木下順二『風浪』にみられるように、党派や主義主張ではどうにもならない、模索と逡巡があり、そして決断しなければならない背景があったようである。石光真清『城下の人』（昭和三三年、龍星閣刊）はいう。

「十一年の春、本山小学校は学級も拡充され、兄の真澄が東京から招聘され、林田亀太郎（後の衆議院書記長、代議士）、西村賤夫（後の外務省会計部長）などが教鞭をとるようになって県下の小学校でも一頭地を抜く存在となり注目を集めた。教授の方法も最新式の東京の様式を倣い、十二、十三歳の生徒が演説会や討論会を公開して大人を煙に巻いた。こんな具合で城下でも教育に熱心な父兄はわざわざ子弟を本山小学校に入学させた。徳富健次郎、鳥居素川、元田亨一（後の陸軍中将）、嘉悦敏（後の陸軍中将）等が私や真臣の親しい学友であった」（同書一六八頁）

神風連の乱、西南戦争を経て小学校が拡充されると、教育熱心な親たちは、石光が指摘するように学校を選択するのであろう。素川も蘆花もその例として指摘されており、鳥居の場合は母ヨシの教育熱心さによるものであろう。つまり、従来の党派対立どころではない時代のうねりがあって、学校党側の鳥居赫雄の越境入学もさしたる問題ではなかったのか、と思えてくる。

## さびれる文化村

さて『向山百年』に「向山郷土史」があり、『本荘』にも「本荘郷土史」が収録されているが、二つの執筆者・大塚正文は「向山」では『城下の人』を引用、本山村の変化を述べ、文化村は一時期であったとする。

「本山村が文化人の村、進歩派の村として知られていたのは、明治初期の一時期（明治十年ごろまで）

であった。この頃には横井小楠門下の竹崎茶堂（律次郎・明治三年の藩政改革の中心人物）、嘉悦氏房（熊本藩小参事）、大田黒惟信（熊本藩少参事）を中心に金森（通倫）・三村・石光・横井・菅沼などいずれも実学党系の各家があり、まさに文運隆盛の文化人の村であったのである。…さらに竹崎順子・三村仁保子・横井津世子・河瀬さだ子などの姉妹が本山村に住んでいたこともあげておくべきであろう。このなかで三村家のほかは、本山村に一時期住んだだけである。…」（『向山百年』一九六頁）

そして石光真清には、叔父の野田豁通（父の末弟）、従兄弟の浮田和民、下村孝太郎らがいたことを述べたあと、『城下の人』の一節を引用し、集まっていた本山連も「新時代の波が押し寄せると、険しい対立が自然とできて、その交際も二波に三波にと狭く別れていった」と次のように変転を強調している。

「明けて明治十二年になると、兄の真澄も従兄の林田亀太郎も本山小学校の教壇を去って再び上京した。人材を揃えて開校した本山小学校も次第に淋しくなって来たので教育に熱心な姉の真佐子は熊本師範学校教諭兼中学校長の伯父栃原知定（母の兄）に相談して私（真清）と弟の真臣と従弟の内田満彦の三人を附属小学校に転校させた。附属小学校の校舎は、師範、中学とともに「藪ノ内」にあった。附属の生徒はいろいろの方面から各階層の子弟が集まり殊に鎮台の将校や県庁の役人の子供が多かった。そんな関係で学校としての特色というものが薄かった。」（同書一七〇頁）

文化人村「本山」を去るという新たな選択が始まっている。その後の石光は附属小学校を卒えると、姉真佐子のはからいで、県立中学校に入り、その半年後には共立学舎（上林町）に転校している。さらに明治一五年春には姉婿の甲斐和次郎が熊本茶業組合の横浜出張員となるのを機に、陸軍幼年学校をめざして、共立学舎を退校している。石光兄弟の時代変化への対応は早い。一方で鳥居は済々黌へ進むことになる。

## 素川の帰郷の旅を証言

「素川」に戻る。記念誌『本荘』には「郷土の先哲」として「本山彦一、高木第四郎、鳥居素川、吉原正喜」らを紹介してあるが、特に「素川」の項を引用しておきたい。話は後日談になるのだが、後半に地元ならではの記述があって興味深い。

「鳥居素川（一八六七〜一九二八）慶応三年、本荘に生まれる。名は赫雄、素川と号す。幼時から母の手一つで育てられ、済々黌、独乙協会学校を卒業して日本新聞社に入社、その間ドイツに留学する。明治三十年大阪朝日新聞社に入り、主筆に進み、大朝を牛耳る。…

無冠の帝王として世人に畏敬された新聞界の権威者素川翁の生誕地は村人から「鳥居さんの内」と呼ばれていた。素川翁が最後に故郷の山河にまみえたのは大正十年六月本荘村など十一ヵ町村が熊本市に合併した時で、感慨深く自分の生誕地の河岸から白川の水を眺めていかれたという。…」

村人から「鳥居さんの内」といわれたのは、いつからであったろうか。母と二人、故郷を離れたのは明治二四年八月のことであった。そして大正一〇年、熊本市との大合併のときに素川が帰郷しているのは、あまり知られていない。「大正日日」を投げ出した翌年、芦屋に隠棲して客を謝絶していたころである。

なお、記述の「独乙協会学校」は「卒業」していないし、「ドイツ留学」は朝日新聞に入ってからのことである。

## 漢学塾で林市蔵と知友に

さて、鳥居赫雄が、小学校入学前か、在学中の段階かで学んだ塾、つまり「新妻本」が述べる「当時聞こえた明石華陵の漢学塾」について検証したい。まず、香川亀人『民生委員の父　林市蔵先生伝』（広島県民生委員連盟刊、昭和二九年）に次の記述がある。

「（林市蔵）先生がかよった小学校は、家からは相当はなれておる春日小学校であった。そのころ小学校は四年であった。小学校四年の終りごろから、中学校に入学の志を立てゝ勉強することになった。たまたま、従兄弟の野田（寛）氏も中学入学の望をもっていたので、先生はしばらく野田の家に住んで、二人机をならべて受験準備をした。受験したのは、熊本中学校であった。（野田氏がのち二十五年にわたり校長をした県立熊本中学校とは別のものである。）ところが、野田氏は入学を許されたが、先生は不合格であった。無念ながら、いたしかたがないので、そのころ春日校の校長明石氏が開いていた家塾、花陵塾で一年勉強して翌年、熊本中学に入学した。」（同書八～九頁）

問題の「花」陵塾の前に、林市蔵の出自からみると、「慶応三年十一月二十八日、熊本藩士林衛門（後に慎蔵と改名）の独り子として熊本で生まれ、母は藩医野田淳朴の妹亀寿である」。淳朴の息子が野田寛である。そして鳥居は三歳で父を亡くしたが、林も「五才の時、（父は）三十八才の男盛りであるのに、急にこの世を去った」とある。二人は慶応三年生まれの同年齢であり、医者の家系の母親に育てられている。

その林市蔵は、春日小学校の四年の終わりごろから、従兄の野田寛といっしょに中学をめざしたが、林は失敗。そこで一年間、「明石校長の家塾、花陵塾」で勉強して中学入学を果たしている。その「花」陵塾は、

「新妻本」の「明石華陵の漢学塾」とよく似ており同一ではないのか。鳥居も通っていたのかもしれないのだ。

そこで春日小学校について述べる『春日の歴史』（昭和四八年、春日小学校創立百周年記念事業期成会刊）をのぞいてみる。創立のころの「春日学校時代」（春日寺、明治六年九月～一一年三月）のあと、学校が手狭になり移転工事に入っていたものの西南戦争で中断、完成して「華陵小学校時代」（北岡、同一一年四月～二三年九月、生徒数一三〇名）が始まることになる。校長も初代吉田泰造のあと、第二代校長は「明石鑑次郎」となり、その任期は一一年一〇月から一五年一一月となっている。

因みに、その末尾に記される「当時本校出身者の知名士」の二番目に「前大阪府知事・林市蔵」があり、「高木第四郎」もあがっている。また、明石鑑次郎はのちに向榮小学校校長としても明治二八年一月～三一年四月の任期で記録されている。（『創立六十年　向山尋常高等小学校』一三〇頁）

以上をまとめると、第二代の「明石」校長が、「華陵」小学校に勤めるかたわら、中学進学をめざす子供たちのために、家で「漢学塾」を開き、教育していた。その塾名は「花陵」というよりは、学校名に準じて「華陵」としたと解したほうが似つかわしくないか。そこに林も鳥居も学んでいた、とならないだろうか。

時期的には、九年から小学校に入った鳥居は、西南戦争をはさんで兄が戦死したあと、おそらく母の勧めもあって済々黌をめざし、「明石華陵の漢学塾」つまり「明石鑑次郎の華陵塾」に本荘から通っていた、と考えられる。となれば、鳥居と林は、済々黌でいっしょになる前に、すでに「華陵塾」で知友であった、ということになる。因みに人名としての「明石華陵」は、管見では関係資料にみえない。

## 私立修身学校にも通う

ところで『熊本県教育史』（上）に「第三期新設私学表」（同書六七七頁）があり、同心学舎・私立済々黌などとともに「私立　修身学校」が次のようにあげられている。

名称＝私立　修身学校▽所在地＝熊本区萬町二丁目二九▽設立者又ハ塾主校長＝**明石孫太郎**・岡崎忠雄▽所在地ノ現位置＝井上安次郎宅東隣▽教養ノ主ナル教科＝修身、外普通教科▽**設置年月・記録＝明治十四年一月廿八日**▽廃止年月・記録＝明治廿三年五月卅一日、・実際＝明治廿八年▽出身者ノ重ナル者＝**鳥井**《ママ》**赫雄、林市蔵**、野々口勝太郎、和気太平▽備考＝明治十九年五月廿一日養正黌ト改ム

ここで注目したいのは①出身者に鳥居赫雄と林市蔵の名がみえることである。しかし両者の評伝類には学んだはずの「修身学校」名は表れていない　②塾主・校長の姓が「明石」であるので、「華陵塾」との共通性も考えられるが、名は小学校長の「鑑次郎」と異なる「孫太郎」であり、さて両者はどんな関係にあるのか　③明治一五年発足の済々黌に入学する素川であれば、一四年設立の修身学校に学んだことはありうる　④林市蔵も明治一七年の済々黌卒業後、二一年の五高入学まで四年間も空白期間がある。この間に修身学校で学んでいてもおかしくない　⑤修身学校所在地が、古町の一角にある「萬町」であり、鳥居の「本山」からも、林の「高麗門」からも中間地点に当たる、などである。

「私学表」の同心学舎・私立済々黌の出身者にも鳥居の氏名がみえる。しかし「明石華陵の漢学塾」は「私学表」にはみえない。「家塾」であったためであろうか。とすれば、鳥居が他に通った塾として、新たに「修身学校」が出現したことになる。

もう一つ、修身学校に関する記述がある。明治一六年のことである。佐々友房はいう。

「県下、同志同感の士、各処に勃興し、或は家塾を起し或は私学を建つるものあり。…於是、予、津田（静一）氏と相計り各校の交通の道を開き、以て有無相通ずるの法を立てんと欲し、専ら其間に周旋し各校諸氏と協議を遂げ遂に連合学校を組織す」

「生徒惣員一千有余人、而して春秋二期に連合大試験を行ひ、…等の規約をなす。此歳（明治一六年）九月十五日を以て区内高麗門長国寺に於て各校俊秀の士三名乃至五名を選抜し大に連合試験を行ふ。来聴する者無慮五六百人。此より永く以て恒例とす」（「済々黌歴史」『克堂佐佐先生遺稿』一七二〜一七四頁）

つまり、組織的な私学校が盛んになっているわけで、この連合学校に参加する私学は一二校。済々黌、育英学舎の次に「修身学校」（明石孫太郎担当）が続き、区内は六校。ほかに玉名郡玉名村の忍斎舎、同伊倉北方村の論世堂などがみえる。つまり、私学のなかでも「修身学校」はれっきとした存在であり、連合大試験が明治一六年に始まっている。そのころには鳥居赫雄は当然、済々黌に在学していなければなるまいが、そうすると、赫雄の修身学校在学はいつか、なお決め手に欠ける。

## 春日寺塾に兄数恵がいた

『春日の歴史』をみていて新たな発見があった。春日小学校の前身の話として「春日寺塾時代」（自江戸末期　至明治初期）があり、その説明を要約すると次のようになる。

京都の三条公邸で藩の公用人として在勤していた崎村常雄が病気で帰郷するとき、河上彦斎から「帰ったら藩中の優秀な青年たちを集めて、尊攘の大義を鼓吹するよう」委託され、崎村は教導するというより、円座をつくって論じ合う塾を開いた。これを春日寺塾という。崎村は彦斎の尊皇攘夷論の理想にはついていけないが、倒幕は時務論として認め、政治方略だけを受け継ぎ、集まった塾生たちを説いた。しかし、彦斎が東京で処刑されるに及んで激憤する塾生をなだめて、塾を閉鎖した。塾生には高麗門連が多かったが、その中には「・古田十郎、・小林恒太郎、・深水栄季、深野一三、佐々干城、同友房、・田代儀太郎、平井九助、・鳥井《ママ》数恵、辛島格、…ら、思想傾向を異にし、学問を異にした分子が入り混っていた。しかも中心人物はのち敬神党（・印）として明治九年の挙兵に参加した者たちが占めていた」とある（以上、同書一二〇～一二一頁）。

・印の付いた「鳥井数恵」が鳥居赫雄の兄数恵とすれば、敬神党員であり、挙兵に参加したことになる。とりあえず、荒木精之『神風連実記』（昭和四六年、新人物往来社刊）によって、決起部隊約七〇名に当たってみると「鳥井数恵」名はみえない。「鳥井」は部隊編成者名にもない。神風連の乱に参加していれば、鳥居数恵の熊本隊第二小隊長はあり得ないであろう。しかし「数恵」が「春日寺塾」にいたことは確かであろう。

因みに崎村常雄（弘化三・一八四六年～明治一〇・一八七七年）は、西南戦争の協同隊志士。時習館に学び維新の際には京都にいたが、病気で帰国、玉名郡晒村に隠居。明治八年に民権結社・植木学校に参加。協同隊では隊長平川惟一が戦死すると主幹に推されたが、敗戦となり、隊員を説得して官軍に下る。大分監獄で死亡。なるほど、のちの協同隊から敬神党まで、春日寺塾は〃異分子〃の集まりであり、論戦の場であったろう。

# Ⅱ　済々黌のころ

　鳥居赫雄は明治何年に済々黌に入学して、何年に卒業したのか。通説では「明治一七年卒業」となっているが、新しい資料では、これが成り立たないことが明らかになった。鳥居の日記では、佐々友房に添書を貰って上京するのは明治一九年一〇月であり、一八年に開設された「独逸学科」で共に学んだとの証言があり、鳥居は一八年から一九年までは在学していたことになるからである。
　そこで佐々友房「済々黌歴史」（『克堂佐佐先生遺稿』昭和一一年、改造社刊所収）をみると、明治一七年から二〇年までの卒業生氏名が次のように示されている。（同書一八八頁）
　明治一七年三月＝杉野有斐、市下質、木下宇三郎、吉武繁次、一〇月＝狩野直記《ママ》
　　一八年四月＝野田寛、五月＝井手三郎、服部正魁、吉見新太郎、六月＝眞島駒彦、七月＝桑島敬直、
　　　一一月＝山田珠一、山下貞吉、鹽川八百熊、脇山逸馬
　　一九年六月＝沖本正晴、一二月＝甲斐大牛、渡邊豊記、蔵原右六
　　二〇年四月＝遠山九一郎、五月＝高岡富彌、深水亀齢、富田八次郎、七月＝山科勝太郎、小森田勝熊
　ついでに発足時からの入学者数を拾うと、一五年＝八一人、一六年＝一一五人、一七年＝二二九人、一八

年＝一九二人となっており、佐々は入学者の割に卒業生が少ない理由を「一は学科の頻々改正せし是なり。一は陸海軍学校其他専門の学校には我黌の卒業を待つに暇あらず。我輩、担当者より慫慂して其校に入れたるに由るなり」と述べている。学科を毎年変更し、発足時の「三年にして卒業」が、一八年九月の四科併立では「各六級とす」になり、一九年二月には「学級を五年」とする、など変動している。また卒業「月」も決まっていないようだし、進学のためには中退を勧めているのであるから、なるほど佐々が認知する卒業生は少ないわけである。

肝心の鳥居赫雄も、二〇年までの卒業者氏名にみえないので、佐々に認知された卒業生ではない。また文武に優れていたといわれる〝豪傑組〟隊長も、生長ないし室長になれる立場ではなかったようで「済々黌歴史」にその名前は一度も現れない。しかし鳥居の日記「客窓要録」（註1）によれば、明治一九年一〇月二四日、佐々から（有斐学校への）添書をもらって上京の途についているので、卒業はともかく、満一九歳まで済々黌に「在学」したか、何らかの関係があったと思われる。

鳥居の日記「客窓要録」は、一八八六（明治一九）年一〇月から一八九〇（明治二三）年八月までを記しており、熊本日日新聞社の新聞博物館に所蔵されている。

ところが伊豆富人「鳥居素川」の年表（『三代言論人集』第七巻）では、鳥居は「一七年卒業、上京」となっており、また「素川の一級上には山田珠一、狩野直喜、野田寛らがおり、クラスメートには井手三郎、能谷直亮、西住有斐などがいた。島田数雄もそのころの生徒であった。」（同書一五五頁）との記述がある。

これを先の佐々による卒業生氏名に照らしてみると、狩野直喜は一七年卒業になっていて「同級」の野田よりも半年、山田より一年早く卒業している。しかし一八年卒業の野田、山田が鳥居より「一級上」とすれば、鳥居は「一九年卒業」との有力な証拠となる。しかし「クラスメート」井手は一八年五月卒業となっている。その井手は服部正魁とともに「客窓要録」では鳥居と親しい関係に読める。以上の照合から発足と同時の「一五年入学」も証明がないのだが、通説になっている「一七年卒業、上京」はなりたたないといえる。

## 明治一八年に「独逸学科」設置

済々黌創立の中心人物である佐々友房がドイツ学の必要性を強調していたことは『安達謙蔵自叙伝』（新樹社刊・昭和三五年、以下「安達自叙伝」と略）に次のように述べられている。

「佐々先生は夙に独逸学の緊要なることを認めて、もっぱら独逸学を奨励され、東京からわざわざ独逸語教師として山縣良蔵先生（山口県人）を引っぱって来るほどの熱の入れかたであった。予もその奨励に随い独逸語を学んだ一人である。」（「安達自叙伝」二二頁）

佐々がドイツ学を奨励した時期について、安達謙蔵は明記していない。しかし安達が、玉名の友枝庄蔵の忍済学舎から、明治一五年発足の済々黌に転学してくるのは明治一六年であり、それ以降の「済々黌歴史」をみると、一八年九月の改革で「皇漢学・独逸学・英学・支那語学の四科を併立せしめ各六級とす」る時点がある。初めて独逸学科を設置するのであるが、この時に佐々は山縣良蔵を招聘したのであろうし、その準備段階を考えればもっと早い時期に関心は盛り上がっていたであろう。

さて「独逸学科」が一八年九月に発足したのであるから、一九年一一月に佐々に添書をもらって上京（註2）する鳥居赫雄にとっては、約一年間はドイツ語の授業を受ける機会を得たはずである。その影響もあったのか、上京後もドイツ学の学校を探している。また安達謙蔵も、二〇年には「生長」を辞め、佐々の同意を得て「予と朝山（景春）君は、愈々上京して本郷台町の下宿屋橘屋に落ちつき、さっそく独逸語の個人教授に入門して勉学にとりかかった」（「安達自叙伝」三二頁）と述べる。つまり一様にドイツ学をめざしている。

ここで鳥居赫雄が明治一八～一九年の済々黌に在学し、ドイツ語を学習したことを確証する重要な発言を取り上げたい。『熊本県教育史』上巻（熊本県教育会、昭和六年刊）に時の第九代熊本市長・山田珠一が座談会で発言した趣意を「学生気風の変遷」と題して文章化されている。特に済々黌で「独逸学科」が発足、教師として東京から山縣良蔵を招聘したことに関連して、山田曰く。

「私共を初め安達（謙蔵）君や今故人となって居る鳥井《ママ》（鳥居素川・昭和三年死亡）君、外務省に居る上田仙太郎君その他、大部独逸語をやった者も多かった…」（同書六九七頁）

名字の文字は違うが、鳥居が登場している。山田は大分出身で、明治一七年に済々黌に入学、その後、九州日日新聞社長や衆議院議員を五期務めるなど知られた人材。上田仙太郎も鳥居と同じく、済々黌から独逸学協会専門学校を経て、こちらは明治二九年ロシアにわたり、外務省留学生になり、公使館通訳官として勤務。鳥居が明治三六年、ドイツ留学からシベリア鉄道経由で帰国する際には、首都ペテルブルグで出迎え案内しており、鳥居は日記に「旧友」「仙兄」と記している。日露戦争が始まって帰国すると新聞にその情勢分析が重宝がられ、戦後は国交回復に裏面で活躍、退職後もロシア通の第一人者であった。

つまり、鳥居の独逸学は済々黌で始まったと確定してよいであろう。

それにしても済々黌にとってドイツ学の何が必要であったのか。佐々は、明治一八年冬に「始て独逸学科を設け、先生、独逸学科生徒を集め…談話を為し」次のように述べる。ドイツは医学だけでなく、政治、経済、法律などでも大いに進歩している。「殊に其の立国の本体頗る我国に似たるものあり」。だからその学を勉強して「能く之を我国に利用するときは其我国の文明を裨補し我国の開化を増進すること」は疑いない。しかし学ぶところに溺れてはならない。学者社会をみると「英学者は仏学者と反目し、仏学者は独逸学者を嫉視し、未だ其の説の正邪と其の論の是非とを究明分析するを須ひず」「国語相異同あるを見て直に之を取捨黜陟せんとするの傾きあり」「夫れ独逸学なり英学なり仏学なり斉く是れ外国の学術なり。其の説の善なるものは宜く之を取るべし、其の説の善ならざるものは宜く之を捨つべし」（以上は『克堂佐佐先生遺稿』二一五〜二一六頁）としている。つまり「立国の本体」が似ているので、その学を習得する有用性を述べる一方で、各国の学術については、折衷して取り入れるという、いたって功利的な考え方を示している。

## 忠君愛国の教育のために

佐々のドイツへの関心について興味深いのは、佐々が、大分県書記官時代の古荘嘉門宅を訪れて「令息韜君が独逸より送り来たれる通信を披見」し「益々独国隆盛を馴致するの素あるを知る」として、蓑田・安達・朝山の三人の「生長」宛に手紙を書いているが、何に感心したのかといえば「独国の祝日には女童までも謡う所は悉皆忠君愛国ならざるなし。その歌も翻訳いたし来居候。依って古荘氏と此間の行軍の事抔相話、大に内外東西同感なる事を喜び申し候。…軍歌若くは唱歌必要の空気を今より校内に流通さする様御注意有之度候」（「安達自叙伝」三〇頁）という。

時期は記されていないものの、これは安達によれば、済々黌が兵式操練を実施して「始めて隊伍を組み菊池神社に行軍参拝した」その数日後に、佐々は上京の途に就き、古荘宅に立ち寄ったところで、古荘子息の手紙を見たうえでの便りという。佐々の思いについて安達は「一読すれば教頭か少なくも主事ぐらいに宛てたものの如き心地がする。これによっても当時の我々がいかに深く学校の管理にまで立ち入っていたか」と「生長」の権勢ぶりを述べる。むしろ古荘の子息が早くもドイツへ行っている点を重視したい。

さて安達は「済々黌では予は別に正則の学課を修業したわけではなく、随時聴講しているに過ぎなかった」「特に学課としては飯田熊太先生（注・済々黌初代校長）の「中庸」の講義と中西牛郎先生の「万国公法」とを聴講したものである」（「安達自叙伝」二二頁）と述べ、また「明治二〇年には済々黌の宿舎にあって大東立教雑誌を発刊し、津田先生にも屢々御執筆を乞い之が編集に当たっていた」（「安達自叙伝」三一頁）という。それが当時二三歳になる、いわゆる「生長」安達の実態であったようだ。また、安達が聴講したという「万国公法」は、後述の独逸学協会学校の初代校長となる西周が、一八六二（文久二）年にオランダに留学し、フィセリングに学んだ講義録を帰国後に刊行したものであり、それを済々黌として教科に取り入れていたのであろう。これも外国への関心を示している。

もう一つ済々黌では「不意に警鐘を乱打して寄宿生を叩き起こし、学生は直ちに草鞋、脚袢に整装し、素早く宿舎前に整列する。…深夜の道を二里くらい行軍し、払暁宿舎に帰って来る」訓練を不規運動といったが、当時、農商務次官前田正名が視察にやって来て、宿舎の各窓に吊るしてある草鞋や脚袢を見て問いただし、不規運動の意味を知って、講演では「まるで独逸に行ったような心地がする」と述べたという。前田は「往年外交官として独逸に駐在せしことあり、氏が滞独せる時代はちょうど、ビスマーク、モルトケ等の鉄血政治家により普国再興し、墺国を敗り仏国に城下の盟を為さしめたる独逸連邦の黄金時代であったのである」（「安達自叙伝」二五頁）と安達は解説している。

どうも済々黌にとっての「独逸学」とは、習得すべき体系的な学問として必要であるのではなく、忠君愛国の教育の場で兵式操練や唱歌など、有用性を発揮する具体的教育技術として必要であったようで、とにかくドイツ語を勉強しておけ、ということであろうか。

## 註

（1）「客窓要録」はB5判の罫紙三〇枚に毛筆で記す鳥居赫雄の日記である。明治二二年六月一二日に荒尾精を訪問し、渡清を勧められる部分で半頁のダブリがある。のちに清書したものと思われる。

（2）鳥居の上京については、評伝など関係書籍では、おおむね「明治一七（一八八四）年、済々黌を卒業し上京」とされている。それを記す書籍を二三拾うと、

①『上野理一伝』（朝日新聞大阪本社社史編修室編修・昭和三四年一二月刊）

②『三代言論人集』第七巻（時事通信社・昭和三七年一〇月刊）の伊豆富人「鳥居素川」の年表

③『明治文学全集』第九一巻『明治新聞人文学集』（筑摩書房・昭和五四年刊）年表

などがある。県内で刊行の関係書籍や論評もほとんど「明治一七年卒業、上京」である。

これに対して「明治一九年上京」とするのは、平成三（一九九一）年五月二三日付けの熊本日日新聞の解説記事「鳥居素川の日記」であった。これは素川の親族から新聞博物館に日記類の寄贈があり、当時の平野敏也館長がそれを紹介する中で、素川日記「客窓要録」の記述によって「明治一九年上京」としてあった。

## 蛮勇と激情

### 済々黌でのこと

鳥居素川の少年・青年期の悪童ぶりについては、いろいろ語られている。ここでは時代を越えて彼の蛮勇ぶりを拾っておく。

本人自身も「想ふ十四年前、予、僅に成童、頑悪を以て県下に知らる」と、明治二九年一一月二日付の「日本」新聞に書いている。これは日清貿易研究所の創立者・荒尾精の死去に際して記すもので、陸軍歩兵少尉として熊本鎮台に赴任した荒尾と初めて接する、鳥居の済々黌時代の思い出の書き出しである。その済々黌時代はどうであったか。

「済々黌では素川の学問の成績は抜群であった。とくに文章は精彩を放っていた。また剣道も、生徒中屈指の達者で、居合もやった。いわば文武両道に秀でた生徒であったが、天性の気性烈しく手におえぬ腕白で、豪傑組を組織して隊長となり生徒間に暴威をふるっていた。白川にかかっている長六橋の上に網を張り、生徒らの通行するのを待ってよく喧嘩を吹きかけた。生徒が二、三人連れだって歩いてゆくとき、向こうに素川の姿が見えると、向こうから鳥居が来るぞといって遠まわりして出会うのを避けたということである。しかし、素川の暴威には一種の正義感ともいうべきものが伴っていた」（伊豆富人「鳥居素川」『三代言論人集』第七巻、一五五頁）

文武両道に秀でた生徒の割りには腕白ぶりがひどかったようだが、筆者の伊豆は、早稲田の学生であったころ池辺三山に私淑、三山の死後に素川と知り合って、九州日日新聞の通信員にしてもらい学資を補ったという出会いがある。この時、素川は安達謙蔵に依頼しており、これを機に伊豆と安達の関係も始まったとされる。伊豆は、その後も九州日日新聞から東京朝日にあって、筆禍事件に伴う素川の大阪朝日退社には同調して退社、同じく退いた長谷川如是閑らの雑誌「我等」創刊に助力している。そのように素川の事情に詳しい立場にあったことから、伊豆の素川に関する言及は文献、論評に多く引用される。

このほか、済々黌時代の鳥居に関する話は江原会編『野田先生伝』（昭和三五年刊）にも「似而非豪傑連の間に、弱きを凌ぐ悪風が生じて」野田の疳に障って仕方がなかったとして、次のように出てくる。野田寛は素川より一歳年上である。

「林市蔵らと豪傑組を組織し自ら隊長となり、常に袋竹刀をもち、蛮勇を振るい、かつて喧嘩に負けたことがなかった。そのころ徳富蘇峰は大江義塾を開き、進歩的な思想で子弟を教育をしていたが、素川少年は、おりおりこれを襲撃し、済々黌の生長（生徒の長で舎監のような仕事もしていた）安達謙蔵もこれにはてこずっていたという」（伊豆富人「鳥居素川先生」、昭和三七年度熊本県近代文化功労者の表彰に際しての紹介文）。

## 有斐学舎でも

また、この蛮勇は、肥後の若人を東京に集める有斐学舎にも持ち込まれる様子が『野田先生伝』に左記のようにある。

「熊本から上京した青年達が、同郷人の集団として生活してゐるため、舎生は何時まで経っても熊本気分が脱けず、一向に東京の風に馴染まない。そのうちに漸次済々黌を卒業して上京、入舎する者が殖えて来た。その中には済々黌の所謂豪傑連中も続々入舎して来て、鳥井《ママ》赫雄氏等が、その荒武者の首領格であった」(『野田先生伝』八九頁)

この後を要約すると、明治二一年早春の大雪の日、熊本医学校を卒業した渡辺某が入舎したが、その夜、庭先の闇の中に悲鳴が聞こえた。渡辺が頭髪を分けて白足袋を穿いていたのが、豪傑連の目障りとなって、雪の中に引っぱり出し数人でなぐったという。野田はさっそく狩野直喜と語らって翌日床屋に行って頭髪を分けて帰った。豪傑連は温順なしい狩野を捉えて冷評を浴びせ、狩野は即日、丸刈りにしてしまったが、野田は白足袋も穿いて通した。その頃は池辺は幹事を辞めて、亀井英三郎が後任となっていたが、亀井は寧ろ豪傑連のやり口に同調的で、舎生らとともに野田を呼びつけたが、強硬な野田の姿勢にその場を繕うしかなかったという。喧嘩沙汰は絶えず、有斐学舎の舎生といえば不良で喧嘩好きと折り紙つきだった。

以上から推測すると「勝気と潔癖と峭直な気質」の野田は、素川とは相容れない関係にあったらしい。野田は明治一九年二月上京して二六年七月に帰郷するまで有斐学舎にいたし、素川も一九年一一月から二三年八月まで在舎しているが、素川日記「客窓要録」には野田寛は登場しないし、豪傑連の行状も記されない。

## 朝日新聞社では

また、この素川の性格的な特徴は、後年になっても変わらなかったようで、池辺三山の紹介によって入社した大阪朝日新聞社には次のようなコメントが残っている。

「(素川は) 非常に真面目な勉強家で、かつ文章を善くした。独逸協会に学び漢学の素養もあり、質実剛健を尚んで、気を負い、人に屈せず、一毫の不正を許さず、攻撃に当つては機鋒鋭利当るべからざるものがあり、また頗る皮肉な風刺比喩に巧みで、素川が筆をとり出してから、「朝日」の政界記事、議論共に著しく近代的色彩を増して来た。…(中略) 素川の皮肉な政界記事や短評 (当時「偶評欄」あり、後年の「天声人語」に当る) は時に思わず手を拍つて快哉を叫ばしめるものあり、俗にいう「新聞記者の毒舌」の端をなしたといえる」

いかにも「素川」を彷彿とさせる観察眼であるが、この称賛の一方では、「温厚の長者という風格は乏しかったが、敢為の勇と精励不退転の力においては稀に見るの材幹で、今後最早こういう変り者は出て来ないと思われる程変つた所のある人物であつた」と評し、さらに次のように述べる。

「彼は激情家であるため、仕事の上でやゝもすれば他と衝突し、時に取ツ組合いを演ずる猪突漢であつた。村山社長もその短所を知りながら、その才を愛し、社長の持ち前として、こうした奇癖ある人ほど却つて自由に手腕を揮わせたのであつた」(以上は『村山龍平伝』二四九〜二五〇頁、朝日新聞社刊)

素川の喧嘩っ早い性格はドイツ留学へ向かう船上でも発揮され、外国人と衝突するが、出立に際して母親から受けた注意に反したとして、しきりに悔やんでいる。さらに母親との関係でいえば、池辺三山もそうであるが、父親を早く失って母親育ちであり、二人とも大変な親孝行ぶりである。それは現代からいえば、まさに「マザコン」ぶりにみえる。

# Ⅲ　上京、ドイツ学に専念

## 有斐学舎を拠点に独逸学協会学校へ

### 英学、聖書に目配り

鳥居の日誌「客窓要録」によって上京後の彼のドイツ学習得の経過をたどることができる。

一九歳になる鳥居が郷里熊本を出るのは、明治一九（一八八六）年一〇月二四日である。一一月四日に東京に着き、本郷区西片町の有斐学校（註1）に「投ス」。この頃の「有斐学校」は、一六年から発足した「八棟からなる陸軍士官予備校で、その一部を寄宿舎と為し」（『有斐学舎八十年の足跡』五頁）ており、それ以前の「有斐学舎」とは違っていた。単に寄宿するだけの鳥居だが、明治二三年八月の帰郷まで、ここで過ごす。

そもそもの済々黌と有斐学校との関係について、佐々は「済々黌歴史」で次のように述べる。明治一七年の「此月（四月か）予、有吉、宇野二氏、及生長安達謙蔵氏と共に東京に赴く。滞留三月、学習院、慶応義塾、東京専門学校、其の他の各私立学校を巡す。又有斐学校と大に交誼を厚ふし東西相扶け有無相通ずるの道を開く。此校は我東肥同感の士設立する所にして専ら士官学校に入るものゝ為に設く」とあり、これによって有為の若者を上京させる便宜を得ることになり、鳥居もその恩恵にあずかったわけである。

また鳥居は「実申せば四歳父に分れ長じて学資なく、僅に師友の助を得て東京に出」（明治三三年一二月、朝日新聞社長宛の留学懇願書簡）ており、その学資については、協会学校編入後の明治二〇年五月二二日、京都から上京した義姉の夫松村秀實（註2）が有斐学校にやって来て「事後毎月金壱円宛学資補助トシテ送金スヘキ旨約セラレタリ」とある。翌日には「学資相談ノ為高橋長秋氏（註3）ヲ訪フ、氏ノ周旋ニ依リ来六月ヨリ毎月金四円三十銭宛有斐校ヨリ給與セラル事ニナレリ」。これによって、メドがついたようだ。しかし二一年二月九日には、有斐学校の会計係が「当校ノ会計甚タ困難ニ迫リタレハ給費金額ノ中三十銭自今減度旨相談セシニヨリ予之ヲ諾セリ」となる。

さて有斐学校に落ちついた鳥居は、佐々友房からいわれていたドイツ学の習得にさっそく取りかかる。東京到着後の明治一九年一一月一六日には「東京預脩学校ニ入リ独乙学ヲ脩ム」とあり、また明治二〇年一月一二日には「友人服部正魁ト独乙学校ニ入学ス」ともある。上京前に進学する学校を決めていたわけではなく、学校を探しているようだ。結局、二月一二日に「独逸協会学校生徒募集試験ニ応シ五級後期ニ編入セラル」ことになり、学校が定まったようだ。以降の関係の項目を日記に拾っていくと、

明治二〇年七月四日「協会学校定期大試験アリテ四級前期へ昇級ス」
二一年二月一日「協会学校定期試験アリテ四級後期へ昇進セリ而シテ前学期ヨリ英学兼脩ス」
七月三日「協会学校定期試験アリテ三級前期へ進級ス」
二二年二月一日「協会学校定期試験アリテ三級後期へ進級ス」
六月一日「独逸協会学校退学ス」

とある。以上からいえることは、協会学校では前期が七月から、後期は二月からそれぞれ始まり、一年ごとに一級ずつ進級。鳥居はこの学校に二年三カ月余り在学して、英学も二〇年七月以降に学んでいる。

英学のほかにも明治二〇年一二月二一日には「独逸人シェミーデル宅ニ至リ聖書講義ヲ嘱シ帰ル」とあり、また、一九年上京途上、京都では名勝を訪ねるかたわら「盲唖院ヲ見、同志社ニ至ル」ともある。盲唖院への関心や熊本バンドの同郷人が集った同志社をのぞき、聖書を知ろうというのであるから、徳富蘇峰の大江義塾を〝襲撃〟していたころの鳥居とは違う、裏側の心が表れているようだ。

さて独逸学協会学校は、現在の独協大学（埼玉県草加市）の前身であり、同大学に『独逸学協会学校五十年史』（昭和八年刊・以下「五十年史」と略）が残されている。それによると学校は明治一六年に独逸学協会によって設立されている。「五十年史」の会員名簿に最初の卒業生として明治二一年専修科卒業の一三名が列記されており、熊本出身者はいないかと探すと、「鹿子木小五郎」の名前が見える。本文では、のちに岐阜県知事などを勤めたとある。

実はその鹿子木に似た名前が「客窓要録」にも登場する。それは鳥居が上京した明治一九年も暮れの一二月二六日から三〇日にかけて「長岡護美公ノ御誘ニヨリ兎ヲ群馬県下榛名山ニ狩ル」ことになり、有斐学校の二三名が同行していて、その氏名が列記されている。その中に池辺吉太郎（三山）らとともに「鹿子木小太郎」の名前がある。「小五郎」と「小太郎」の違いであるが、仮に同一人物であったとすれば、鳥居が寄宿する有斐学校に独逸学協会学校の先輩がいたことになり、素川は鹿子木によって協会学校を知った可能性も考えられる。また、明治一九年といえば、池辺吉太郎は有斐学校の舎監を務めていたとあり、あるいは鳥居は池辺と初対面だったかもしれないのだが、鹿子木についてと同様に「客窓要録」にはコメントがない。

なお、会員名簿の明治二八年・第八回専修科卒業三三名の中に熊本関係として外務省一等書記官（昭和八年当時）の上田仙太郎がいる。

## 錚々たる独逸学協会員

さて、協会学校の母体である独逸学協会は「五十年史」によると「明治一四年九月、独逸ノ文化ヲ移植セントスル目的ヲ以テ、北白川宮殿下総裁ノ下ニ品川彌次《ママ》郎、桂太郎、青木周蔵、平田東助、法・文学博士加藤弘之、法学博士・ドクトル山脇玄、西周諸氏ノ主唱ニ依リ、朝野諸名士ノ賛助ヲ得テ設立シタル」とある。

協会の主要人物である品川・桂・青木はそろって長州藩士の子息である。それぞれのドイツとの関係を探ると、品川は松下村塾に学んだ後、明治三年に普仏戦争視察のため渡欧している。文久四（一八六四）年の下関事件を経験しているからであろう。その後、明治六年から九年まで外務省書記官としてドイツ駐在、一八年から二〇年までは特命全権大使として駐在。二四年には松方内閣の内相となり、二五年には佐々友房らと国民協会を結成する。また桂は、明治三年から六年までドイツ留学、八年から一一年までドイツ駐在武官。二〇年から陸軍次官のまま独逸学協会学校校長となり、三四年からの第一次桂内閣として日露戦争を戦う。さらに青木は、三人の中では最も早く慶応四年、藩費でドイツに留学して政治・法律を学ぶ。明治七年からドイツ公使館勤務、三度目はドイツ公使となる。二二年には外相となって条約改正交渉に尽力する。

この独逸学協会の事業として協会学校は設立されるが、その着手について「時の農商務卿品川彌二郎氏は、自己の部下たる当時は省の属であった平塚定二郎氏に命じて学校設立の計をなさしめた。蓋し東京外語の独逸語科の全課程を踏んだ完全な卒業者」である。平塚は「学課及び課程を大体東京外国語学校の制にならひ且つ又独逸のギムナージウム（註4）の制にならって六年にて卒業の中等程度の学校とした」（『五十年史』一一頁）と、創立当時のドイツ語教員であった司馬亨太郎が記している。

また、明治一六年一〇月二二日の開校は「東京日日新聞」の記事となり、広告によっても示される。加えて独逸学協会「会長北白川宮殿下御令旨」（註5）と「校長西周君演説筆記」も掲載され、それが「五十年史」に転載されており、「五十年史」自体も、これらの記事によって当時の事情を述べている。

発足当初は「初等、高等ノ二科ヲ設ケ、修学年限ヲ各三ケ年トシ、独逸学及普通学ヲ授ク」ことになり、麹町（区）五番町（十三番地）に陸軍外人教師住宅が空き家となっているのを利用、これを校舎にして開校。翌「十七年五月神田区小川町ニ新校舎成ル。十月初等、高等ノ二科ヲ改メテ普通科トシ、新ニ専修科ヲ置キ以テ法律及政治ノ専門学科ヲ教授ス」となる。

## ドイツ人学者による官僚育成

学校の目的について、明治二二年第二回卒業（九名）の松本安正は「独逸学を以てせる普通乃至高等教育の科目を一通り教授したる上、更に法制経済等の専門学科を修養せしむる専修科を置きて、終局行政官乃至司法官を育成することを期したるもの」と述べ、さらに続ける。東京外語に独逸語科はあったにしても「其頃は未だ帝国大学にも独逸法政科の施設は全くなく、我校が夙に其先鞭を附したる訳」という。そして教師スタッフは「我々専修科第一、第二回出身者が在学せる当時の校長は桂太郎氏」（二〇年四月から二三年七月まで就任）であり、「専修科には教頭（ゲオルグ）ミハエリス氏（註6）を始め、フヱリツクス・デルブリユック、エルシスト・デルブリユック」の三人のドイツ人教師と六人の日本人教師がおり、「就中専修科のミハエリス教頭の如きは帰国後独逸帝国の大宰相に迄就任された程の有力なる公法学者」（『五十年史』一七頁）であったと記す。さらに普通科には四人の外国人教師のほか、六人の日本人教師がいたと、氏名をあげる。

なぜこれだけのドイツ人教師を迎えられたのか。松本は「舊条約改正の実施を断行する準備として、其必要なる諸法典を編纂するに就て、右顧問の撰定方を当時の独逸公使であった青木子爵を通して、特にカイゼルに依頼した結果、其招聘に応じて来朝せられたのが右ミハエリス氏並にデルブリツグ両氏の三名であった」という。ところが、条約改正が「民間の猛烈な反対に遇って急に見合せとなりたる為め、其頃独逸公使より外務大臣に抜擢せられたる青木子爵の非常なる尽力に依り、右三名の立派な公私法学者が打揃ふて、我専修科の教官たることを快諾されたので」実現したという。また「当時の我校は実際帝大以上の設備と立派なる教官を有し、経費も極めて豊富に文部省は勿論外務省及司法省よりも、各相当の補助金がありて恰も内閣直轄学校の様な行届いた保護を受け」ていて「夢の様な母校全盛期」であった。

ところで、本郷区西片町の有斐学校に寄宿した鳥居は、明治二〇年二月から神田区小川町（西小川町の記述もある）の新築三年目の協会学校に通学したわけであるが、その校舎は「唯一棟の細長き二階建て上下十室計りの頗る質素な建物」であった。「生徒は私の在学当時（明治十九年から同二十五年迄）其数五百有余名もあって盛大で」「授業料＝月額金壱円」だったと明治二五年第五回専修科卒業の中村健一郎は記す（『五十年史』二四頁）。中村は鳥居とほぼ同時期の在学であり、それにしては学年に関する表記が鳥居のそれとは異なるのだが、中村は続ける。

「学級は半ケ年一級、其れ故十級五ケ年の普通科に、第四年級卒業の上入学を許す専修科が其上に在つて三ケ年の修学。其れ故卒業迄には都合七ケ年を要すことゝなつて居た」（『五十年史』二四頁）

という。これで初めて就学年限がはっきりするが、中村の表記に従っていえば、三級〝飛び級〟した鳥居は八級を終える四年生段階、つまり普通科から専修科に進める段階まで学んだが、結局、専修科には入らなかったことになろうか。因みに専修科の学科を拾ってみると「国法、行政法、刑法、刑事訴訟法、現今羅馬法（民法）、民事訴訟法、国際公法、同私法、経済学、行政学、財政学等であって、此等は独乙人の教師が凡べて一般の原理又は独乙国法によりて授けた」という。

## 語学重視、歴史も地理も

では、鳥居が二年三カ月間学んだ普通科では一体、何を教えていたのか。中村は続けて

「語学に重きを置き、歴史や地理如き学科までも独乙人 Hering, Lpinner, Ehmann 等の諸氏をして担任せしめ、他日専修科に進入した時に独乙語の講義に習熟せしむる様勉めた」（『五十年史』二四頁）

という。松本があげるドイツ人教師名とは一人しか合致しないが、いずれにしろドイツ人から直接習う語学は有利であったろうし、また歴史や地理をドイツ語で教えられた点も大きいであろう。このほかにも数学（教師二人）、漢学（同三人）の教科があったことが教員名とともに示される（『五十年史』一六頁）。

次に校長をみると、初代は西周であり、二代目は明治二〇年四月に桂太郎となり、三代目は加藤弘之が二三年七月に就任している。したがって鳥居は、西校長の二カ月間と桂の校長時代に学んだことになり、特に西の著書『万国公法』を済々黌時代にすでに教科書として使ったと思われる鳥居は、何を感じたか。また桂についても、佐々らと二五年に結成する国民協会について、鳥居がどう判断したかも問題であろう。さら

に第三次桂内閣のときに憲政擁護運動が起こると、鳥居素川は大阪朝日にあって論客としてならしており、一九一三（大正二）年には憲政擁護大会が大阪で開かれ、東京での全国記者大会でも内閣弾劾が進み、総辞職に追い込んでいるのであるが…。

さて結局、協会学校はドイツ学を修めた官僚を育成することを主たる目的にしていたようで、桂は卒業後に「行政又は司法の高等文官」となるよう誓約書をとったという。しかし帝大生が無試験採用であったのに対して、協会学校卒などには高等文官試験の制度が定められ、筆記と口述の試験があったが、第一回卒業生は筆記で全員合格する成績だったと、これは松本安正が述べる。さらに中村健一郎は次のように述べる。

「明治二十一年、平田東助氏が法制局長官であって、独乙のStaatsexamenに倣ふて此法律を制定し此によりて第一回卒業生を試験したのであって、其試験委員が独乙人ミハエリ人博士、モッセ博士、ロエスレル博士であったのは、日本の高文試験と云ふのに対して実に不思議とも奇妙とも云へる。」（『五十年史』二七頁）

それこそ奇妙に合致しないが、モッセ、ロエスレル（条約改正で井上毅らの相談役）まで登場するとは。いずれにしろ学校が官僚育成を主目的としておれば、さて鳥居にとって望むべき方向であったか。

## ミヒャエリスのこと

このミヒャエリスについて潮木守一『ドイツの大学』（講談社学術文庫、一九九二年四月刊）に興味深い指摘がある。まず独協学園百年史編纂室『独協百年』第五号（昭和五六年）からの引用として、独逸学協会学校長の西周が明治一八年一〇月二九日、当時の渡邊洪基東京府知事に提出したミヒャエリス雇入届を示す。

「法学・行政学・経済学教師　ドクトル・ゲヲルヒ・ミハエリス　二七年二ケ月　一八七六年ヨリ同一八七九年迄法律及ビ政治学（経済学）ヲ（ライプチヒ）（ウイルツブルヒ）（ブレスラウ）及ビ（ベルリン）府大学ニ於テ修行シ、后（ゲッチンゲン）府（ゲオルヒ、アウグスト）大学校ヨリ法学博士ノ学位ヲ領収ス」（同書一九九頁）

これによって、来日したミヒャエリスがベルリン大学などで学び、ゲッティンゲン大学から博士号を取得した、二七歳の青年であったことがわかる。さらにミヒャエリスが「後年自分がいかにして法学博士をとるに至ったか、そのいきさつを次のように回想している」（同書二〇二頁）として、出典「Ellwein」（末尾の参考文献では「Ellwein, Thomas, Die Deutsche Universität, 1985」）から次のように述べる。

「時代は一八八五年、つまり明治一八年のことである。その当時、彼は判事補試験に合格したばかりのところで、ベルリンの地方裁判所の無給試補として勤務していた」（同書二〇二〜二〇四頁）。ある会議の途中、隣に座ったリスコが誰か二、三年日本に法律教師として行く気のある者はいないか、と話したので「この俺はどうだ」と申し出たという。リスコの父親は当時、ベルリンのノイエン教会の牧師をしており、ベルリン在住の日本人とつきあいがあって、日本人の幾人かはリスコの父から洗礼を受けていた。また、つきあいの中に当時の青木周蔵駐独公使がいて、リスコの紹介で公使とミヒャエリスの接触が始まり、「私は三年間、独逸学協会学校の講師として東京に行くことになった。たっぷり旅費をもらった上、一万五〇〇〇マルクの年俸が貰えることが決まった。この年俸は日本での生活には、十分過ぎるほどとのことであった」。

「ところがその時、青木大使（公使）がしきりに強調したのは、この私が法学博士の肩書をもって日本に乗り込むことであった。そこで私は答えた。博士学位試験なら今すぐでも受けられるが、そのための金が問題だと。すると青木大使は、支度金の上にさらに、学位試験料を上乗せしてくれた」。それでイエーリング教授が法学部長であり博士試験の委員長でもあるゲッティンゲンを選んだ。イエーリングが「私の特別事情を十分飲みこんでいることが、あらかじめ確認できた」という。

当然にミヒャエリスは博士となるが、一八八五年のゲッティンゲン大学法学部の博士学位試験料は四五九マルクと決められていた。八〇年当時の学生下宿の部屋代は一カ月一二～二〇マルクで、仮に一五マルクとして計算すると、二年半分の値段となり、「学位は金で買い求めるもの」であったと記す。鳥居によれば、独逸学協会学校の生徒五〇〇人は毎月一円の授業料を支払っているが、他のお雇い外国人教師分も含めると、とてもそれくらいで賄いきれるものではなかろうし、文部省、外務省、司法省からの資金供与があってこそ可能な事態であったろう、という。

青木の経歴をみると、確かに一八八〇（明治一三）年、二度目のドイツ公使となり、オランダとデンマークの公使も兼ねている。八六（明治一九）年、井上馨外相のもとで外務次官となるまで駐在して、帰国すると条約改正案を起草する。八九（明治二二）年に枢密顧問官、ついで山縣内閣の外相となり、その後、松方内閣でも外相を勤めている。公使館はお雇い外国人を呼び集めるくらいの資力も権力も有していたようだ。

## 退学の前後と荒尾精との再会

明治二二年六月一日、鳥居は突然「独逸協会学校退学ス」と記す。その理由について述べる。

「予頃来前途上ノ事ニ付深ク思考スル所アリ、之ヲ松村ニ謀リ又佐々先生に謀ル、與ニ其協賛ヲ得断然黌ヲ退学スルニ至レリ、尋常一般該黌ヲ卒業スレバトテ終ニ予ノ腹ヲ療シ得ヘキニ非ス、予少小ノ時ヨリ自ラ誓テ曰ク、男児飛テ冲天ノ鵬タラスンハ大海遨遊ノ鯤トナラン何為レリ偸安遊佚ノ徒トナリテ槽櫪ノ間ニ駢死スルヲセンヤ、人間萬事只是閣龍カ卵只起業スヘシ、其間必ス才力アリ妙法アリテ事必ス成ラント、且ツ従来日本人ノ卑屈ナルヲ慨シ居タレハ斯ニ自ラ奮テ暴険起業ノ志ヲ起シ当校退学ノ挙ニ及ヒタルナリ」

これがその日の感慨である。協会学校を卒業しても大望を果たせるとは限らない、というにしては、「暴険起業ノ志」が何であるか明言しない。「従来日本ノ卑屈ナルヲ慨シ居タレハ」ともいうが、それが後述する「南洋」への関心に転換するのか、明らかでない。

さて、この間の日記をふりかえると、やはり中国漢口から帰朝した荒尾精の存在が問題である。

荒尾は、明治「十六年春、君、歩兵第十三連隊付に補せられ、熊本に赴」くが、中国への関心が強く、連隊に遣清留学生であった御幡雅文が着任すると「請うて官舎を共にし隊務の余暇支那語を学習」するとともに、済々黌にいた鳥居とも交わりをもったのち「十八年を以て参謀本部支那部付に転」じ、「翌十九年春、官命を奉じ始めて清国に遊ぶ」。中国調査三年、「日清貿易研究所を上海に創設するの案を具し、二十二年四月を以て帰朝」している（以上は井上雅二『巨人荒尾精伝』明治四三年刊）。

「客窓要録」によれば鳥居は、二二年四月九日「清国漢口楽善堂主人荒尾義行氏帰朝セラル。予同氏ト舊知アレハ此日夕刻ヨリ氏ヲ赤坂葵町ノ寓居ニ訪ヒ夜更ケテ帰黌ス」と接触している。これに続くのは四月二七日に突然「姉夫松村秀實上京ス。予頃ロ前途志業上ノ事ニ付深ク思考スル所アリ。幸ヒ姉夫上京ニヨリ之ヲ熟詰ス、姉夫亦予ノ志ヲ好ミシ大ニ之ヲ可トセリ」となる。荒尾に再会して一八日後になぜ「頃ロ前途志業上ノ事ニ付深ク思考」するようになったのか。そしてすぐに続くのが六月一日の「退学」の件であり、この間にどんな心境の変化があったのか説明はない。

逆上って二二年の年初からみても、前年五月から八月まで「身体營養上非常ノ働アリト聞キ」行なっていた冷水浴を、元旦から「再ヒ冷水浴ヲ始ム」と体力づくりに気をつかっている。二月一日には「協会学校定期試験アリテ三級後期ニ進級ス」と順調に進み、二月一一日には「帝国憲法発布」に歓喜する世情を述べる。ところが、三月一一日には「夕刻俄ニ喀血シ伏蓐十日服薬殆ント三週日」と、上京後二度目の喀血をしている（最初は二一年一月一一日「夜三時俄ニ喀血シ伏蓐一週日、服薬四週間」であった）。友人たちの看護に感謝し、幹事の亀井英三郎（のちに警視総監）には「薬用費等ノ凡テヲ辯セラレタリ」と世話になっている。そして四月九日の荒尾との接触に続いていく。

これは健康問題に気をつかいながらも協会学校では進級を続け、帝国憲法発布を「四民歓呼、全市如湧」「邦家ヲシテ泰山ノ安キニ居カシムルモノ」と感じながら、一方では二度目の喀血にあうなかで、荒尾との再会に至っている。喀血といえば肺結核であろうし、当時としては生命の危機を感じるのが一般的であったろうに、日記には不安な様子はない。

## 胸中の煩悶、外国事業に関心

明治二二年六月一二日「荒尾氏ヲ訪フ」と、荒尾は天下の大勢を説いて頻に支那渡航を勧める。再会から二カ月後になって初めて渡清にふれる。荒尾は佐々とも話しており「宜シク恃ム」との答えをもらっているという。そこで思っていることを腹蔵なく述べる。「元来予ハ外国事業ヲ熱心企図スルモノニシテ予カ協会学校ヲ退キシモ全ク之ニ起因シ、早晩日本ノ邦土ヲ辞シテ何方ヘカ向カハント決心シ居レリ」。まずは「南洋事業ノ将来頻繁トナルノ機勢アレハ…人ニ先シテ此ノ土ニ向カハント欲セリ」。あるいは「之ニ当ルノ好都合ヲ得サルノ見込アラハ、第二ノ策トシテ支那ニ赴キ、身ヲ荒尾氏ニ投セント始ヨリ予モ同氏ニ望ヲ有シタリキ」「将タ又浦鹽斯徳カ『ウワングーワー』以上四ケ所ノ内孰レヘカ…向ハント之ヲ佐々先生ニ謀ル」と「先生モ亦南洋事業ヲ好シトシ当時福本誠、曽沼ナル者ヲ…呂宋島『マニラ』府ニ渡航中ニテ」、彼らが七月ごろ帰朝の予定なので、それを待って決めようということで、ほぼ南洋遠征を決心していたところ、渡清の話。荒尾とのやり取りを延々と綴るが、結局決めきれず「予カ去就ハ只先生ノ一言ニ任センノミ」と、七月中旬に佐々と荒尾の「談合」で決めることにした。

その後、幾度となく荒尾を訪ね、将来の企画を質してみると「氏ハ実ニ当世紀第一流ノ人物ナリ」「予豈ニ喜テ之ニ従ハサランヤ」とすっかり意気投合して支那渡航することに決める。そこで一応、母親の「御許シヲ得」ようと、九月一九日には帰郷の途につき、二九日には帰熊、母と相談するが、なかなか同意を得られない。年末に来熊する予定の荒尾を待って五〇余日、姉弟間の悶着もあったが、一二月二四日に荒尾が到着する。「直ニ訪ヒ得ス」にいると、荒尾と接した気配の母から「荒尾氏ニ従ヒ渡清致スヘシト意外ノ御事」、三カ月ぶりに解決となる。「此ヨリ五月マテ郷里ニ在ルモ一家ノ内事上都合宜シカラサル事多ク、又勉強ノ都合モアレハ今一応上京スル事ト決タリ」。しかし実際に中国へ出発するのは翌二三年秋になる。ここで思い出されるのは、例えば石光真清の例、あるいは宗方小太郎ら済々黌関係者の動向である。

## 助言と結縁・二つの出会い

論題とは外れるが、「客窓要録」にみえる二つの出会いに留意しておきたい。

支那への渡航を母親に認めてもらって帰京する途中、岡山の藩校であった閑谷黌に西毅一を訪ねて歓待されている。明治二三年一月二四日のことであるが、西は藩の外交応接方をつとめ洋学振興を図ったほか、一二年には国会開設運動を組織し、自由民権運動を指導、第一、二回の衆院選に当選。晩年は閑谷黌で教育に専心している。「西氏の人となりを荒尾氏より聞」いて山間幽辟の地に孔聖廟や「寄宿舎講堂を合せて五六棟」ある同黌を訪ねたのだが、実は佐々友房と安達謙蔵も一七年に訪問している（「安達自叙伝」二四七頁）。一泊話は教育に始まり「氏か明治二三年頃支那に赴き又七年頃再ひ支那に赴かれし話」などを聞いている。一泊していけと勧められたが強いて帰ろうとすると、氏の友人の「詩稿に己の序せる北南遊記と題せる一書」を贈られている。やはり支那情報を求めているようだ。

最後に、その岡山から京都の姉夫長谷川方に立ち寄ったところで、一月二八日「一乗寺村林岳寺に至り天田鉄眼を訪う。種々法話を聴聞し傍ら世上の談に及ふ。師喜色面に溢れ予を遇する頗る懇待を極め多り」とある。天田鉄眼（註7）が禅僧になる経緯に触れ「師の経歴等は委しく血写経なる一冊として世間に露布せり」

とあって、仲介なしに訪ねたようだ。「明二十九日、再ひ師を訪ひしも不在にて帰家す」と会えず、「三十日更に同師を訪ひ法話数刻、別を告げ」ている。三日も続けて訪ねるとは余程に気に入ったのか。この天田は、のち、鳥居の京都時代に交わりを深め「日本」新聞の陸羯南との出会いに一役かうことになる。

## 註

（1）高森良人『有斐学舎八十年の足跡』（昭和三九年刊）によると有斐学舎は、まず津田静一、佐々友房、高橋長秋らが米田虎雄、安場保和、山田信道らに謀り、細川護久に資を仰ぎ、東都に遊学する俊才のために明治一四年五月ごろ（一三年説もある）東京本郷区駒込の吉祥寺内に紫溟学舎を設けたのに始まる。一五年、有斐学舎と改め本郷区真砂町に移り、さらに同年、麹町区富士見町に移る。一六年には本郷区西片町へ移り有斐学校と改称。「八棟からなる陸軍士官予備校で、その一部を寄宿舎とし、校長、教頭を置き、普通学科のほかにドイツ語まで課した」。隆盛に赴き、一九年井上毅校長（後の文部大臣）時代には皇太子殿下（後の大正天皇）の来観があったほど。「然るに何故か、二十年には学校を廃止、文京区上富坂町に移り、元の有斐学舎に復してしまった」とある（同書五頁）。二七年には火災に罹って文京区同心町へ。三二年、三たび本郷区台町に移り、新築移転まで一時閉舎。三四年、細川家の寄付一〇万円を基金にして肥後奨学会を組織。三四年一〇月、茗荷谷町の台地八四四坪の借地に七三〇〇余円で二四〇坪の新舎に移り、近代的学生寮となる。三五年一月、財団法人に。三月一六日、開舎式。

高森は二七年の火災のせいか、資料が残っていないので明確な「年史」にできなかったと断っている。また有斐学校から有斐学舎に復帰するのが二〇年とあるが、「舎長・校長・教頭・幹事一覧表」（一八頁）では二一年になっており、さらに鳥居「客窓要録」には明治二三年「三月廿八日、有斐学校、小石川上富坂町十五番地に移転し、有斐学舎と改称す」としてあり、一致しない。

昭和一七（一九四二）年に文京区高田老松町の細川邸の一部を貸与、移転。五一（一九七六）年、埼玉県志木市に新築移転。財団法人肥後奨学会の学生寮（この部分『熊本県大百科事典』）。

なお『野田先生伝』では「有斐学舎は高橋長秋氏の発意で創立されたもので、当時東京に遊学する熊本の学生の為に、宿舎の便宜がなかったので、高橋氏が、その宿舎の設備を発意して、熊本県出身の先輩を説き、細川侯爵家に話し込み、経費の支弁を受けて、創立された」と述べる（同書七二頁）。同書は野田に聞き書きしたものである。

（2）鳥居赫雄の義兄・松村秀實は京都に家を構えるが、明治一九年ごろは大阪府の役人をしており、済々黌への寄付者名簿の「大阪府在官」の頁に名前がみえる。「客窓要録」明治二三年八月九日には「福島県西白川郡長に転し、家族一同当地（東京）に立寄らる」とあり、転任している。

（3）『有斐学舎八十年の足跡』の「舎長・校長・教頭・幹事一覧表」（一八頁）によれば、二〇年には有斐学校であり、校長は高橋長秋、幹事が志水源吾・池辺吉太郎。所在地は小石川区上富坂町となっている。二一年には有斐学舎となり、舎長が高橋長秋、幹事が亀井英三郎、土屋安貞となっている。

しかし、千場榮次『高橋長秋伝』（昭和一三年刊）によれば、明治一九年四月一〇日高等中学校官制が公布され、文部大臣森有礼が、当時大分県書記官だった古荘嘉門に懇願して一高校長に任命した。古荘は、かつて済々黌教職員であった、当時内務省警保局にいた高橋長秋を幹事に登用、同じく済々黌教員であった守田愿を舎監にして、三人は一高を「済々黌風に化した」とある。つまり、すでに高橋長秋は有斐学舎を離れており、「八十年の足跡」の「一覧表」既述はずれて、間違っているようだ。一高関係年表とも一致しない。鳥居はどんな縁があって、学資を高橋に相談したのか。高橋と鳥居はのちに大阪で終生の友となる。

（4）「ギムナジウム」とは古代ギリシャのギムナシオン、体操場に由来するドイツの伝統的な中等学校。本来は古典語（ラテン語・ギリシャ語）、古典的教養を重視し、大学に接続する指導階層のための学校。フランスのリセ、イギリスのパブリックスクールに相当。

（5）北白川宮の御令旨。「中古独逸国、十五世紀及十六世紀ニ至リ、学運隆盛、自国ノ学風ヲ創造シ、遂ニ欧州文学淵叢ノ称ヲ得タリ。（中略）我国今日ノ勢ハ、実ニ独逸当時ノ勢イナリ。他邦ノ種子ヲ撰ヒ、以テ我国ノ田園ニ播蒔シ、以テ我国ノ開明美果ヲ収穫スルハ今日余輩ノ任ナリ。諸子勉メヨヤ」（『独逸学協会学校五十年史』一四頁）。

（6）ゲオルグ・ミヒャエリス（一八五七〜一九三六）は明治一八年から二二年まで東京帝国大学で法学の教鞭をとっている（協会学校は兼務か）。帰国後一九〇九年プロイセンの大蔵次官、一七年食糧庁長官。一八年帝国宰相、プロイセン首相。軍部と議会多数派の間にあってなにもなし得ず、三カ月半で退陣。（以上は「コンサイス人名辞典」外国編）
ミヒャエリスは、有澤廣巳『ワイマール共和国物語』上四四〜四八頁にも登場する。「プロイセン州の農務省次官であるということぐらいしか知られていなかった」が、第一次大戦中に「最高司令部の傀儡」として「一九一七年の七月」（人名辞典と一致しない）から首相を務める。しかしすべての党が支持せず一〇月末辞職と評価は低い。

（7）関係書籍での鳥居と天田鉄眼との接触は、鳥居が日清貿易研究所を病気のために退いて帰国後、明治二四年異母姉を頼って母子で過ごす京都時代に始まるとするのが通説になっている。清国への渡航前にすでに知り合っていたわけで、それはおかしい。また鳥居の京都とのかかわりでは、名前を記されない松村夫人（一九年の上京時に立ち寄る。二三年には松村が福島県郡長になるので移住）と長谷川喜登（二二年の帰郷時に九年ぶりに会う。二三年の上京時にも立ち寄る）の二人の姉がいて、京都を通過する度によく南禅寺や疎水工事を見に出かけて関係が深い。

# Ⅳ　日清貿易研究所に転ず

## 荒尾戦略の構想と凋落

### 遊滬の途に上る

さて、鳥居赫雄の日清貿易研究所における生活、学習などを鳥居の「遊滬日誌」を中心にたどってみる。日誌は、一八九〇（明治二三）年九月三日から始まる。

「午前七時、郷家を辞し遊滬の途に上る。阿母六十二、涙を忍ひ門前に至らる。予、胸中実に惨然多るものあり」

八九年六月に決心し、年末にやっと母の許しを得て「滬」つまり上海への渡航を決め、八カ月余りも出発を待っていた二三歳の一人息子の胸中である。自宅のある本山村から「春日村十字橋に至り同行を待つ」と、竹馬の友・林市蔵、中村亀記ら五人が見送りに来る。同行する松倉善家、井口忠治郎と落ち合って、三角へ向け「三人車を並へ諸氏に別を告て去る」。宇土を過ぎたところで、同行する古庄弘と石原朝平が追いついてくる。午後二時に三角港に到着、「油屋に投宿」。別れてきた中村亀記が夕暮れ「離別を惜しむの情に堪ゑす」と現れたので「その夜は留宿」、松倉らは先に肥前茂木港へ出発する。翌四日、将棋を指して日を送り、午後六時中村と別れ、汽船加茂川丸に乗る。夜一二時に纜《ともづな》を解いて、五日朝六時半、長崎に着港する。

「直に合宿所なる当市上町本蓮寺に至る。生徒既に六十余名集り居れり。其日二三人相伴ひて当市中を見物し夕刻、今町緑屋に至る。所員宗方小太郎、同宿に居けれハ予ハ留まりて同宿に一泊す」

宗方は元治元（一八六四）年生まれで、鳥居より三歳年長。済々黌時代に明治一七年、佐々友房に従って中国に渡り、自らは中国に残留し、荒尾精と知り合ってこの企てに協力している。

六日夜一〇時「汽船横浜丸着港す。同船には荒尾所長始め生徒六十余名乗込み居けれは」出迎えに埠頭へ。翌七日「生徒百三十余名、三組に分かれ、…乗船する事になり」乗り継ぎの端舟に乗ると、「岸上人の山を築き予等の壮遊を送る。一同横浜丸に乗移る。后一時三十分愈長崎港を出帆す」。

実は、この出発の模様は『巨人荒尾精伝』（明治四三年刊、以下「荒尾伝」と略）では「九月二日、君は職員生徒約二百名と横浜を出帆し、九日春申江頭に着し、先づ領事館を訪ふ」としか記録されていない。これでは全員そろって横浜港から出航したとしか読めない。そのためであろうか、生徒の半数が長崎から乗船したことは、それ以降の新妻莞『新聞人・鳥居素川』（以下「新妻本」と略）や『東亜同文書院大学史』（以下「大学史」と略）などにも記録されないし、全員が横浜から出航したことになっている。鳥居日誌によって初めて判明した事柄であり、研究所員宗方の役割も一層明らかになった。

八日には「一葉の汽船、洪波渺茫の間に在り鯨鰐出没す。壮士百五十余名、其船中にあり。意気昂揚実に言ふへからす。海神も其威に畏れ風波静穏、況んや二百十日の風日は其前日の七日なるをや」と記す。

## 英租界に三棟の校舎

九月九日「朝十時、無事、清国揚子江口呉淞《ウースン》に着す。夫れ想像は実に過くるを例とするに揚子江は実に預想外の大河なりし。斯る大河を有する支那人常に大法螺を吹く、亦無理ならすと思ふ」と大河に驚いている。

「時恰も干潮の時に際し且つ横浜丸も重量の貨物を積み居れは、此処に投錨志高潮の時を待つ。后二時一同他の小蒸気に乗替へ黄浦河を遡る。六里にして（一時間余）上海（上海郵船碼頭）に着す。時に后四時。荒尾所長引率にて日本領事館に至り、庭内整列す。鶴原（定吉）領事出来りテ一応の挨拶をなし且つ衛生の注意を促さる。是より直に英租界労合路（西の億金理の）、日清貿易研究所に至る。時后五時。其夜、荒尾所長より一場の演舌ありて、無事着清を祝し酒饌の饗あり」（カッコ内は「大学史」による。）

研究所の場所や様子について「大学史」は次のように述べる。

「校舎は英大馬路北、跑馬場＝競馬場＝近くで、泥城橋のかたわらにある。中国家屋十軒を三棟に改造接続したもので、一棟は学生の寄宿舎にあてられ、階上が自習室、階下が寝室であった。一棟は教室で、第一教室の下が受付と応接室、第二教室の下が学生倶楽部、第三教室の下は柔道場であった。残りの一棟は主として職員の住宅にあてられた。」（「大学史」二九頁）

また「荒尾伝」には「前に派遣せる委員高橋謙らの準備に成る英大馬路泥城橋畔の仮校舎に入り…」（同書五〇頁）とあるので、現地で高橋らが事前に受入れ態勢を整えていたようだ。

さらに「大学史」には「注　根津の研究所回想談」として当時の上海の模様を、人口は二〇万内外、外国人は極めて少なく、上海在留邦人は醜業婦まで加えて八〇〇人。マラリアは猖獗を極め、風景は頗る開けず、研究所の二〇〇人の青年が申城（上海）に乗り込み街道を闊歩すると、軍隊と謬解された、などと述べてある（かつて上海で研究所の所在地を探したことがあるが、開発が進み、発見できなかった）。

さて、研究所の開所式は九月二〇日に行なわれる。鳥居日誌はそれを次のように述べる。

「早朝、競馬場にて荒尾所長始め所員生徒一同の写真を撮り、后一時より式始る。生徒中庭に整列し先つ所長の祝詞朗読。終りて各府県知事の祝詞一二章を朗読し、生徒の答辞あり。其間絶ゑす奏楽ありて、洋々の聲湧き紅燈千点星の懸かる如く其他種々の飾付等あり。式終りて美酒佳肴の饗応あり、日本料理にて一同云はん方なき喜びなり。高歌放吟十分の歓を尽くし…夜又一同、中庭に集り唱歌を奏す」

## 校歌の作詞者

このあとに唱歌に関するエピソードが鳥居日誌に記される。

「中に秋津洲根の歌一首あり。三班生徒一同、節を合せ聲高く唱ゑ一節一節に満場の拍手を搏す。何そ計らん、此歌は予か病室に在りて懶《ものう》きの余り新体歌に傚ひ戯作せしものなるを、其前々夜、予、無名子を以て其歌を投せしか、今日開所式の歌となり、盛式に生徒一同此歌を唱ふるを聞けは可笑しくもあり快くもあり。其日又競馬場にて運動会の催しあり。競走、旗奪等非常に盛んなりしか、其終に赤白青の帽子列をなし、右の運動場を練り廻りしか、其時亦多、秋津洲根の歌を唱へつゝ進行せり。傍より聞き居りし予の心実に可笑しく覚へしなり。其歌左に笑覚にまて」

自らが「校歌」の作詞者となった経緯を紹介しているわけで、その歌詞を日誌に拾う。

一、秋津洲根の大丈夫か　百と五十数打揃ひ
大海原に乗り出てゝ　遠く唐土の呉の地に
至りし心人問ハゝ　看よ看よ他日其時を
雲も霽れつゝ空澄みて　亜細亜の月も照り出てん　照り出てん

二、海を烹るへし山を鑄よ　黒鉄鞭を手に執りて
馳らむ悪魔に策てや　艱難辛苦ハ飴そかし
嘗て試さん我心　戈壁《ごび》の砂漠に昼寝して
比馬拉亜山に枕せは　亜細亜の花も咲き染めん　咲き染めん

三、春申河頭の春の花　滬城々外秋の月
清き詠《ママ》めは変りなく　心を照せ香を放て
共に戴く桜花　操を花に擬《なぞら》へて
我大皇に尽しなは　亜細亜の雪も馨りなん　馨りなん

四、港々に艦を留め　旭日の御旗翻へし
互に有無を通しなは　家も栄へつ国富みて
□の事も足りぬへし　競ひ競ひて励みつゝ
遠く彼岸に達しなは　亜細亜の光輝かん　輝かん

鳥居は、病室にあって物憂いなかで書いたと記しているが、確かに上海到着後、四日目の九月一三日、試験が始まったのに「朝より寒冒の気味あり。気色快からす」となり、翌日には「頭痛激しかりければ医師の診断を請ひ服薬す」となる。一旦は「終日無事」に戻るが、一八日には「頭痛激しく沈鬱、且つ少々下痢の催ありて腹痛す。依りて本日より病室に入り療養を加ふ」。その後も健康すぐれず、病室で過ごしている。そんな気分で書いたにしては、寮歌風に誇大に謳う箇所があり、秋津洲根があり、大皇に尽しなば、とはなんだか物騒な感もある。それだけ当時の考えが新体詩らしく、直截に出ているか。

実はこの歌、「大学史」には「日清貿易研究所　校歌　鳥居素川作詩」として収録されている（同書七三九頁）。しかし、若干の書き換えもなされている。「秋津洲根」が「秋津島根」になり、「呉の地」が「呉の空」に、また「馳らむ悪魔に策てや」は「弛るむ悪魔にむち打てや」となり、「我大皇に尽しなは」は「互に勇み励みなば」となり、「□の事も足りぬへし」は「足りて裕らふ習なり」と変更されている。

なお、研究所は生徒たちに衣服も支給している。一〇月五日「本日、羅紗黒服を下渡せらる」とあり、一〇月一三日には「黒小倉服一着渡さる」。寒くなって、一一月一日には「外套下渡せらる」ともある。

## 荒尾精と創立の理念

ここで荒尾精の経歴を述べておきたい。一八五八（安政五）年、尾州琵琶島生まれ。一八八二（明治一五）年に陸軍士官学校を卒業、少尉に任官し、八三年に熊本鎮台に赴任（この時、済々黌の鳥居らと接触）。八五年、参謀本部支那課に転任。八六年に清国に渡り、三年間現地調査、八九年四月に帰国して、復命書を提出する。その中で、結論として貿易振興を優先すべきだとして、貿易商会と付属研究所の設立を提唱する。そのために自らも軍籍を退いて生徒募集のため全国を遊説するが、博多で行なった演説からその本意を拾う。

「軍備拡張に意を用ひ、精密の調査を遂たるに、不充分ながらも、今後十年間参千萬円宛の支出を仰がねば、其準備上覚束なき算用なり。併ながら日本当時の身代では、兎ても此支出は六ヶしく、…（御下賜や）…義捐の挙はありたるが、まだ以て充分の軍備を張るに足りませぬ。そこで私も大に考ふる所あり。外国に対等の力を有し、我国威を拡張するには、商工業の発達を謀り、外国より金銭を引入るゝの手段に越す者あるべからずと考附き、私も単に現職（参謀本部）に従事し、洋劔を佩び、肥馬に跨りて、一時の外観を衒うに過ぎませねば、遂に軍人社会を脱し、商工業者の御仲間入をして、商工業の周旋役とは身を変じました。…欧米各国の如きは人民生活の度、遥に我国の上に位し、其習慣風俗も異なり、且つ美術の発達せる国々なれば、彼に劣りたる我力を以て、通商貿易を試むるも、其利益決して期すべきにあらず。之に反して西隣の支那国は、風土人情より百般の関係、総て我国と類似し、且つ道程の遠近、固より欧米と日を同うして語るべきにあらざれば、所謂易より難に進むの順序を踏みて、茲に断然日清貿易の務むべき理由を得て飽まで之れを完備せしめんと奮起したる次第であります」（『荒尾伝』三八～三九頁）

これは参謀本部にいた軍人が三年間の中国調査を経て結論づけた考え方である。つまり「我国威を拡張」するためには「十年間参千萬円宛の支出」を要する軍備拡張は難しいので、商工業発展を踏まえた日清貿易の振興と、そのための実務者養成が緊要であるとの考察は論理的に展開されている。

荒尾のこの考え方には、あるいは上海での草分け岸田吟香の影響があるかもしれない。岸田は横浜にいた米人医師ヘボンを知り、和英対訳辞書の編纂に協力し、その印刷刊行のために一八六六（慶応二）年、上海に渡って『和英辞林集成』を完成。七二（明治五）年には「東京日日新聞」を創刊、主筆を務めたあと七七（明治一〇）年には辞めて、銀座に楽善堂薬舗を開き、ヘボンから伝えられた点眼薬「精錡水」を販売し成功、七八年には上海に進出し、日清の経済提携をねらって貿易振興に務めている（「大学史」一四頁）。そして荒尾の三年間の現地調査にも協力、荒尾は漢口で楽善堂支店を開いてカムフラージュしている。思うに岸田の場合の商品は点眼薬や雑貨、書籍であるが、荒尾の場合の「商品」は「研究所」であるかもしれない。それにしては研究所は経費を要し、直接的には利益を生まない難点がある。しかも荒尾は貿易振興の前提を人材育成に求めたのであるからスパンは長い。

## 何を教えたのか

では、研究所ではどんな教科を教えたのか。「大学史」によって「第一年学科予定表」をみると、一年間は前半季、後半季に分けられ、それぞれ前期・後期からなる。教育内容は清語学が会話口授を週に一二時間、英語学が綴字・読本・会話口授（後半には習字・作文も）を六時間、商業地理（前半にアジアの部、後半に支那の部）が三時間、支那商業史（前半に太中古の部、後半に中世の部）三時間、簿記学二時間、和漢文学一時間、作文二時間、商業算三時間、習字一時間、臨時講義として貿易上の心得を一時間、ほかに柔術・体操（古式・兵式）が六時間あって、合計週四〇時間となっている。

さらに前半季の後期から商務実習が始まって度量衡使用法、日清貿易品研究、各種商業の組織と営業の方法、研究所模型の実践、商会の実習などが三時間、六時間、八時間と増える。最終学期には経済学（経済原論・貿易論）と法律学（法律原理・日本商法）もそれぞれ一時間加わって、合計で週四八時間の授業となっている。

週六日として平均一日八時間の授業があることになり、年間通してみると清語と英語、柔術・体操の時間が多く、商務実習が増えているのが目立つ。

研究所では日曜日のほか、本国の祝日や行事に合わせて「休業」しているが、年末は三〇日から正月五日までが休日になっている。また試験は、上海到着直後の九月一三日から一七日まで行なわれているが、これは選抜時に次ぐ事前の試験であろう。一学期試験は九一（明治二四）年三月一〇日～一三日にかけて行なわれている。その後については、鳥居が四月一七日には病気のため帰国するのでわからない。

また教職員をみると、熊本鎮台で荒尾精に支那語を教えた御幡雅文が華語を担当しているし、書も教えている。さらに生徒を三班に分け、班ごとに幹事を一名置いたが、第一班の幹事は宗方小太郎が担任している。「生徒心得」として「国際環視のなかにあるので、…清国人は固より各国人に対しては決して軽薄の動作を為すべからず」と戒めている。（以上「大学史」三一頁）

## 揺れる研究所

ところで荒尾所長は上海に常駐してはいない。金策のために帰国したことを鳥居は感じているようだ。

〈一八九〇（明治二三）年〉

一一月一五日＝「荒尾所長、愈帰朝せらるゝに付き一同、波止場まて見送に行き、汽船横浜丸の抜錨まて待ち居多り。所長は其甲板に在り帽を握りて別を惜まるゝものゝ如し。十二時出発」

〈一八九一（明治二四）年〉

二月一〇日＝「此日、荒尾所長、帰滬あるへき預定なれは竊に心待ち居りしも遂に帰所なかりし」

その半月後になって、やっと荒尾が帰ってくる。

二月二四日＝「荒尾所長、本日帰所せられ多り。中庭にて生徒一同に簡単の挨拶あり多り」

二月二五日＝「所長帰所あり多るを以て、本日諸課休業にて、午後四時より酒菓の饗あり大に歓を尽す。而して所長の土産として新デスク懐中字書一冊宛一同に給せられ多り」

さて、どんなあいさつであったのか。二六、二七日の日誌はない。ところがその翌日になって判明する。

二月二八日＝「夜、荒尾所長の演説あり、其大要に曰く。此研究所の成立す事に就き始め内閣諸公の大に賛助せらるゝ所あり。約するに十万金の保護を與ふるを以てす。其後俄に政府の事情許さす。陸奥大臣、田辺山林局長等の拒む所となりしを以て、終に諸賛成者の醵金に依りて渡来する事となり、初志と大に異り已を得す斯る今日の境遇を保つに至る。行く行く謀りて将に諸君の満足を得に至るへし。而して商会及陳列場の儀ハ暫時見合する事となし、三年を期して必す大商会を組立すへし。…義気あるものハ唯所長の胸中を察して益感奮の念を起さゝるへけんや。只生徒共薄志弱行、義あるを知らす、情あるを知らす、軽薄相追ふて滔々目前の利に之レ迷ふ故に演説を聞き大に失望の色を見多り。…」

ここで初めて研究所の前途が危うくなっていることが明らかになる。鳥居ら「義気ある者」を除き、生徒に失望の色が見えた。

## 三〇名退学し、一段落

生徒のなかには事態を憂慮するものがあって、こじれる。

三月　二日＝「夜又、荒尾所長の談話あり多り。兼て不平を鳴ら志居多る者共三十余名、連署を以て所長に建議の如きものをなし、所長に迫る所ありしを、所長ハ之を鎮めん為め、生徒将来の目的及東洋の大勢を察し当所の生徒多るものハ大に勉めさるへからすと大に励まし且つ慰めて丁寧の談話ありしも、却って渠等の卑怯心を惹起したる様に見ゆ」

その後の生徒らの動揺については、鳥居の日記は触れないが、「大学史」がその間の事情を明らかにする。

「荒尾は二十三年十一月初旬、政府の補助金受領交渉のため帰国し、漢口から根津を迎え、所長代理として後事を託した。政府は研究所に対する年間経費一万円の支出を内定していたが、当時の第一議会においては、自由・改進両党の合同勢力が政府の財政政策を攻撃したため、予算の大削減を強いられ、約束の補助金支出は実現できなくなり研究所の運営は重大な障害につき当たった」（「大学史」三二頁）

「年間経費一万円の補助」と日誌の「十万金の保護」とは、どんな計算になるのか。「大学史」は続ける。研究所が「荒尾から資金の早急調達不能の通知を受けたのは…師走二十八日のことであった。…当時の上海の商習慣に従って、とりあえず向う三ヵ月払いで迎春用品を買い込み、異郷で最初の新年を祝うことができた。その補塡は楽善堂の信用によって多量の苧麻を購入、さらに三井洋行の力を借りて荷為替を取り組み、現金にかえるといったことで急場を切りぬけた」「窮迫の事態は学生らに察知され騒擾化の様相を呈した。

これに対し所長擁護派学生が反撃、所内は騒然とした状態になった」。ここで帰所した荒尾が対応して「あくまで納得しない三十名の退学を命じて事態は一段落した」（同）とある。

鳥居の日誌よりも状況はきびしく、退学、離脱者を出して決着している。この間の鳥居の動きを追うと、善後策をさがしているようにみえる。荒尾所長の最初の演説があった翌日、

〈一八九一（明治二四）年〉

三月　一日＝「日曜日。午後より森（安治）、清田（十八）等と安田彌蔵の下宿に至る」

二日に再度の所長演説があり、動揺がピークに達したその五日後に、

三月　七日＝「夜に至り荒尾所長及ひ高橋謙と安田彌蔵の下宿を訪ひ十一時過き帰舎し多り」

高橋は上海で校舎を建てる役目にあった研究所委員であり、安田は熊本人で郵船会社に勤めている。日誌は一〇日から一三日までの一学期試験と一四日から一六日までの休業を月末になって、記す。

三月二五日＝「安田彌蔵、愈当所の幹事となり、一昨日より研究所内に移られ多り。宗方等、暫時、閑暇の身となれり」

これは今回の「退学事件」をめぐる後始末として、郵船会社から熊本県人安田彌蔵を招いて、宗方には暫時身を引かせた、との読み方ができるようであり、鳥居もその一端を担ったと受け取れる。

## 上海を観察すれば

初めて上海の地を踏んだ二三歳の鳥居赫雄が、現地で何を感じたか。その前にまず日本と中国・朝鮮をめぐる当時の情勢を簡単にふり返っておきたい。

一八八四（明治一七）年六月には、佐々友房が宗方小太郎らを伴って視察した清仏戦争が始まり、八月には台湾基隆での攻防のあと、福州で清仏艦隊の海戦があって、福州艦隊が敗れる。しかし一八八五（明治一八）年四月停戦、六月に天津講和条約を結んでいる。

一方、朝鮮京城では八四年一二月、親日派クーデターがあって、熊本出身の公使竹添進一郎が日本軍を率いて王宮を占領したのに対し、清軍が王宮に進撃し日本軍は敗北、竹添は済物浦へ退去する、いわゆる甲申事変が起きている。八五年四月に天津条約に調印し、朝鮮からの日清両軍の撤退を約束。さらに八六（明治一九）年八月には長崎に上陸した清国水兵数百人が日本人巡査と乱闘、双方に死傷者が出ている。

また、八八年（明治二一）九月、日清条約改正交渉が難航して中止となり、清国はその年一二月に北洋海軍を成立させ、翌年三月、光緒帝の親政が始まっている。

### 渠等が商権専断、悪くむべき

そこで、鳥居の上海での動きを「遊滬日誌」から拾い出す。

〈一八九〇（明治二三）年〉

九月一一日＝「市内を散歩す。大廈高屋巍然として櫓を連ね天に聳ゆ。皆洋商人の住する所にして渠等か商権を専断するの様、実に悪むへきの至りなり。支那街ハ如何なる広途、奇麗なる場所も一種の臭気ありて鼻を衝く。実に厭ふへきの至りなり」

到着して三日目にさっそく市内に初めて出たときの感想である。聳える高層建築が洋商人の住むものであり、「商権を専断するの様、実に悪むへきの至り」とみる。また街の臭気を嫌っている。

九月一二日＝「午後三時より一同、競馬場に散歩す。競馬場ハ英人の設くる所にして内に打球場等あり。広々として青芝繁茂し実に好散策場なり。校を去る僅に一丁内の処にあり」

九月二三日＝「此日、日曜日に当り多れハ宗方小太郎、三池（親信）、松嵜翠、片山敏彦と同芳茶館に登る。種々異様な菓子を喫し、最も口に適し多るハ蓮実の砂糖漬及ひきん柑の蜜漬なりし」

九月二九日＝「午後より市内散歩し、清田十八、松倉善家と楽善堂に至り、糸川直元を訪ふ。夫より外国公園に至る。公園ハ黄浦河に沿ひ境域甚多広からさるも、景色甚多美に風雅なる休憩所等あり。且つ種々の花卉を植付け香気人を襲ひ心志自ら清爽となる。又移りて花園を観る。種々異様なる珍木奇草を蒐めあり。一寸面白き一小園なり」

一〇月一五、一六、一七日＝医師の診断で運動するように言われ、競馬場の「青芝の上に横臥」して、送られてきた「日本」新聞を読んだり、外国公園を散歩したりする。

一〇月一八日＝「晩、池野麻郎と外国公園に至る。夜気粛深、風光寥寞、艫声遥に天辺より落つるあり。銀燭漁釭遠く星森に連るあり。岸辺の椅子に凭りて眺観之を久ふす。…実に秋天月なく風冷に露濃なるの夜、同公園の風景、旅客をして家郷の情に堪ゑさらしむるものあり」

一〇月一九日＝「午前、右田亀雄、清田十八、松倉善家、藤城亀彦等と城内見物に至る。城内人口繁密、

道路僅かに五尺に過きす。往来の人、肩に相摩し臭汚実に言ふへからす。平気にて道端に便用するあり。其醜態言語の限りにこそ。城内にて天下の絶景と唱へ居る城隍廟に詣れは、奇怪なる音楽なと奏し随分当地にてハ珍しき構へをなし居れり。廟の裏に廻れは混濁穢汚の小池あり。池中に一小亭あり。之を池心亭と名く、市人は此水を汲み明礬《みょうばん》を以て澄まし飲料に供すと。如何に習慣とは云へ一方には小便を流し一方には木綿等を漉き、而して其水を飲むとは」

人口過密、道路狭く、道端で排泄するなど「臭汚実に云ふへからす」と。見物の同伴者は県人ばかりである。

## 支那海軍に「艦内見せろ」

一一月三日　＝「此日天長の佳節にて課業相休め、祝意を表せんが為め浦西大華園に到る。…時恰も桑花の時節なり。…幾千本となく盆栽の柔花、黄白紅淡咲き雑り、人をして去る能ハさらしむ。是皆外国商人輩の醵金して構造せるものにして渠輩の風流亦多喜ふへし」

「去て森安治と安田彌蔵を郵船会社に訪ふ。同社の楷楼に上れハ、長江を俯瞰し遠く前岸緑楫に向ふ。予は病気未多全く快からさるを以て外山八十吉らと六人、一小舟を賃し江を下る。大越、麦酒三瓶を齎し来り、舟中にて相傾く。江を下る折り、支那軍艦幾艘となく碇泊し居けれハ、予等好奇にも舟を寄せて軍艦を観せん事を請しも渠等狐疑、予等を日本兵と誤り決して許さす」

「大園は花園橋より四哩半の地に在り、衆既に群かり居る。地広く樹多し。実に稀有の一大園なり。江に臨むの高楼あり、劇を演するの華堂あり。」
「午時中央の演劇堂にて飯を喫す。堂広さ五百人を座すへし。朱檀黒檀の椅子、食臺幾百となく相并ひ、其他の装飾実に豪奢を極めさるはなし。パンと支那料理とを喫す。荒尾所長、独り高きに凭りて面色深紅を帯ひ実に満足の色あり。…」

「荒尾伝」によれば、大変な酒豪という荒尾が「独り高きに凭りて…」とは、鬱屈する生徒たちの気持ちを発散させているようだ。

「試に江辺の高台に上れハ眼下汪々として大江の流るゝあり。鉄輪浪を蹴て萬里相往来するの巨船、黒烟を捲て通ふあり。…蒼茫として日も稍や西に傾き多れは余儀なく帰途に就く。…」

## 悠々たる洋人消夫

一一月二三日＝「…宗方大亮、成田錬之助、別府真吉と郊外に散歩せんとす。偶ま太馬路に火事あり。黒烟天に溢る。乃ち歩を転して該所に至る。消夫は皆洋人にして、機械の整頓せる消夫の悠々たる様、実に観るへきものあり。須臾《しゆゆ》にして火を鎮め終る」

〈一八九一（明治二四）年〉
二月　九日＝「本日即ち旧暦の歳端にて清国の正月なり。昨夜来爆竹の声、東街西衢に遍ねく、愈鶏鳴と與に年ハ来にけり。午後、宗方小太郎、小山元三等と支那教師桂林を東和洋行に年賀に至りしか、桂林ハ留守なりし。因て暫時、外国公園に休憩するに、江を掩ふの汽船、帆舟、数多の色旗を飄かへし其盛なる事中ゝ。古へ赤壁の戦いも斯くやかと想るゝ」

中国の正月の風習に興味のようである。赤壁の戦いとは、三国時代に呉の周瑜が魏の曹操の大軍を破ったことをいい、その場所として湖北省嘉魚県の東北、揚子江畔があげられている。

「其より帰舎し又、森安治、清田等と市内の景況見物に至る。市内皆戸を閉ちて処ゝ鐘を鳴らし賑ひ居れり。鳴り物は多く仏家の「ジャグワラン」様の音。年賀応答の為め来往の人多く、富者は輿に乗り、錦繍毛衣を着け中ゝ見事ノ服装なり。家ゝ戸の隙間より赤色の名紙を投し去るもの多く、容易に内に入るを見す。此日、戸を開く茶楼と飲酒店のみにして大に混雑の様見受け多り」

「当地の風に正月三ヶ日間ハ博変を許すとの事にて到る処、人の山を成し喧騒しきハ博変の場なり。且つ見る。妖嬌春に媚ひ満額珠玉粲爛多る女人、玉車に駕して元日早々市内を駆逐するあり。一部の人の為めには是も亦一観ならめと推想す」

## 肺結核の診断、桃見物に爽快

四月二日、肺結核と診断される。しかも翌日には学友らと龍華寺に桃見に出掛けている。

四月　三日＝「此日生徒八十余名と漁形の小船一三艘を傭ひ申江を遡り、上海より二里余なる龍華寺に桃見に行き多り。此日天曇り風寥しく舟中甚多快かさるも万斛の塵寰より脱して野辺の景色を眺め多れハ心神最も爽快を覚へ多り。機器局の先きに至り多れハ早や両岸の緑柳黄菜の間、淡紅なる桃花霞の如く粧點し、其景色実に言ふへからす。正午龍華鎮に達し花間に座を占め行厨を喫す。満野至る処桃樹ならさるハなく実に聞きしに勝る有様なり。昼飯後、松倉等も龍華寺に至り、高塔に上る。塔高さ百十六楷にして頂上に至れハ恰も蒼穹に座するの思あり。目の窮る所桃花園ならさるハなく、淡紅世界の間に白李の點粧せる眺めハ中丶の景色なりき。後三時より再ひ舟に上り帰途に就き五時帰舎す」

結核診断のショックは表に出ていないが、むしろ「万斛の塵寰より脱して野辺の景色を眺め多れハ心神最も爽快を覚へ多り」とするあたりがそれであろう。以上が中国観察の部分である。

## 宣教の「恐るべきもの」

もう一つ、フランスのミッションスクールを見て、感心するとともに「畏るへきもの」と思った件がある。

〈一八九〇（明治二三）年〉

一二月二〇、二一日＝「此日、森安治、清田十八、成田錬之助、別府真吉等と徐家匯に至り、佛人建つる所の学校を観る。当学校に日本人土橋某なるものあるを聞き、先つ同人を訪ひ案内を求む。同氏、丁寧に諸教場より諸器械及ひ書籍室等遺る所なく案内され、天文器機等の如き一々説明を与えられ多り。而して中庭の気象台に登る。高さ凡そ五十間半、殆と天に登るか如き心地す。其器機万端の整頓より、生徒数百を養育し、各業務を教ゆるの様、実に西人の用意深遠、驚くに堪へ多るものあり。校を幾棟となく処ゝに布列し居、本校の間には「萬有眞原」なる扁額あり。女生徒、幼児、成童等、皆別廓に在りて、最も年長なるものは廿五六位のものを見受けたり。是等皆、全身西人の感化を受け居るものにて、西人宣教の結果、実に畏るへきものありと思ふ。此日午後二時帰舎す。路程凡そ我一里半余なりし」

単に貿易など経済進出だけでなく、宗教が露払いの役を担う、その現実を直感している。

## 禅を知り、東京紙を読む

### 根津一と禅学の影響

次に鳥居赫雄が上海に於いて文化的あるいは精神的に影響されたであろうことを日記「遊滬日誌」に拾う。

まず漢詩と書について。

〈一八九〇（明治二三）年〉

一二月一四日＝午後「三時帰舎し又清田（十八）と支那語教師桂林先生を訪、詩の點削を囑して帰る」

支那語教師に詩の添削を頼んでいる。漢詩への興味は、このあとの「京都時代」にも継続していくが、鳥居の得意分野でもある。また当時の知識人には必須の「書」についても、これより早く一〇月二五日に「本日より御幡雅文氏の書を習ひ始む」とある。これは「大学史」に紹介される「習字・週一時間」であろうか。他にも「和漢文学・週一時間」もあり、教養の確保も図られているようだ。

注目したいのは根津一（別名・乾）と鳥居の関係である。根津は当初は漢口にいたようで、

一八九〇年一〇月一八日＝「…根津一氏、昨日漢口より来滬あり多るを以て同氏を訪ふ。…」

と根津が初めて上海に現れると、さっそく会っているが、何を話したかは記さない。続いて、

一〇月二四日＝「根津乾君、本夕より帰漢せらる。予、其好便に託し書状相贈る」

書状を託するほどに親しくなっているようだ。漢口に緒方二三がいて、一〇月一三日「漢口、緒方二三より書状来る」とあるので、これへの返書であろうか。

次に根津の名前がみえるのは、「教育ニ関スル勅語」が一〇月三〇日発布され、上海でもその普及を図って研究所では一一月一八日、根津が「所長代理」として勅語を奉読している。所長荒尾は金策のため一五日に帰国している。

一一月一八日＝「…教育令発布相成るに付き我

天皇陛下より勅語仰出され、忠孝を本とする旨畏くも御心を労せらるゝは恐れ多きなれ。

此研究所ニ於て所長代理根津乾氏、右勅語奉読せられ一同拝聴志多り」

「天皇陛下」で改行してある。忠孝を根本とする旨に畏まっているし、明治政府のねらい通りに運んでい

るようである。県人の元田永孚や井上毅が携わっているとは知る由もなかろう。これ以来、根津は常駐しているのか不明であるが、鳥居は根津と禅を通じて結びつくことになる。

〈一八九一年〉

一月　四日＝「午前十時より根津氏、第二講堂に於て稽古始めの式として論語首章を講義せらる」

一月一一日＝「此夜、根津乾氏より禅帯一條給せらる。共に練膽法を授かる」

一月二一日＝「本夜、根津乾氏より禅学考案一題授かる。曰く下の如し。『雙手ニ甚深微妙之聲アリ。何ト聞ク。聞キ来レト』。是ヨ里、愈禅学修行之念起リ、時々座禅ヲ組ム。此夜組ム事三時半ヲ過ク」

一月二二、二三、二四日＝「日々座禅組む」

俄然、禅への関心が芽生えたようである。これも不遇の「京都時代」へとつながっていくのだが、それだけに鬱屈の時期の鳥居を支えたのは座禅であったし、その発端となった根津の影響は無視できない。

鳥居より七歳年長の根津一について、ここで触れておきたい。「荒尾伝」でも第一の協力者であるから当然に取り上げているが、「大学史」が東亜同文書院初代院長として重視して次のように述べる。

「書院建学の父・根津一は山梨県の人、万延元年（一八六〇）五月、素封家根津勝七の次男として出生、幼名傳次郎、山洲と号した。明治十年の西南の役に志を立てて教導団に入団（十八歳）、十二年士官学校砲兵科に入学（陸士旧四期）、盟友荒尾精（旧五期）と相識った。…十八年二月陸軍大学に入学、…ドイツ人メッケル少佐と論争の結果、十九年退学し東京砲兵連隊に転じた。…二十二年二月また参謀本部に復し、十一月大尉に昇進。翌二十三年七月渡清の素志を達し（三十一歳）、荒尾が上海に開設した日清貿易研究所の経営を担当すること三年余、二十六年十二月帰国、軍の慰留を固辞して京都に隠棲、参禅修学の生活に入ったが、居ること半歳余、日清の風雲急を告げ、二十七年七月参謀本部に復職した（三十三歳）。…（日清戦争の勲功を経て）京都若王子に隠棲、爾後四年半にわたる再度の修学参禅の生活に入った。…明治三十三年五月、南京同文書院院長に就任…九月近衛（篤麿・東亜同文会）会長を盟主とする国民同盟会を結成、…対露即戦の利を主張…翌三十四年五月、上海に東亜同文書院を創立、初代院長に就任した。…」（『大学史』二四六頁）

一九二七（昭和二）年没、六八歳。荒尾との関係も記され、また参禅を通しての鳥居への影響も理解できる。なお、根津が二度にわたって京都で隠棲する時期は、鳥居の「京都時代」といずれも合致しない。

## 池辺三山から新聞への誘い

さて、東京の友人たちから上海の鳥居へよく新聞が送られてくる。なかでも注目すべきことに、鳥居が上海から出した挨拶状に答えて、まず池辺吉太郎から新聞「日本」に上海通信を委託する連絡があっている。

〈一八九〇年〉

一〇月一四日＝「安田彌蔵、池辺吉太郎、宿許より書状来る。池辺よりハ東京日本新聞へ通信委託し来る」

鳥居は安田の名前を先に書いている。知人関係にあった安田は、この月の二一日には上海へやって来るので、その連絡かもしれない。次に池辺の便りを記す。これは「日本」新聞の客員である池辺からの新聞界への誘いであるわけで、鳥居としては重視してしかるべきなのに池辺の依頼をどのように処理したか、触れない。当時、鳥居は新聞に興味がないようである。

では、その池辺は当時何をしていたのか。一八八六（明治一九）年には有斐学舎で鳥居に会って知り合っている。八七年には山梨日日新聞に論説を寄稿し、八八（明治二一）年には東海散士（柴四郎）から、幼なじみの国友重章を介して、ナショナリズム政論雑誌「経世評論」編集長を依頼されて、大阪へ行くが、うまく進まず一年でやめて帰京している。このあと陸羯南が八九年に創刊した新聞「日本」に客員として関係、九〇年には論説を書いたり、他方で政論場「交信会」を組織して活動している。これらのバックには谷干城が後援者として存在していた。さらに池辺は九二（明治二五）年、細川護久の世子護成の輔導役としてパリに行く。そして九五年に新聞「日本」に筆名鉄崑崙で「巴里通信」を送稿する。いわばこれと同じことを五年前に鳥居に対して希望しているわけである。

## 東京からの新聞送付

池辺からの新聞送付を最初とし、友人たちからの新聞は次のように到着している。

〈一八九〇年〉

一一月　八日＝「斎藤（員安）から朝野新聞五葉送り来る。…」

一一月一二日＝「斎藤より日本新聞七葉贈り来る。…」

一一月二五日＝「斎藤より東京新報六葉贈り来る。我日本帝国議会、開院式ある由なるを以て学課休業。

…研究所には旗を交叉し幕を掛け、中庭にて祝宴を挙く。根津乾氏、一場の演説あり。而して衆、大に観を尽し酔極て歌ふあり、剣舞するあり、実に盛んなる事なりし」

一二月八、九日＝「東京亀井（英三郎）より日本新聞七葉送り来る。国会も愈開会の由にて議長選挙の模様なと具さに載せあり。衆議院議長ハ中嶌信行に勅任あり多る由。…」

一二月一〇、一一日＝「亀井より日本新聞四枚送り来る。此より永く新聞を送るとの事なり」

一二月二二、二三日＝「亀井より日本新聞送り来る」

〈一八九一年〉

三月　三日＝「亀井英三郎より日本新聞十数葉送り来る」

最初は斎藤が新聞送付に熱心であったが、亀井が日本新聞を「此より永く送る」と引き継ぐ。察するに有斐学舎で幹事を務めた池辺の後任は亀井であった（『有斐学舎八十年の足跡』一八頁）し、池辺が送付を指示したかもしれない。いずれにしろ、新聞によって鳥居は日本の状況を目にしていたわけである。

## 肺結核で退学、帰郷

### 胸痛、咳嗽激しく病状変化を自覚

鳥居赫雄は、一八九〇（明治二三）年九月九日に上海に到着後、ほとんど滞在中は病気であり、日清貿易研究所の病室に入っている期間も長い。

生徒募集に際しての体格検査は「研究所に入らんとする者、無慮三百余名、当時参謀次長川上中将、陸軍次官桂中将、斡旋最も力められ、体格検査の如き、陸軍病院に於て之を行ひ、警官練習所に於て、学科の選抜考試を為し、百五十余名の選良を得たり」（「荒尾伝」四七頁）。

この陸軍病院の体格検査では、素川が八八年一月と八九年三月の二度、喀血した過去は問題にならなかったのか。鳥居の上海滞在は約七ヵ月半と短いが「遊滬日誌」からその後の病気関係を拾い出してみる。

〈一八九〇年〉

九月一四日＝「風邪の気尚去らす。頭痛激しかりけれは医師の診断を請ひ服薬す」

九月一八日＝「病気尚快からす。頭痛激しくて気色沈鬱。且つ少々下痢の催ありて腹痛す。依りて本日より病室に入り療養を加ふ」

九月一九日＝「宇都宮昌人訃音至る。予、昌人と厚情兄弟啻ならす、十年一日の如く互に切磋琢磨、東都に在の日も遊へは必す伴ひ、他人又予等の親交を評して真兄弟の如く言ひしか、今や溘焉として去り、予独り異郷に客となり碌々愚を守る。…肺病を以て遠逝す。噫吁悲夫」

九月二四日＝「済々黌生徒なりし本嶋正禮、本日より佛拉亜病に罹り入室す。予ハ病気未多快からさるも強て退室し、専ら本嶋の看病に従事す」

一〇月六、七日＝「冷水摩擦を始む」

一〇月　八日＝「病気尚快からす。二三日来、頻りに胸痛し、咳嗽酷しく病症稍々変し多るを覚ゆ」

一〇月一〇日＝「体重を量る。十四貫二百目なり。但し日本従来の大衡に依れは十三貫目なり。去年九月、東京にて量りし折ハ、十三貫七百目なりしと覚ゆ」

一〇月一二日＝（初めて学生の県人会を開いて）「諸氏、佛蘭西鬼戯、二人三脚等、遊戯を為し十分の歓を極め多り。予、稍ゝ病症の故を以て紅氈の上より相詠《ママ》め居、殆と病苦を忘れ愉快なりし」

すでに身体を動かすことを避けている。肺病による友人の死は異郷でショックであったようだ。

## 運動のため柔術稽古

一〇月一五日＝「病気猶未多快からす。医師の診断にて運動を試むへしとの事なれハ本日前十時より競馬場に至り、青芝の上に横収して、新来の日本新聞を披読し居る事二時間にして帰舎す」

一〇月一六日＝「昨日の如く…同競馬場に散策し、清風に嘯敖して吟哦、夕刻又、池野麻郎を伴ひ同競馬場の周囲を一回し点灯後帰舎す」

一〇月二三日＝「病気尚快からすも運動の為め柔術を始む」。

柔術の先生は前々日来滬した熊本人森安治である。

一〇月二七日＝「午前、競馬場内に散歩し午後、例の如く柔術の稽古す」

一〇月二八日＝「体量を衡るに十三貫四百目あり」

一〇月二九日＝「池野麻郎と共に荒尾所長の対室へ転移す。此室ハ余程静閑にして勉強出来へきを喜ぶ」

九月一八日以来、四〇日ぶりに病室から〝脱出〟している。そして五日後の一一月三日、天長節には浦西大華園に出かけ、午前八時から午後「五時すぎまで園内を徘廻して相娯む」が、さすがに疲れて、「友人等勧めて予を車に上らす。予支那に来りし以来、人力車に乗る、是を以て第一の発端とす。舎に帰る此六時過き。

紅燈千点、黌中に輝き多りき」と、いたって上機嫌であった。ところが、二日後にはまた病魔に見舞われる。

## マラリア、一週間の苦悶

一一月　四日＝「今朝俄に発熱し頭痛甚しく、両脚凝て石の如く歩すへからす。蓋し当上海地方に流行の熱と云ふ。煩悶実に堪ゆへからす。又左胸の痛を発し傍ら一苦を増せり」

一一月　五日＝「熱未多去らす。伏蓐服薬、食一切進ます」

一一月　七日＝「次第に快ろしく両脚の痛も去り、稍歩行し得るに至れり。今日より牛乳一瓶つゝ飲み始む。此度右の熱病非常に流行し、黌内患者九十余人に及ひ、為めに学科も休み、且つ荒尾所長、帰朝相成筈なりしも為に一船延され多り」

一一月一〇日＝「病気既に快気を覚ゑしにより本日より床を収む」

一週間の病気はマラリアの発生だと、「大学史」で、根津一が証言している。

〈一八九一年〉

二月　五日＝「此日、種痘す」

三月二四日＝（母親から便りを受けて）「去年十月より身病みて今に癒ゑす、日に薬石と友となり悠々日を送り、頃ろに至り病勢稍面白くなく胸痛、咳嗽激しく、恰も板を以て胸上を圧する心地して随分気に□す。近来、独逸にて発明せりと云（ふ）「コッポ」氏の薬ても終に仰かねはならぬかと思ゑは、甚多以て不満に堪ゑさるなり。親思ふ心に勝る親心、此身の病めるを□りまさて御便の度毎に以多ま奴様、以多ま奴様との御言葉、一ゝ骨に徹するの思あり」

この間、服薬を続けていて、しかし結局、回復どころか、悪化したようである。

三月三〇日＝「病気稍重きか如く食事進ます身体疲労覚ゑ、校医田口氏も軽く言ハされハ本日、古庄弘を通辯に頼み同仁病院西洋医の診断を受け多り。医曰く、今に及んて薬を用ゆへしと」

三月三一日＝「本日、再ひ同仁病院に至り薬二瓶取り帰る」

## 肺結核、癒ゆる期知らず

四月　二日＝「同仁病院に至る。医、予に本国に帰るを勧む。但し予の病ハ同医及田口両人の診断にてハ愈肺病と決し、與に曰ふ、癒ゆるの期を知らすと。予、固と肺ジストマー症に罹り居しも、今回は愈真の肺病との由にて予も大に不快に感じ多り。老の親を持つ身にして廃人となるを其将多如何すへき」

ここで初めて「結核」と診断されたわけで、相当のショックがうかがえる。それにしては当時、「肺ジストマ」とどのように区別していたのか。

四月一七日＝「愈病気の為め帰郷することに決し、安田彌蔵と倶に夜十時、汽船横浜丸に乗り込む。荒尾、根津両氏を始免朋友二十余名送り来る」

なお、この一五日間の煩悶や決断の様子については記されていない。また、帰国の見送りは「二十余名」としているが、この後に記された人名を数えると、合計三一人となる。

四月一八日＝「朝同港を出帆す。日ゝ憂散せし花園も模糊の間に見去りて、大華園頭を過き、愈長江に入り一輪浪を蹴て屯□に向ふ。船中、鐘江源太郎と遇ふ。海上風波穏静なりしも、吾身ノ衰弱せる故にや非常に悩みたり。十九日夜十二時、長崎に着し鶴谷に宿す」

四月二〇日＝「鐘江と同道、佐野直記宅を訪ひしも留守なりし。鐘江ハ此日四時、同港を発し若津に向ひ去る」

四月二一日＝「午前八時、汽船正義丸に乗込み十二時抜錨、三角に向ふ。此間、海上の景色実に言語の尽すへきにあらす。同日四時半、三角港に着し重富に宿す。晩飯を喫し、直に車を命じ帰途に就く。家に帰るとき既に十二時なりし」

鐘江源太郎が何者かわからないが、長崎で四月二〇日、いっしょに佐野直記宅を訪ねている。この佐野が、明治一七年に宗方小太郎とともに中国に残留した佐野「直喜」であれば、この時点では、長崎に来ているのであろう。宗方がよく動いているだけ、佐野の動きも気になるところである。

結局、約八カ月にわたった渡清は蹉跌に終わった。郷里熊本での鬱屈の生活が始まり、のちには母とともに京都へ転出するが、その間の日誌は記されていない。

# V　雌伏の京都時代

鳥居赫雄の「遊滬日誌」後半は、一八九一（明治二四）年五月三日から一二月三一日まで約八カ月間の記述であり、これは上海の日清貿易研究所を肺結核のため退所して四月二一日、熊本へ帰郷した鳥居が、八月には郷里を離れ、義姉喜登を頼って母ヨシとともに京都に転居、健康回復を図りながら新たな展望を見出そうとする、いわば「雌伏の京都時代」の記録である。

いくつかの関連書籍や記述の中でも、この「京都時代」については触れられないのが一般的であるが、新妻莞『新聞人・鳥居素川』（昭和四四年、朝日新聞社刊）は一番詳しく六頁余にわたり物語風に綴る。新妻は、鳥居の「大正日日新聞」創刊に参加した人であり、本人から聞き知ったであろう「思い出」を語っているのだろう。しかし、鳥居日記と相違する点があり、それは拙著『検証　鳥居素川（上）』（一九九八年刊）で指摘しておいた。ここでは転居と生活、療養と「休薬」、漢詩の修学、そして禅への執心について述べる。

さらに鳥居素川の「京都時代」は明治二五年一〇月まで続くが、これは鳥居が陸羯南の一七回忌に際して執筆した「羯南先生は長者の人」（雑誌「日本及日本人」大正一二年九月号）によって明らかにし、禅僧愚庵鉄眼の餞別の書簡が上京の次第を教える。

## 京都へ母子で転居

「遊滬日誌」によれば、明治二四年五月三日、京都にいる義姉喜登が熊本に帰郷して約一週間滞在する。姉は一一日から高瀬へ行き、その後を追うように、一七日に母親が「京都見物」のため出発、高瀬で落ち合った二人は、二一日に京都に到着している。なぜ喜登が帰郷して、なぜ高瀬に行ったか不明。また、母親は京都見物といいながら、このあと帰郷しないので、転居を意味するのだが、それを言い繕っているようだ。

〈一八九一（明治二四）年〉

五月　三日＝「西京御喜登姉様、御帰郷被遊、十一日より高瀬に御出被遊」

五月一七日＝「御母上様、西京見物の為め御打立被遊、今日十時半宿許御出発、高瀬松村方に御越有て同所より翌十八日、姉様御同道御出発被為在」

五月二一日＝「御母上様、御姉様、本日午後二時、無事西京ニ御着の報参る」

推測するに、赫雄の長兄、故数恵の妻テツ、子息一男と同居していた赫雄と母ヨシは、長谷川純（戸籍名純安）と結婚して京都にいる赫雄の義姉喜登の助力によって、故郷を離れ京都に転住することにした、そのための喜登の帰郷であった、ということであろうか。しかし喜登がなぜ、高瀬の松村方へ行ったのかは判断できない。松村といえば、伊豆富人「鳥居素川」（『三代言論人集』第七巻）は、姉弟の関係を次のように述べる。

「長姉きかは熊本県玉名郡梅林村の松村大成に嫁した。松村は医を業として、若い時は勤皇の志士と交わり彼らから信頼されていた。次姉きくは夭死し、三姉（名不明）は熊本で長谷川（名不明）に嫁した。

長谷川が京都の電気会社に勤務することになったので、共に京都に移り、傍ら旅館を経営した。屋号を麹屋といった。この三姉は、男のような気性の婦人で、断髪して常に馬に乗り、競馬にも出場するという元気者であったとのことである。…」

この中で「長姉きか」の「婿」は松村大成とあるが、大成は「慶応三年没、享年六〇」(角田政治『肥後人名辞書』昭和一一年刊)となっており、年代的に適合しないのではないか。また大成の長子として「秀實」がおり、鳥居「客窓要録」にも同姓同名「松村秀實」がいて、福島県西白川郡の郡長になっている。しかし長子「秀實」も「明治二三年没す。年五四」(同)とあって、合致しない。鳥居日誌では秀實との手紙の交換が続いている。いずれにしろ伝聞による関係記述は覚束なくて、結局は戸籍に従うしかない。

さて八月五日には赫雄自身が、この年七月から営業を始めたばかりの春日駅から汽車によって京都へ向かう。五月から八月までの空白は、そのための善後措置と準備期間であったようだ。

〈一八九一年〉

八月　五日＝「午前五時四十五分春日発の汽車に乗り、十時二十分博多着。香山方ニ一宿し翌六日、一番汽車にて発し九時二十分門司着、肥後又ニ宿し其日后四時、第二幸運輸丸ニ乗り中国諸港を巡り、八日前六時半大阪ニ着し、七時二十分の汽車にて九時京都ニ着。下京区三条縄手下ル五軒町、小川テイ方に宿す。(七日に本宅ハ本山村六百四十二番地高野義清方に仮転すとある。)

カッコ書きの本宅の「仮転」とは何か。赫雄母子が同居していたテツ、一男たちも転居したのか。ところで取り敢えずの「奇食生活」は義姉の「小旅館こうじ屋」ではなく「小川てい女の小川亭」で始まっている。鳥居の到着前に小川てい女とは話ができていたようにみえる。

## 寺の座敷で自炊

鳥居は、京都に着いて二日後には小川亭を離れている。

八月一〇日＝「御母様と同町養福寺の座敷を借り住む。服部正魁及次郎に端書一通宛、一男江書状一通仕出す」

新妻本の「暇」と鳥居の「縄手」は文字が違うが、小川亭と同じ五軒町に住むことにしたようで、住まいを見つけるのが早い。小川てい女と「合縁奇縁、こうじ屋女将の女騎手とは大の仲よしだったのが、素川の運をひらく手伝いになりました」とはいえるようだ。書状を仕出す服部は東京にいる親友であり、次郎は大阪にいる喜登姉の子・甥であり、一男は熊本の甥である。住所が決まったというので連絡したのであろう。

## さっそく病院行き、鉄眼に会う

八月一一日＝「快晴。午前、京都療病院に至る。后一時帰る。井手三郎訪来りしも不在なりし。夜、長谷川純及御姉様、御入来。北海道へ端書一本、香山六郎江写真二枚、井手三郎、池田末雄江書面仕出す」

八月一二日＝「快晴。十時頃より林丘寺に至り鉄眼禅師を訪ひ閑話数刻、后一時より帰る。夜、四条河原ニ母様及□□と散歩す。井深仲□、鳥井敬蔵ニ書状仕出す」

八月一三日＝「快晴。前九時より病院に至り十二時帰る。夜母様と京極夜店を観、四条橋を渡りて帰る。此日、斎藤、服部へ書状を仕出し、服部、井手三郎より書状到る」

八月一四日＝「快晴。昼後より独り八坂神社に詣し夫より知恩院に至り長〻休憩し後四時帰る。安田彌蔵、荒尾精、佐々友房氏に書状仕出す。東京亀井英三郎より書状来る」

八月一五日＝「快晴。朝、病院に至る。午時帰る。晩餐後、同宿加藤大三郎と散歩す。亀井へ返書仕出す」

八月一六日＝「朝曇夕雨。京都盂蘭盆会の精霊送の当日なるを以て賑ふへかりしに僥悪風雨にて打止み日延となれり。午後、大文字町に至る。白江規矩三郎、古澤康吉両人に書状認む」

八月一七日＝「晴。前十時頃より西六条井手の下宿を訪ひ閑話数刻。夫より竹冨光彦の下宿を訪ふ。后四時帰る。晩、母様及ひ加藤と四条橋近辺を散歩し帰る。此夜、大文字火燃ゆ。惜しむらくハ前夜、風雨の天気にて損し一箇燃ゆるを得多り。一男より端書来る」

八月一八日＝「雨。宿許より秀實様よりの書面送り来る。次郎、大阪より来る。耳の痛む由を以て大に衰ふ。晩、母様と四条当りに散歩す」

以上、八日に京都に着いて以降の一〇日間の生活は、病院通いと友人との通信などに忙しい。まず、寺の座敷に落ちつくと、さっそく病院に通い始める。帰国して三ヵ月余り、病状がどの程度によいのか悪いのか記さない。そして上海時代もそうであったが、体力づくりのつもりか、よく散歩に出かける。また母親も都大路の物珍しさもあるようで、いっしょに散歩したり、京極で夜店を見たりして、切迫した生活ぶりではないようだ。四条橋を渡って鴨川を眺め、三条の住まいへ帰る。盂蘭盆会や大文字火など、京都の夏を楽しむ余裕さえ感じられる。

## 友人・師と連絡活発

その養福寺の「座敷」に長谷川純と姉様が一一日にさっそくやって来る。彼らは大文字町に住んでおり、赫雄はそこを一六日に訪問している。北海道への葉書は実の姉への連絡である。『秀實様よりの書面」が宿許から転送してくる。松村「秀實様」は上海渡航にも一〇円の餞別を贈るなど支援を欠かさない義兄である。

友人では井手三郎が西六条に下宿しているのが心強いようだ。井手はすぐに訪ねて来ているが、鳥居が病院に行っていて会っていない。手紙のやり取りをする友人らを順に拾うと、まず一〇日に服部正魁へ端書。一一日には井手三郎、池田末雄へ書面。一二日に井深仲□ら二人への書状、一三日に斎藤（員安）、服部へ書状を出すと、服部、井手からも書状が届く。一四日は世話になっている安田彌蔵、荒尾精、佐々友房へ書状を出し、亀井英三郎から書状が届く。一五日に亀井に返書。一七日には一男から端書、また一八日には「秀實様よりの書状」が転送されて来る、と実に活発に連絡している。

東京の服部、斎藤にはやはり早く知らせているが、服部の場合は、一〇日に鳥居が端書を出して服部の「返書」が一三日に届くのは、ちょっと早過ぎると思われるし、また亀井からは鳥居が知らせる前に手紙が来ており、これは、鳥居が京都に到着する前に住所は決まっていたのではと推測したくなる。

また、荒尾と佐々へ手紙を書くのは、しかるべき人には連絡を欠かさないとわかる。

## 結核療養と生活

### 一年ぶりに休薬

日記には熊本での健康状態や結核療養は記されていない。帰郷から約四ヵ月後の京都では、到着から三日目、さっそく八月一一日に病院へ行く。一三日、一五日、一九日、二六日も午前中に通院、相変わらず病状も診断についても記さないし、薬をもらっているのか分からない。この間には自室からかなりの距離にある、修学院離宮に接する「一乗寺村の林丘寺」に僧鉄眼を訪ねたり、毎日のように、そして夜にも散歩に出ており、重症の病人とは思えないほどで、上海での「胸痛、咳嗽」も日誌には表れない。

九月に入ると二日、三日と続けて通院し、三日に初めて「又病院ニ至り薬を取り帰る」と記し、やはり投薬を受けている。そして、この日には相国寺を訪れて独園和尚に禅修行を申し込んでいる。正午に帰宅すると、郷里の友人池田末雄が突然来訪しており、鳥居は彼を案内するのに連日の山歩きも辞さず、若王子山に入って滝に打たれたりして、疲れを知らない。このあとは九月一一日、一九日、二六日とほぼ一週間の間隔で通院し、二九日も「病院に至る」とある。ところが一〇月に入ると、喜ばしいことに、突然「休薬」となる。

〈一八九一年〉

一〇月　七日＝「朝病院に至り、笠原の診断により休薬す。己れ薬を服する一周年。漸く今日に至り休薬す。喜ひ知るへきなり。」

「休薬」の記述はこれだけである。続けて、その足で相国寺に行き「一、六、三、八碧巖録提唱に参する事を約し帰る」とある。さらに「熊本緒方二三に紙面仕出す。夜母様と京極に散歩す。井手ニ端書仕出す」とあり、この日の記述は終わっている。母との京極散歩は、いつもとは違う喜びがあったろうし、あるいは井手あたりには「休薬」を知らせたのであろうか。静かに「喜び知るべし」のようである。

その元気ぶりは、「休薬」となる前から表れており、一〇月三日には「南禅寺ニ至り山中に座禅する、時余」とあり、六日も「朝、南禅寺山中に至り座禅す。后一時帰家」と、禅へののめり込みが始まっている。それにしても京都に移って二カ月間、通算一二回も通院しているので、真面目に五日ごとに通院している計算になる。その間の投薬（本人は「一周年」という）の効果が表れたのか、以降の日誌に、病気の記事は一切みえない。

## 生活基盤と支援

さて、二五歳の鳥居にとって故郷熊本を離れることは、どのような思いであったろうか。一抹の不安もあったろう。生活、あるいは金銭についての記述はほとんどないが、それを探すと垣間見える。

八月二〇日＝「母様より内へ一封。晩母様と三条通を散歩し七輪、雪平を買ひ帰る。」
八月二一日＝「此日、午飯を炊く。」
九月　五日＝「晩、母様と京極ニ遊ひ氷水を飲み、諸買物をなし帰る。」
九月二六日＝「朝、五条郵便局ニ至り為替受取り帰る。」

「内へ一封」とはなにか。養福寺の座敷に居を構えてから一〇日目に七輪と鍋を買って、翌日は昼飯を炊いている。ではその間はどうしていたのであろうか。九月に入って「諸買物」をし、為替を受け取っている。なんだか悠長なスタートにみえる。

## 北垣知事の眷顧を得る

さて、京都府知事・北垣國道が明治二四年九月、鳥居の前に現れる。荒尾精と鳥居の義兄松村秀實がともに鳥居を北垣に紹介したからである。その経緯と関係を日誌から抜き出してみる。

八月一四日＝「…荒尾氏に書状出す。…」（京都への転居あいさつか）

八月一八日＝「宿許より秀實様よりの書面送り来る」（宿許は熊本であろう）

九月　一日＝「上海荒尾精氏より書面来る。北垣國道氏へ紹介の事を記しあり多り。…」

九月一八日＝「…白川より書面来る。北垣氏に面会可致様、取計い置しとの事。…」（白川は松村秀實の在任地で福島県南部。当時は西白川郡の郡長。因みに福島県知事は熊本出身の山田信道であり、山田が大阪から松村を呼んだかもしれない）

九月二三日＝「朝、北垣國道氏を訪ひしも不在なりしを以て独り黒谷ニ遊ひ南禅寺ニ至り駒ヶ滝を観る。…」（鳥居は逡巡していたが、松村の手紙で決断したようだ）

九月二四日＝「朝、北垣氏を訪ひ談暫くにして帰る。再訪を約し帰る。…」（脈ありの感触か）

九月二七日＝「朝、北垣氏を訪ひしも客あり、遇を得ず。…」

九月二八日＝「朝、北垣氏を訪ひしか、非常ニ都合を得、是より同氏の眷顧を得、徐に処身の法を講するの運に至り多り。…夜、河村を訪ひ談数刻にして帰る」（病身で無収入の鳥居に曙光

が射してきた。知友の河村の名は善益、地裁判事。河村と今後を語ったのであろう）

九月二九日＝「…荒尾氏に紙面仕出す」（礼と報告であろう）
一〇月　一日＝「白川へ紙面仕出す」（礼と報告であろう）
一〇月　三日＝「朝、北垣氏を訪ひしか、所用ある二付き五日に来るへき旨伝へらる。…」
一〇月　五日＝「己れ北垣氏を訪ひ金八円貰ひ帰る渡辺に弐円郵送す。」

これは、師荒尾精と義兄松村秀實が手紙で紹介してきた「北垣國道」による鳥居への援助である。ところがさっそく、そのうちから二円を名古屋にいる渡辺断雄に融通しているようで、いかにも明治人というべきか。そして、北垣の援助は日誌が続く一二月まで、毎月ほぼ同じころ受け取っている。

一一月　四日＝「夜、北垣氏を訪ひ談数刻。acht yen を Nehmen し帰る」

とドイツ語で書いている。しかも欄外に追加するように書き足している。やはり北垣に八円をもらっているわけである。次の月には、

一二月　六日＝「朝、北垣知事を訪ひ、acht yen を取り、帰りに其より井手宅に行き后三時帰る」

とある。これでやっと「知事」北垣（國道）が明らかになったが、一一月と一二月に八円と、ドイツ語で記すのは、やはり気にしているのであろう。北垣とどんな約束があったのかなどは明らかにされない。

以上を要約すると、荒尾がまず北垣に鳥居を仲介している。荒尾はなぜ北垣を知っていたか。荒尾は日清貿易研究所の創立を訴えて全国を廻っており、多分北垣とも会って、意気投合したのではないか。北垣は琵琶湖疏水工事の真っ最中だが、かつて農民挙兵を試みた義挙の思いは若手育成にも生きているようだ。それ

らを承知していた荒尾が病気で退学した鳥居を助けようと動いたのであろう。北垣は二五年には愚庵鉄眼の喜捨要請にも応諾している。つまり鳥居と愚庵は同じ金主に助けられた関係になるわけである。

義兄の松村は鳥居が独逸学協会学校に入学した明治二〇年から学資を援助している。さらに佐々関係文書（憲政資料館所蔵）の「明治十九年四月、熊本済々黌集金概表」に寄付者の氏名一覧があるが、「大阪府在官」の最初に「松村秀實」の名前が見える。一九年といえば、鳥居が熊本から上京する年であり、途中、京都の松村家にも立ち寄っている。松村は京都に家を構えて大阪に赴任していて、地方官僚の威勢が感じられる。いずれにしろ「雌伏の京都時代」を、禅三昧の中で見事に克服し、新聞「日本」入社に結びつけたのは、日誌には表れないが、かなりの努力の結果と想像できる。

北垣國道（一八三六～一九一六、天保七～大正五）明治・大正期の官僚。但馬（兵庫県）生まれ。養父郡能座村の村役人の子で、通称晋太郎。青年時代から勤皇運動に参加し、一八六三（文久三）年、平野國臣らと但馬国生野で但馬農兵を組み立て挙兵したが敗れ、長州に逃れた。六八（明治元）年、鳥取藩兵として戊辰戦争に従軍。維新後に官吏となり八一（明治一四）年、京都府知事に任じられ、琵琶湖疏水事業を完成させた。九六（明治二九）年男爵。九七年以降は錦鶏間祗候、貴族院議員、枢密顧問官を歴任した。

最後は一二月も押し迫ったなかで、転居に苦心している状況がある。

一二月二八日＝「此日、加藤の世話にて Pfand を行ふ。fie// yen なり。又御幸町姉様より fünf yen を leihen し来る。」

同宿人の加藤に世話になって質入れをしている。「御幸町」とは、姉長谷川喜登が住む町と解してよいであろう。この時点では、他に姉はいない。その姉から五円を融通してもらったのは、転居しようという算段があったからである。

一二月三〇日＝「前九時、東山高台寺北門前、鷲尾町二十六番地に移る。構造整雅、風光明媚、一庭の模様、石灯籠、飛石、雑樹あり。二階の眺望、東山を面前に控へ、円山を北に近く見、景謂ふへからす。敷五円にして家賃毎月弐円五十銭の約なり。母様より一男二五十銭贈り遊さる。」

気分的にも明るい新年、明治二五年を迎えることができるわけで、その喜びを次のように記す。

一二月三一日＝「晩、井手を訪ひ九時帰る。祇園より火縄を買ひ火を點し帰る。俗に曰く、其火を以て雑炙を焼き喰へハ一年幸運なりと。」

## 漢詩を得意に

### 嵐山遊で六人が競作

一八九一（明治二四）年一一月八日には午後二時、家に帰ると「蓑田喜太郎、島田一雄《ママ》、東上の途次にて尋ね来りし由。而して緒方二三より古今集二部借し来る。及一書を添ゆ。其夜、西六条井手宅に至れは右二人果して在り。数刻話して帰る」。その翌日には誘い合って嵐山に遊んでいる。

一一月九日＝「晴。朝六時、家を出て井手宅に至る。但し今日嵐山遊を約しあれハなり。服部、古城宛の書島田に託す。蓑田、島田、井手、秋吉、三牧、己れ六人結束して出つ。本国域内を通り清正公廟に詣つ。西條通を西に郊外に出て、梅の宮に至る。清泉流れ杜鵑花狂ひ咲き紅楓数株大に眺めよ□し。嵐山ニ達し先つ虚空蔵菩薩宮に詣つ。終りて渡月橋を渡る。風致何とも云ふへからす。楓尚早けれとも秋気満山、詩思俄に湧く。己れ橋上にて歌三首を作る。一舟を命し遡る。両岸の景色何とも云ふへからす。実に聞きしに勝る雅致あり。舟子云ハ、彼ハ無音瀑なり、千鳥渕なり、桜谿なり、大悲閣なり、牛岩なり、温泉なりと。己等四人既に詩を作らんと用意最中なり。島田先つ成るも読むニ足らす。次に己れ成る。己れ又律一詩を作る。蓑田律一篇成る。賞遊の有様を叙し、詩の体あり。井手後れて一律成る。非常に苦吟の模様なりし。舟既に下り岸に着く。余儀なく別を嵐山に告け余情絶へす。再遊を心に約し帰る。実に愉快此上なし。委しくハ別ニ一記事となすへし。夫より井手宅ニ行き喫飯す。七里恭、大阪より来る。蓑田等ニ別れ帰る。時に后七時」

この嵐山遊では鳥居がいかにも得意満面の様子がうかがえる。それというのも漢詩の勉強を怠らなかったからであろう。それは九月二二日に「夕刻、中川重麗氏を訪ひ、詩點削を託し帰る」とあるように、かねて作詩に関心が深かったようだ。中川についての説明はない。

また来客に戻ると、大阪から今度は井深仲□がやって来る。

〈一八九一（明治二四）年〉

一一月一九日＝「藤島と相国寺ニ逢ふ。帰途相伴ふて同人の宿ニ至る。偶、井深より端書来る。京都ニ遊ひニ来ると云ふ。依て己も待ち多り。已に午を過く。己れ帰らんとす。忽ち井手、井深相伴ふて来る。云ふ、予の宅に数時待つと。暫時にして四人相伴ふて黒谷、若王子、永観堂、南禅寺に遊ふ。正に紅葉之時節、群人山の如く景を俗くす。暮時各相分る」

藤島の宿で落ち合う形になったが、井深は藤島に手紙で訪問を連絡する知人である。実は、鳥居と井手もその前日、いっしょに藤島を訪問して、知り合ったばかりである。あるいは大阪在住らしい藤島を、同じく大阪の井深が引き合わせたのかもしれない。だから井深は井手を誘い、鳥居宅へ寄って三人で藤島の宿へ出かけようとしたのであろうか。四人は意気投合しているようで、相伴って散策している。その翌日には、

一一月二〇日＝「朝、南禅寺ニ至る。帰れハ井深既に来り待つ。井手の来るを待ち、前十一時家を出て清水寺を経、其より歌の中山清閑寺を過き山科に出つ。毘沙門堂、赤松某師を訪ふ筈なりしも終に果さす。逢坂関の少し手前なる走井亭にて午餐す。庭の景色云ふへからす。己れ詩あり。

茅簷倚石景幽寥　紅葉薔花天欲焦　別有流泉鳴玉瑟　仙人乗鶴下雲霄

又餅の名物あり。夫より蝉丸社下を過き、二時頃大津に達す。長等山三井寺ニ詣つ。前に琵琶湖を控へ後に山を負ひ眺望絶佳、市街眼下に在り。一律を賦す。以て記事ニ代ゆ。

水閣山楼碧瓦重　湖光沓漫渚煙封　晩鐘有恨三井寺　夜雨無痕唐崎松

十里帰帆釬夕日　数行飛丁落前峰　瀟湘此景維描得　分付詩人錦瀟胸

上に招魂碑等あり。帰途疎水を下らんと欲せしも負請中にて舟通ハす。已むを得す姑く

湖頭ニ出て遊ふ。漁士あり、長竿を垂れて魚を釣る事非常に面白し。細鱗とハ云へ一度に二尾など続々上る。云ふ百釣れハ五百尾を超ゆと。井手と約し必す再遊して釣魚すへしと。三時五十分頃より馬車を命し帰るニ后六時前なり。此遊近古路稀なる愉快を覚へ多り。井深ハ夫より大阪に帰ると云ひて相分れ多り」

井深、井手と三人で午前一一時から山科を経て琵琶湖まで出かけて楽しんでいる。ここでも漢詩が次々に湧いてそれを記述がわりにしている。以上が寺の座敷に住む鳥居を訪れた人たちである。当初は遠来の友人が多かったが、一〇月と一二月はそれぞれ一人が訪れているだけである。

# 禅修行三昧

## 禅僧鉄眼との接触

京都生活の初期、五ヵ月間の日記から禅僧鉄眼との接触を拾い出すと、明治二四年八月八日に京都に到着した鳥居は、四日目の一二日には鉄眼を林丘寺に訪ねて行く。これが二人の最初の出会いではない。鳥居の「客窓要録」には前年二三年に知り合ったと記している。

〈一八九一（明治二四）年〉

八月一二日＝「十時頃より林丘寺に至り、鉄眼禅師を訪ひ閑話数刻、后一時過きより帰る。…」

一一月一六日＝「林丘寺ニ至り天田鉄眼を訪ふ。不在なりしを以て東山大明神ニ詣つ。…其夜、小川方にて鉄眼師ニ会す。同師、明日より大阪に行くと云ふ。其曾て著す所、次郎長物語を示さる。実に豪快云ふへからす」

一一月二二日＝「…夜、鉄眼、大阪より帰り、東洋純正哲学、ヱンゲリン三を齎し来らる。蓋し東京服部（正魁）より送り来るもの福島より此節、受取りしものなり。…」

一二月二四日＝「雪降り風寒し。然れとも時々晴天あり。四山の景色美なりけれハ、鉄眼師を林丘寺ニ訪ふ。生憎同氏ハ出京中なりしを以て、帰り道、詩仙堂の旧跡を吊ひ、后一時頃帰る」

以上四回しか、鉄眼はこの日誌に登場しない。しかし、小川てい女方で鉄眼に会うように、彼らは新妻莞がいう親しい関係にあったのであろう。だから鉄眼の著書「次郎長物語」（鉄眼は狭客・清水次郎長の養子になったことがある）を読まされたり、あるいは鉄眼が大阪の友人福島から「東洋純正哲学」や「ヱンゲリン三」を預かって持ってくるなどするが、これは禅修行とは違う接触のようだ。

## 相国寺で修行申し出る

では、鳥居赫雄の「禅修行三昧」はどのようなものであったのか。日誌によれば、それは相国寺《しょうこくじ》で始まっている。相国寺は臨済宗で相国寺派の本山。上京区の御所の北側に同志社があって、その裏手北側に接しており、距離的には「三条縄手下ル五軒町」の養福寺の部屋から近いのだが、なぜ相国寺にしたのか。以下、禅と関係する記述を時間を追って拾い出す。

〈一八九一（明治二四）年〉

八月三〇日＝「朝、相国寺ニ至り、長得院氏ニ遭ふ。…」

九月　三日＝「又、病院ニ至り薬を取り帰る。途より相国寺ニ至り、独園和尚を訪ふ。和尚ハ有名の大禅師にして年七十ニ余り、元気尚盛なり。暫時、禅学の話を聞き、己も修行し多き旨語り出て多れハ、和尚、前門道場ニ至り了寛和尚ニ能く談すへしとなりき。…」

部屋を借りて二〇日後である。長得院氏が何者かはわからない。さらに四日後、通院の帰り道に独園和尚に会って修行を申し出ている。つまり、自主的に修行を申し出ているわけで、中村ていが仲介したという新妻説とは違っている。

一〇月　三日＝「…昼、南禅寺ニ至り山中に座禅す、時余。…」

一〇月　六日＝「朝、南禅山中に至り座禅す。后一時帰家。…」

一カ月の空白があって、まず南禅寺の山中で二日座禅している。南禅寺も臨済宗で同派の本山。そして、

一〇月　七日＝「…休薬す。…喜ひ知るへきなり。帰途、相国寺ニ至り、了寛和尚に謁を通せしも、病気の故を以て面会を謝せらる。応接諸僧の礼節、丁重にして一種沈毅の風あるハ、今日、僧俗気風、頽廃の時、此禅門に於て存す、大に予の心強ふす。一、六、三、八碧巖録提唱

に参する事を約し帰る。…」

上海時代に医師から「癒える期を知らず」とまで言われた肺結核であったが、服薬治療の効果が実って「休薬」になる。さっそく碧巌録提唱に加わりたいと申し込んだのも、結核快癒の喜びからであろう。

碧巌録とは臨済宗で重視される仏書で、宋の圜悟《えんご》が雪竇《せっちょう》の選んだ百則の頌古《じゅこ》に垂示、評唱、著語《じゃくご》を加えたもの。提唱とは禅宗で教えの根本を提示して説法すること、と辞書にある。

また鳥居は、「僧俗気風頽廃の時」、相国寺の僧らが「礼節丁重にして一種沈毅の風ある」のは「大に予の心を強くす」と、傾倒ぶりを示す。鳥居にはのちに仏教界の沈衰を憂うる「仏教と僧侶」と題する論評がある（明治三二年五月一〇日「大阪朝日」）。

一〇月　八日＝「相国寺に行かんと欲し、時間を誤り已む。…」
一〇月一〇日＝「午前、南禅山中ニ座禅す。…」
一〇月一一日＝「前六時、家を出て河村氏ニ至り、碧巌録を借り、…夫より相国寺ニ至り、碧巌提唱ニ参す。十時半帰宅。…」

初日に臨んで時間を誤るとは、思い入れの割りにはチグハグな感もある。

一〇月一二日、一三日＝「南禅山中ニ座禅す」
一〇月一四、一五日＝「朝七時より相国寺に。十時帰宅。…」
一〇月一六日＝「朝、相国寺ニ至る。帰途南禅寺ニ寄り帰る。時ニ十一時半なり」▽一七日「…后一時より相国寺ニ参す。…」▽一八、一九日「朝、相国寺に行く。…」
一〇月二〇日＝「午後、知恩院山門ニ登る。諸仏厳然岩上ニ座す。留まる二時余にして帰る」
一〇月二一日＝「相国寺ニ行く。…」
ここまで一一日間は毎日ともかく「禅三昧」の体である。知恩院は浄土宗総本山。
一〇月二四日＝「…霊山ニ行く」▽二六日「相国寺ニ行く。」▽二八日「（大に地震す）…相国寺ニ至る。…」
▽一一月一日「相国寺ニ行く」▽三日「相国寺ニ行く。…」
一一月　八日＝「相国寺ニ至らんと家を出てしも遅刻して行かす。…」
ここらあたりは、参禅も隔日程度に落ちついてきているが、四日間も行かないでいると、「遅刻」する。
一一月一九日＝「藤島と相国寺ニ逢ふ。…」
一一月二〇日＝「朝、南禅寺ニ至る。…」
一一月二一日＝「后、相国寺ニ行き、藤島宅ニ到る。…」▽二二日「后、相国寺ニ行き、…」▽二六日「相国寺ニ行き、帰り藤島下宿ニ寄ル」
次いでは一〇日間も無沙汰になる。
一二月　一日＝「朝七時より相国寺ニ行く。今暁より臘八接心ニ当るを以て、已れも禅堂ニ行き、衆僧と同しく座禅す。種々なる儀式ありて最も面白く、昼飯を喫す。麦の塊にして塩辛き汁及ひ漬物。随分僧達の境涯も知られて面白し。后三時半より帰る」

一二月二、三日＝「同しく相国寺ニ行き座禅す」▽四日「雨天なりしを以て相国寺ニ行かす。…」▽五日「相国寺ニ行く。后三時半帰る」▽七日「相国寺ニ行き、藤島を伴ひ帰る。…」

この間は、一一月一八日から支那通の薩摩人藤島武彦との急接近が進んでおり、一二月七日に藤島が大阪に帰るまで、例の通りべったりの交友が続いている。

臘八とは仏語で臘月八日の略。釈尊成道の日とされる一二月八日。臘八接心《ろうはつせっしん》とは、一二月一日から八日の朝まで釈尊成道を縁として昼夜を問わず座禅に専念することをいう。鳥居の場合は、特別参加であったろうが、初日には僧たちの中に入って「面白し」とある。しかし最後の八日はどうしたのか、記されていない。

一二月二八日＝「相国寺ニ行く。十時帰れハ…」

年末、最後の修行であったようである。しかし、世間では二五日には、鳥居自身も日誌に二重丸の傍点を付けている「国会解散」があって、師佐々友房の選挙のために「罷り下りて奔走すべき」かと悩む一方で、苦心の金策をして借家住まいになったりと、多忙にして、新年への期待を抱かせる歳末である。

## 滴水禅師のこと

ところで、明治二四年末までの「鳥居日誌」には登場しなかった由利滴水禅師であるが、弟子鉄眼とともに鳥居の「京都時代」には欠かせぬ人物である。鳥居「素川」は大正一二年に記す。

「洛北修学院の林丘寺に隠居せる一老僧が、庭の飛泉を指して参禅の書生に向ひ、この水声を止めて見よといった。…この書生とは誰あろう、余自身のことで、老僧とは近来の尊宿、由利滴水禅師の事である」

これによって、鳥居が林丘寺に隠居した滴水禅師に教えを受けていたことがわかる。

また、由利滴水は臨済宗天竜寺派管長をつとめていた。戊辰の戦いでは滴水は夢窓国師の像を背負って逃げたとの逸話がある。この当時は林丘寺にあって、そこに出家して弟子となった愚庵鉄眼が執事として修行している。ところが、鳥居がまず参禅に飛び込んだのは相国寺であった。どのような経緯であったか、詳らかでない。鳥居が座禅を組むのは臨済宗の寺々である。その関係を確かめると次のようになる。

**天竜寺**　京都市右京区嵯峨にある臨済宗天竜寺派の大本山。山号は霊亀山。足利尊氏が後醍醐天皇の冥福を祈るため、一三四五（貞和元）年、亀山殿の跡に建立。天竜資聖禅寺と称し、開山は夢窓疎石。後に京都五山の第一となり、五山文化を主導した。

**相国寺**　京都市上京区にある臨済宗相国寺派の本山。山号は万年山。京都五山の第二。一三八二（永徳二）年、足利義満の建立。開山は春屋妙葩《しゅんおくみょうは》（夢窓疎石は勧進開山）で、以後夢窓派が相承。足利歴代将軍の帰依を受け、五山の中心として威勢を誇った。

**京都五山**　京都にある臨済宗の五大寺。数次の寺刹選定、寺格の変更を経て一三八六（至徳三）年、足利義満により天竜寺・相国寺・建仁寺・東福寺・万寿寺の位次が決定され、南禅寺を五山の上とした。

**林丘寺**　京都市左京区修学院にある臨済宗系尼門跡寺院（非公開）。山号は聖明山。後水尾院皇女朱宮《あけのみや》光子内親王（一六三四～一七二七）の朱宮御所が前身。延宝八（一六八〇）年、朱宮は落飾して照山元瑶と号し、御所を林丘寺と改め、天和二（一六八二）年に本堂を建立。以後、皇女・宮家王女らが歴代住持となった。

明治初期には衰退して一時期、天竜寺から滴水禅師が入寺したが、明治一七（一八八四）年、寺域の約半分が皇室に返還され、寺は再び尼寺となった。

さらに当時の林丘寺における生活について愚庵が羯南宛書簡（明治二〇年九月一一日）で説明している。「我臨済宗ニ而ハ師弟の関係ハ恰も俗家の父子の如し故ニ得度の日より日用衣食ハ申迄も無之其身分ニ属するものなり」「我林丘寺は現今猶百石餘の寺祿あり宮内省より下附せらる故を以て窮乏の嘆なし…」として「老師滴水ハ天龍寺派の管長ニ而有名の智識たり故を以て弟子迄も肩身廣き仕合なり」と紹介。一七歳から七歳まで、弟弟子が四人いて毎日読書を授け、僕が一人いて炊事に従事する。『貧道ハ執事たるの故を以て月々五拾銭の恩給を受く是ハ一圓之處其必要なきを以て月々辞して半額としたるなり…凡ソ二十銭餘ハ毎月餘る位なり」として金圓の恵附は掛念しないでほしいと言っている。以上、各寺の所以を拾った。

## 新聞と読書

### 東雲新聞との関わり

鳥居の「京都時代」五ヵ月間の日誌に、新聞との関わりを示す記述が四ヵ所みえる。

〈一八九一（明治二四）年〉

八月二二日＝「…大阪東雲新聞社ニ端書仕出す」

九月　四日＝（欄外に）「東雲新聞社に端書仕出す」

九月二六日＝（欄外に）「日本新聞を加藤と共に講読《ママ》の約を結ひ多り」

一一月二三日＝「…本日分より日本新聞を講読す」

問題は大阪東雲新聞社に二度も葉書を出していることである。そもそも東雲新聞は中江兆民によって一八八八（明治二一）年に大阪で創刊されている。これは中江が、再燃した藩閥政府打倒の運動で指導的役割を果たし、八七（明治二〇）年末に公布された「保安条例」によって、尾崎行雄、星亨ら五七〇人とともに危険人物として東京から追放され、中江が大阪に移ってきて創刊したものである。中江は九〇年一月ごろまで主筆をつとめ、その革新的論調で声価を高めている。すでに八九年の憲法発布の大赦で中江は追放解除になって、九〇年七月の第一回総選挙では大阪第四区から当選。しかし翌年二月には土佐派の裏切りで予算案が成立したのを怒って辞任している。東雲新聞は中江が東京に帰った九一年には休刊とされているが、まだ九月四日までは新聞社は存在していたのであろうか。

しかし、何のために「端書」を出しているのか。それも系統としては、明らかに民権派の有力新聞であろう。それへの投稿とすれば、何を意味するのか。投稿としても「端書」で十分であろうか。新妻本では、地元紙への投稿で一等賞を得て、記者への道を確信するようになったとあるが、それらしい日誌の記述はない。いずれにしろ、「東雲新聞」に関心を持っていたことは確かであり、その視点に注意しておきたい。

その点、国粋主義を標榜する新聞「日本」の購読はうなずける。明治二三年の上海時代から池辺三山や友人たちが送ってくれて読んでいた。その新聞「日本」を入社の約一年前に購読契約したわけで、それも寺に同宿の加藤と二人で購読している。この加藤も何者かわからない。

## 書物は何を読んだか

次に書物に関する記述を拾い出すと、これも四カ所ある。

八月二四日＝「…后より独り知恩院内円光大師の廟に至り、東洋策《ママ》を繙き読む。…」

九月一三日＝「夕刻、河村善益を訪ひ談数刻にして帰る。龍門夜話、呂郭吾語録、折たく柴の記を借り来る」

一〇月一一日＝「前六時、家を出て河村氏に至り、碧巌録を借り、又己れ購求の一休がい古つを貸し、夫より相国寺に至り、…」

一一月二二日＝「…夜、鉄眼、大阪より帰り、東洋純正哲学、ヱンゲリン三を齎し来らる。蓋し東京服部（正魁）より送り来るもの福島より此節、受取りしものなり。…」

さらに、日誌の最終頁には次のような記述もある。

「渉猟書録　従明治廿四年第九月　於京都

東方策　著者　稲垣満次郎
実力政策　著者　阪本則義
龍門夜話　二冊数四
東洋文芸全書　日本之範　一冊
呂郭吾語録　五冊
仏教或問　斎藤聞精　一冊

……………………

謡本　七冊
対外策　稲垣作　一冊
槐安国語　五冊
釈迦応化略　一冊
西伯利亜鉄道論　一冊
西行物語　三冊

折たく柴記（新井白石）　二冊
八大家　三冊
碧巖録　五冊…………経済学之原理　浮田和民訳　一冊
三日月　一冊
船山詩集　張」

九一年（明治二四）年九月から年末まで、読みあさった書籍類を、順次列挙したものであろう。一一月二二日に受け取った「東洋純正哲学」「ヱンゲリン三二」はまだ読んでいないのか、記されない。ここでは「東方策」と正確に記される稲垣の著書は八月二四日から読んでいるが、同じ外交政策関係としては「対外策」あるいは阪本「実力政策」もそうであろうし、「西伯利亜鉄道論」もこの部類であろうか。あるいは十数年後の日露戦争において、大阪朝日から従軍記者として戦場を見る際に、ロシア観測の基礎的な知識を培うことにつながっているかもしれない。また仏教関係の「釈迦応化略」「仏教或問」「碧巖録」が目立つし、「西行物語」も同系列といえようか。

## 浮田和民の「経済学」も視野に

特にこの中で注目したいのは浮田和民訳『経済学之原理』である。著者は同志社の宣教師兼教授ラーネッドで、経済雑誌社から明治二四年に刊行されている。

浮田は、一八五九（安政六）年一二月、熊本生まれで、一九四六（昭和二一）年一〇月に没しており、鳥居より八歳年長である。熊本藩士の子で、洋学校を経て、京都に移り一八七九（明治一二）年に同志社英学校を卒業。七六年に受洗して、八〇年から大阪天満教会で伝道に従う。八六（明治一九）年五月、新島襄に招かれ同志社の講師となり、史学などを講義。九二（明治二五）年から九四年までアメリカに留学、エール大学などで学ぶ。しかし、帰国後の九七年には同志社を辞職、東京専門学校に転じ、西洋史、経済史などを講義。実証主義の政治学、人格主義的道徳学を論じて、「六合雑誌」「国民之友」などに健筆をふるい、「太陽」「基督教世界」「日本及日本人」などでも活躍している。とくに一九〇九（明治四二）年から一七（大正六）年まで「太陽」の主幹をつとめた。大隈重信のブレーンであり、大正デモクラシー運動でも活躍した。『帝国主義と教育』（東京民友社、明治三四年）などの訳著書が多数ある。同志社辞職については組合協会との不一致が考えられる。

さて、宣教師ラーネッドが一八七六（明治九）年、教授陣に加わることについて『同志社百年史』から拾うと「同志社英学校の学問的水準は一躍上昇したとみることができる。彼はエール大学を優等で卒業したのち、すでにセイヤー大学でギリシャ語、ギリシャ文学を二年間講じた経験をもっていた。彼は片手に聖書、片手に経済学をひっさげて同志社に登場した。東の慶応は西の同志社に恐るべきライバルを見出したのであった」（通史編八九頁）とされている。

さらに「明治初期に来日してわが国の青年たちに直接経済学を講義し、この国に新しい学問の種子を蒔いた外人教師の一人として、ボアソナードは、東京大学のフェノロサや同志社のラーネッドなどとともに、黎明期の日本経済学史にとって、逸することのできない名前である」（杉原四郎『日本の経済学史』一九八頁）ともあり、間接的な表現にしても、ラーネッドについての評価は高い。

そのラーネッドの経済学講義を翻訳してまとめたのが浮田訳『経済学之原理』である。鳥居は、出版されたその年に読んでいる。同志社は、鳥居が「禅修行」をしている相国寺の前にある。浮田は明治一九年からそこで教えており、同じ京都で病を癒しながら苦渋の生活を強いられている鳥居は、あの洋学校出のクリスチャンがまとめた書を逃さず読んでいる。なにか期するものがあるようだ。浮田は翌年からアメリカ留学に出かけるが、鳥居がドイツへ遊学するのは九年後である。そしてのちに大阪と東京に分かれて、新聞と雑誌という媒体の違いはあっても、大正デモクラシーをともに闘うことになる。内心、相互に闘いぶりをチェックしあっていたのではないだろうか。

ついでにあげておきたいのは、一〇月一七日に鳥居は四条南座に基督教演説会を聞きにいくが、アクシデントが起きる。「弁士の下手、生意気なる上、非常の妨害あり」。一僧が演壇に上り、弁士に何か言ったあと座に帰ると、忽ち壮士が棒を提げて襲い、僧は血まみれ。「卑怯なりしか、後五六人の巡査が来りて漸く治り、…演説も何とか理由を付けて中止し多り。此夜、実ニ見物甲斐ありし」とある。キリスト教への妨害はやはり強かったし、鳥居の言も、弁士に厳しかったり、巡査らに卑怯と言ったり、客観的観測にみえる。

## 愚庵鉄眼が陸羯南に鳥居を紹介

さて、滴水禅師の臨済録提唱の講筵《こうえん》に同席した新聞「日本」社長・陸羯南に鳥居を紹介したのが僧鉄眼であり、それを切っかけに「日本」入社が実現したことは、鳥居が一九二三(大正一二)年九月一日発行の雑誌「日本及日本人」に掲載した手記「羯南先生は長者の人」で知られる。これは羯南の一七回忌に際して執筆したものである。

## 「素川」が記す鉄眼のこと

まず、鳥居と鉄眼の出会いの話から辿る。

鳥居は明治二四年八月、京都に寄留するが、通説ではこの時から母ヨシの参禅の勧めや世話役小川ていの紹介によって愚庵と交流が始まったとされる。しかし鳥居日記「客窓要録」によれば、上海渡航の前年、明治二三年一月二八日に京都の「一乗寺村林丘寺に至り天田鉄眼を訪ふ。種々法話を聴聞し傍ら世上の談に及ふ。師喜色面に溢れ予を寓する。頗る懇待を極めたり」と記しており、自ら進んで愚庵に会っているのであり、訪問の時期や会談に及ぶ姿勢も、通説とは異なるのである。

それはなぜか、素川は記す。「師は磐城平の人にして戊辰の際、師年十五、尚戦場に赴き戦敗れて家に帰りしか、一母一妹の所在知れす、是より…膽を嘗めて母妹の消息を尋ねしも更に生死さへ分からさる次第にして既に二十有餘星霜を経、師乃ち薙髪して禅僧となりしなり。師の経歴等ハ委しく血写経なる一冊として世間に露布せり」とあり、全国的に行なった苦難の母妹探索の様子や出版によって既に愚庵は世間的に著名な存在であり、興味を覚えた素川が会見に及んだと察せられる。素川は続けて「明廿九日再ひ師を訪ひしも不在にて帰家し、其明三十日更に同師を訪ひ湲話数刻、別を告けて帰り道、下鴨神社に詣し緑樹鬱蒼たる其下に…清泉の湧くありて夏時の納涼にも恰好の処なるべし。…」と述べる。意気投合した相手に三日も続けて訪ねて談じ込むのは、素川の性癖であり、愚庵の経歴に感じ入り、下鴨神社の清泉を眺めながら気分爽快なようだ。

次に愚庵が鳥居を陸羯南に紹介する話は鳥居素川手記「羯南先生は長者の人」にある。

「或る年の秋の暮れ、林丘寺に滴水禅師の臨済録提唱があった。鉄眼師は二、三の僧を指揮してその間に周旋し、聴講の人は八、九名で、其の中には当時大阪府の書記官で、のち住友の総理事となった鈴木馬左也君もあり、又京都地方裁判所の判事で、現貴族院議員たる河村善益君もあった。中にも目立ったのは鉄眼師の親友で、偶々東京より来り、此の席に列したといふ一居士である。居士色浅黒く、背高く、痩形で、顔は割合に小さく、黒無地か何かの衣服を着け、挙止穏雅、林間の一處士とも見るべき人である。余も乳臭の一書生として末席に控えたが、提唱了りて後、鉄眼師が余を其の居士に引合されたのである。居士は即ち其の十七回忌に当る陸羯南先生其の人であった。

先生東京に帰りて後、鉄眼師を通じ、その書生を東京に招かれた。余は飛び立つ思ひがした。といふのは当時の日本新聞の権威は素晴らしいもので、単に議論の正大痛烈なるのみでなく、文章それ自身が模範的で、実に我等青年の崇敬の標的であったからである。余は四歳父を喪ひ、十歳兄に分れ、余自らも強健の方ではなく、しかも志を立て支那に行き、忽ち病を獲て帰り、辺陬《へんすう》（片田舎）の郷里に居ても仕方なく、母を奉じて京都に来り、あはれ母子煢々《けいけい》（ふたりっきり）の生活をして、養痾の傍ら禅寺廻りをしたので、この時鉄眼師とも知合ひとなり、その縁以て羯南先生にも知遇を得て、操觚界に入るの身となったのである。…」

ここで問題は「禅寺廻りをして鉄眼と知り合った」と書くので、日記に記述した「出合い」が消えてしまうのだが、この際には不必要な事前の一経過なのであろうか。

京都出立は「明治二五年一〇月二二日」

この段落に続いて「余が京を去るの時、鉄眼師は」余に書簡を送ってきた、として文章は展開する。

「今朝はいよいよ御出立の御事と奉存候、御見送り申上候心得の處、昨日の作務餘りにきびしく腰の骨痛み強く御無禮申上候、北堂公御道中別して御大切に奉存候

はゝそはの母としゆかば草まくら

　旅もわすれて慰さまれなむ

雁《かりがね》の旅もけなるし親子づれ

右は今朝の口吟、羯南其他青厓優等へ可然御致聲被下度候

二十二日　　愚庵

素川君

何彼御餞別と存候へとも致方なし誠の心計り御笑留被下度候。秋氣日深、千萬自重」

書簡に年月の記入はない。明治二五年とするのは、素川の文章「愚庵和尚を偲ぶ」の中で日本新聞社へ「初めて出社すると正岡（子規）君も同じ月、或は同じ日に入社してゐて、互に顔見合せヤアと言ひました」と回顧しており、子規の「日本」入社が同年一二月一日であることに依拠、さらに一句に秋の季語「かりがね」が読み込まれ、「秋氣日深」（秋色日毎に深まる）ともあるので「素川の出立は一〇月と判断してよかろう」との説がある。「蓑笠亭・愚庵・古道人研究」第六号（編著・発行者松本皎、二〇一二年二月刊）に詳しい。同誌は「天田五郎・愚庵鉄眼関係書牘集～続々　天田五郎・愚庵鉄眼和尚禅師の生涯考～」と副題してあり、

歌人でもある天田五郎に関係する書簡類と、その解説からなっている。なお蓑笠亭《さいりゅうてい》は立命館創立者の一人・中川小十郎であり、古道人は俳人・福田静處である。

素川は「愚庵和尚を偲ぶ」でも、上京したのは「その年の夏頃であったか」と記しており、自分の「遊滬日誌」とも反する、記憶違いを露呈している。

## 号「素川」について

鳥居赫雄の筆名、号「素川」の由来は、阿蘇山から流れ出て、生誕の熊本の地を東西に走り有明海に注ぐ「白川」に因ったといわれるが、それがいつから使われたか明らかでない。ところが先述の通り、禅僧鉄眼愚庵が、新聞「日本」に入社するために京都から上京する鳥居の門出に手紙を送り、その宛名が「素川君」になっている。管見ながら、今のところこれが嚆矢ではないかと思う。本人が署名したのではないが、京都の仲間内では「素川」が通用していたと解される。明治二五年一〇月である。次に見るのは「日本」社長陸羯南が日清戦争の従軍記者として戦地にいる鳥居へ帰還せよと頼む書簡で、宛名が「素川子」となっている。明治二八年三月である。続く大阪朝日時代の初期には「素士」など数種を、論評には使い分けている。しかし一般には「素川」で通ったと思われる（いずれも後述）。

# Ⅵ　新聞「日本」からスタート

## 「日本」の立場と人材

まず新聞「日本」の成り立ちについて触れておきたい。青木貞三、高橋健三ら内閣官報局の上司らが発刊した「東京商業電報」「東京電報」を前身とし、明治二二（一八八九）年二月、陸羯南が谷干城、三浦梧楼らの資金援助を得て創刊した。陸が社長兼主筆で、初期には福本日南、三宅雪嶺、古島一雄らがいて、池辺吉太郎、鳥居素川、長谷川如是閑、丸山幹治ら錚々たる論客・記者を集めた。藩閥政府による専制政治や皮相な欧化政策、追随的な条約改正などを鋭く批判。そのため日清戦争前にはしばしば発禁となった。国粋主義といわれるが、国民に基礎を置き、立憲制の確立を目標に国民主義を主張、その立場を堅持した。

日清戦争後には経営難となり、陸も病気に倒れて明治三八（一九〇五）年に経営を譲った伊藤欽亮が商業新聞に改造したため三九年、三宅・長谷川ら二一名が一斉に退社。伝統は失われ、政友会系の商業新聞となり、大正三（一九一四）年廃刊となった。

## 陸羯南のこと

陸羯南（一八五七〔安政四〕～一九〇七〔明治四〇〕年）は津軽（青森県）藩士中田謙斎の次男で本名は実、羯南は号。藩校稽古館、その後身の東奥義塾で漢学・英学を修め、明治九（一八七六）年に上京して司法省法学校に入学。しかし薩摩藩を背景とする校長らと衝突して放校される。北海道に渡ったのち、再度上京し太政官書記局に仕官。二一年、条約改正をめぐる欧化主義政策に反対して退官、「東京電報」を創刊し社長に。二二年には新聞「日本」を創刊して社長兼主筆となる。以後、内政・外交に関して健筆を振るい、徳富蘇峰・朝比奈知泉らと言論界の代表的存在となった。論説の要点は、内における国民の統一と外への国家の独立があるという。主著に『近時政論考』『国際論』『原敬』『羯南文集』『羯南文録』のほか、「日本」の社説論説類を集めた『陸羯南全集』（全一〇巻、みすず書房）がある。

### 司法省法学校の放校組を柱に

鳥居が入社するころの「日本」には同年輩の正岡子規、中村不折がいて二五～二六歳。国分青厓と福本日南もいて、三五～三六歳だったと新妻莞の著書にある。若干説明をすると、正岡は俳人を目指していたころで陸羯南と親しく、すでに在席していて、明治二七年二月発刊の「小日本」の編集主任となるが、不振で七月廃刊となる。病身を囲いながら鳥居と同じに従軍を熱望、羯南を困らせる。結局、休戦後の旅順に行くが、海軍の扱いに憤慨しきり。下関条約批准後の帰国船上で喀血。松山の自宅には戻らず、夏目漱石の下宿先に逗留して仲間と句作三昧、東京帰任は二八年一〇月になる。画家中村不折は挿絵担当か。のちに鳥居が渡独留学する時、不折も渡仏するため同船している。また鳥居が漱石に初めて原稿を依頼する時、実現しなかったが、取り次いでいる。現在でも東京・根岸の「子規庵」と不折の書道博物館の場所はなぜか近い。
国分青厓は仙台生まれで、漢詩人。本名は高胤。司法省法学校で陸羯南、福本日南らと同級で、校長と衝突して彼らは放校処分になる。福本日南は福岡藩士の子で本名は誠。新聞「日本」の創刊に尽力、のちに「九州日報」（現・西日本新聞）の主筆兼社長になる。いわば同窓・同級生が「日本」に参集しているわけである。人材については後述の鳥居の日清戦争従軍記者の項でも詳しくなる。

## 早くも「人を怒らす」得意技発揮

鳥居に「羯南先生は長者の人」という手記がある。大正一二年九月一日刊の雑誌『日本及日本人』が陸羯南の一七回忌特集を組んだときに執筆した文章である。羯南の人となりや彼との関係を述べながら、それ程に知られていない鳥居の「日本」時代（明治二五年秋～三〇年末）を語る数少ない「証言」である。

余が「日本」新聞に入っても飛出しの青書生であって、何一つ出来やう筈はなく、先生も定めし呆られたであらうが、それでも温情深く、余の境遇を憐み、君はお母さんと二人で暮らすのに社から貰ふ給料では足りまいが、他との釣合上特別多くもやれない。これは自分のポケットからだと他の紙包みを渡さるゝ事もあった。感激性に富む余は、何時か当《ま》さに草を結んで高恩に報ゆべしと、心から感謝した事もある。編集局に於ける先生は、宛《あたか》も慈父の児孫に対するが如きものがあった。先生の政治論の峻厳なるに反し、一面には又随分子供らしき言動もあった。編集局で何か主張せらるゝ事の無理があって、冲《とて》も行はれないやうな事を人が反駁すると、あゝ然うかと笑って引っ込めらるゝ所、いかにも虚心の人と見え、有徳の人、人格の人、長者の人としか思はれない。

その先生が一たび筆を執らるゝや、一字一句血の滴るが如きものであった。従ってその周囲に集る一同も随分厳しい筆使ひで、雑報の末に至るまで議論でないものはない。当局の嫌忌することは激しいもので、日本新聞の発行停止といふものは、当時名物の一つであった。一同は発行停止を喰ふ毎に反撥心を増し、解停後には一層腕に撚りをかけて進むから当局の弾圧は薪に油を濯ぐに異らない。余が徒《いたず》らした僅か四、五行の雑報にさへ、酷いお灸が据はり、署名者の二人までが各々禁錮二箇月に処せられしなど、随分の仕打で、余も二氏に対し気の毒で堪らない事もあった。

鳥居が「徒らした雑報」で、二人が禁錮刑を喰らうのは、朝日新聞では「人を怒らせる名文家」といわれた鳥居の得意技が早くも発揮されているようだ。つまり編集記者の仕事をしているわけだ。

## 日清戦争の従軍記者として活躍

### 陸羯南の手紙が語る鳥居の報道

手記「羯南先生は長者の人」の中で新聞「日本」の従軍記者として日清戦争にかかわる部分があり、それも羯南の素川宛手紙を引用する形で述べている。抜粋すると次のようにある。

日清戦争の時は社中総がゝりといふ有様で、余は先づ従軍するといふ事になったが、その時先生は

憑爾諭胡虜　化為皇国民　山東多豪傑　移檄討嬴秦

という送詩を送られた。此戦争は余に取り重大の意義あるもので、幾多の挿話もあるが、余一身に係る事で茲には書かない。たゞ余は先生より戴いた左の手紙を以て、武士が戦場に於て感状を貰ったのよりも難有く思つてゐる。

拝啓　旅順大戦以来之御筆労既に感謝に余りあり　況や威海衛の役をや　君の筆功は既に多し　軍中縲絏《るいせつ》の身と為り猶屈せず又第六師団従軍を企つ　君之志既に壮なり　盍《なん》ぞ速に帰らざる　大我は猶海城に在り　井上亀六は第一師団に従ひ営口に進めり　古島は松嶋艦に乗り既に南行せり　正岡は近衛従軍之為に今正に広島に在り　古城貞吉は大阪師団従軍出願中　浅水は大我に交代願済　皆共に広島に在り　中山は広島常置之特派員たり　三浦篤次郎は講和使李鴻章之件に而馬関長崎間に在り　末永帰京せるも病気未癒　其弟一郎も扶桑（艦名）より下りて広島に在りといふ

右の如く一騎当千の武者何れも外出　留守師団甚振はず　願くば帰れ　君之志母堂に在りて待つ久し　社情亦た如此　盍ぞ帰り余と相見ざるや　六師団は遠く進むものにあらず　二師団或は北進せん　二師団に従ふ能ずとせば君其れ速に帰れ　従軍者既に多し　此上は留守師団を振作する外なし　帰れ帰れ早く帰れ　　不尽

三月十四日　　　　　　　　　　　　　　実

素　川　子

李鴻章は十九日に馬関着之筈　媾和或は成　近衛も未だ東京を出了らず　軍も此位に而已まんか　宗方氏古島と共に南航之由なり　願くば速に帰り広島に寄りて古城を北にやれ　彼の弟は戦死せりといふ

其跡を弔ふ志切なり

此手紙を見ても如何に先生が有情の人であったかゞ分るであろう。文中子規君の事がある。君は病身の事であり、先生も君の従軍を拒まれたが、君は自ら死処を求むる気であったか、従軍を許されねば退社するとまで拗《す》ね込み、到頭第四師団に従ひ、大連まで行つたが、直ちに喀血して後送され、爾来臥蓐《がじょく》八星霜、遂に不帰の客となった。先生の此の手紙を受取ると間もなく、果然媾和は成つて、余も五月の末に青緑滴るゝ如き日本の山河を踏んだのである。回顧すれば、先生逝いて実に十七年、愚庵去つて二十年、滴水禅師僊化後二十五年、無論はゝそはの母も居たまはず、さうして余は今日雲に臥す。唯《ひと》り林丘寺の水声のみが依然たるかも知れない。

この手記を書いた大正一二年ごろの鳥居素川は、立ち上げた「大正日日新聞」が九年に倒産、外部との接触を断って兵庫県の芦屋山荘に籠り無聊を託って「雲に臥」していたが、そろそろ堪らず動き出すころであり、一四年には三度目の欧州旅行に出かけている。芦屋の山荘といっても、まだ阪急神戸線も通っておらず、「芦屋川沿いに六甲連山に向け、つま先上りに約一キロ行くと城山橋があり、近くの二階建ての借家がそれで、残した歌集『松籟』の題名通り、松林に囲まれ、風光明媚であった」と『新聞人・鳥居素川』にある。

## 新聞「日本」の布陣

素川の手記に沿って若干の説明をする。まず、羯南の書簡には素川を含め一〇人ほどの「日本」の記者名が出てくる。うち「大我」は桜田、「古島」は一雄・古一念、「正岡」は子規のこと、「浅水」は又次郎、「中山」は安太、「末永」は純一郎、そして「古城」は貞吉で、熊本人、のちの漢学者である。

明治二八年三月一四日段階の「日本」の海外布陣は四人。素川は第二師団（大阪）付きで恐らく威海衛付近にあり、第一師団付き井上亀六は営口、桜田大我は海城、古島一雄は、海軍への情報提供で知られる熊本出身の大陸浪人・宗方小太郎とともに松嶋艦で南航中とある。大本営がある広島には常駐員を含め従軍待機中の正岡子規ら三人、古城貞吉は大阪か。講和に備えて李鴻章「番」として三浦篤次郎を下関・長崎に置き、帰任したが病気の癒えない末永らもいる。羯南は「留守師団」が手薄になって甚だ困っていると、素川に帰国を促す。一方で弟が戦死した古城貞吉を弔いのため「北にやれ」と配慮している。これだけの陣容をつぎ込んでは、戦後の「日本」経営が苦しくなるのも頷けるところである。

また、素川は正岡子規の従軍の次第を綴っているが、羯南によると、子規は一五歳ぐらいから羯南と接しており、肺結核で学問を諦め俳句に生きる志をもって明治二四年から「日本」に席を置いたと述べてある（『陸羯南全集』第九巻）。子規は素川と同年だが、「日本」では一年先輩に当たることになるのだが…。

## 筆功「遼東大戦」と「威海衛の役」

さて、陸羯南の手紙にはいくつかの事実が記されている。まず素川の筆功として「旅順大戦」が挙げられる。これは歴史年表を繙けば、下記のように明治二七年一一月二一日のことであり、第二軍が占領しているので、素川は第二軍に従軍していることになる。次の「威海衛の役」は二八年一月で、この進軍経路は別動の第二軍のそれであるが、ここでも素川は取材、送稿したとある。

確認のため明治二七年の戦況経過を拾う。
七月二五日　日本艦隊が朝鮮豊島沖で清国艦を攻撃し戦闘開始。
七月二九日　大島混成旅団、朝鮮の成歓を占領。三〇日には牙山も占領。
八月　一日　清国へ宣戦布告。（日清戦争）
九月　一日　大本営、第一軍を編成（軍司令官山県有朋大将、一二月、野津道貫中将に）。
九月一三日　大本営を広島へ進める。一五日天皇到着。
九月一五日　第一軍、平壌総攻撃を開始、一六日占領。
九月一七日　連合艦隊（司令長官伊藤祐亨中将）、清国北洋艦隊と遭遇、五艦を撃沈（黄海海戦）。
一〇月　三日　大本営、第二軍を編成（軍司令官大山巌大将）。
一〇月二四～二六日　遼東半島花園口に上陸。二四日　第一軍、鴨緑江の渡河開始。二六日　九連城占領。
一一月　六日　金州城占領。
一一月二一日　第二軍、旅順口を占領。
一二月一三日　第一軍、海城を占領。

第二軍には第六師団が編入されており、そこで「第六師団年譜」を参照すると、「第六師団へ動員令が出るのは二七年七月二四日。最初に小倉にある第六師団歩兵第一二旅団が一〇月、東京第一師団とともに遼東半島に上陸、旅順要塞を一日で攻略。一方、熊本の第六師団主力は遅れて翌二八年一月戦場に向かい、山東半島栄城湾に上陸し、雪中を行軍して威海衛を攻略した」とある。

つまり第六師団は二手に分かれて行動しており、先発の第一二旅団は東京第一師団と一緒に動き、遼東半島の花園口に上陸して旅順を陥れる。熊本の第六師団主力は遅れて翌二八年一月、膨州湾を隔てた山東半島の栄城湾に上陸、威海衛攻略を果たしたと理解される。どちらも第二軍のルートである。

素川が「旅順大戦」も「威海衛の役」も伝えたと証言する羯南に従うと、素川は旅順から威海衛へ移動して取材したことになるが、そのルートは海路か、陸路かの問題がある。実は後述するが、素川は旅順占領のあと「盛京省の半島」、つまり遼東半島で取材した「満州風俗」を明治二七年一二月一九、二一日付「日本」に掲載しており、掲載期日から推定すると「旅順大戦」報道の後に「満州風俗」を執筆し「威海衛の役」に移ったことになる。その移動を推測すると、以下のようになる。

陸路を渤海湾沿いに迂回していては第六師団主力の山東半島上陸に間に合うまいし、また外海の黄海湾の制海権は得ているとはいえ、渤海海峡を渡る手段の問題もある。ところが、別の第六師団戦跡図をみると、門司から山東半島への「直接ルート」は記されず、いったん旅順に寄って威海衛へ転じるルートが記されている。これを利用すれば山東半島栄城湾への上陸も容易になる。

## 囚われの身

次に、素川は「此戦争は余に取り重大の意義あるもので、幾多の挿話もあるが、余一身に係る事で茲には書かない」としているが、羯南は「軍中縲絏《るいせつ》の身と為り猶屈せず」と述べて、素川が清国軍か馬賊によって「囚われの身に」なったと暴露している。「縲」も「絏」も「しばる」という意味で、縲絏は「黒い縄で罪人を縛ること。とらわれ、なわめの恥」と辞書にある。その後、素川は当然、脱出して生きのびたのであろう。

日清戦争の従軍記者の務めを終え明治28年5月帰国した素川。大阪戎橋岡島写真館のロゴ入り写真の裏に「明治27年12月撮影」とあるが、1年ずれているようだ。（熊本日日新聞社新聞博物館蔵）

先の新妻の著書（朝日新聞社、昭和四四年）には次の文章もある。

　二十八年五月帰国したときの写真を見ると、こちらこそ、馬賊の親分のような毛皮帽衣でつつんだ短身に、すごい長刀を抱え「ナニクソ」の一念何ものも畏縮せしめるだろうすごい目を光らせて、先の上海生活の当時覚えた支那語を活かし、通訳を兼ねての従軍ではあり、どんな働きをしたか想像にあまるものがあります。

その写真なら、熊本日日新聞社新聞博物館の素川コーナーに展示されているのを思い出す。陰影が薄れているが、確かに異様な出立ちであり、想像をかきたてるものだ。

## 「満州風俗」に読む鳥居の中国観

さて、素川の執筆記事・論評を書籍で読むとすれば、「明治文学全集九一」『明治新聞人文学集』（筑摩書房、昭和五四年刊）の中の「鳥居素川篇」に記事など二一篇が収まっている。しかし、それも日清戦争関係は「満州風俗」（明治二八年一二月一九、二一日「日本」掲載）と「敵将の自殺」（明治二八年三月五日「日本」掲載）の二編だけである。「満州風俗」によって素川の中国観察に触れておきたい。

素川の観察地点は「過ぐる所は僅に盛京省の半島五十余里」とあって限定していない。つまり「盛京省の半島」は遼東半島を指すはずで、「荒涼たる原野、処々村落の点綴するあるも、人家は僅に十軒乃至十五軒、樹木疎らにして水少なし、民皆醇朴、殆んど兵戈の何者なるかを知らず、皮子窩、金州等の市街は巨商の往来するありて頗る狡猾の徒多し…」。原野に点綴する村落を歩く中で、やっと地名が出てきた。しかし現代地図にはその地名は見えない。後ろに続く「皮子窩以東は復州の管轄」という「復州」の復州城が見えるので、見当をつけてみるが、素川は旅順からそれほど奥地へは進んでいないようだ。気候を述べる中にも地名がみえる。「気候は花園口付近最も寒きに似たり、金州に至れば稍ゝ暖、旅順は金州より寒きに似たり」とある。年表通りに花園口は第二軍の上陸地点であり、金州城占領も経験した上での言及であろう。

「風俗」の内容としては、まず「石油の遍く使用せる」を上げる。日本の家庭暖房は薪だけの時代であろう。試しに「土民」に聞くと、天津や上洋（上海）の地名は知っているが、北京は知らないという。訝っていたが、「洋油」つまり石油の輸来するところが天津、上海であって、だから知っているのだと気付いた、とある。

その洋油については、金州と皮子窩の説明の中で次のように言う。「金州は物資に富む、半島以外の商人来りて業を営めばなり、皮子窩之に亜ぐ、皮子窩は山東の巨商来りて製油業をなす、半島蓋し大豆を産するを以て之が一手買占をなし直に油を製するなり、其設計の大なるもの操り居りし」。つまり遼東半島で産する大豆から「洋油」を搾り取るわけで、掘削しているのではない。なるほど商人による石油普及がわかる。

次に「家の構造は長屋作り」で、隣は「壁で境するのみ」だが、壁は厚さ七～八寸、頗る堅緻。「庭に必ず大竃ありて之に適ふの大釜を据へ火を焚けば即ちオンドロなり」。「土人は薄ペラの蒲団一枚位を有し其余は衣たる儘なり。苔の蒸したる古壺は幾箇となく顛輾し之が蓋を開ければ臭気紛々何物の入るも知らず…多くは食物なり」。

しかし「朝鮮に比すれば万事清潔なり、貧富懸隔の度甚だ寡し…一戸の豪家」なし。なぜか、それは食物と土地の状況を考えねばならない。「畑は磽确《こうかく》にして…石三分土二分と云も可なり、…其産するものは玉蜀黍《とうもろこし》、高粱、大豆、小豆、粟、麦類なり、土人の常食は玉蜀黍にして粟は非常の貴重品なり、一家各々食する所の玉蜀黍及高粱等を畜ふ、一年一度の収穫なり、而して一年の糧食を戸々に蓄へ、恰も交替輸送等の事なし、故に貨幣の媒介も亦た尠なし、貴ぶ所は単に実物に在りて貨幣にあらず、貨幣は此地に於て殆ど値なし」としている。

また、貨幣については「物を買ふに銀貨を以てすれば喜んで諾す、値を定むるに洋銭一箇両箇三箇と呼ぶ、故に五銭銀貨も十銭銀貨も一箇たり。故に二十銭銀貨を両箇与ふるも五銭銀貨を両箇与ふると同じ価格なり、…釣銭を与ふるの事を知らず…」という。

自然にも触れる。「吹く風の如きも隆々として凄まじ、彼の朔風の朔の字は軽々に看過すべからず、又寒外黄雲漠々等の文字始めて此地を踏み其間の消息を解するを得、碧流河岸の砂積の如き一望平砂山も野も灰色なり、風捲けば忽ち黄雲となり。馬は首を伏し人は目を閉づ、歩行甚だ艱と雖も休息の処なし、此の如きの地若し数里に亘らば人は或は窒息せん、…」。

他にも「厠」「土人の体力強し」「村は寂寥にして絃誦の声少なし」「酒」「山」などと綿密に綴っている。

辮髪については「習俗は容易に移すべからざるも辮髪を断たしむるは易し、実際生に向て若し日本領とならば直に辨髪を切らんと申出でたるもの多ければなり」と楽観している。なお「敵将の自殺」は、幾人もの清国将軍が自害したが、「多く亞片を以てす、一人の能く白刃を腹に突立て臟腑を掴出して死するものなし」とある。

開戦前の新聞は日清の軍事力比較なども取り扱って、比較的にフリーだったが、開戦すると戦況報道は禁じられ、帰還した傷病兵に国内取材して体良く記事にするのがせいぜいで、それも戦勝記事に偏って読者の好戦気分を煽ることになる。実際に各社特派員はサイド記事で競い合い、「朝日社史」も素川の清国分析の的確な視点をあげているが、「満州風俗」はその典型なのであろう。

## 陽明学左派を知る

『明治大正言論資料』（みすず書房）に「月報」が付録されていて、一九八五年一一月発行分に「鳥居素川のこと」と題する一文がトップに掲載されている。これは、東京朝日主筆であった池辺三山の長男で洋画家池辺一郎（一九〇五～一九八六）が執筆したもので貴重な証言に出合った。それは新聞「日本」社長・陸羯南が、鳥居赫雄に命じて、明末期の儒者・李贄《りし》の著書『焚書』を筆写させて、禅僧・天田愚庵に贈ろうとした、その写本が三山の蔵書の中に残っていたというのである。李贄は陽明学左派として知られ、過激な言説で異端視され、獄中で自殺した在家居士である。この文章は陽明学を巡る羯南・鳥居・愚庵・三山の四人の関係を示しているのだが、ここで思い出すのは一九一八（大正七）年の米騒動の最中、白虹筆禍事件の際、警察・検察が挙げる朝憲紊乱の証拠一五項目の中に「朝日評壇・大塩と跡部」が含まれ、天保八年の飢饉に挙兵した大塩平八郎を鳥居がどのように評価したか、あるいは大塩といえば江戸後期の陽明学者であり、素川が陽明学をどのように解していたか、わかる評壇であり、ここでは若干の関連付けを試みる。

## 池辺一郎が記す『焚書』筆写の経緯

まず池辺一郎について。池辺一郎・富永健一著『池辺三山　ジャーナリストの誕生』（中公文庫）の富永の「あとがき」に拾う（同書四三六頁）。

一郎は一九八四（昭和五九）年三月から月刊誌「みすず」に「三山とその時代」と副題する連載を一二回残したが、死去したため未完となった。取り上げた時期は三山の父池辺吉十郎から始まり、佐々友房『戦袍日記』、東海散士（柴四朗）の「経世評論」、憲法論議、新聞「日本」、洋行、「巴里通信」、帰国（一八九五・明治二八年一一月）などの論題があるように、日清戦争後までを執筆、その後を富永が書き継いでいる。ここでも一郎は「李氏焚書」に触れ「大正デモクラシーに一役買って反官僚政府の先頭に立った素川には若い頃筆写した『李氏焚書』の遠いこだまがあったかもしれない」と書いている（同二二六頁）。

また洋画家で一水会の常任委員を長くつとめた一郎には『近代絵画のはなし』（南窓社、一九六五年）『ルドン――夢の生涯』（読売新聞社、一九七七年）や『未完のゴーガン』（みすず書房、一九八二年）など著書があり、親族では「画才より文才の方がより秀でていたのではないか」と言っていたという。しかし、やはり史家ではない。素川について精通していない。その一郎が『焚書』筆写の経緯を次のように述べる。

《羯南が素川に「日本」紙上に書かせたので、素川はジャーナリズムの世界にはいることになった。どんな記事を書いたかは全くわからないが、ただ一つこの時期に彼が残したものがある。それは「李氏焚書」という明の思想家の本を筆写したことである。「李氏焚書」というのは明の末期の思想家李贄《りし》の書いたもので、この本を書いたために、李贄は危険思想家としてあらゆる迫害を受けて、遂には獄中で自殺を遂げた。儒教道徳に反すること、例えば悪逆とされる秦の始皇帝をかえって讃美するような逆説を行ったのである。（羯南によると）「李氏焚書」五巻は、愚庵和尚が久しく求めて得なかったものだが、自分はこれが内閣書目にあることを知って借り出し、愚庵の弟子である鳥居素川に筆写させて贈った。ところが島田（三郎）翁が刊本を得て愚庵に贈ったので写本は無用となり、自分の蔵書中に残ることになった云々と漢文で記している。それからさらに羯南は池辺三山に写本を贈ったとみえて、三山死後私はこの写本が三山の蔵書中にあるのを発見した。これが素川による写本「李氏焚書」の経緯だが、中国におけるこの本の運命はさらに面白いもので、久しく禁断の書であった後に文化大革命の青年たちが復活させたといわれる。

それはとにかく愚庵や羯南がこの本の思想をそのまま肯定したとは思えないが、少なくとも彼らの叛骨を立証する材料となるかもしれない。そして若い時これを筆写した素川は、「李氏焚書」を一生忘れることはなかっただろう》とある。一郎は鳥居の記者活動に全く触れないが、『焚書』は忘れないだろうと言う。

なお「三山池邊君墓」は東京新宿区市ケ谷河田町の月桂寺にあり、その左に小ぶりの池邊家累代墓、さらに右手前に一郎夫妻の白い小さな墓もある。

## 陽明学左派について

次に肝心の李贄《りし》（一五二七〜一六〇二）は、福建省泉州府晋江県の人。字は卓吾。自ら儒教叛徒と称す。一五八〇年官を辞め、剃髪し在家居士として世俗の交わりを絶ち、著述に専心。過激な言説によって異端視され七六歳で下獄、自殺。吉田松陰が獄中でその著書を愛読、抄写した。著『焚書』『蔵書』など、とある。

李贄の儒学を述べるには手に余るので、島田虔次『朱子学と陽明学』（岩波新書、以下「島田本」と略）によって若干補強してみると、泉州は当時、広東とともに最大の外国貿易港であり、同時に回回（イスラム）の中心地であり、李卓吾の家はもともと商人で、代々回回の教徒であったという。二六歳で科挙の第一関門である郷試をパス、挙人《こじん》の資格を得て最下級の官として転々とし、五一歳で雲南省姚安府の府知になったのが最高で五四歳で辞職。五九歳で湖北省麻城県竜湖の芝仏院に移り、この麻城の一〇数年が思想家・評論家として最高潮期であり、『蔵書』六八巻、『焚書』六巻も出版した。半面、「危険思想家として正人君子から激しい憎悪と迫害を受ける」。言うには「見識のない輩が自分を異端よばわりするので進んで異端になってやった」（『続焚書』）と、最後まで挑戦的で戦闘的な態度を貫いたようだ。島田本には李贄の「自賛」すなわち自画像とでもいえる文章を示してあり、やや反語的にも受けとれるのかと思うが、彼の本性をうかがわせる。

《その性は偏狭、その色は矜高《ごうまん》、その語は卑俗、その心は狂癡、その行いは率易《けいそつ》。交際は少いが、見《あ》えば熱情的に親しむ。人に与するや、好んでその過を求めて長所を悦ばず、人を悪むや、すでにその人と絶ちたるうえ、また終身その人を害せんと欲す。志は暖衣飽食にあるに、自ら伯夷叔斉をもって任じ、ほんらい（破廉恥なること彼の『孟子』のなかの）斉人にひとしきに、満身これ道徳のつもり。…動けば物と逆い、口は心と違う。その人かくの如し、郷人みな之を悪む。昔は子貢、夫子に問いていわく、郷人みな之を悪むは如何、

と。子のたまわく、未だ可ならざるなり、と。居士のごとき、それ可ならんや。（『焚書』三）》

　ここでやはり陽明学に触れないわけにいかない。明の大儒・政治家である王陽明（一四七二～一五二八）は名を守仁、字を伯安といい、陽明は号。浙江余姚の人。初め朱子学の性即理の説に対して心即理説を、のちに致良知説、晩年には無善無悪説を唱えた。朱子学が明代には形骸化したのを批判しつつ明代の社会的現実に即応する理を打ち立てようとして興し、やがて経典の権威の相対化、欲望・肯定的な理の索定などの新思潮が生まれた。日本では中江藤樹、熊沢蕃山、大塩平八郎（中斎）らに受け入れられた。著書は『伝習録』『王文成公全書』など、とある。

　これによって日本への陽明学の伝播と大まかな人的把握もみえる。当方のねらいは大塩平八郎であり、ついては天保の飢饉であり、後述する大正七年の米騒動へと、問題はつながるからである。

## 天保の飢饉と大塩の乱

　ここではその大塩平八郎と天保の飢饉について述べる。

　一八三三～三九（天保四～一〇）年は慢性的に凶作が続き、全国的な大飢饉となって、大阪も廻米が激減して米価は暴騰、行き倒れが続出するほどに下層町民らは窮地に陥った。元大阪東町奉行所与力で陽明学者の大塩平八郎（中斎）は再三、救民を要請したが入れられず、三井・鴻池ら豪商に救済費六万両の借金を申し入れたが、これも断られ、無策・無慈悲の汚吏、貪商の誅罰を決意した。

　大塩は五万冊の蔵書を売却して六二〇両を得たといい、三日間にわたって貧民一万戸に金一朱ずつ施し、また砲術の伝習や大砲・弾薬などの調達を急ぎ、門弟の与力・同心や近隣の豪農らを中心に体制を整えた。

一八三七（天保八）年二月一九日、この日は新任の西町奉行堀利堅が先任の東町奉行跡部良弼の案内で市中を巡見し、天満四軒屋敷にあった大塩邸（洗心洞塾）の向かい側の朝岡助之丞宅に立ち寄る予定であり、これを襲撃する手はずであったが、門人の密告によって露見し、早暁に幕政の刷新を期して蜂起した。その数は三〇〇～四〇〇人が結集、大塩勢は「救民」の旗を掲げて、天満の東半部を一巡し、難波橋から船場に入り、今橋筋の鴻池屋・天王寺屋・平野屋、高麗橋筋の三井呉服店など特権豪商を襲い、市中の家屋の五分の一を焼いた。しかし夕には淡路町堺筋の激戦で崩れて敗走、中心人物は自害したり逮捕され、大塩と養子の格之助は、自ら「知行合一」を実践したのち逃れて、靭油掛町に潜伏していたが、三月二七日、所在がわかったため、放火して自害した。平八郎四五歳、格之助二九歳であった。

貧農層に訴える檄文は、飢饉にあえぐ難民をよそに江戸廻米を行ない、不正を犯す奉行ら奸吏と暴利を貪る大商人・奸商を批判し「万物一体の仁」を忘れたものを誅伐すると説いており、大塩への共鳴は、摂津能勢や越後柏崎などで農民らが蜂起して続き、公然たる幕政批判の契機となった。

その大塩平八郎（一七九三～一八三七、寛政五～天保八年）であるが、号は中斎。七歳にして両親を失い、与力であった祖父の跡を継いだ。東町奉行高井実徳に重用されて吟味役となり、キリシタン類似の宗教を弾圧するなど功績をあげて、世に廉直の評が高かった。高井が引退すると、自らも与力職を養子・格之助に譲って、家塾洗心洞で教学に専心した。

大塩は林述斎に朱子学を学び、中国の呂新吾『呻吟語』を読んで陽明学を志し、北宋の張横渠の影響を受けて政治刷新を含む独自の学風を築き上げた。「心、太虚に帰す」「良知を致す」「天地万物一体の仁」などについての特異な評釈は「天満風の我儘学問」とも評されたが、清直で峻厳な教学の内容に心を寄せる者も多く、与力・同心、医師の子弟や淀川左岸の豪農らが縁戚のつながりをとおして塾を構成した。入塾には多額の資金を要した。しかし同時に農民を愛し、「民を視ること傷の如し」と言われ、近隣の村や町場に出講、摂津高槻、近江大溝、伊勢の津にも赴き諸藩士と交流したという。著書は『洗心洞箚記』『古本大学刮目』『儒門空虚聚語』『増補孝経彙註』など。

因みに三宅雪嶺が大塩平八郎を評する言葉があるので拾っておく。

《(王)陽明は狂を高唱したにもかかわらず、事実は、その行動はむしろ平穏であった、「これ陽明の器局宏大なりしにも由るべけれど、若し当時民を救うに急なること一層甚だしきものあるに於いては、更に一歩を進めざるべからざりしなり、平八郎の行動は頗る激にして君子の風を欠く、陽明の大国的気風ありしに似ず、然れども…平八郎はたとえ人品に於て陽明の下に出づるとするも、其の知行一致の点に至りては確かに之より一歩を進めたるものなり」》(国府犀東『大塩平八郎』〔明治二九年〕への三宅雪嶺「序文」、島田本より)

## 共通する不正告発と行動力

最後に、これまで取り上げた李、大塩、鳥居の三者それぞれの気概について考える。

李贄(卓吾)が《もっとも憎んだのは仮《にせ》であり、とくに「仮道学」(単に道学先生のみでなく、ひろく儒教主義に立つ官僚一般をふくめて)の偽善と無能とに対しては真に罵倒嘲笑の能事を尽くしているが、この「仮」と「真」との尖鋭かつ執拗な対置、その上に立っての「真」の熱情的な主張、それが陽明学左派にはじまり卓吾で頂点に達する一つのいわば「党派的」な意識であった…》（島田本一七五頁）これは李贄を評するにふさわしい結びの言及ではないか。

また大塩平八郎といえば、森鷗外の小説（一九一四・大正三年発表）を思い出すぐらいで、飢饉の単なる叛逆首謀者かとみていたが、関係書籍に触れると、陽明学者としての学績を知る一方、家塾洗心洞運営の巧みさ、縁戚を通しての与力・同心、医師、豪農らとの経済的接近や組織化、舶載書など書籍への執着ぶりなど、印象が違ってきた。何よりも無策・無慈悲の汚吏による幕政を批判、暴利を貪る奸商への義直に貫かれ、挙兵の行動力が際立つ。

二六歳になる鳥居素川は『焚書』を筆写して陽明学左派を知っていた。ご当地とはいえ、大塩挙兵によって住家を焼かれながら「大塩様」ともて囃す民衆の反応を評価し、無策の政府を批判するのは当然と頷ける。紙上の評論だけでなく新聞社大会で演説もした。筆禍事件で社長村山が辞任、やむなく自らも退社したが、裁判闘争も辞さない構えであったし、彼の挑戦はやがて大正日日新聞の創刊によって朝日・毎日を向こうに回し、断行されることになる。

三者とも不正追及の熱情に燃えながら歴史を刻んだ行為は傾向を同じくしているようだ。

# Ⅶ 「大阪朝日」に入社、大正デモクラシーへの道

## 創刊から明治期「朝日」の流れ

まず朝日新聞の創刊から「大阪朝日新聞」に題字を変更するまでの流れを概略たどっておきたい。

朝日新聞が大阪で創刊するのは一八七九（明治一二）年であり、ふりがな付き、艶ダネ中心のいわゆる「小新聞」であった。当初から「持主」として参加した村山龍平であるが、正式に経営を譲り受けるのは明治一四年であり、上野理一が営業担当者として加わるのがその前年一三年である。以後二人による経営が続く。小新聞からの脱皮を図り、報道中心の「中新聞」を目指す一方で、自由民権運動の流れを汲む政論中心の「大新聞」はやがて衰退期に入り、明治一六年の新聞紙条例の改正によって弾圧を受ける。また松方デフレに伴う不況によって各紙は部数減少に陥る。しかし、村山は上京して京橋区銀座一丁目の〝煉瓦街〟に東京支局を開設する。これが二一年である。自由党の星亨が一七年、機関紙として「自由燈」を発刊、改題して「めさまし新聞」としていたものを村山が買収し、「東京朝日新聞」へ発展させるのである。「東京朝日」は「めさまし」の号数を引き継いで、第一〇七六号からスタートする。このため「朝日」も「大阪朝日」と改題す

るのが明治二二年である。

## 高橋健三、池辺三山、そして鳥居素川の繋がり

次に、これに経続する二つの人事を述べなければならない。これは新聞「日本」から人材供給が始まることを意味する。まず二五年末まで内閣官報局長であった高橋健三（一八五五・安政二〜一八九八・明治三一年）が村山龍平の懇請で客員、実質上の主筆として二六年に迎えられ、論説を主宰する。高橋は政府の皮相な欧化主義に反対し、雑誌「日本人」の三宅雪嶺、杉浦重剛らナショナリズム・グループの論客として知られ、官報局では陸羯南の上司であり、自恃庵と号した。肺疾患ながら高橋の論説主宰は、かねて推服する村山、上野の熱意が実ったと社史にある。その高橋が二九年末、松方正義内閣の書記官長に登用されることになり退社、後任には陸羯南らの推薦で池辺三山が決まる。池辺は日清戦争中、パリから送った「巴里通信」を「日本」に連載して文名を高めた経緯がある。池辺は二九年一二月、主筆として「大阪朝日」に入社する。

池辺三山の大阪時代の社説に若干触れておきたい。「社会政概論」（上中下、三〇年四月八日〜一〇日）がある。欧州の社会主義、共産主義、アダム・スミスの経済学について解説する中で、日本でも「やがてマルクス流の過激な反攻論が出てくるだろう」が、それを未然に防ぐためには「国家社会主義による仁政が緊要だ。社会主義という言葉がいやなら〝仁政主義〟といってもよい」と記述している。これは早くも国家社会主義に言及していることに注目したい。さらに「同盟罷工」（四月一九日）では、日本人は「激情して一揆騒動のような危険性をはらむ」、だから「資本家も政府も社会政策に親切周到でなければばならない」（社史「明治編」

三五一頁）と述べる。実は日本で社会政策学会が結成されるのが明治三〇年であるので、池辺の感覚は先駆けていたといえよう。

その池辺三山が明治三〇年末、「東京朝日」の主筆に転じるので、池辺は陸羯南に相談して、鳥居素川を入社させることにした。やがて東西朝日の三山・素川体制が築かれることになる。この三人の人事によって、新聞「日本」から「大阪朝日」への入社が続くことになる。例えば鳥居の勧誘によって「日本」を同盟退社し雑誌「日本及日本人」にいた長谷川如是閑が明治四一年に入社するし、丸山幹治らも入社している。

一方、東京では先の三宅雪嶺（一八六〇・万延元～一九四五・昭和二〇年）や、杉浦重剛（一八五五・安政二～一九二四・大正一三年）らが政教社を創立し雑誌「日本人」を発行するのは明治二一年であるが、志賀重昂（一八六三・文久三～一九二七・昭和二年）を加えて乾坤社を設立、陸羯南の「東京電報」創刊に協力するのも同年である。「東京電報」が「日本」と改題し、創刊、陸羯南が社長・主筆となるのが二二年二月であり、杉浦は経営にも関係したとある。その杉浦と三宅は、村山龍平の「国会」「東京朝日」の客員として寄稿していた。ここに高橋・池辺・鳥居と続く「大阪朝日」への入社の背景があり、「日本」にいた安藤正純も「東京朝日」に入り、鳥居・池辺と親しい関係になる。このように「日本」を中心にした朝日との人的スクラムが形成されたことに留意しておきたい。

論旨とは外れるが、新聞「日本」に在籍した熊本人では国友重章（一八六二・文久二～一九〇九・明治四二年）もいた。藩儒国友古照軒の長男だが、父刑死後の池辺吉太郎（三山）と、古照軒の前に机を並べた。のち重章は朝鮮の「漢城新報」主筆となり、閔妃事件に連座して、広島監獄に投獄され、その釈放に池辺が奔走したエピソードもある。

## 素川の「内地雑居論」と義和団の乱

明治三〇年の年末、「大阪朝日」に入社した素川であったが、三一年までは、編集に従事していて社史などにはまだ名前を現さない。三二年になると、素川の活動が現れてくる。この年は各国と続けてきた不平等条約の改正交渉の結果、改正条約実施の年に当たる。まず元旦の「東京郵信」欄で治外法権撤廃に伴う「外国人の内地雑居」を論じている。このコラムは元来、池辺三山が「大阪朝日」のために東京から書き送るものであるが、出張した素川が執筆したとされ、次のように記す。

　四海兄弟、人類仲よしのことは結構なことだが、我々の社会の習俗や風紀に及ぼす影響もまた少なくないだろう。日本人の心構えとしては社会道徳を守ること、個人の信用を高めること、善と利をともにはかる真正の実業家を育てること、などに留意しなければならない。

内地雑居について素川は「商業会議所委員の反省を促す（上）支那人雑居に就き」（三一年七月一一日）の中で態度を述べる。また改正条約実施の七月一七日の社説でも「世界は一大封建国のようなものだから、旧幕時代に他藩の領民と付き合ったような気持で付き合えばよい。天領（幕府の直轄地）の領民に接したときのような卑屈になる必要はない。…」、「留意しなければならないことは、外国人は権利、義務の観念が強いことである。日本人もお上まかせの考え方を改め一人一人が注意して対応しなければならない」と記す。

政府では外務省が全面雑居を主張するのに対し、内務省は「清国では日本人の自由居住を認めていない。内地雑居を許せば、労働者、小企業者が圧迫を受ける。衛生上も面白くない」と反対だ。海陸仲仕業者やマッチ製造業者、紡績工場労働者らも反対するため、清国の横浜領事が日本製品ボイコット発言をするなど、当時は一大問題であった。東西朝日としては、いわば「雑居制限派」であって、三山は「憂慮す可き所ありとすれば、只黙って制限法を設け置けば何の議論もいらぬ事に候」としているが、結局、政府によって「支那人の雑居は労働者に限って許可制」となった。

このほかに、三二年の素川社説を拾うと、「社会教育の必要」（四月一四日）、「仏教と僧侶」（五月一〇日）、「対清意見の二潮流」（上中下、五月二三～二五日）、「減租と軍備」（五月二八日）などがあり、一〇月ごろには「玄兎」「素卿」の号で「一週評論」も書いている。週内の内政外交問題を論評するものであった。「社会教育の必要」では「欧州今開明と称す、豈啻学校教育の整備を以て今日の盛を致したりと謂はんや、必ずや社会教育と相待て始めて完全なりと謂ふべし」と述べ、その方法として①地方図書館の設置、②無月謝夜学校の設置、③通俗講談会の開催、④国民運動場の設置、⑤風紀取締りなどをあげている。具体的で、ほとんど現代にも通じるかもしれない。

さらに三二年で重要なことは、五月、素川が初めて留学希望を申し出ることである。社として初めての留学生・松山忠二郎（哲堂）を送り出した三カ月後とあって容れられなかったが、入社後約一年半で社費留学を希望するのであるから、大変な自信であり、熱望であった。これに対して池辺三山は「時機を待て」と励ます一方で、密かに社主への推薦工作を続け、三四年には実現させる。

一九〇〇（明治三三）年には清国で義和団の乱が広がり、六月には北京に孤立する日本人を含む外国関係者を救出するため、八カ国連合軍が出動する事態となる。素川の義和団の乱に関する論説を拾うと、「清総督及清国同志の陋態」「速に北京へ進軍すべし」「進軍を弛むる勿れ」「清国及我皇帝陛下の御親電を拝読す」「清総督の真価値」「清国の処置に関する列国及日本の地位」（上中下）「北京撤去の議」「清国の新政府」「駐清公使の更迭を望む」「駐清軍を恤むべし」「使臣会議の結了」など、極東問題についての知識を傾けて執筆しているが、強硬論で一貫している。このころの署名は「成斎」と「素士」である。

エピソードをひとつ拾っておく。「北京籠城」（六月二〇日〜八月一四日）となった日本人救出のため、七月一七日に日本軍二万が太沽に上陸するが、籠城組のなかに新聞記者として「大阪朝日」の村井啓太郎、「東京日日」古城貞吉、「時事新報」岡正一の三人がおり、留学生狩野直喜もいた。このうち古城と狩野は熊本出身であり、二人とものちの著名な漢学者である。村井は「籠城日記」に「我輩（村井）は文学士狩野直喜、東京日日通信者古城貞吉の、二君と敵火を冒して胸墻《きょうしょう》（屏）外に出で、銃二挺、弾丸数十発を敵屍の中より取り帰る。此時敵屍已に半ば腐敗し、肝胆露出して銃身に纏綿《てんめん》せり。銃用ふること数日、腐臭始めて去る」（朝日社史「明治編」三九四頁）と記して、狩野、古城の必死の籠城が描かれている。この村井日記がひと足早く東京朝日に掲載されて引っ張りだこ。この年、「東京朝日」は一万部増加して七万部台に、大阪朝日は一二万七千部を突破したというから、国民の関心ぶりがわかるし、新聞は戦争によって巨大化していく。

三三年の素川論説にはほかに「元老の凋謝　維新史料の埋没」（三月一四日）や「国字と国文」（四月六日、一五日）もあり、年末には随筆「一年を送りて」を「素士」の名で書いている。京都時代を偲ばせる禅定を説きながら、紙面編集作業が外国電報に追われ、夜明けまで及ぶ時の心地よさを次のように述べる。同業経験者にはよくわかる心境である。

何や蚊やの裡に多忙の日を送り、北清事変の酣《たけな》はなりし頃、社にとのゐして夜の一時二時てふに電報打ちつゞき、睡げなる電燈の下に筆をとりて、新聞の号外を作り、又続き来る電報に追はれ、夜もほのぼのと明け初めたる時の心地よさよ。総て楽しきは、余念を交へざるの時にあり。日常の忙しき業とても余念なければ最と楽しく、其起り来る百般の事物に対し、之を迎へて解き去り、庖刀の牛を割くにも似たらんが如く、游刃余地、其間に面白味あり。或る人が歌詠むは禅定にありと言ひし如く、百般の作務、皆禅定なるを望む。利害得失を計較し、一年の裡に、得るの喪ふのいふは、最と謂れなきことなり。われ慦《なまじ》ひに悟るにあらねど、余儀なき人間の勤めに、斯くあるべきを信じ、一年の終わりに識す（素士）

## ドイツ留学の嘆願書

ここで素川が明治三三年一二月一八日に村山・上野両社主に提出した留学嘆願書に触れておきたい。先の留学希望の申し出から一年七ヵ月後のことである。

…独逸は比較的学資を要せずと承居申候間　分外の外遊は到底十分なる御願出来不申と諦め居申候間特別を以て毎月百円も御支給相叶候はば刻苦励精可仕　又留守宅の事は別途に方法相設度　唯根本たる御社の御支給相叶候はば更に工夫致度存居申候…私一身に取りては今日を過ぐるべからずと存申候　若し幸に相叶候はば御社のため十分の報効を致度　今日の儘相過候はば記者としての寿命相窮申候　甚だ歎息長大息の至に奉存候　何卒特別の御詮議奉願候　頓首九拝

かなり強気の書状である。留学以前からドイツ、ドイツで固まっていたというし、勉強は怠りなかったようだ。また「大阪朝日」の給与帳によれば、当時、村山一五〇〇円、上野一二〇〇円、本多雪堂・内藤湖南一〇〇円、素川九〇円であったという。

# Ⅷ　ドイツへ社費留学

## 留学で何を学んだか

鳥居素川が「大阪朝日新聞」に入社するのは、一八九七（明治三〇）年一二月であるが、九九年五月には早くもドイツへの社費留学を希望する。しかし果たせず、翌年一二月にはまた村山龍平・上野理一両社主に宛てて嘆願書を提出して、熱望を募らせている。それが実現するのは池辺三山による社主への密かな働きかけが実った結果であって、留学の決定は一九〇一（明治三四）年六月である。素川が三四歳になるころのことである。

七月六日には、若狭丸によって門司港を出港し、帰国するのが一九〇三（明治三六）年六月であるので、ほぼ二年間の留学である。この間の当初一年五ヵ月の動静については、熊本日日新聞社の新聞博物館に架蔵される鳥居素川「欧行日誌」（註1）によって読むことができる。その機会に恵まれたので、ここでは素川がドイツで何を学んだのか、のちに大正デモクラシーを闘ううえでどのような収穫があったのか、「日誌」に沿って考えたい。

## ハレで一年間【一九〇一年九月～一九〇二年九月】

まず両社主宛の嘆願書で何を言っているかといえば、独逸学協会学校で二年三ヵ月間学んだが、荒尾精が上海に設立した日清貿易研究所に転出して中断した。しかし「少なくとも外国語の一も解し候はば尚何かの御用に相立候かと存じ　余暇独習致居候得共専一能はず」「唯一年乃至二年間専修仕候へば欧文新聞雑誌通読には差支無之　其余は次第に自修出来候事と自信仕候」「今日の儘相過候はば記者としての寿命相窮申候甚だ歎息長大息の至に奉存候」と述べている。際立ってこれといった理由は示されない。ただ、このまま過ぎれば記者「寿命相窮申候」とあるのは焦りさえ感じさせる。「留学以前からドイツ、ドイツで固まっていた」というし、独自に勉強も進めていたわけである。

### ベルリン、故郷に来た心地

さて、一九〇一（明治三四）年七月六日に門司港を出港し途中ロンドンに一週間滞在、二ヵ月後、ベルギーの貿易港アントワープに上陸、列車でケルンを経て九月六日早朝、ベルリンに到着する。「…愈目的地タル伯林ニ安着セリ。即チ道途六十二日ヲ以テ此ニ相着クヲ得タリ。汽車ヨリ降リルヤ恰モ我故郷ニ来ル心地シテ、半通ノ独逸語ヲ以テ物識顔ニ馬車ニ飛乗リ、先ズ公使館ニ向フ。朝尚早カリシヲ以テ、未ダ出動ナシト聞キ之ヲ辞シ、予テ後藤ノ取計ヒアリシヲ以テ石原医学士ノ寓ヲ訪ヒ、其旅行中ナルヲ以テ其室ニ仮寓ス」と日誌にある。「故郷ニ来ル心地」になって「半通ノ独逸語」をつかって物知り顔に公使館へ馬車を走らせるあたりは、地図上の事前調査も行き届いていたのであろう（表紙カバーに掲載の「欧行日誌」本文参照）。

## ハレ大学の由来

ベルリン到着の翌日、九月七日には嘱託通信員・恵忍成が尋ねてきて、いっしょに「伯林大学ヲ見ル。其建築等案外ニ廉末ナリ」と記す。そして一〇日には通信員と公使館に行き「鍋島氏（書記官）等ト商量シ田舎ノ『ハルレー』ニ行クニ決ス」となる。ハルレー（現在のハレ）はベルリンの南西一六〇キロにあるが、せっかくベルリンに来たのに、なぜハレで学ぶことにしたのか――。

一二日には打ち合わせていたのであろう、アンハルテン駅で早川政太郎と待ち合わせ、ハレに向かい、早川の下宿に泊まる。早川がどんな人か記されないが、翌日から早川と下宿探しを始めたところ、昼食のとき「田代秋太郎ニ邂逅ス。田代ハ十年前、独逸学協会学校ニテ同学セシモノナリ。頗ル其奇遇ヲ喜ビ、午後、同人亦余力下宿ヲ捜シ呉レタリ」と、かつての学友に会ったり、下宿を決めた一四日には「大学ニテ岸一太のドクトル免状授与式ニ臨ム。来会者十四人、頗ル簡単ノモノナリキ」とあるように博士号を得る留学生もいる。さらに一五日には「田代ニ導カレ『ハルレー』留学ノ各日本人ヲ訪フ」とあるので、その人数が気になって日記に現れる名前を拾ってみると、二〇人にも達する。よく四、五人集まって夕食をともにしたりしている。明治三四年に日本人留学生がそれだけ集まるドイツの田舎大学とはさて、と思って調べるが、手掛かりが少ない。旧東ドイツ領内とあって、一九九〇年の東西ドイツ統合後も観光旅行のルートにはベルリン、ポツダムが含まれる程度で、現代日本人にとってハレは魅力的ではなかったようだ。ところが関連書籍を探っているうちにエンゲルハルト・ヴァイグル『啓蒙の都市周遊』（岩波書店、一九九七年刊）に出合った。

ヨーロッパの最も若いこの大国の、…近代性の基礎はこの大学によって作られたのである。というのはライプツィヒでのドイツ啓蒙主義運動の最初のスタートが力ずくで阻止された後、ドイツ啓蒙主義の多層的な運動が開始されたのは、このハレ大学（註2）だったからである。一六九四年、ハレ大学の創立とともに新しい大学のあり方を求める努力が新しい次元に入った（同書六二頁）。

ハレの改革モデルは神学を大学の序列の筆頭に、哲学をその最後尾に置く古い大学秩序に取って代わって、法学が主導的学問となる。この法学は、実践を重視し、経済学、ポリツァイ・ヴィッセンシャフト、そして国家行政学を、構想として取り込んでいる。こうしてハレはプロイセン官僚機構の誕生の地となり、役人の相当な部分がこの大学出身者によって供給されるようになった（六二頁）。

大学の現状については「大学の精神的創立者であるクリスティアン・トマージウスを思い起こさせるのは、山積みされた瓦礫のみである――ハレのトマージュウス通りの建物で残っているのはそれだけである。法学部の建物も崩れ落ちている。一九四五年爆弾が屋根に落ちて以来、雨が降り込んでいる」（六一頁）。これが高い意義を持っていた初期啓蒙主義の最重要大学の名残の姿である。

これらによってハレ大学が一六九四年に創立され、ドイツ啓蒙主義運動の初期の拠点となり、プロイセン役人の供給基地でもあったことがわかった。さらに第二次世界大戦の戦禍によって、往年の大学の様子はとてもうかがえないことも判明した。では創立から二〇七年経った一九〇一年のハレ大学はどうであったか。留学生・素川にとっては聴講する講座によってその有用性がわかるわけで、それは国家社会主義、ないし講壇社会主義による経済学であることが明らかになる。

ハレでの生活ぶりを若干みておきたい。下宿はレッシング街一四にあり、諸扁額のほかタンス二個、鏡、ストーブ、植木数鉢もあって「ロンドンやアントワープの旅宿より数等立派」だという。下宿代は朝のコーヒー付きで一ヵ月二五マルク。昼夕食は、外食か時たまの自炊である。一六日に理髪店に行ったが、「言語の誤解により短く二分刈り」にされる。やはり素川のドイツ語は「半通」であったようだ。半月前に剃り落とした髭をカイゼル髭にして復活、一八日には二〇余日目に浴場に行ったとある。

## 語学教師三人に入門

そして勉強の方は同じ一八日、田代の語学教師であるチム氏に入門して、週三時間、一時間「七五文」で受講を約束する。翌日から訪ねて「レアリーエンプソフ」を読み始めている。「日本にて習読せしとは発音頗る異り、其の意味は容易きも聴くこと稍難し」との感想である。また九月二三日には、今度は早川の案内でドクトル・ウェーバー氏を訪ねて「語学入門」、こちらも週三時間の約束である。さらに九月三〇日、女教師シュワルツ氏を訪ね、早川とともに入門する。一週二時間とし一時間一マルクの約束。ウェーバーの受講料は示されないが、これで三人の教師による合計週八時間の語学学習体制が整った。

一〇月一日、初めて「シュワルツ氏の授業」に行き、チム氏へも行く。このあと「日誌」は三教師を頭文字で示して、二日＝W氏、三日＝S・T両教師、四日＝W氏、五日＝T氏などと、日曜日を除くほぼ毎日、精力的に通い始める。ところが、一〇月一五日に「T教師を辞せんと欲せしに尚忍んで行けり」とある。その理由は「何処も同じく収入少くして家族など携へ居るものは性情卑し」く、そんな人に習いたくないという。しかし一七日にはS氏に続いてやはりT氏にもと、まだ通っている。

ここで鳥居素川の日本との連絡ぶりをみておくと、ベルリン到着（九月六日）の知らせは、翌七日にさっそく村山・上野両社主や留守宅などへ手紙九通と、「池辺（三山）、松村（秀實＝義兄）」らへ葉書四通を発信。八日には池辺への書と「井手（三郎）、狩野（直喜）、林（市蔵）」らへ葉書五通、九日には「内田康哉、津田静一」への書二通を発信しており、熊本出身者らとのつながりが強い。

ハレからの移転連絡も九月一五日にベルリンの鍋島らを中心に一一通、一六日に留守宅を含む五通、一七日に村山・上野のほか「松村、池辺、狩野」らへの一六通、一八日には「林、佐々（友房）」らへ書五通と「井手、亀井（英三郎）、米良（四郎次＝義兄）」らへの葉書八通を発信している。熊本と直接関係があるのは留守宅だけかもしれないが、少年時代からの師・友人関係は確実に継続されている。なお、来信の執筆日付からみると、日本からハレ到着まで約一ヵ月を要している。

## コンラード氏の経済学

次にやっと大学の話が始まる。一〇月一八日午前、田代と一緒に大学に行き入学手続きをするが、履歴書不備で再び来るようにといわれる。二三日午後には友人の立石佐次郎と大学に行き講義室を検分する。そして二四日午後四時、大学に行き、コンラード氏の経済学講義を「聞く」とあり、二五日も講義を「聴」いている。しかし講義内容などについてのコメントはない。そして二八、三〇日は「風邪に犯され講義を聴かず」に終わっているが、ここでは〝潜り聴講〟であっても、「経済学」である点に注目したい。

この間にT氏との関係が悪化して、二九日には「午後、T氏に行き語学教授を辞す」が、T氏はなお教えたいと主張する。しかし一一月一日夜には、T氏へ葉書を書き、受講を「断然」断っている。そしてこの日、宿代の支払いで「宿婦」が「狡獪の手段を用ひ金銭を貪」ったため、「チムと云ひ、宿婦と云ひ、独逸人の性格を暴露し、その貪欲卑吝なること支那人に似たり。…つくづく独逸人はイヤになりたり」と記す。

結局、九月一八日から月末までの間に三人の教師に入門した語学学習は、九月はT氏三回、W氏一回であったものが、一〇月にはT・W・Sの三氏とも、それぞれ一〇回、計三〇回通って順調にみえるものの、一一月から教師は二人に減ることになる。

大学の話に戻ると、一一月一日「朝、田代とともに大学に行き、聴講の手続を為す」。そして午後五時、今度は立石と大学に行き「哲学の講義を聴く。学生百四十余名中、女生約三十名あり。多くは露西亜人と見えたり」と記す。四日にはまた田代と大学に行って、今度は「総長に面会し入学手続の打合を為す」。六日にも「朝、田代とともに総長に面会す」「夕、田代を訪ひ履歴書を認む」とある。履歴書の不備は以前にも指摘されていたはずだが……。そして八日「田代とともに大学総長を訪ふ。此日、略々大学許可を得たり」となる。六、八日は口頭試問でもあったのか、やっと一一日「大学に行き愈入学の手続を為し、学生証書、其他を受取り、同入学生二十余名に対し総長の訓諭演説あり。入学生総代の誓約朗読の後、総長に握手し帰る。之を入学式と為す」とあり、ここに入学が実現する。さっそくコンラード氏の講義を聴いて、翌一二日午前には「月謝を納む。総計二十六マルク半及び入学金十七マルク半」。夕方には「コンラード氏の講義を聴き、聴講簿に氏の自筆記入を得たり。夜独り散歩す」とある。ハレに来て二カ月、やっと聴講生になれた感慨をうかがわせる。一六日には昼食後に早川が「塩津」を伴ってやって来て「欧州社会の褒貶を為し、遂に両人を伴い（レストラン）ワルハラに行って五マルクを奢」っている。

ところで経済学講義の主「コンラード」（註3）であるが、日誌の最初の表記は「Conrad」であり、一カ所「コンラード」とあって、あとは頭文字の「C」で示し、「氏」呼称であるが、のちに「博士」と出てくる。教授かどうかはわからない。簡易な人名辞典には見えない名前である。探したところ「ヒルデブラント（註４）」という「コンラード」はあった。ヒルデブラントとともに経済学の専門雑誌を編集し、経済史の資料を多く出版した」という「コンラード」はあった。ヒルデブラントは新歴史学派の人々と一八七三年に社会政策学会の創立に参画しており、後述する素川の志向と合致する。さらに別の辞典で「ハレ大学教授」の「コンラート」が出てきて「d」の日本語表記の違いと考えて、確定とした。ただし教授在任が「一八九一年」までとなっているのが気になるところである。

一一月中の聴講は、一一日以来、九回に及ぶ。そして二五日朝には菊池□蔵、立石と三人で「Conrad 氏を私宅に訪う。雑然たる書籍の間に座を占め、何の隔なく談話し、図書館切符に署名し呉たり」と、先生宅訪問を実現、教師の人柄をしのばせる。ちなみに一一月の語学学習はW氏一六回、S氏が六回であった。

そして、ハレに来てときどき患っている持病の胸痛が、一一月一八日にも起きて「感懐。人外国に来れば、先ず学問と闘わざるべからず。次ぎに気候と闘わざるべからず。学問は惰けるも可なり。気候には是非とも打勝たざるべからず」と記す。実感であろう。

さて一二月七日（土曜）には「午後、寒雨を冒し、C氏引率の下に大学生二十四名、砂糖精製所見物に行く。広大の製造所内を隈なく見物し、其の説明の詳しきと蒸気釜の熱きとに閉口」する。現実の企業見学も講義の一環なのか説明はない。一二月中には計一一回、「コンラードの経済学」講義を聴いたが、やはり内容などのコメントはない。一九日には「ワイナハト（クリスマス）休業」に入って、年内は終わっている。

ドイツ語学習も怠らず、特にW氏に熱心で、一二月は一八回、大晦日の三一日まで通っている。ところがS氏には三回と少なくなって、この女性教師とは「ワイナハトの儀式見物」を約束していたが、これも素川の持病である喀血が起きて約束を果たしていない。

## クリスマスと新年

当地で初めてのクリスマスを迎えて一二月二四日「菊池及びその宿婦とワイナハト市を見物」する。二五日の儀式は見られなかったが、二六日には「夜、菊池の宿婦に招かれ、田代とともに到る。室内キリスト・バウム（ツリー）に点火し、葡萄酒及び菓子、果物を饗す」との経験をする。この宿婦は天涯孤独のポーランド人とあるが、面倒見がよい。

大晦日も次のように記している。夜、アンナ（別の下宿の娘？）ら二人が麦酒数瓶を持って来て、「鉛鑄」という遊戯を為す。鉛を溶かし水中に注ぎその結晶した形を見て、種々の想像をするもの。一一時前、マルクト・プラッツ（広場）での鳴鐘を聴くため出かけると、「人集まること堵の如く、十二時を過ぐるや寺院の鐘一時に響き、…集まりたる群衆一時に〝プロジット　ノイヤール〟と叫び、或は帽子を脱して祝し、或は握手し、或は接吻するあり。その雑踏謂はん方なし。…知ると知らずとなく皆、新年を祝し、或は大酔して途上に蹣跚《ばんさん》たるあり。…零時三十分帰宅」と、やはり物珍しそうだ。

日本への年賀状も忘れてはいない。三〇日「新年の絵葉書を求」めて「津田静一、服部（正魁）、高橋長秋、清浦奎吾、亀井（英三郎）、桜井、米良、京都支局、神戸支局（以上年賀）」と、郷里出身者宛てが多い。池辺三山には三一日に「発信」している。

一九〇二年の元旦は「楽声に眼覚」める。窓を開けると、歩兵の一部隊が楽隊を中心にして市中を「廻行」、これに市民が「尾行」している。「独り動物園に至り虎と獅子とを観、大に我心を得たり」。それから「望遠台に登り、帽を脱し東を拝し、皇上と老母との健康を祝す」。そしてザーレ河に沿って歩いていると、「コンラード博士夫妻の来るに会し脱帽、新年を賀す」。ここでコンラード氏が「博士」だとわかる。午後一時帰宅。

「天晴れ風亦暖なり」「葡萄酒を傾けて昼餐を喫し、一酔陶然たる所」に田代と菊池が来て、三人携えて市中を散歩、麦酒と珈琲を飲んで午後五時帰宅、元旦は過ぎる。五日夜には「ワルハラ」で六人が集まって新年会を開いている。

語学学習は二日から「W氏に行」って、一月中には一九回通っている。しかし、S氏とは四日に行ったものの、八日には「語学教授断りの手紙を出」し、二九日には訪ねて「月謝を与へんとせしも受取らず。却って気の毒なり」と記すが、なぜ断ったのか触れない。聴講は一三日から始まっており、一月中に計五回出席しているが、何の説明もない。

新聞社への通信も送り始めている。三日に書いた「伊仏ノ同盟ニ就キ」二編を一月七日発信、九日にも「伊仏協和ト独逸」一編を送っている。一四日には「スツーデント記事八通信投郵」とあり、二二日にも「普国議会ノ波瀾問題」二回分を発信している。また、九日に撮影した自分の写真が一六日にできてきて「自ら笑ふ、聊か舊時の観を失するを、呵々」と記し、二二日に留守宅へ送っている。

## 「日英同盟」発表に対処

さて、二月に入ると「歳月流水の如く早一月を送りて二月に入る。時に及で勉めずんば帰朝直に来らん」と記す。学習の方はW氏に一〇回通って語学には努めているものの、C氏の経済学には一一日に一回行ったきりで記録されない。

その代わり、新聞社への通信が頻繁だ。八日、まず二通を認め、九日、他の一通とともに送信。一一日から「膠州湾報告」を調べ始めたところ、一三日に「英日独の約の報新紙に顕る」動きがあって、一四日には

「社」から「日英同盟に対する欧州諸国の態度」について電報を求めてくる。三七語の返電のため二三四マルク九五を支払っている。翌一五日には通信「膠州湾経営ノ報告」二四枚と「報告」自体を添えて「東朝社」に送り、「社」には通信「日英同盟ニ対スル欧州諸国ノ評論」二回分を発信している。その後も一七日に「社」宛てに「日英同盟評論ノ補遺」を、そして「東朝社」には二二日「日英同盟ト露仏独」と「其他書信数種」計二三枚を送って、「社」と「東朝社」(東京朝日)に仕分けている。

また、素川はこの通信執筆に際して「独字新聞切抜通信社」を利用しており、郵送されてきた一七五件の切抜きに目を通して書いている。すでにそのようなサービス通信が存在していたとは興味深い。しかも日本からの論評要請が届いたのが一五日であり、即発注したとしても、一九日には切抜きが到着しており手早い。さらに二〇日にも追送してきて徹底しているし、素川はその一部を大阪宛に転送している。

三月に入る。四日に「大学、冬の学期閉鎖せらる。C氏の修業証明書記入を得たり」とあり、修業証明は学期のそれであろうが、ともかく講義は中断する。W氏の方も四回行っただけで、活発ではない。そして三月一五日は「ハルレーに来りしより正に本日を以て満六箇月たり。歳月悠々何ぞ其の去るの早き。夕、独り散歩す」と、多少あせりもみえる。

三月の社への通信としては三日「欧州拾草」一〜三回、四日「独逸ト東亜事件」、一一日「欧州拾草」四〜八回、二〇日「露国大学生ノ蜂起」「欧州拾草」九〜一二回、二一日「露国革命ノ発端」を「郵投」しており、とくにロシア革命の前兆に敏感なようだ。

出来ごとでは「二日に過ぎざるも、以て平生の鬱を散ずるに足る」小旅行を左記のように行なっている。二三日「日曜、雨、終日無聊苦む」。夕、井上雅二が「維納《ウィーン》より伯林を経て来」たので夜、田代らも入って会食。

翌日も案内して、夜また会食。二五日「急に遊意起り」フランクフルトに行く井上と「同車」、菊池もいっしょにワイマル（ワイマール）へ行く。まず船水武五郎を訪問、宿主に歓待され、そのあと微雨の中、森林や市中を見物。夜七時半の汽車で「エナ」（イェナ）に行って投宿している。翌日は朝飯後、稲垣乙丙を訪問、伴われて山に登って市中を俯瞰し「景太た佳」。下山してゲーテが植えたという銀杏樹や書肆、公園を見たあと、東本願寺第三子の大谷瑩慮を訪ねようとして途中で出会って「四人」いっしょに「シルラーガルテン」に行く。ゲーテと「相座して文を論ずるの石机を観」て「当時追懐の念に堪えざるなり」。そして「シルラーの住宅亦依然たり」と足を運んでいる。次に職工一一〇〇人という顕微鏡会社を見学、「其盛大驚くべく、社規の整頓最も模範とすべしと謂ふ」。そのあとシラーが「第一講座を開始せし室を望」んで停車場へ。これはイェナ大学のことであろうか。停車場で大谷、稲垣「両氏」に別れ、一時間余りでハレに夜八時半、到着している。このあと二九日にも製塩工場を見学しており、ドイツの工業把握に努めている。

詳らかにできない人名が多いが、井上雅二は明治四三年刊『巨人荒尾精伝』の著者となる人であろうか。素川と親しく、ウィーンで学んでいるのか。

## イェナと熊本の〝奇縁〟

さて、ここでイェナについて述べなければならない。素川より一七年早くドイツ留学した森鷗外（林太郎）にも「独逸日記」が残されていて、次の記述がある。

明治十八年四月十二日。古荘韜と加藤照麿と来責府《ライプチヒ》に来ぬ。韜は嘉門の子、照麿は弘之の子なり。彼はエナ Jena の私学校の生徒たり。此は伯林の大学生たり（註5）。

このとき二等軍医の鷗外は、最初の留学先ライプチヒ（註6）にいるが、「加藤弘之大人の令息」とはベルリン到着早々の明治一七年一〇月一五日に知り合い、親しく交わっているので、いわば加藤が古荘を案内して鷗外を訪問したところか。鷗外日記に古荘の登場はこの一ヵ所だけであるが、鷗外コメントはない。しかし韜が私学校生徒としてイエナに留学していたとわかったわけである。イエナには、一五五八年設立の新教徒のギムナジウムに起源をもつイエナ大学があり、一八世紀末からゲーテ、シラー、フィヒテ、ヘーゲルらが関与した、大学都市である。素川日誌にも、それがうかがえる。この頃すでにドイツ崇拝組の二世たちが育つ時代であり、古荘も遅れてはいなかったことになる。加藤弘之は一八六〇（万延元）年、幕府の蕃書調所の教官になって、独逸学に取り組み、七七年には東京大学初代綜理に就任、独逸学協会の主要メンバーでもあった。

その古荘韜が大分県書記官時代の父嘉門に宛てて「独国の祝日には女童までも謡う所は悉皆忠君愛国ならざるなし」と、その歌詞まで翻訳、手紙してきている。それがイエナからではなかったか。これを訪れた佐々友房が読んで、初めて隊伍を組んで菊池神社に行軍参拝した兵式訓練の直後とあって「大に内外東西同感なる事を喜び、…軍歌若くは唱歌必要の空気を今より流通さする様」と生長・安達謙蔵らに申し伝える、いわば済々黌教育へドイツ方式採用を確信するに至った点に注目したい。なお、鷗外もライプチヒで「国王の生誕なれば戸ごとに旗を建つ」と観察している。

## ドイツ語学習半年、宿主と口論

素川日誌に戻ると、三月二九日に突然「実は此の月末を以て伯林に出でんと欲せしも見合せたり」と記し、三〇日には早川と部屋探しをしている。その結果、「景色最も佳、室内装飾亦甚だ美なる」部屋が見つかり、三一日引っ越したところ「同家主人の詐欺に懸り不快に堪へず」と、その夜は別に投宿し、翌朝、荷物を引き揚げようとしたところ、半月分の家賃を払わなければ出ていけないと主張され、素川は払う理由はないと「大に之を争」う。事前に来るように頼んでおいた語学教師W氏は遅れるし、来たと思ったら「主人の剣幕に恐れて」素川に金を払えという。さらに「半時余」争ったが、「為すべきなく」一二マルク五〇を「投与す」。「唯独逸人の性情を研究するを得たり。而してつくづく独逸人いやになりたり。唯笑う。余、独逸に来る僅に半歳、而して能く此の口論を為すを得るに至りしを」。どんな「詐欺」だったのか判然としないし、ドイツの習慣からすると、素川の主張は通らないのだろうし、そのことは分かっているようだが、腹の虫がおさまらない。

転居騒動で明けた四月。荷物は立石宅に送り、自分は田代宅に一泊したが、寝付けず、不甲斐ない教師W氏に対しては辞めようかと思ったが、法律ずくめのドイツでは不利と覚って、月極めを時間極めにすることを考え出した。二日に下宿を探したあと、教師宅に行って「不快の色を示し」「時間極めに変約」して、午後には転居している。しかし、この下宿は「不潔にして気色晴れず」、このため四月一六日にまた転居、ウーランド街に越している。ここは「清潔にして快し」と、三度目にして「始めて安んずるを得たり」とある。そして自分の心の動きを「心変じ易き」ものではなく「其の到るべき処に到らずんば決して止まらざるの性質なり」と説明している。転居通知は葉書で留守宅、林（市蔵）らに八通出している。

語学の方は、そのW氏に一〇日に行っただけだが、聴講ではまず四月二四日に「大学開講、コンラード氏の経済学を聞く」とあり、そして期するものがあるのか、二五日に「民法及び憲法講義を聴く。為にW氏に行かず」とあり、さらに二八日には「財政学」、三〇日に「歴史」を聴き、五月に入って三日に「大学の月謝を納む。六一マルク五〇」とあって、さらに五日に「ドイツ民法講義を聴く」と、次々新しい分野を求めている。

一方、企業見学の興味は社会福祉にも及んで、四日に菊池らと四人「育唖院・養老院・白痴孤児を観る。其の設備の完整、感ずべきあり」としている。その午後には監獄にまで行って、「つぶさに案内」され「囚徒の麴麦及びスープ等を試食したり」とある。ところが一一日に行った製紙場では見学を断られている。「聞く、技術に関するもの近日、日本人に対し大に秘するもの多しと」と記しており、これも興味深い。

四月の社への通信は少なく、二〇日の発信と二四日の「欧州拾草」だけである。

さて五月は、気温差の激しさと天候不順を嘆きながら、一九日に「少量の喀血」もあって、母妻からの便りを待つに、なぜ遅れるのか「怪訝《けげん》に堪へず」とホームシック気味だ。その翌二四日に「家信到」って、先にドイツの小桜を押し花にして送ったのに応えて、日本からも「大輪の桜花二輪を封入し来」たので、気分も晴れたようだ。

大学の講義も五月は記されず、一四日に書を一冊読み終えたとあるだけで、ほとんど生産的ではない。ところが、二六日に「祭日後始めてW氏に行く」とあって、翌二七日には「此日よりW氏に就き聊か仏蘭西学を修め始む」と急に元気が出てきてフランス学に興味を示している。

そして六月に入ると、W氏、つまりドクトル・ウェーバーとの関係が一転して親しみを増している。一日、日曜の午前、ウェーバーと「パイスニッツ」を散歩し、帰途「同人に昼餐を馳走せり」と記し、二日には「此日より午前、W氏に行く」となる。四日夕にはW氏が来訪、八日「W氏及び其の門弟二人と動物園に行く」、二二日「W氏及び其門弟三人と与にハイデに行く」と、勉強よりも散歩や郊外探索に出かけている。あの「不甲斐ない」とみたＷ氏ではなかったのか。何かのきっかけがあったのであろう。それにしても六月中は大学に行くでもないし、あの四月末から五月初旬にかけて種々の講義を聴いた行動は何であったのだろうか。

## 肥後奨学会の出資なし

その六月の最大の問題は、学資調達にかかわる意外な経緯の発覚であったようだ。二一日「池辺氏より金三百円送り来る。蓋し肥後奨学会の出資外れ、而して木下廣次氏の厚志に依り、京都木綿商某（註7）の寄付奨学資金中より出資出来たりと。是れ意料の外に出て、外遊歴史中、後日の一記念たり」と記す。池辺三山が肥後奨学会に働きかけたが、評議員会で否決され、明治三〇年から京都帝国大学の初代総長になっている木下に頼んで調達したという。この間の事情は「三山日誌」（註8）に記されていて、佐々友房が来訪して三山に告げるには当時、第一次桂内閣の法相・内相を務める「清浦（奎吾）男も不同意の仲間なりし由」という。三山も「少々けしからぬと思ひたれど態と一言せず」と記す。「肥後」にとって素川留学はそれほど重要ではない、ないしは、めざす方向が違うと受け取られたのであろうか。しかし三山は、木下出資までのつなぎに清浦から株券を借り受け、それを抵当に肥後銀行から三〇〇円を借入、素川へ送金している。「態と一言」しなかったわけである。木下出資があって、問題が「結了」するのは七月であり、三山の苦心は四カ月以上にわたっていよう。ところが、社も素川へ月々五〇円の通信料を支給することになったと知って、三山は「此事が行はるれば心配はせざりしに。しかし鳥居は仕合せ也」と記す。

素川にとっても「意料の外」であり、「後日の一記念」として、のみこんでおいたのであろう。のちに白虹筆禍事件後、素川の身の処し方について、外遊を勧め、資金をつくろうという清浦を、素川は無視する。

奨学金問題も尾を引いているのではと推測したくなる。その夜、池辺に礼状を書き、木下へは二二日に出している。素川は木下を当然知っており、三四年一〇月四日にハレから手紙を出しているし、また清浦にも年賀状を書いている。

六月末の三日間は暑くて、田代や樋口を誘って水泳に行っており、下戸の素川が「冷き麦酒二三口、最も美味を覚えたり」と記すほどある。

## 早くも一年、新服を着け三五歳の写真

七月に入る。二日「昨年本日、大阪を発して欧行の途に上る。顧みれば既に満一周年たり。茫然如夢。……過去の一年得る所の少なき知らば将来の一年亦得る所多からざるべし。努めよや」と自戒している。四日は素川の三五歳の誕生日であり、ここでも「満一年」を「懐に堪へず」と書き、「新服を着け撮影す。将に之を母と妻とに送らんと欲するなり」と、これは気配りであろうか。そして菊池・田代・早川を呼んで、早川の料理で鶏飯を作って食べ、「新来の奈良漬、味最も佳なり」とある（大扉裏の写真参照）。

語学の方は、一日「此日よりウェーバーの時間を隔日とし、月謝を時間計算とす」とある。すでに「変約」していたのだが、三日には「W氏に行く」とあるものの、その後は全く記されない。急に親しくなったり、「隔日」の計画が消えたり、よく変わる。大学についても一二日「大学に行き総長更代式を見」て、学んだ様子はない。ただ、書籍をよく買い込んでいる。一日に「Conrad 国家学字彙七冊金五拾五円、同運賃拾円」を、「社」の送金の中から差し引くとの報告書を送っているので、「社」のために購入したと思われる。人名辞典にはコンラードは「国家学辞典」編集に携わったとある。五日には一人で、ライプチヒに行って「書籍百五十二

馬克二十五片を買ひ、此日八十馬克を払」い、うち一三〇マルク分は「大阪朝日に送らしめたり」とあるので「社」用であろう。書籍出版で知られるライプチヒだが、このあと大審院を傍聴したり、博物館で奈翁（ナポレオン）像の写真を求めたり、同地の大学も観ている。

七月の来信のなかで注目すべきは三日着の宗方大亮（小太郎）の手紙である。五月二七日付けで、当時、中国の漢口を拠点に諜報活動している宗方が「例に依り短詩十数首を録」している。「流水桃花村又村　牧童帰去欲黄昏　春風吹老江南路…」と、悠々たる風情である。素川は「情思才藻両ながら至る」とほめている。四月と一〇月にも交信があっているし、このほか、上海からは狩野直喜と井手三郎も連絡し合っている。中国への関心は当然、引き続いているようだ。

## 退学して旅行、ルター旧居やクルップの理想郷

八月に入ると、五日に「此日コンラードの講義了る。是より夏期休暇に入る」とあり、七日には仲間の毛戸勝元と「コンラード氏を訪ふ」。別れのあいさつであったのであろう、八日には大学に退学金一〇マルク五〇を納めている。退学手続きは一九日に終えるが、その間には一〇日に一人でアイスレーベン（ハレ西方三〇キロ）に行って宗教改革者マルティン・ルターの旧居を見たり、ライプチヒへ出かけて「マイエル」印刷場を参観し「規模頗る宏大にして設備整然、見るべきものあり」と感心している。独逸学協会学校で同学であった田代が帰国するので「帰装に托し留守宅に植木剪刀を送」ったりしながら、このころ仲間でよく日本食会を開いている。

そして八月二七日から菊池と毛戸といっしょに「巴里行きの旅程に上る」。初日はカッセルへ行って宮

殿のナポレオン幽囚の部屋を見る。二日目と三日目は「煤煙空を蔽い鉄路縦横」のエッセンで、「職工二万五千」というクルップの工場群を見る。案内の馬車に日本の少佐二人も同乗、まず「大砲鋳造」を見学し、「世界一の工場たるに恥ぢず、銕を焼て火の如くし、更に之を延ばすこと宛かも飴の如く、或は銕板を造り或は銕軌を造る。…聞く、大砲の心を抜くに約二年を費すもありと…」。クルップのホテルに戻って、昼食は「クルップより饗せらる」。さらに午後二時から馬車で「所謂コロニー村見物」へ。「一村は兵営の如きあり、一村は各戸一家族なるあり。一村は老人の老ひて養うものあり。且つ寡婦を扶養する所あり。又病後保養所あり」。「職工にして二十五年間以上勤務し、最早労働に堪へざるものは恩給を貰ひ養老村に住むを得。其の老人等は花を植へ庭を作り、以て余命を娯む」。「吾等、馬車にて各村を過ぐれば老人等孰れも敬礼し醇朴。頗る愛すべし」。「現代クルップ、一意其の職工の寧福を念じ、以て此の地上の一天国を創成す。己の平生理想とする社会問題の解決、図らざりき、北独逸の此のエッセンに於て実見せんとは」と手放しの共感である。「景頗る佳。然れども煤煙天を掠むるは四顧皆然り」。それさえも「工業の盛んなるを知るに足る」とする。しかし素川の〝ユートピア〟も煤煙にかすんでいる。

このあと「ヂユッセルドルフ」に行き、三〇日から九月一日まで博覧会見物。二日はケルンでドームと新聞社見物。夜汽車で毛戸はボンへ、素川と菊池はパリへ向かう。三日から六日まで、中村不折や神戸寅次郎らの案内でパリ見物をするが、ここでは省略する。

帰りはケルンからボンに行き、一人ライン河を溯り、コブレンツで一泊。九月一〇日、フランクフルトでゲーテハウスを見てハイデルベルヒへ。後藤元之助、小寺謙吉（のち神戸市長）、河津暹に会って一二日まで。一三日、フランクフルトに引き返し、エアフルトへ。ここで園芸家とその工場を一見、大変な興味を示している。翌日も園芸博覧会を見る。その後、リンメルへ行き、ここでもゲーテ、シラーの遺物を見て「ゲーテの裕福なるに比し、(シラーの)貧状想うべきあり」。そして一四日夕方六時四〇分「ハルレーに着き、烏蘭(ウーランド)街の旧寓に投ず」。一九日間、三八〇マルクの旅を終える。

ハレを去る日が迫り、九月一六日には荷物二個をベルリンに送り、その夜、菊池宅で六人が集まって別れの日本食会が開かれている。一七日にはライプチヒの書店に書籍代残額を支払い、池辺、土屋に連絡し、九月一八日、貯金残額六五二マルクを銀行から引き出して、午後三時二〇分、菊池と樋口に送られてハレを去っている。

ハレでの素川の勉強ぶりを総括してみると、月別では一九〇一年一〇月から一二月までが一番充実している。語学は一〇月に三人の教師に就いて三〇回も受講し、一一月二二回、一二月二一回と真面目に通っている。特にドクトル・ウェーバーとは一九〇二年一月も一八回、二月も一一回と続いて、最も気が合ったようだ。

コンラード博士の「経済学」聴講は一九〇一年一一月に九回、一二月は一九日のクリスマス休講に入るまで一一回と積極的だったが、年が明けると一三日から五回と少なくなり、二月からは没交渉になって、それでも三月四日「冬の学期閉鎖」に際し「C氏の修業証明書記入を得たり」とコースを外れていない。ポイントは、その冬の学期終了を機にベルリンに移ろうと思ったが「見合わせ」た二月末にあったようだ。三回の転居騒動を経て、四月二四日に「此日より大学開講、コンラード氏の経済学を聴」いたあと、五月五日までの間に憲法、財政学、歴史、独逸民法に興味を示したものの、その後、八月五日の「夏期休暇に入る」段階まで、教師に就いて勉強した記述はみえないし、この半年間は生気がない。しかし、何も聴講だけが勉強ではないわけで、「社」への通信もあるし、旅行も企業見学も記者稼業には重要である。その意味で一九〇一年一二月の砂糖精製所、翌年三月の顕微鏡会社と製塩工場、四月の養老院と監獄、八月の印刷場と旅行中のクルップ製鉄所とコロニー、デュッセルドルフ博覧会、九月のケルンの新聞社、パリ見物、エアフルトの園芸工場は目を開くものがあったようだ。のちに素川はハレでの「十二ケ月の学費を通計するに合計二千八百零六馬克となり、一ケ月平均約二百三十四馬克に当る」と計算している。

## ベルリン生活 【一九〇二年九月～一九〇三年六月】

一九〇二（明治三五）年九月一八日、ハレからベルリンに戻った鳥居素川は、あらかじめ手配していたのであろう、下宿へ直行、荷物も発送三日後の一九日夜には到着する。しかし「宿の婆、まや者にて、値段も安からず」と、はやくも二二日には転居、ここでも翌月分の半額を含む四六マルク八〇を払い、馬車の御者にも「不当な」五マルク八〇を取られている。「是も損序でと諦めるが、西洋なるものの社会、能く能くいやになりたり。是が文明の本色ならば、日本は成るべく不文明で居て貰いたい」と嘆く。この日には郵便局を探し回って新聞社からの為替五六〇円を受け取る。ベルリンでは中村久四郎が親しいようだ。二四日に留守宅、池辺三山、土屋員安、林市蔵ら一三人へ転居連絡をしている。

新聞購読を二紙予約し、警察に行って寄留届けを出し、電車で遠出し地下電気鉄道で帰ったりしている。月末にかけては「胃を傷い」「食欲大に退」いていながら、初めて「立食屋」に入り「珈琲と肉パン二切を食す。平民的立食、頗る面白かりき」と述べ、以後も立ち寄って「五十文にてビールをも飲む。安い夕飯なるかな」

と、ベルリンに馴染もうとしている。一方では旅行で見たデュッセルドルフ博覧会を記事にしている。

一〇月に入って七日には、また部屋探しの新聞広告を掲載して、八日に返事を受け取りに行くと、九八通もあって「一寸驚きたり」。それから連日「宿探し」が続き、一六日にパウル街に月四五マルクで締約し、手付け金を渡して、三〇日の転居を決めている。不潔に耐えられないし、やはり気難しさがそうさせるようである。また、月初めからライン紀行の執筆に精を出し、一四日に二三回分を完成している。その間にはポツダムへ行って宮殿を見物したほか、「夜、街頭に立ち白眼、其の状を見る、頗る面白きものあり。西洋の風俗、真に人の皮着たる獣類なり。伯林に出て不愉快の事多きも、此の怪状を見ては覚えず自ら笑ふ」と、夜の街の男女の「獣類」を観察している。

二一日には前日に手続きして帝国議会を傍聴している。議場は日本の帝国議会より狭く、宰相ビューロー伯は「悠揚迫らず、流石宰相の風あり」。またビスマルクの遺子は「案外に利口ならざる顔付して既に額の禿げ居たるを見たり」との評だ。なお、議会傍聴には一一月二九日にも出かけて、「社会党員の演説頗る激越なりき。同党首領バベルは製本屋より出身し今は一廉の人物なり。其の著はす所の書亦多し」という。

## シュモラー、ワグナーの講義聴く

さて肝心の大学聴講は、簡単であったのか、一〇月一八日に大学へ行き、二〇日には手続きを終わり、二二日には「有名なるシュモラー博士の講義」を大講堂で聴く。「白髪禿頭、気頗る盛ん」な博士は「流石有名なる丈の値打あるやに見受けたり」とある。二三日には「有名なるワグナー博士の第一回講義を聴く。…禿頭脱歯、年七十前後なるに意気頗る盛んにして聊か驕傲の概あり。然れども当時世界一の経済学者たるを以て聴講者非常に多く、第一日にしてすでに四百余人ありき」という。二五日のシュモラー二回目の講義は聴講者が半数に減って「素見者の多きを知るべし」。ところが二七日のワグナーの二回目は「聴講者を増し殆んど五百人に近し。或は立ながら之を聴くもあり」と人気に差が出て、二九日の「資本主義と社会主義の公開初講」には「講堂に一席の余すなく、百余人講座の廻りに立聴せり。総数六百余人に上らんか。一世の盛事と謂ふべし」とある。ドクトル・ファストロー「社会問題」講義も「弁舌流暢、聴者又多し」とあるので、学生の関心のありようが分かる。三一日には引っ越したあと、「ファストロー氏政治学の初講を聴く」とあり、政治学も講じているようだ。

一一月に入ると、まず一日に「大学に行き月謝納の順番券を受取」り、三日に三七マルク五〇の「月謝を納む」。そして二六日に「大学に至りワグ子ルの講義を聴」いている。二九日には語学教師を探そうと広告取次屋に行くと、傍にいたドイツ人が申し出て、一時間二マルクというのを一・五マルクに値切って「丸で品物の売買にて約完成」するが、彼は同じ町に住む博士という。なるほど素川留学の最大の望みはドイツ語修得であった。

日本への転居連絡は四日に井手三郎、狩野直喜、宗方小太郎、留守宅など七通、五日に池辺三山、林市蔵、土屋員安へ三通など。

ベルリン在住の日本人の集いとして一〇日に「帰朝者及び新来者の歓送迎会」があって三〇名弱が集まった。「和独会」もあって、一四日は男女二一名が出席、うち日本人七人だが「定刻に遅るゝこと甚し。何処迄も日本人たり」。二四日も日本料理によって開催、一八人のうち日本人僅に四人と日本側は低調である。その隣室に「英国より来り居りし」三宅雄二郎（雪嶺）に出会って翌々日まで会っている。新聞「日本」以来であろうか。

なお、一六日夜には天文台に行って「四百倍の大望遠鏡を以て」木星と月の観測を行ない、日誌に「二重の黒帯」の図を書いている。ほぼ以上で「日誌」は終わっている。

## ワグナー博士の国家社会主義

さて、「ワグナー博士」を説明しなければならない。彼は一八七〇年以来、ベルリン大学の教授であって経済学、財政学、統計学を講じているが、シュモラー、ブレンターノらとともに社会政策学派の代表者であり、ビスマルクの政策に有力な理論的支柱を与えたとされる。自らもキリスト教社会党を結成し、社会政策の立法化を図っており、その主張は古典学派の自由放任主義に反対すると同時に、マルクスの革命的暴力主義にも反対し、国家社会主義を提唱している。その立場から構想される彼の財政学は、ドイツはもちろん各国の財政思想に大きな影響を与えたといわれる。しかし社会政策については、右派ワグナーが計画的な生産指導や労働者の生活条件の改善、公共性の高い産業の公営化を国家権力によって実現することを求めたのに対して、左派ブレンターノは労働者自身による地位・生活の向上と安定を求めての努力に期待をかける。一方、シュモラーは社会的中間層の保護・育成を通して階級対立の解消を目指すとして三人は一致していない。そしてこの学派は一八八〇年代を通して社会的影響を維持したといわれるが、素川「日誌」は、一九〇二年「当時世界一の経済学者」ワグナーとシュモラーの講義を聴いて、学生への影響力があったと認め、人気はワグナーが勝ると証言する。しかし、ドイツ資本主義の独占化が進み、社会政策の行き詰まりが露呈すると、第一次大戦（一九一四年）以降には退潮している。鳥居素川は明らかに講義に共鳴している。

ところで、これらの前段にはビスマルク政治があったわけで、彼は一八六二年、プロイセン首相になると、ドイツ統一を推進、軍備拡張して普墺・普仏戦争に勝利、七一年に「上からの統一」を完成、初代宰相になる。後進ドイツ資本主義の強化を図り、八三年以来の社会保障立法などアメとムチを遂行して、この鉄血宰相、ドイツの地位向上を策したが、帝国主義段階に至ると彼の政策は破綻して九〇年には辞職している。

それから一二年後のベルリンで、素川は右派ワグナーに学んだのであるが、日本でも、すでに社会政策学会が一八九七（明治三〇）年、社会主義の侵入に対抗して桑田熊蔵らによって結成されている。また、福田徳三は九八年から三年半留学して、主としてミュンヘン大学で左派ブレンターノに学んだあと、桑田、金井延らとともに社会政策学会をリード、厚生経済学への展開と対応して、改良主義の原理確立を目指し、近代経済学の摂取も始める。一方では〝ワグナー派〟素川の誘いによって河上肇が「大阪朝日」に「貧乏物語」を連載するのが一九一六年であり、やがて大正デモクラシーのなかで社会政策学左派の福田とマルクス経済学派の河上との論争が始まることになる。

## 三山から帰国旅費届く

もう一度、日誌に戻ると、新聞博物館所蔵の「欧行日誌」に含まれない一九〇二年一二月から翌年四月までの行動は、新妻莞『新聞人・鳥居素川』に若干みえている。要点を拾うと、

明治三六年二月七日　ローカル・アンツァイゲル社を訪ひ、各工場を覧る。其の設備頗る宏大、或は倫敦タイムス以上なるべし。（中略）後学校に行き帰る。

三月三日　此日ファストロー氏の講義終了す。
三月七日　此日ワグナー博士最終の講義あり。
四月十五日　池辺氏より書面来り、（中略）都合五百円送付の事記入あり。是れにて愈旅費も調ひ、今は出発する迄なり。今回の洋行一に氏に負ふ、感謝亦余りあり。
四月二十日　（中略）大学に行き退学手続を了す。

新聞社を見学したこと、ワグナーの「経済学」、ファストローの「政治学」の講義を前年一〇月末から聴き続けていたらしいこと、四月二〇日には大学を退学したことがわかる。三山への感謝を忘れない。

このあとは新聞連載「伯林より日本」（一二回）を読むと、五月三〇日にベルリンを出発、六月一日には露国の彼得堡《ペトログラード》に着いて、上田仙太郎の案内をうける。そして莫斯科《モスコー》へ。三日にはシベリア鉄道で出発、ハルビンを経て大連に着くのが一七日。一九日昼には船で長崎に到着している。ここまでは紙面によって裏付けられた。このあとは熊本へ直行したのであろう、「新妻本」では六月二〇日午前五時、熊本に着いたとある。

## 註

（1）新聞博物館架蔵の「欧行日誌」は、一九〇一（明治三四）年七月二日から一九〇二年一一月三〇日まで記述したあと、その間の「月別支出控」などが書き足されて終わっている。ところが、朝日新聞社社史編修室史料を使ったという新妻莞『新聞人・鳥居素川』（朝日新聞社刊、昭和四四年）には抄録ではあるが、一九〇三（明治三六）年分の日誌が、六月一日まで一七行記されている。また、このあとは連載「伯林より日本」があるので、日誌を略するともある。

博物館架蔵「日誌」のほかに、明治三六年分を記した日誌が別に存在すると思われ、架蔵分にはダブり部分もあるので、のちに浄書された可能性もある。また日誌のドイツ語部分は、現代ドイツ語とはスペルが異なって、市内在住のドイツ人も解読できなかった。

（2）エンゲルハルト・ヴァイグル『啓蒙の都市周遊』（岩波書店、一九九七年刊）六一～六二頁。なお、啓蒙主義はオランダ・イギリスに興り、フランス・ドイツに及んで、フランス革命を思想的に準備する役割を果たしたとされる。代表的な学者としてはフランスではモンテスキュー、ヴォルテール、ドイツでウォルフ、レッシング、カントらがいる。

（3）コンラート＝Johannes Conrad（1839.2.28～1915.4.25）ドイツの経済学者。ベルリン大学で自然科学を、イエナ大学で経済学を学び、のちイタリア、イギリス、フランス各地を旅行、ハレ大学教授（1872～91）となる。「国民経済学年誌」及び「国家学辞典」の編集に携わり、優れた経済学教科書を著した。

なお、鳥居素川はライプチヒで「Conrad 国家学字彙七冊金五拾五円、同運賃拾円」を新聞社用に購入している（明治三五年七月一日の日記）。

（4）ヒルデブラント＝Bruno Hildebrand（1812～78）ドイツの旧歴史学派経済学者。マールブルク、チューリヒ、イエナ各大学教授を歴任。新歴史学派による「社会政策学会」の設立を助ける。実物経済―貨幣経済―信用経済の発展段階論はL・ブレンターノらに継承された。著「現在ならびに将来の国民経済学」1848。（人名辞典）

（5）『鷗外全集』第三十五巻（岩波書店）九三頁。なお、鷗外は一八八四～八八年のドイツ滞在中にライプチヒ、ドレスデン、ミュンヘン、ベルリンと移動するが、ベルリンでは細菌学のコッホの下で北里柴三郎とともに学ぶ。「日記」は北里に対して好意的とは読めない。陸軍会計監督・野田豁通も登場する。一八年七月、一等軍医となる鷗外の生活は、軍・政府の上層部や王宮との接触もあり、〝学生〟素川の留学生活とは別世界である。

（6）ライプチヒはザクセン地方の都市で書籍出版、楽器製造で知られ、ドイツ啓蒙主義運動はライプチヒ大学で一六八七年から始まった（『啓蒙の都市周遊』）。ハレからライプチヒまで四〇キロ足らず、ハレからイエナも一〇〇キロ程度の位置にある。

（7）「京都の木綿商某」は藤原忠一郎という。松本皎編集・発行『天田五郎・愚庵鉄眼関係書牘集』（二〇一二年刊）に収録の「愚庵から素川への書簡」（明治二五年一〇月二二日）の解説に詳しい。藤原は愚庵支援者でもある。

（8）「三山日誌」の一部が「新妻本」四六～四七頁にみえる。それによると、三山による一連の留学支援は上田仙太郎、内田康哉、小村男（寿太郎）、珍田捨巳にも及んでいることがわかる。

## ドイツ学生の俗習

### 毎夜の痛飲、放吟

さて、素川の留学日誌を読むと、ハレにおける伝統的な学生風俗がいくつか見えてくる。

【明治三五年四月二二日】…午後在宅、勉学。頗ル日ノ永キヲ覚ヘタリ。夜、学生放吟ノ声ヲ聴ク。蓋シ同町内ニ結社ノ倶楽部アレバナリ。

【同七月二五日】同町ニ大学生ノ倶楽部アリ。毎夜痛飲高歌、全町ヲ驚カス。可謂奇習。

「同町」とは、四月に入って一六日までに、下宿をトラブルで三度かえるが、落ち着いた先「ウーランド街5-1」がそれである。「室料一ケ月三十馬克、室内総テ清潔ニシテ快シ、恐ラクハ是ヨリ勉強スルコトヲ得ン」と素川はハレの下宿では一番気に入ったところである。

問題は「毎夜の痛飲」「学生放吟ノ声」と「結社ノ倶楽部」である。実は、潮木守一『ドイツの大学』（講談社学術文庫）に詳しいが、一九世紀初頭に確立されたギムナジウム（中等学校）のラテン語やギリシャ語など厳しい教育を経て、大学入試に合格すると、学生たちにとっては自由な生活が待っている。中世以来という学生国民団＝結社に入るのが一般的で、そこでは上級生・下級生のタテの関係が厳しく、大量の酒を強制的に飲まされたり、決闘の習慣を教え込まれるが、官僚となるためには、そこでのコネクションが有効に働いたという。まさに「可謂奇習」であろう。さらに次の引用文もある。

「一七、八世紀の学生たちを、残念ながら、当時の『与太者』集団と考えざるをえない。…当時在学するのは十六歳から二十二歳までのものが大部分で…学生たちは青年同盟や同郷組合や貴族学生団などの組織のなかで、市民的義務に拘束されずに、勝手気ままな生活をおくることができた。…彼らは貴族の風習を真似て決闘をし始め、酒屋にとぐろを巻いて豪飲し、あるいはサーベルをはき、群れをなして大声で騒ぎ、わめきちらしながら街中をのし歩いた。」（シェルスキー著『大学の自由と孤独』）。

つまり、放縦な学生生活は一七世紀からの伝統であり、一九〇二年になっても残っていて、「素川日誌」で確認されるというわけである（日本の旧制高等学校生活でも似たような傾向はあったかな）。学生たちの結社がどれほどあったたか、同年六月二四日の日誌に、この夜、結社の学生たちの集会「松明行列」が行なわれたのを田代とともに見ている。初めは「炬火ヲ持シ楽ヲ奏シ」、場所を移して「演説ヲ為シ」、最後に「炬火ヲ投棄ス。旗二十一旒、以テ結社ノ数ヲ知ルヘキカ」とある。

学生の行き過ぎに対しては通常の法の下ではなく、学長らによる大学裁判所が裁き、学生牢もあるのだが、学生らは箔が付くといって喜んで牢に下ったといい、その学生牢はいまや観光の対象にさえなっている。

しかしそのような学生ばかりではない。生活向上をはかる「ブルシェンシャフト」運動も展開されており、ナショナリズムと結びついたり、あるいはワンダーフォーゲル、つまり二〇世紀初頭にドイツで始まる青年・学生グループによる山野徒歩旅行の運動にも発展、ナチズムに組み込まれる流れのなかにあるようだ。

【六月七日】午後、菊池…等と「ハイデ」ニ於ケル結社外大学生ノ懇親会ニ赴ク。微雨粛々、天気宜カラサルモ林中ノ気頗ル宜シ。山中ノ運動及舞踏アリ。夜八時四十五分帰途ニ就キ、更ニ、…二次会ヲ開キ席上演説及踊歌等アリ。十一時半散会。

## 決闘と「武士道」

学生の決闘に対する素川の好奇心と反応も興味を引く。

【明治三五年六月七日】（午前中に）跡部ト与ニ「リーミッツ」ニ催フセル大学生ノ「メンズール」見物ニ行ク。時刻遅ク僅ニ二組ヲ観ルヲ得タリ。最後ノ「ゼーベル」「メンズール」ハ裸体素面。闘フ三回ニシテ一方眉額ト左頬ト頭上ノ肉ヲ斬去ラレタリ。頭肉飛ンテ行ク所ヲ知ラス。斬ク之ヲ拾フテ別ル。

【六月九日】…此日、独文『武士道』各一冊宛、学生二人ニ贈ル。但シ同人等ハ「メンズール」見物ノ日、懇意トナリタルモノナリ。

【六月一一日】玉井ニ『武士道』三冊代価四馬克五〇片送ル。

実際に学生の決闘を見物に行ったわけで、飛び散った頭肉を拾って別れたなどと生々しい。結社の学生らは些細なことで名誉を傷つけられたとして、すぐ決闘に持ち込んだと『ドイツの大学』では読める。しかし初めは生命をかけて対決したものが、やがて一定のルールに従う約束になって、学生組合など結社内での「通過儀礼」になった。学生にとっては、その顔に刻まれた傷跡こそ勲章であり、自慢の種でもあったという。

ところで素川は、決闘見物で親しくなった学生二人に新渡戸稲造『武士道』（ドイツ語本）を二日後に贈っている。英文の原本は一八九九（明治三二）年、アメリカで出版されているが、増訂第一〇版の「序」には「ハンブルクのカウフマン嬢によってドイツ語に」翻訳されたとあり、これを渡したものらしい。英語本から三年後である。ちなみに日本語訳は一九〇八（明治四一）年である。新渡戸は「第一版序」に、ベルギーの法学者から日本に宗教教育がなく、道徳教育をどうしているのだと不思議がられて即答できなかったが、一〇年後にそれは「武士道」によると見いだしたとして、執筆の動機を記している。素川はその書の何をもって学生らの決闘にコメントしようとしたのだろうか。目次に「義」「勇・敢為堅忍の精神」「名誉」などの章があって、それらしい日独の比較も可能なようである。

## 素川のロンドン観察

鳥居素川はドイツ留学へ向かう途中、ロンドンに一週間留まることになって、「世界一の大都市」を観察している。一九〇一（明治三四）年八月二七日から九月三日まで、テムズ河口の「チリブリードック」に繋留する若狭丸（多分、貨客船であろう）を拠点にして、二九日にグランドホテルに一泊するほかは、毎日「汽車ニテ約一時間、フェンチャーチ停車場ニ着ク」というルートで、ロンドン見物に通っている。フェンチャーチ駅はロンドン中心部でも東寄りに位置しており、ここから徒歩やバス、地下鉄を使って行動している。

## 一週間、名所・遺跡を〝総嘗め〟

「欧行日誌」によって、素川の名所巡りをたどると、二七日未明に到着した初日には、さっそく午後から出かけて、三井物産を経て、正金銀行でマルクを受け取り、高田商会へ行って市街案内の交渉をしたようで、そのあと領事館で荒川領事と会って、帰船している。いわばあいさつ回りと下準備の半日であった。

二日目は武藤、益田の二人と同道して「英蘭銀行前ヲ過ギ」バスに乗って、現在はショッピング・ストリートとなっている「オックスフォード街ヲ経テ、レゼントパークニ遊ブ」。「レゼント」はロンドンも北寄りのリージェント・パークであろうし、そこで「茶及麪包ヲ喫ス」。それから南西に下って「ブリチッシュムゼウム」つまりミュージアム、大英博物館に行って「其ノ装置ノ宏大ナル、驚クベシ。日本品亦多少アリシモ面恥カシキモノノミナリキ」と記す。またバスで「倫敦ブリッヂヲ過ギ、停車場前ニ下車シ、徒歩タワー・ブリッジニ出テ、物数寄キニモ其ノ高橋ヲ渡ル。其ノ高サ浅草十二階ノ八分位モアランカ。汽船通過スルニ当リ、普通ノ橋ヲ二分シテ引上ケ、人ノ交通ニハ此ノ高橋ヲ充ツルナリ」と、ヴィクトリア時代の開閉橋、それも水圧ポンプで通路を押し上げるタワー・ブリッジの技術に「其ノ構造又驚クベシ」との感想だ。

三日目の二九日には高田商会のスタッフらしい人（初日の人と名前の一字が違う）が案内して造幣局に行ったが、休日で稼動しておらず、機械室と貨幣展覧室を見ただけ。昼食後に「タワー・オブ・ロンドン」、つまりロンドン塔に行く。古城跡とともに、とくにヴィクトリア女王の財宝の展示に「眼ヲ奪フモノアリ。所謂世界ノ富ヲ一身ニ集メタルノ片影ト謂フベク」と感じている。この日はグランドホテルに一泊、荷物が少なくて保証金二ポンドを取られ、武藤ら二人は英語が「エナラズ」、大いにまごついている。夜には寄席に出かける。「華麗ナルコト驚ク許リ」で、女神・天使など一一〇余人の役者が出て「百花ノ爛漫タル中ニテ」、四〇人の楽隊が時に日本の俗曲「ジョンキナ節」を演奏したり、パリ博覧会を演じる中でも日本婦人が出てきたが、「其ノ滑稽ニシテ実ヲ枉クル、腹立タシキモノアリ」と苦々し気。一一時に終わり、珈琲店に寄って一二時帰途に就くとき「婦人及馭者等ノ道頭ニ攫《つか》ミ合フヲ観タリ」とある。寄席のある街で深夜、馭者とつかみ合う婦人が何者であるか察しもつくが、その情景に驚いたのであろう。

四日目の三〇日。ホテルで朝食をとってテムズ川沿いに出て、ウエストミンスター橋、ビッグベン・国会議事堂を見て、その前にある「ウエストミンスター・アベイ」寺院に入る。安置された賢哲諸人物の石像を前にして「英国ノ今日アル、決シテ偶然ナラザルヲ知ル」。それから「諸官衙前ヲ過ギ、ウォートルロー・スクエアノ子ルソン銅像」前に出る。名称からいえば、ウォータールー橋とつながる位置であろうが、方向が違う。一八〇五年のトラファルガー会戦の英雄ネルソン提督像なら、トラファルガー広場にあるはずだが…。そして「ゼームス」公園（セント・ジェームズ・パーク）に入り、王宮（バッキンガム宮殿）を見て、「右ニ折レテ、グリーン・パークニ入リ、又ハイデ（ハイド）パークニ入」って、池の石橋を渡り、左折して「プリンス・アルバート」の記念碑を見ている。歴史的な遺跡はほぼ動かないので、地図を見ながら日誌を読むと足取りがよくつかめる。それから「ケンシントン」に行って、諸興行物をみるが、驚いたのは「高サ四十間モアランカ、汽車大ノ箱ヲ幾十トナク吊シ、宛モ風車ノ如キ装置ニテ、之ヲ回転シ居レリ」という観覧車だ。「試ニ乗リタキ心地セシモ、帰途時間迫リシヲ以テ果サズ」残念。名付けて「グレート・ホエーヤ」という。バスで東へ走って「フェンチャーチ」駅に戻り、帰船している。

五日目の三一日。この日は益田とともにロンドン在住らしい田中を訪ねて、いっしょにまず「タイムズ」新聞社に行ったが、土曜日で午後二時を過ぎていて「事務」は見られなかった。このため九月二日に再度訪問するが、「一社員、機械室等ヲ案内シテ丁寧ニ説明ス。然レドモ予期セシヨリモ小ニシテ左程驚カザリキ。最モ編輯ハ夜六時ヨリ開始シテ夜十一時頃ニ終ルト言ヘバ其ノ模様ヲ見ル能ハザリシハ遺憾ナリキ」と、権威ある同社にはさして驚かなかったようだ。

このあと田中の知人で英国人二人も同道して、地下鉄道と地下電気鉄道を乗り比べている。地下鉄道は「瓦斯及地下ノ暗黒ノ為、頗ル不愉快」だが、地下電気鉄道は「最モ新式ニ係リ、英蘭銀行前ノ広ギニテ、トアル石階ヲ下レバ、地中広闊ナル石壁ノ場処アリ。此処ヨリ『エレメートル』ニテ地中ニ下ル、約七十呎《フィート》」、そこには「電灯煌々タル綺麗ノ停車場アリ。暫シ待ツ、間モナク電車来ル。普通ノ汽車ヨリハ稍小ナルモ、頗ル綺麗ニテ心地宜シ。聞ク、同鉄道ハ長サ七哩《マイル》ニシテ鉄管ヲ埋メ其中ヲ馳駆シ、資本ハ我郵船会社ヨリモ大ナリト。此ノ鉄道出来テ、倫敦有名ノ地下鉄道モ、テームス河下ノ大道モ、皆顔色ナキニ至リタリ」と記す。さらに公衆便所について「多ク地下ニ設ケ、広キハ同時ニ四十余人モ用ヲ便スルヲ得ベシ。而シテ昼間尚電灯輝キ、又水常ニ注ゲリ」と観察は細かい。

このあと市内南寄りのヴィクトリア駅から四〇分乗車して「クリスターパレス」へ行く。そこは「結構宏大ナル、実ニ驚クベシ。道辺、石膏細工ノ裸人形多ク駢ベリ。天井ハ皆ガラスニシテ、四辺到処、瓦斯ヲ點ズルノ装置ナリ。其ノ夜景想フベシ」と感じ入り、「水晶宮内、各種ノ店舗及諸陳列」を見て「恰モ、ケンシントンニ似タリ。両処トモ先ヅ婦人、小児ノ遊場処トモ謂フベシ。而シテ雨天ナルニモ係ラズ、英人ノ来リ遊ブモノ非常ニ多」いという。この日は結局、汽車で市内東寄りの「倫敦ブリッヂ」駅に引き返して「二英人亦、此処迄送リ来リ、相分ル。雨尚歇マス。夜九時半、益田ト二人、ドックニ帰り、酒舗ニテ喫飯シ帰船」した。

六日目の九月一日は日曜日で、何か感じるところがあったのか「散髪シ、去二十八年ヨリ蓄ヘシ下髭ヲ剃」っている。午後には「益田及船医岡村氏ト近郊ヲ散策シ、帰途、日本好ノ宣教師婦人ヲ訪フ。同人、甚ダ好遇シ茶菓及記念トシテ聖書及袋等ヲ」もらっている。

七日目の二日にはセントポール大聖堂を見学、「院内ヲ一周シテ更ニ壁階ヲ攀登スル。三百七十五段（其高二百呎）此処ヨリ市中ヲ俯瞰ス、壮快言フベカラズ」の感。さらにその由来を知ると、「此ノ寺及ウエストミンスターアベイ等ヲ観レバ、奈良ノ大仏ヤ知恩院ヤ東本願寺ヤ言フニ足ラザルナリ。其他、英国ノ萬事茗物ヲ観レバ日本ハ顔色ナキナリ。実ニ倫敦ノ如キ、世界第一ノ大都タルニ恥ヂズ」と英国コンプレックスに陥っている。それから「サウスケンシントンノ機械博物館及美術博物館等ヲ観、更ニＡＢＣニテ食事ト市中ノ散歩シテ帰ル。船ニ着ク、トキ夜九時過ナリキ」。これでロンドン見物を終える。翌日午後一時には抜錨、「アントウエルプ」へ出港している。

## 行儀良き人民と下等な労働者

最終日の日誌には日英の寺院比較のほかに、肝心の英国人評が記される。

「英人ノ行儀、表面ノ観察ノミヲ以テセバ、実ニ賞スベク、行クニ道ヲ譲リ、人出ノ多キ割ニ静粛ニシテ互ニ慇懃ナリ。我々若シ少シニテモ、マゴツケバ直ニ懇切ニ教ヘ呉レ、一般ニ好風習アリ。又少年ノ動作ノ如キモ穏順ニシテ我京都人ニ似タリ。其品善キハ国家ニ取リ実際ニ賞ムベキヤ否ヤハ知ラザレドモ、兎ニ角愛スベキ人民ナリ」

まずは全体的に英人に対し好意的な観察といえよう。しかしこれには「表面の観察だけをもってすれば」という条件がついている。そこには斜めに構えた観点があって行儀だけは「実に賞すべ」きだとも読める。さらに少年たちの動作も京都人を引き合いにして「穏順な人民の品の良さ」は「国家にとって」ほめられないのかと問いたくなる。

続けて「併シ其ノ英国ヲ自負スルノ点ト、下等労働者ノ又何処迄下等ナルヤハ言語ニ絶ヘタルモノアリ」と、素川は英国社会をいっそう直視して厳しい。「行儀良い人民」の一方には「どこまでも下等な労働者」がいるという、これはまさに英国の現実を見抜いた指摘に違いない。それにしては「下等」が因って来たる原因までは触れない。あるいは爛熟した資本主義国における社会的格差、ないしは当時の英国プロレタリアートの現状への認識を欠いた指摘ではないか。ロンドンだけでなく、マンチェスターやグラスゴー、リバプールあたりの工業都市の現実を直視したら、素川はさて何と記したであろうか。

## この時、漱石もロンドン留学中

素川がロンドン見物に訪れたこの時に、留学中の夏目漱石も、同じロンドンの南西部の中流住宅街クラパムに七月二〇日、四度目の転居をして、居住していた。勿論、この頃二人は知り合いではない。しかし一九〇七（明治四〇）年になると、素川は漱石を「大阪朝日」に「招聘」したいと発議する。二人の感覚の共通点を探すと、近代について思考の根源はロンドンにあるのではないかと思えてくる。後述する。

## シベリア鉄道で帰国

留学を終えた素川はドイツからロシアのサンクト・ペテルブルグ、モスクワを経て「シベリア鉄道」によって帰国する。その状況、なかんずく「東清鉄道」によって清国を南下する体験についても、若干まとめておきたい。一九〇三（明治三六）年といえば、まさに日露戦争の前年である。さらに一九一八（大正七）年になると、宿敵・寺内内閣がロシア革命にかこつけてシベリア出兵に乗り出す。それらに対決する論拠をシベリア鉄道を体験する間に何か感じ得たのではないか。そんなねらいもある。

大阪朝日新聞に一九〇三（明治三六）年六月二九日から七月二〇日まで一二回連載された鳥居素川「伯林より日本」を読む。

「往途には六十余日を費し、印度洋のムンスーン、紅海の苦熱を忍びしが、帰途には船暈の患いもなく、伯林より日本迄二千余里の行程、僅廿一日にて帰着したるこそ実に西伯利亜鉄道のたまものなり」と書き始めている。そして当時ベルリンでは、日本からシベリア鉄道で帰国したドイツ人の紀行文が同年三月、新聞に掲載されるが、それはかなり誇張したものであった。例えば発着が不規則で日数は二八日を要し、旅客は絶えずピストルを充装して支那人の襲撃に備え、手カバンは切り裂かれて中身は盗まれ、代わりに石が詰められてあり、靴は盗まれる、駅長の朝寝で列車は遅れる、などと散々である。その実際を確かめようと、陸路帰国を決意していたところ、ドイツに立ち寄って日本へ帰る陸軍大学の中佐・少佐の二人が陸路をとるという。それを聞き知った素川は同行を約束、急ぎ帰国準備をして、モスクワで追いつくことにした。

## ベルリン↓ペテルブルグ↓モスコー

【一九〇三（明治三六）年五月三〇日】リンデン街のヴィクトリア珈琲店で野田理学士、川名法学士、中村文学士と名残の麦酒と珈琲（素川用）。定刻前、フリードリヒ停車場へ。待っていた玉井氏夫婦、中川理学士らの見送りを受けて夜一一時、ベルリンを出発。

【三一日】朝八時にカント終焉の地ケーニヒスベルヒ着。一一時には独露国境「アイトクーネン駅」、一二分で露国「ウ井ルバルレン駅」に到着。武官、警官が乗り込んできて、旅行券などを取り上げ、客を下車させる。税関吏が手荷物調べ。特に印刷物に厳しく、「税金三円」を徴収されて、露国鉄道に乗り換える。「列車は劣り、（燃料として）石炭を焚かず木材を焚き、火の粉飛んで窓より入り敷物を焦がす」。車窓には広漠たる原野と村のかすかな煙り。懇意になった老博士が、この地区は『ポーランドに属す』と説明する。「茅屋の散点する所、宛も日本の田舎を想起せしむ」。

【六月一日】午前八時半、「聖彼得堡《セントピータースブルグ》」（ペテルブルグ）着、「舊友上田仙太郎氏」が出迎える。彼は同郷で、済々黌・独逸学協会学校で同学。素川が一歳年長だ。「氏は五年前三箇月を費やし西伯利亜を経て露都に入りし人なり。今や業を同地大学に卒へしも尚留りて研学中なり」とも注記。ホテル・フランスに投宿。その日午後は「仙兄」の案内で「冬の宮」を見物。市中の真ん中に城郭もなく「露国の皇宮としては頗る平民的」と受けとめる。そこから「子ヴ河畔」（ネヴァ川）へ、公園でクワシ（赤色の水）を飲み渇を癒す。一大長橋をわたり、彼得《ピーター》堂に参詣、さらに歴朝の御墓所へ。そこには「監獄あり、兵営あり、雑居す。露国の露国たる所以」。次いで現皇帝が建てた庶民閣を過ぎ、動物園へ。さしたる見るべきものなく、ただ「日本の梯子登り一座あり」。団員と間違えられたので市中へ。「倫敦、巴里、伯林よりは露都の淋しきは言を待たず。唯お寺の宏大なることゝ、勧工場の…馬鹿に大なるは露都の特色」。「開化の人民より未開の民こそ心安けれ」など話してホテルへ。酒を飲めない二人、ラムネなど飲んで話し込み一一時、上田去る。白夜。（地名表記は一定しないし、ルビは英語読みが多い）

ペテルブルグは一七〇三年にピョートル大帝が築いた都で、一九一四年、ペトログラードと改称し一八年までロシア帝国の首都であった。ロシア革命の中心地となり、二四年、レニングラードと改称したが、現在はペトログラードに戻っている。冬宮、エルミタージュ美術館などで知られ、教会堂が多い。

【二日】汽車の切符を買うため「仙兄」と市中の駅出張所へ。なぜか「脱帽せざるべからず」、数珠繋ぎに待つこと一時間半、ようやく「シベリー鉄道マンヂュリア駅」（満州里駅）までの切符を得る。満州里から大連まではそこで買えという。「仙兄」の僑居へ、「室内蕭然、冊子満篋、君子の居たるを失はず」。「ネヴ河畔」のピーター大帝銅像などを見てレストランで昼食。「好味を賞し」て思う。露国は非常に未開かと思えば、一方で非常に進歩し、何事も大仕掛け。非常に富めるもあれば非常に貧しきもある。宿に帰り小休止。「仙兄」に送られ、夜八時、「莫斯科《モスコー》に向ふ」。その「寝台汽車は全然欧州式」で、ロシア人三人と「一箇の二等室を占む」。しばらく黙然、一人が独逸書を読み始めたので、話しかけると「案外に心安く」、前席二人の「若紳士も丁寧に談話」してドイツ語が通用語となる。

【三日】朝八時過ぎ、モスクワに着く。若い一人が「御用もや」というので、馬車を雇い賃銭を決めてもらってシベリア鉄道の駅へ。外国人応接係の「一女史」がいたので、マンジュリアまで寝台券と座席券を買えて、次に手荷物を預け、さて「同地にて一商店（生糸事業）を開き居れる夏秋氏を訪ふ。氏と同居せる鎌田祐吉氏には仙兄よりの紹介書もあり…快く」迎えられ、「伊国より土耳其《トルコ》を経て」来たという蔵田大佐もいっしょになって鎌田が市内案内。まず馬車で王宮の宝物殿へ。展示の宝物は、ロンドンのタワー城で見て驚いた英国のそれなど「話にならぬ」くらいで「能くも世界より斯く宝玉を掻き集めしよと思ふ許りなり」。また王宮の「宏大なる迚も独逸王宮等の及ぶ所に非ず」。そして高台から俯瞰すると、堂塔の中に聳える寺院は四八〇もあって「寺の都と称すべし」。午後三時、勧工場内の料理店で昼餐、「名産カビア始め頗る好味を口にす」。食事後、約束の松石、有田両氏が待つ旅館へ。停車場で落ち合うことにして一人また市中探索、街の東洋風なのに感じ入る。そして今シベリア鉄道の「開くるに及び、毎列車支那人の行商、莫斯科に彼得堡に入り込むものありといふ…」。やがて「街頭の査公に乞て馬車を命じ」駅へ。駅内の飲食店で晩餐、二人を待ち、午後一〇峙四〇分、モスクワを発車。

〝新旧の首都〟を駆け足で名所巡りしただけに終わる。またシベリア鉄道によって中国商人が入り込んでいるという。それにしても日本軍人がよく登場する。

## イルクーツク↓バイカル湖

シベリア鉄道は、一八九一年、皇太子ニコライがウラジオストークで起工式を行なって、一九〇八年、モスクワからウラジオストークまで完成。しかし、この時点ではバイカル湖畔でまだつながっていない。

【四日】目覚めると一望平野、まだ烏拉《ウラル》を越えないのにシベリアの概。客車は一等一、二等二の計三台。一等は二人、二等は四人が一室に。「余等三人と牛酪商の瑞西《スイス》人加はる」。乗客は四五〜六人。食堂車と牛荷物車の二台をつなぐ。その速力は「略我鉄道に同じ。発着は正確なり」。何分間停車すると知らせるので「駅内を散歩するも可」である。どうやら、ベルリンの風評は当たっていないよう。

【五日】未明、「ウォルガ河に沿へる一都会サマラ（クイビシェフ）を過」ぎる。長い鉄橋は、眠っていて見ることができなかった。チェルカスカヤ駅では少女から花束買って「香気馥郁、頗る愛すべし」。「此日始めて通常列車の東するに逢ふ。列車は西伯利亜への移住民を満載す。…有事の日、銃を把って兵役に服するものなり。見れば其下賤なること狸《むじな》も宜しくといふ連中のみ。汽車は行けども行けども平野なり」。夕、ウーファー着。「往時蒙古人に征服せられたる土地」であり、「中央アジアのタシュケントに向ふ鉄道敷設の予定あり」という。

ツァーリ政権によってシベリアへ送り込まれる、政治犯を含む徒刑者・流刑者は、一八〇〇年から第一次世界大戦まで一〇〇万人に近い（ハーモン・タッパー『シベリア鉄道建設史』フジ出版社、昭和四六年）というが、素川は兵隊となる移住民の実際をわかって観察し、蒙古人の歴史や鉄道の延長計画も察知している。

【六日〜一〇日】オムスク→クラスノヤルスク＝省略。

【一一日】「朝九時、イルクックに達す。是にて莫斯科大連間三分の二の旅程を了る。…打見たる處イルククは幾んど欧州風の都会なり。寺院の数十二三もあり、堂々として」そびえ立つ。イルクーツクはシベリア第一の「繁華の都市たるを失はず」とある。「コサック騎兵約一中隊、道辺に休ふを見る。其名恐るべしと雖も実は尋常の兵たり。鞍は頗る奇にして、単に綿若くは獣毛を盛りたる革袋のみ」。「汽車は愈、貝加爾《バイカル》湖畔に出づ。是より船にて渡るべきなり。貝加爾は地球上に於ける淡水湖中第五位…冬時結氷三尺に及び、旅客皆、馬三頭立の艝《そり》を以て之を渡り、中途に休憩所の設ありといふ。…（南岸に）今鉄道の開鑿中なり。頗る難工事といふ…汽船は第二甲板を以て客室及び食堂とし、第三甲板を以て機関車を搭載する所とす。午後一時半、船進行を始め、…速力の遅緩なること…六時半」東岸のミゾワヤ駅に着き、また汽車に乗る。夜八時、発車。「列車は最新式に属し頗る清潔なり」。一台二万二千ルーブルをかけたという。同駅から満州里駅までを「貝加爾鉄道と称す」。途中は高地となり寒気も強く、物価も倍加、「一個十銭の蜜柑は二十銭となり、一瓶二十銭の麦酒は五十銭となる」。

【一二日】明けてホホツイ駅を過ぎる。「山河風光全く前日に異なる。…其景我日本の田舎に似たるものあり」ただ「人煙希少…此付近に於て露国の新移住民のあるを見る。何時の間にか一人の韃靼人、其従者を随へて乗組み居れり。道中黄色人種を見たるは之を始めとす。…是より漸次黄色人種の天地となる」。

## 国境の満州里↓ハルビン↓大連

【一三日】明けて「目に入るのは一面の芝山なり。…試みに食堂に入り、朝茶を飲みつヽ其景を望めば野山の上に遊ぶに似たる」。日暮れ近く「支那人の乞食隊に逢ふ、想ふに鉄道工夫にやあらん。夕七時、愈露清国境なる満州里駅に着く。全く平原中の一孤駅なり。駅を離れて多少は支那人の村落あるが如し。駅は東清鉄道の起点として、露人の最も力を用ふる所。…諸建築物の完整せる頗る見るべきあり。旅館等の設けありと。…駅は太だ賑へり」。この駅で大連行の乗車券を求め、駅内の飲食店に入れば、極粗末な長卓を囲み、「一将官を上席とし露国将校八九人、盛餐を喫し居たり」。二時間停車して午後九時発車、大連に向かう。これより「愈清国領たり。其主人たるものは支那人たらざるべからず」。国境の駅はロシアにとって重要拠点であり、施設も整い、賑わっている。ロシア軍将校が盛餐しているのに、支那人の姿は「工夫の乞食隊」しか現れない。

【一四日】一夜明けると「満目一望、尚無人の境たり。…支那人の労役に服するもの、アンペラを以て家を作り、露国労働者と相伍し、其和すること兄弟の如し」。シンガイ駅では盛んに工事が行なわれ「山腹四條の軌道を敷き、宛もW字を横にしたるが如く、汽車一進一退、以て山を下り、渓谷亦工事盛んにして其付近一市を成す」。「始めて知る、此地は興安嶺の最高處にして、松花江《スンガリー》と黒龍江との分水地なるを」。そこにトンネルを通そうとしている。ヤオ駅の付近には三四個の大奇岩が隆起している。西洋人はこれを「瑞西若くは那威《ノルウエー》一部の景に比す」。

「此日始めて支那人の日本製煙草、マッチ及び麦藁帽子等を売るを見る。タチャランツン駅に着き、少時停車す。露国一将官、二三随員を従へ傲然、駅内を散歩す」。「余も亦散歩し、小石一箇を拾ひ、後日の記念とす」。

東清鉄道の改良工事が進められている。清国と露国の労働者が和すること兄弟の如しとはロシア進出がもたらす賃労働のせいであろうか。停車駅で傲然たる露国将官を見て、自分も散歩し小石を拾って記念とするあたりは、素川のロシア観がひとつ固まったと思える。

【一五日】「風光全く前日に異り、遠近多少の村落を認め、野多く麦を生ず」。「正午哈爾賓《ハルビン》に着す」。停車一時間、浦塩への分岐点である。ハルビンは「露国の満州経営の中心にして、諸工事頗る盛んなり。露国風の石造家屋は整然市街を成し打見たる處、…純然たる露国の都市なり。単に東清鉄道の守備の為にして、豈斯る長久遠大の経営を要せんや。市外兵営多く就る。而かも尚幕営するものあり。或は厳然砲列を大野に敷き、或は柵を越え、濠を渡り、以て武を練る。吁哈爾賓は事実に於て露国の領有たるなり」。而して主人公の支那人はどうかといえば「喧々囂々として露店を開き、僅に錙銖《ししゅ》を争ふのみ。露国一たび黒龍州を清国より割く。其の境界たる満州駅は平原中の一孤駅のみ」で、境界の区別はできない。「今又爪牙《そうが》を満州の全野に伸ばす」、その全野は奪えなくても、ハルビン「以北は既にその腹中の物たり」。人相悪き一露国人あり。「余等三人食堂に在り、竊に彼を目し公然日本語を以て批評す。彼れ車を下る前、余に向ひ日本語を以て挨拶し、…二十五年前日本に在りしと。…油断ならぬ事こそ」。

要衝の地ハルビンは「露国の都市」となり、ロシア軍に占領されているも同然とみて、「あゝ事実に於て露国の領有たるなり」と認めざるを得ない。折あしく、人相の悪いロシア人まで現れて、日本語を話す。「油断ならぬ事こそ」と構える。これで、素川のロシア観の根幹が固まったようだ。さらに続く。

ハルビンを発車すると、「形勢自ら一変し、停車場の構造亦支那風を加味し、駅員亦支那人を使ふ。然り哈爾賓以北は全く露国の経営に属し、以南は支那人を仲間に入れたるが如し。各駅銃剣したる番兵あり」。ハルビン以南の平野はことごとく開け「麦、落花生、高粱、馬鈴薯等発生太だ宜し」。かつて日清戦争の従軍記者として金州付近の地を見て「高粱の外何物も育成せずと思ひの外、満州の中部は頗る肥沃なり。所謂大農を行ふに宜し」「夕七時、ヤオメン駅に着く。支那人駅内に群れ集る。露国巡査之を払へば乍ち散じ、又乍ち集る。其恥づなきの状、見るに堪へず」。

ハルビン以北は「全く露国の経営に属し」、以南は「支那人を仲間に入れた」ようだという。また、以南の平野は開け、作物はこれまで思っていた以上に採れるし、肥沃で大農業を展開するに適している。これが進出を促すとの認識であろうか。しかし肝心の主人公である中国民衆は「見るに堪えず」の状況にある。

【一六日】「午時天曇り俄に指頭大の雹降る。午後一時奉天に着く。支那兵五六人、例の赤装束にて悠然乗り廻る。暗に威を官国兵に示すにや」。風流にも駅ではバラ、ザクロの鉢植ゑを売っていた。午後三時半、煙台《おんたい》と遼陽の中間から鉄道岐かれて東南下する。方向は朝鮮の鴨緑江付近に向かう。帰国して調べると、露国がその鉄道敷設を冀望しているとの記事があるが、「冀望のみにあらず、幾分は立派に成就し居るなり」。遼陽に着けば、ここも「露国の経営盛ん」「兵舎既に成り、野外にも幕営するもの亦多し」。牛荘付近から撤兵したのが幕営しているのか。「日清の役、北は此遼陽を限りとして我占領区域に属せり。…慨するも及ぶべけんや」。

日清戦争で日本占領地区であった遼陽までも「露国経営が盛ん」だ。従軍記者であった素川の暗澹たる感慨。学んだドイツ社会改良主義は帝国主義にどう対峙できるのか。（遼陽は日露戦争でも激戦地の一つとなる）続けて、

日暮、大石橋に着く。ここから営口への支線がある。北京へ行くものは乗り換える。「此両夜、車中電灯を點ぜず。其理由を聞けば技手大酔、職を執る能はざりしと」。大石橋で「二通の清国告諭を見る」。一つは無頼漢が工夫に混じって村落を彷徨し「富家を劫し、婦女を姦する」、他は二個の大石を線路上に置いた者がいると戒めるもの。「露人の心中、警戒するも理なり」「近数日、汽車、清国領に入りて、夜間の停車甚だ長く、其発するや非常に急速力なり。蓋し支那人の襲来を恐るゝなからんか」。

やはりドイツの新聞掲載の紀行文は当たらずとも遠からずではないのか。治安も乱れ、列車運行への妨害もある。夜の停車が長い。ロシアの侵略のせいか、政治的統制の欠如か。やはり乱れている。

【一七日】「未明、金州に着く。当年の戦情懐に浮び、舊識の大和尚山、何の状を為すと、四顧眸を放てば形勢全く一変して、幾んど方角を辨じ難し。有田少佐は当時第六師団の副官たり、今金州付近の地勢を見、余と今昔の感を同うす」「午前七時、大連即ち露国の所謂ダルニーに着す。余等の鉄道旅行終りを告ぐ」。

このあと「彼得堡より大連迄八千七百六十七露里。之を日時に分てば」として、次の旅程が示されている。

それに日付を追加する（カッコ内）と以下のようになる。

「伯林より彼得堡間　一昼夜と八時間　（五月三〇日夜～六月一日朝）
彼得堡より莫斯科間　十二時間　（六月二日夜～三日朝）
莫斯科よりイルクツク間　七昼夜と十三時四十分間　（三日夜～一一日朝）
貝加爾湖汽船　五時間　（一一日午後）
貝加爾湖畔より満州駅間　二昼夜　（一一日夜～一三日夜）
満州駅より大連間　三昼夜と十時間　（一三日夜～一七日朝）

シベリア鉄道の安全性については「道中の安全なることは余の記する所の如し。大の独逸人の記事の如き、全く誇張のみ」とするが、清国領内の東清鉄道では酔っ払い技師が電灯も点けないし、夜間停車の長かった運行は、清国の告諭とともに不安を感じさせる。さらに大連の変容を「ダルニーの経営は幾んど人目を驚かす。今より八年前日清戦役当時の大連とは全く別物なり」と、ここでも従軍記者の感慨を述べるが、ロシア軍の進出は圧倒的であり、それを阻止するには立ち上がるしかないという、開戦論になるのではないか。

連載の末尾は「大連に留まる五時間、略市中を一覧し、正午アムール号に搭じ、長崎に向ふ。方に満二昼夜を以て長崎に着くべきなり」として、「幾千里つかの其間に過ぎ行きて浪路静かに帰る旅かな」という短歌で終わっている。長崎に到着後は新聞社に行かないで、母と妻が待つ故郷熊本に向かったようで、「新妻本」は「日本熊本に着するとき、実に明治三十六年六月二十日午前五時」としている。三角に着いたのであろう、つじつまが合う。素川は静養しながら、連載「伯林より日本」の仕上げを進めたのであろう。

# Ⅸ　留学の成果「社会新論」を読む

## はじめに

鳥居素川は、一九〇一（明治三四）年六月から約二年間、ドイツへ社費留学した。その成果は、帰国後の一九〇三（明治三六）年九月二〇日から一一月一日にかけて「社会新論」と題する論文を「大阪朝日」一面トップに二七回にわたって連載して示した。その連載があると知ったのは、『村山龍平伝』（朝日新聞社、昭和二八年）「香雪翁懐古」篇に収められた長谷川如是閑「両頭政治の勝利」の中の次の文章によってであった。

日本人の文化的水準の高まるに伴って『朝日新聞』は記者の、または社外の学者文士等の高級の述作を第一ページに連載して、欧米の新聞紙に現れたその種の論文なども訳載された。多くの大学教授を客員としてその述作が連載され、ドイツから帰った鳥居素川の講壇社会主義に関する論文が連載されたり、西村天囚の日本における朱子学の歴史（注・『日本宋学史』として刊行）や元曲（注・中国の古典演劇の一つ）の解説などが連載された。（同書同篇五七頁）

講壇社会主義とは「資本主義制度を変革せずに、社会政策・社会立法によって漸進主義的に社会改革を行なおうとする理論。一八七〇年代、ドイツにおいてアドルフ・ワグナー、G・シュモラーらの大学講壇に立つ学者の提唱する社会改良主義を当時のマルクス主義者が皮肉った言葉」（広辞苑）とされる。一九〇二年にワグナー（一八三五〜一九一七）に学んだ素川自身も、連載五回目に彼らは皆大学で教鞭をとっており、「旧式派の社会主義反対論者、之を罵り『講座に在る社会党員』と云へり」と記している。

各回の要旨をまとめ（《　》印で括り、うち原文は〈　〉印で示す。傍点は原文のまま）、その後に★印でコメントを加える。

**社会改良主義・国家社会主義は吾人の最も主張すべきもの**

【第1回】《〈英国史家トーマス・カーライル曰く。世に大なる無言の深く埋もれたる一階級あり。其苦痛を訴ふる時は大地震をも惹起すべし〉。わが国はまだ工業が発達せず、貧富の差は甚だしくないが、開明に従って〈早晩起るべきものは社会問題是なり〉。いや端緒はすでにある。世の不学無識のものは社会問題ないし社会主義の名を恐れて、これを蛇蝎視する。

〈吾人の如き即ち亦社会主義者の一人なり〉。最近の欧州の学者で社会主義を加味しないものは果たして幾人いるか。これに反対するのは〈蒙昧なる資本家と舊教徒の一部のみ〉。また国家としては〈露西亜帝国と支那帝国〉があるだけである。

単に社会主義というが、これには区別がある。社会共産主義、社会民主主義、社会改良主義、国家社会主義である。無政府党は社会共産党の激烈な一派であるが、始祖バルベフは政府も寺院も国家も、学問も私有物も廃止し「総ての人間は同一なる無知無学に止まるべし」という。しかし、その狂気の極端な考え方はフランス第一期革命でも容れられなかったし、今日も容れられていない。また社会共産党には半共産党と全共産党の区別がある。前者は土地、鉱山、工場その他生産機関の私有を許さず、日用財産の私有だけ認めるとし、後者は日用財産、生産機関の私有も認めない。今の社会民主党はこの半共産党の遺流を汲む傾向にある。〈社会改良主義及び国家社会主義に至りては吾人の最も主張すべきものなり。憶ふに近時、我邦に唱道せらるゝもの恐らくは此の説ならむ。共産主義民主主義の如きは、決して我邦に入るゝの余地なく、又理論上実行上迂闊の甚だしきものなればなり。左れば吾人又国家社会主義を包持するの一人として斯の問題を講究せんと欲する〉。特に大阪は日本において工業の最も発達した地であり、社会問題の最も起こるべき地である。往時すでに〈社会主義者の大塩平八郎を出せる地なり。吾人豈に斯の問題、斯の主義を等閑に付すべけんや〉。〈素卿〉》なお、「素卿」はこの連載につけた素川の雅号である。

★最初から欧州の社会主義の話が始まる。冒頭のトーマス・カーライル（一七九五〜一八八一）は、ゲーテの翻訳や『シラー伝』を著したほか、『フランス革命』で有名になったとある。そして素川が突然「吾人は社会主義者の一人だ」というので驚くが、続く欧州社会主義の分類の記述によって実は社会改良主義者ないし国家社会主義者だというので頷ける。また欧州ではほとんどの学者が「社会主義を加味」していると、留学中に知ったであろうことを述べ、しかしわが国に「共産主義民主主義」は「理論上実行上」入る余地はないとみる。それでも大阪は工場が発達して社会問題が起こりやすいし、かつては「社会主義者の大塩平八郎」の乱（一八三七・天保八年）もあっている。大塩を社会主義者とするのは、素川流の勝手な解釈であるが、新たな展開を予想させる。

さらに「近時、我邦に唱道せらるゝもの」は「吾人の最も主張すべき」社会改良主義であろうという。これについては隅谷三喜男が「ドイツ留学が支配的であった日本でも其の影響を受けて、最初に組織された経済学会は、一八九六（明治二九）年に作られた〔社会政策学会〕であった…」と解説しているように、金井延・桑田熊蔵らがドイツ社会政策学会に範をとって設立したもので、改良主義的な立場から工場法、女工保護、足尾鉱毒事件などについて調査・提言している。言論界でも一九〇五（明治三八）年になると、堺利彦が「国家社会主義は近来大いに活動の気あり。殊に〔独立評論〕第九号に於て山路（愛山）君の〔国家社会主義概要〕は最も明白に、最も詳細に其の主張を公表せり」（『平民新聞論説集』岩波文庫）と言っている。山路の個人雑誌「独立評論」創刊は一九〇三年一月であり、素川はその発端を意識しているのかもしれない。山路はかつて「国民新聞」記者であり、当時は「信濃毎日新聞」主筆である。

しかし、明治末期になると、労働運動が激化して労使協調を掲げる社会政策学会の啓蒙的意義は次第に薄れ、学会は一九二四年には消滅している。

時代背景も知っておきたい。遡るが、わが国最初の社会主義政党「社会民主党」が片山潜、幸徳秋水、安部磯雄らによって結成されるのが明治三四年五月であり、綱領に軍備全廃、貴族院廃止、普通選挙実施などがあって二日後に禁止され、結成の宣言書を掲載した「万朝報」と「大阪毎日」が発禁処分になっている。六月には社会平民党として再び届け出るが、即日禁止となる。岡本宏『田添鉄二』によれば、宣言綱領はドイツ社会民主党綱領を参考にしたとあって、社会主義、民主主義、平和主義を三本柱とする議会主義の立場である。また社会政策学会が「社会主義ではない」と弁明書を出すのもこの頃で、七月渡欧する素川はこれらを知っていたろうか。翌年、ドイツ議会を傍聴して素川は「社会党員の演説頗る激越なりき」と日記に示している。

素川の帰国は明治三六年六月だが、七月には幸徳秋水が『社会主義神髄』、片山潜も『我社会主義』を刊行して、幸徳は唯物史観の立場を確立する。さらに日露戦争の前年であり、一〇月には「万朝報」社長黒岩涙香が主戦論に転換する。このため内村鑑三・幸徳・堺利彦の三人は退社して、幸徳と堺は平民社を結成し、週刊「平民新聞」を創刊する。幸徳らは非戦論と社会主義を唱道するが、素川の「大阪朝日」や「大阪毎日」は主戦論を展開する。ドイツ留学からシベリア鉄道経由で帰国した素川は、ロシアの中国への進出の状況を直視して記録している。

### 社会改良主義は社会競争の病毒に対する療薬である

【第2回】《一九世紀の初めから欧州を支配した経済学上の理論は〈自由競争の放任〉にあった。自由競争は欧州社会を進歩させたが、強者はいよいよ勝ち、弱者はいよいよ負け、今やその弊害は極点に達し、奮然社会主義なるものが起こり、救済を試みる。その極端なものは無政府党、共産党となり、穏和なものは社会改良主義、国家社会主義となる。〈四者は正しく自由主義と個人主義に反対して起つものなり〉。

社会改良主義と国家社会主義は、社会競争の病毒に対する療薬であって、ともに国家の存立を認め、特に国家社会主義は国家を基礎として、これに社会主義を加え、内には社会の安寧な発達を期し、外には国家の国際的競争に打ち勝とうとする。両者の私有権の観念をいえば、社会改良主義は社会全般の基として私有権に制限を加えようとする。その〈社会施設（政策）〉として一般徴兵義務、義務教育、国法上の強制執行権、市町村の収税権、国家の強制保険制度、法律による貧民救助、ある場合には私有物に対する国家の相続権、高利貸取締り、労働者保護などの法律制度をとる。即ち破壊主義を加味せず、弊毒を排除しようとする。一方の国家社会主義は一層寛大であって、私有権はもちろん認めて保護し、ただ自由競争に放任できない諸事業を次第に国有とし、その場合にも十分な賠償を与える。その〈社会施設〉は前者とほぼ同じである。

社会民主党は国家に対する観念が違う。人為的境界を設けても、もめるだけであるから国家の境域を撤廃し、万国共同の生活を試みよという。そうすれば徴兵義務も必要ないし、法律も公権だけを認めて、私権は狭義に制限しようとする。〈社会主義は其（国家制度の）闕陥を補ひ、其秩序を保たんが為にして起る。乃ち仁者の政を行はんが為なり〉。》
★ここでは、国家の存立を前提とし、社会主義を加味しながら、内には安寧な発達を期し、外には国際競争に打ち勝とうとする。だから国家転覆を図るものではない。しかし基本的に社会のあり方を問う認識論の問題はない。それでも個人の私有権は緩やかに制限し、徴兵、教育、強制執行権、税収権、強制保険、貧民救済、労働者保護などは国家の〃施策〃ととらえる。

## ギリシャの昔から中・日・英・仏・独の〃社会主義者〃たち

【第3回】《社会主義の淵源は頗る遠い。ギリシャ時代にはプラトー、ローマ時代にはグラクース（クラックス）やルルース（ルルス）がいた。〈支那に在て堯舜の政、文王の政、皆社会主義の表現にして、芻蕘《すうじょう》の者も往き、雉兎の者も往くてふ文王の囿は即ち社会主義の骨髄なり。夫の井田の法も亦生産と分配とを公平ならしむる社会主義の一端なり〉。わが国でも、民の竈の賑わうのを喜んだ仁徳帝、寒い夜に薄衣を着て細民を思った醍醐天皇もそうである。

イギリスの工場主オーエンは共有主義の試験に止まったが、ドイツ・エナ（イェナ）市の顕微鏡会社ツァイスは共有主義の効果を上げている。フランスのサン・シモン伯が立って労働者の救世主たらんとしたが失敗。その門弟バサールやアンファンタンが志を継いで貢献した。同時に富豪の出のフーリエが社会主義の実行を試みたが、哀れな最後であった。ブランク（ブランキか）、プルードンは共産主義であって、現時の新社会主義とは異なる。ブランクは「各自の力に従って働き必要に応じて消費すべし。労働の義務からして生産物使用の権利が生ずる。故にすべての生産物は労働者の共有である」という。

ドイツの〈先登者〉はフィヒテである。著書『閉鎖せる商工国』で社会主義の理想を述べた。次が裁縫師のワイトリングで、フランスのバベフ（バブーフ）、フーリエの流れを汲む。カール・マルローに至って共同的社会の労働仕組みを論じた。ドイツの一九世紀前半は理論と空想の〈混闘場〉であった。後半期に至り、ラッサル（ラサール）、マルクスを生じた。両者はドイツの社会主義の泰斗であり、今日の議会を席巻せんとする社会民主党の種蒔きをした。両者の主張は一致しなかったが、〈マルクスの『資本論』の如き経済学上の原則とならんとせり〉。ラサールの労銀論も学者を衝動した。エングル《ママ》、リープクネヒト、ベーベルが相次いで現れ、いずれも錚々たる社会党員である。いまやベーベルがわずかに生存しベーベルの名を知らざるものなきに至る。》

★この回は聴講の結果なのであろうか、広く社会主義の歴史に触れて、人物名をあげてたどる。中国の堯舜、文王や仁徳、醍醐天皇まで登場して、独自の社会改良主義の解釈が入るので通説とは異なる。「仁者の政」イコール「社会主義」と考えたいようだ。プルードンについては、のちの白虹筆禍事件のとき著書紹介をして、それが警察側の立件の根拠の一つとされた。辞書に探し出せない人名はワイトリングとエングル。

マルクス『資本論』は「経済学上の原則とならんとせり」と早くも〃過古の書〃の扱いのよう。

ラサール、マルクス、エンゲルス、リープクネヒト、ベーベル

【第4回】《ドイツ社会党の開山ラッサル（ラサール）は、猶太《ユダヤ》族の富商の家に生まれ、郷里ブレスラウの大学とベルリン大学で哲学、博言学、考古学を修める。カール・マルクスと交わり社会主義者となり、王室反抗演説をして投獄される。その労銀論の基礎は、労働者の生活の必要に基づくとし、そのためには生産組合を組織するのがよいし、その費用は国家から出させる権利がある。しかし政府は応じないから、政府を倒し、我らが代わるしかない、と矯激な議論だ。それでも国家と政府を認める立場にある。

一方の泰斗〈カール・マルクス〉は、国家も政府も認めない世界共同主義を主張し、英国に去って万国同盟労働協会をロンドンに設立する。その目的は民主的共産主義の実行であり、まずは現社会制度の破壊、転覆となる。この遺流にリープク子《ネ》ヒト、ベーベル氏がいる。だから現ドイツ社会党がいつも国家組織に反対の意向を表すのは勿論である。マルクスもユダヤ族で父は弁護士である。ボンおよびベルリン大学で法律、哲学、歴史などを修め、卒業して新聞記者となり、莱因《ライン》新聞主筆として急激進歩主義を唱える。ライン新聞は〈地方に僻在する一新聞と雖も殆んど全独逸を動かしたり〉。マルクスはラサール党と対立、ドイツの革命主義社会党の建立に尽力した。有名な『資本論』にいわく。〈貨物の値なるものは之を仕揚ぐる所の労力に由て生ず。資本家の働きなるものは其原料を買ふに留まる。然るに労力を費して貨物の値を増加したる労働者には其利益を頒たず。是れ不当の甚しきものなり云々〉。

マルクスの死後〈フリードリヒ・エンゲルス〉が社会党中で最も有名である。富家に生まれ、父の業を助けて英国支店を支配。のちマルクスを知り、ともに新聞記者となり、社会主義運動に奔走し、著書『英国における労働者の状態』は頗る有名である。

次いで〈リープクネヒト、ベーベル〉が盛名で、二人はドイツ議会の弁論の花となった。リープクネヒトは三年前に死去し、いまやベーベルの一人舞台である。ベーベルは活版屋の小僧から身を起こし、髑髏《どくろ》細工を業とする。天稟の文才と雄弁をもって名を顕し、幾度か投獄され、遂にマルクスの衣鉢を継ぎ、いまやドイツ社会党の首領となる。年すでに六十有三、鶴髪痩躯の一老翁にして議院中異彩を放つ。著書も頗る多いが『婦人と社会主義』が最も好評で三四版を重ねる。副党首ともいうべきは〈ジンカー〉氏なり。氏は風采賤しく、頗る暴戻の相である。しかし金満家で裁縫機械工場を有し、我が国にもジンガーと銘うつ裁縫機械が多く売れている。》

★ドイツについて詳しくなる。国家と政府の存在を認めるラサール、これを批判するマルクス、エンゲルス、リープクネヒト、ベーベルを述べる。マルクス（一八一八〜一八八三）についてはライン新聞時代から述べ、一八六七年刊の『資本論』第一巻についても触れる。若きマルクスに詳しく、老マルクスまでは行き着かない。エンゲルスの『英国における労働者（階級）の状態』も一八四五年刊であり、取り上げて当然であるが、ベーベル『婦人と社会主義』（一八八三年刊）に触れるのはドイツ滞在の成果であろうし、日本で山川菊栄訳『婦人論』が出るのは一九二三（大正一二）年なので早い。マルクス、エンゲルスの一定の紹介のなかで「新聞記者経験」を言うのもおもしろい。しかし、〈ジンカー〉については、アメリカ人シンガーとの混同があるのではないか。いずれにしろ、素川の「欧行日誌」には現れない知識の蓄積である。

## ワグナー、ブレンターノ、シュモラーら「講座の社会党員」

【第5回】《社会民主党の主張は労働者救済だけをいうため、資本家の自由行動を束縛することになり、反対口実を与える。資本家曰く…社会はあげて〈不自由窮屈なる一大牢獄〉になってしまうと。（このあと民主党と資本家の主張を交戦させたあと、素川の主張が展開される。）

極端論と極端論はついに一致しない。〈要は其弊害を除去するにあり〉、自由を制限するといっても社会経済上の範囲であって、政治上、信教上の自由は勿論ある。社会民主党が夢想する平等主義は到底行なわれないものである。たとえ産業上、収入上、平等均一の組織ができたとしても、人には先天的に能不能があり、健康と不健康があり、勤勉者と怠惰者がいる。だから同一の業務も一人は容易とし、一人は難しいとする。教育でも同じようになる。これは社会上、自然に懸隔を生ずる主因である。これによって不平となり、混雑を引き起こす。だから社会改良論と国家社会主義とは、増加しつつある弊害を漸次に改良しようとし、ために国家の権力をかりて貧富の懸隔が甚だしくならないよう、資本家を抑え、時には国費をもって細民の窮苦を救おうとする。

その先達は瑞西（スイツル＝スイス）のジーモンデ・ド・ジスモンヂー（シモンデ・ド・シスモンディ）氏がその一人である。氏は自由競争を排斥し、資本家の横暴を攻撃した。ドイツではルユーダー・ゾーデン伯、アダム・ミュルラー（ミュラー）らであり、保護貿易論で名のあるフリードリヒ・リストは有力である。彼は国際的には保護貿易、国内的には細民に国家の看護扶助を篤くし、国民一般の富実を期した。ついでフォン・チューネンもいる。英国ではスチュアート・ミルである。

近時、ドイツで有名な第一等の学者は皆、この主義を信奉しないものはない。ワグネル（ワグナー）、ブレンターノ、シュモラー、ナッセ、シェーンベルヒ、シェールら皆その錚々たる人たちである。皆大学に教鞭を執っており、〈旧式派の社会主義反対論者、之を罵り『講座に在る社会党員』と云へり。是より講座社

会主義なる一名を生じ、氏等は喜んで自ら名づくるに至れり〉。》

★現実論の立場にたつ素川には「人には先天的に能不能があり…」という壁が立ちふさがる。人間の個人的、基本的人格を認める境地には遠いようだ。女性観にも現れる。軍隊には勤まるまいという古い観念が現代では通用しなくなっている。時代の差と言ってしまうより、人間が構成する社会の変化とともに人間が変わってきている現代を、明治三六年には想像できないであろう。

### 独逸社会党の産婆はビスマルク、養育者は皇帝ウィルヘルムⅡ世

【第6回】《国家社会主義は学理上よりも実際上の政治の要義となっている。それは、革命的社会主義が横溢し、かえって人民の福利を減殺するのを憂い、学理上も確固不抜であることを証明し、〈社会に於ける一部民人の不幸を救医し、現在の社会制度及び国家組織は此侭存置せんことを望むものなり〉。もし革命的社会主義の横溢を放任すれば、世は再び原人時代となり、腕力競争時代、奴隷制度時代、暴君専制時代となり、のちに大いに進んで現在の社会となる。畢竟、社会発達の歴史は繰り返しに過ぎない。その最上の成績は、三度の革命を経て得られた仏国共和制である。その行なうところは国家社会主義であり、貿易には保護政策を用い、政教では旧教僧侶を征伐し、国防には軍艦を製り、陸兵を増やしている。これに対して（仏）社会民主党の首領ジョーレー（ジョレス）は、国境撤廃説や軍隊無用論を持ちながら何の施策も取らず、現実には政府の御用党でしかない。

独逸の社会民主党は世界の中堅をなし、勢力も漸次増加し、国会議員は五八人から八一人に増えている。しかし〈実際は世人が其表面を見て驚く程にはあらず〉。これは提携してきた独立協会派の議席を得たもの

であって、他の政党にさしたる影響はない。独逸では小党分裂して一一の政党があり、社会党は第二の優勢党である。他の党派は保守主義で一致するものの議会では少数党でしかない。しかし、普通選挙によって次第に増加している。わが国のように選被選とも納税の資格を要しないし、二五歳以上の独立した男性は車夫も馬丁も選被選権をもつ。頭数の多い下層社会の投票をもっと取るべきなのに、かえって少ない。

さらに独逸の社会党はビスマルクが喚起したものといえる。彼は旧教の僧侶と社会党が大嫌いで、前者に放逐条例を、後者に鎮圧条例を発して対抗したが、いずれも失敗した。このため現在の議会最大多数派は旧教僧侶派であり、次が社会党である。即ちビスマルクは社会党の産婆役であった。また社会党は皇室に対し満腔の私怨私憤をもって、党勢拡張に専念しているが、これは皇帝に対する対抗運動である。そこから現皇帝ウィルヘルム二世は社会党の養育者であるといえる。》（九月三〇日付）

★「学理上よりも実際上の政治の要義」が国家社会主義だと言う。それは、社会制度と国家組織は変えない立場であるから、素川は革命的社会主義の横溢を認めない。放置すれば、原人時代、奴隷時代となる、といって社会発達の歴史は繰り返しに過ぎないとみるが、無理がある。そして当時の最高の社会形態は、三度の革命を経て誕生したフランス共和制であるというのは、一定の見方であろうか。またドイツ社会民主党についての見方は、滞在して知った政治的な鋭さは認められる。ビスマルクの〝アメ〟政策と、ウィルヘルム二世の圧力に板挟みにされ、議席は一応確保しながらも、伸び悩む社会民主党の姿をとらえている。

## ビスマルクは大いなる社会改良家

【第7回】《共和政治に反対する国家社会主義者の一人、ユーリウス・フレーベルは社会改良策として、社会のすべての財産を国有とし、個人に一生の間貸し付け、自由に使用、経営させ、収得に対しては逓進法をもって課税、収得ないものには国家から補助すべしという。社会民主党もそうだが、国家社会主義者にも極端な方法を講ずるものがいる。

有力な研究者ローベルツース・ヤグデツォウは、労働者の税負担は大変大きいので「国家は労働者の権利義務を識認して健全なる状態に復せしむべし。そのために新労銀法を制定し、資本の応用は姑く此儘とすべし」という。その方法は労働者に労銀を定めさせ、国家は義務としてこれを保護監督せよと主張する。

有力な経済学者ラウレー氏は、ビスマルクをもって保守的国家社会主義の代表者という。そう、ビスマルクは大いなる社会改良家であり、学理をスタインに聴き、ワグナーに聴いてこれを実行した。表面は社会党の公敵だが、実際には社会主義に忠実である。あの労働保険制度などは、労働者の地位を高めることを国家の任務とし、また煙草専売は労働者を苦しめるからと排斥、鉄道は断然国有主義を取る、皆その例である。現宰相ビューロー伯が社会党の首領ベーベルに対し、独逸は世界中で最も多く社会政策を実行する国であると誇称するのも、ビスマルクの衣鉢を継承するからである。

強いていえば、社会改良派は進歩的傾向があり、国家社会主義者は保守的傾向がある。両派は私人の資本を制限せず、単に個人主義に対し強硬な矯制を加え、特に私利に横暴な資本家に重税を賦課し、もって弱者を救済する点で一致するが、後者は前者より寛大で、国家権力をもって社会改良を行なおうとする。経済学者の泰斗ワグナーが原則を発明したとしていうには〈国の進歩に従ひ、個人の経営は国家の経営に移り、国家は次第に其経営事業を多くするに至るべし〉。これこそ国家社会主義を道破したものである。社会主義はいまや宗教社会にも及び、新教派も旧教派も社会主義を講じているが、これを〈寺院派社会主義〉という。

細民の帰依者を取り逃がさないよう、国家の力よりも寺院の力をかりて、しかし救済に必要な経費は国家に支給させるべきだ、などといっている。試みに社会主義の分派を図式すれば次のようになる。

◆社会主義◆

◇非国家主義＝①無政府主義　②社会共産主義　③社会民主主義

◇国家主義　＝①社会改良主義　②国家社会主義　③寺院派社会主義》（一〇月一日付）

★ワグナーらの学理をかりて縦横に発想し、理由をつけている。人名を洗っておくと、ユリュウス・フレーベル（一八〇五～九三）はドイツの政治家で教育者フレーベルの甥。スイスのチューリヒ大学鉱物学教授を経て帰国、フランクフルト国民議会に選出されて、民主的左派の指導者。ウィーンで捕らえられ死刑宣告、許され米国滞在。ウィーンに戻り、オーストリアの大ドイツ連邦組織改革のため闘った。ラウレー（一八二二～九二）はベルギーの法学者、経済学者。リエージュ大学教授で所有権の著書あり。自由貿易論者。スタイン＝フレンドリヒ・シュタイン（一八五九～一九二三）はドイツの法学者で、ライプチヒ、ハレ各大学教授、民事訴訟法で知られる。ヤグデツォウは不明。

さて、社会主義者鎮圧条例で対抗したビスマルクを、社会改良派ないし国家社会主義者とみなす論議は、ラウレーや素川がそうであるように結構あったとみえる。素川が学んだワグナーらの社会改良主義理論を取り入れ、例えば労働保険制度など、各種社会保障立法に尽力した点をどう評価するか、〝アメ〟政策、資本主義弥縫策として切って捨てるか。そのビスマルクは帝国主義段階に入って内外政策で破綻を来たし一八九〇年には失脚している。そして素川がいう「私利横暴な資本家に重税を課し、もって弱者を救済する」国家社会主義の歴史は顕在化しなかったようだ。師ワグナーがいう「国の進歩に従い、個人の経営は国家の経営に移り、国家は次第にその経営事業を多くするに至る」歴史は現実にあったものの、組織的な官僚化によって機能せず、潰えてしまったといえる。それに「進歩史観」は崩れ去ったといわれながらも、前回の素川のコメント「畢竟、社会発達の歴史は繰り返しに過ぎない」では済まされないのではないか。

また、〈寺院派社会主義〉について素川は「細民の帰依者を取り逃がさないように」といって冷ややかな把握にみえる。この時代認識はどうか、当時の日本のキリスト教社会主義の状況も知らねばならない。

例えば一九〇一（明治三四）年、国内で最初の社会民主党を結成し禁止された安部磯雄、片山潜、幸徳秋水、木下尚江、河上清、西川光二郎ら六人のうち、幸徳を除いて皆キリスト教徒である。党首格の安部は一八九一（明治二四）年からアメリカのハートフォード神学校に留学したあと、ベルリン大学にも学んで明治二八年に帰国しており、いわば素川にとってベルリンに学んだ先達でもある。帰国後にはユニテリアン派の色合いを強める「六合雑誌」にさっそく「社会問題と慈善事業」を書いたほか、明治二九年に「社会主義に対する難問」、三〇年「社会主義に就て」、三一年「独占事業を国有とすべし」を書き、次第に「社会主義」の姿勢を明らかにしている。なかでも「社会主義に就て」において、ビスマルクの「国家社会主義」を、「社会の権力を借りて人類の幸福を増進するの政策なれば如何なることをも之を社会主義と称」するのは「未だ社会主義の何たるかを知らざる人」のいうこと、と素川との違いを述べている。つまり貧困への対応として慈善事業による物質的改良もさることながら、キリスト教に基づく人心の改革をめざす姿勢を明確にしているわけで、日本の「寺院派社会主義」が早くもビスマルクと違う「国家社会主義」を知り、考えていたことを、素川はドイツ留学前に知っておくべきではなかったか。

「六合雑誌」は、熊本県出身の小崎弘道の編集によって明治一三年に創刊（〜大正一〇年）され、「宗教、経済、修身、文学、教育、政治其他、天地四方（六合）の新説異聞」を収載するとして初期にはキリスト教に対抗する進化論、近代合理主義、功利主義、儒教への反論なども掲載した。ユニテリアン色を強める一八九〇（明治二三）年以降には同じく県出身の横井時雄、原田助、浮田和民らが編集に携わり、熊本バンドから同志社に移った県人らが多数執筆している。創刊時に一千部程度、大正時代には二千数百部を出したという、四〇年にわたる「総合雑誌」であった（以上は『「六合雑誌」解説・執筆者・作品名索引』、不二出版）。素川は、このような状況を承知していたのであろうか。留学中の明治三五年一〇月には、ハレからベルリンに転居するに当たり、宗教改革者、プロテスタントの祖マルティン・ルターの生誕地アイスレーベンに生家を訪ねた素川であったが…。さらに安部は、三四年に東京専門学校から「早稲田叢書」として『社会問題解釈法』を出版しており、これは体系だった学術書とされる。また三六年に片山潜『我社会主義』と幸徳秋水『社会主義神髄』が相次いで刊行されている。

**男女同等は家族制を破壊する、とは…**

【第8回】《社会主義には国家の基礎の上に立つものと立たないものとがある。しかし〈與に現在の社会の状態に満足せざるは一なり、之が改良を期するは一なり〉。だから社会政策では往々に一致する。吾人は政策をもって何派の主張と区分したくない。試みにその主なる政策を挙げて、取るべきは取り、捨てるべきは捨て、長短緩急、一つに吾人の尺度をもって測ろうと思う。

（一）〈**直接普通選挙の実行を期する事、但婦人にも選挙権を与ふる事**〉

政権を二三の政治家の手中に占有されるよりは、形式上公平に近いという観念をもって議会は認識され、わが国でも帝国議会から市町郡村会まで行なわれるようになった。議会があれば選挙がある。いかなる方式で行なうが上乗か、社会主義者の間で問題となっている。社会民主党は普通選挙を主張、選被選ともなんら制限しないよう希望、しかも一切直選とし、面倒な複選法を避けようとする。理論的には最も然るべきものだが、〈議会も亦政治の一方便たるを思はざるべからず〉、機宜に適しなければ、かえって目的を誤る。欧州各国のように文化が進み、人民の知識が平均するところは直接普通選挙もよかろう。わが国では衆議院選挙法で納税資格を逓減し、早晩普通選挙となるよう希望する。

婦人に選挙権を与えることは、わが国では問題になっていないようだ。女権発達が最高の米国さえこれを許していない。社会民主党は選挙権だけでなく一切の私権公権も男子と同一にしようという。これは婦人天然の性質を知らない、国家成立の基礎を忘却したものである。女子を男子と競争する一大惨禍に陥らすことになる。なぜなら国家数千年の発達は皆男子の力によって成ったものであるから。時に男子に優る女君及び女傑が出たのは例外であり、決して女子は男子と対立し得えないものである。一切の公権私権を男子と同等にするのなら、義務も同一でなければならない。例えば兵役義務は婦人にとって最も困難なものである。女性が男子と同等の位置を得るなら、現在の家族制は根底から破壊され、男女両性の野獣が曠野に開放されるようなことになる。欧州で婦人が独立して食を求める惨状は実に仁人の見るに忍びないものがある。独立が困難なため罪悪を犯し、一生を沈淪の間に終わることもある。これは決して婦人の罪ではなく、社会の罪である。社会民主党は婦人の地位を高めて男子と同等の権利を持たせようとするが、実は女子を惨状に陥れるものである。国家の基礎は個人にあるのではなく、家族にある。その家族を破壊した暁には社会主義が主張する天国はどこにあろう。しかし皆、程度問題である。未開国の婦人の位置が開明国のそれに及ばないように、ある程度までは婦人の位置を進めるのは当然である。それには婦人教育を盛んにし、法制をもってその権利を認めることである。

わが国の衆議院選挙は当分資格制限の必要があるが、〈市町村会の如きは早や直選にして普通選挙と為すを至当とする〉。直接に人民の利害と関係する市町村会は、選被選に納税資格の制限を用いる必要はない。わが国民の教育程度はその辺までは達していよう。普通選挙となれば運動の範囲も広く、現在のように山師議員だけを出さず、自然第一流の人物を選ぶことになろう。また、この時に当たり〈女子にして戸主たるものには選挙権のみを與ふべし〉。被選権は決して与えてはならない。戸主には納税の義務があるから選挙権を与えるのは当然であるが、他の一般義務を免れるから被選挙権を制限するのは至当である。〈故に社会主義者の主張する直接普通選挙制を採り、女子にも其の権利を頒つの一項は我市町村会に応用するも可なり〉。》（一〇月三日付）

★この回からドイツ社会民主党などの政策を論評しながら、素川自身の社会改良主義、国家社会主義についての考え方が示される。最初に直接普通選挙と婦人参政権を取り上げているが、それを検討する前にまず、わが国の普選運動をみておかねばならない。一八九二（明治二五）年、大井憲太郎らによって創立された東洋自由党内に普通選挙期成同盟会が組織されるが、九四年の党解散で消滅。一八九七（明治三〇）年に中村太八郎が松本で結成した普通選挙同盟会が九九年、東京で期成同盟会となり、一九〇〇年に再び同盟会となって、中村・大井・河野広中・黒岩涙香・片山潜・堺利彦・幸徳秋水らが加盟し、新聞による啓蒙・宣伝のほか、議会請願署名運動や会員代議士による法案提出を行なっている。しかし、これも一九一〇（明治四三）年には政府弾圧で解体している。

さて、素川としては一九〇三（明治三六）年の論評であり、明治二五年から普通選挙を唱えた大井グループからすれば遅れているといえよう。国権党の家族主義が生き残っているようだ。それも、議会は政治の一方便であり、機宜を得なければかえって誤ると条件をつけて、人民の智識が平均する欧州各国なら直選の普通選挙でよかろうが、わが国の状況とは違うとして「衆議院議員選挙法に於いて納税資格を逓減したり、早晩普通選挙の暁に達せんこと冀望に堪えず」と述べて、漸進論である。

女性の参政権については、ドイツ社会民主党が選挙権だけでなく、一切の私権公権を男子と同一にしようとするのに反対して、それは婦人の天性を知らず、国家成立の基礎を忘却したものという。そして権利を男子と同一にするのなら、義務も同一でなければならないと述べ、兵役義務を持ち出して困難であろうという。そもそも権利と義務が成立するためには、同等の社会的存在としての相互関係が前提になるのであろうが、不平等な存在の女性に義務を求めるのは論理的でない。（それにしても、現代の婦人自衛官の存在までは予測できなかったようだ。）さらに国家の基礎は個人にではなく、家庭にあると強調して、ドイツ社民党との違いが際立つ。国家形成のなかで個人の人格尊厳を位置付けできなかったのは、二〇世紀幕開けのころの日本では、やはり無理であったろうか。しかし、ある程度まで婦人の地位を向上させる考えは当然という。

そして、わが国の衆議院選挙は当分、資格制限する必要があるが、教育程度からいえば市町郡村会は普通選挙で直選するのが至当だとする。国政選挙と地方選挙を区別し、地方選挙での普通選挙は容認する。一貫性がないが、漸進論であろう。また、女子の戸主は納税の義務を負っているので選挙権を与え、他の一般義務は免れるから被選挙権は与えないという。最後には、社会主義者が主張する直接普通選挙制の権利を「女子に頒つ一項」は、わが国の市町郡村会に応用してもよいと結論する。しかし被選挙権は譲れないという。

わが国の婦人運動をみると、矢島楫子らが婦人矯風会を結成し廃娼運動などに取り組むのは一八八六（明治一九）年であるが、婦人参政権運動としては一九二〇（大正九）年に平塚らいてう、市川房枝、奥むめおらが結成した新婦人協会が最初であろうか。二三年に婦人参政同盟を経て、二四（大正一三）年には久布白落実、市川房枝らが婦人参政権獲得期成同盟会を結成している。これから言えるのは、明治三六年に市町郡村会とはいえ婦人の選挙権を認めてもよいというのであるから先駆的かもしれない。現実には男子だけの普通選挙法の成立が二五（大正一四）年であり、婦人参政権の実現は敗戦後まで待たねばならなかった。

### 訓練なき兵は無用、国民皆兵は無理

【第9回】《二》〈現役兵制を廃止し之に代ふるに国民皆兵主義を以てする事、国際間の紛争は万国平和会議の調裁を待つ事〉

現役兵制は既に〈社会主義の一端たるを思はざるべからず〉。国民皆徴兵の義務を負い、共同的に国家を護衛する。分業法において一人は兵役を務め、一人は工業を営み、一人は商業に励み、一人は行政を司る。皆これは分業法の発達したものである。国民皆兵主義は一種の窮策といえよう。兵役には訓練を要し、訓練の足らない兵員は用をなさない。全国皆兵主義を採って、訓練が行き届くかどうか。スイスは皆兵主義を採って成績も可という。百姓一揆によって圧政の暴吏を退け、独立して共和国を建て、敵愾心も旺盛である。そして人口がわずかに三三二万人である。これで初めて国民皆兵制が可能である。四六〇〇万人の国では到底できない話である。三八〇〇万人の仏国が近時二年兵制にしたのは、漸次兵役を廃止するのではなく、兵力増加を期するものである。それは金銭で兵役の一半を免れ得る一年志願兵を全廃し、貴族も平民も同じ兵役

期間とするもので、その費用は従前より増加した。これは即ち国家社会主義を実行したもので、社会民主党の主張する廃兵説とは正反対のものである。

近時、わが国でも兵備を少なくするだけ国家は繁栄するとして白耳義《ベルギー》（ベルジューム）や瑞西《スイス》を例に引くものがいる。理想としては賛成を惜しまないが、悲しいかな結論は、朝鮮のように全く兵備なき国は最も独立繁栄しなければならないことになる。何事も絶対といってはならない。〈要は徴兵制の不可にあらずして兵数の多寡如何にあり〉。

また、国際間の紛争を万国平和会議にかけるのはだれも異議ないところ。だが裁判官が真理をもって国家利害以上に置くようにならねば、平和会議も頼むにたりない。世界第一等の海軍国である英国が仏国の内相談に応じて海軍を減らすのを憚らないというが、その先を行なわない。何人も平和会議の実行に期する。しかし〈時に平和を希望するが為戦争なるものあるを忘るべからず〉。》（一〇月四日付）

★国民皆兵制も万国平和会議も理想においては認めるが、現実的には有効ではないという。皆兵主義は窮余の策であって、訓練が行き届かず、兵として用をなさない。人口四六〇〇万人の日本での皆兵は到底できないという。わが国で戸主の徴集猶予などが廃止されて、国民皆兵になるのは一八八九（明治二二）年一月であったが、現実においてどうであったのか。日清戦争を経て日露戦争が近い時期の素川の考え方は現実的なのか、あるいは特異であったのか。問題は「兵数の多寡如何」というから、強力な兵力の増強は別途にあると言っているようにもとれる。兵備を少なくするベルギーやスイスの例を持ち出すのに対して、韓国の例で答えるのも、さてその背景が違うのではと思えるのだが…。国際紛争の処理が平和会議や裁判によっても困難なのは現代においても同様であるようだ。

一切の給養は貧困者の子孫を繁殖

【第10回】《〈三〉学校の世界的施設、国民の義務教育及び其無月謝、学校用品の貸付、才能ある男女学生の高等教育及び其無月謝、用品貸付、一切の給養〉

これも社会民主党の主張するところ。一半に理あるものの、一半にはその範囲が広すぎる。さきに独逸バイエルンの国会で外国人の大学入学を禁止しようとしたが、容れられなかったし、わが国でもすでに学校を開放し、支那人も朝鮮人、印度人、暹羅《シャム》人、真韮《マニラ》人も一斉に来学を許しており、これは世界的である。義務教育も一般的になったが、独逸は八年、わが国は四年と年月に長短がある。わが国の原則は六年で、無月謝だが、実際には行なわれておらず哀れな話だ。〈世界文野の度は一般国民の教育あると否とに由て岐る〉。支那朝鮮だけをみるのではなく、欧米諸国と〈文華の度〉を争うべきだ。義務教育を無月謝とする以上、用品の無代貸付も当然であり、進んで一切の給養をするのもよかろう。しかし器物の無代貸付は、児童に器物を大切に扱わせることができないから、容易に損傷の恐れがある。また一切の給養を行なえば、半分は家族の関係を絶ち、かつ貧困者の子孫を際限なく繁殖させる恐れがある。義務教育の精神からいえばよいが、実際上は範囲が広すぎる。しかし学校での児童養育は、品性修養では大いに利益がある。今日のように学校で教育しても家庭でこれを破壊し、貧困家庭では、純粋な児童の脳漿を自然に卑吝下劣の情を起こさせている。だから学校での養育は国民教育の欠点を補うであろうが、実行は甚だ難しい》。

むしろ国民教育の一法としては教員の優待法を講じるべきだ。その費用も一切国庫支出とし、国民負担としてよい。教員の俸給は改善されてはいるが、なお少ない。貧困であっても志想高尚であるのは、一般の教育家にはおぼつかない。いわんや才能ある男女学生の高等教育を無代にするのは問題にするに足らない。

（四）〈訴訟も弁護も無代とし、裁判官は民選とすべし。被告や拘留者や將た既決者にして無罪たるものには損害賠償を行ひ、死刑は廃止する事〉

弁護士に弊害が多いのは一般に認められるところ。これを有給にして一般官吏に任ずるのは一法。しかし訴訟を無代にすると、多くなって困る。裁判官の民選も人を得るのが難しい。有罪判決のあと無罪となるのは司法官を責めるべきで、賠償は〈政府の義務と謂ふべし〉。死刑廃止は陳腐な討論題だ。人の生命を奪ったものは自分の生命を以て償わなければならない。〈死刑廃止論の如き寧ろ感情的偽善のみ〉。》（一〇月五日付）

★自国の学校を世界的に開放するのも、また国民の義務教育とその無月謝も、そして器物の無代貸与も、総論賛成であるのは、それでも進歩的というべきか。〈文華の度〉は欧米諸国と競えといい、学校教育が家庭で破壊されているという現状認識もある。しかし児童の器物破損を心配して、学校での〈一切の給養〉は、家庭との関係を断ち〈貧困者の子孫を際限なく繁殖させる恐れ〉があるとするのは、家庭第一の国家主義としては当然かもしれないが、如何なものか。また教員の俸給改善が必要とするのは当然であろう。しかし〈実際上は範囲が広すぎ〉て〈実行は甚だ難しい〉のは、時代と要求の変化を伴って、いまも現実問題である。弁護士の弊害をどう解決するか、あるいは司法・裁判のありかたも現代の問題である。死刑廃止を「感情的偽善」というのは時代的といえようか。

ドイツで細民救護の強制的疾病保険

【第11回】《〈（五）病人を無代にて治療し、死亡者を無代にて埋葬する事〉

医は仁の術なりという格言を言うのは古代思想の遺流という今日、文明諸国でかえって仁術を主張されるのは面白い。病んで高価な薬価を払うのは二重の苦難である。社会で多数の貧民は業を休み、産を破り、遂には医薬をも服せず生命を終える。ところが軍隊には軍医がいて無代で兵員の病気を治療する。大会社でも医師を呼んで衛生事項を行なわせるのは至当である。社会は一つの大いなる団体であるから公医を置いて、社会の一員である疾病者を無代治療するのも当然である。〈一村に村医を置き、一町に町医を置き、一県一市順を追うて之が機関を設け、公費を以て之を支持す〉。決して難しいことではない。

医師が人の窮厄に乗じて不当の暴利を貪るのは社会人道の罪人である。これの救済の道は公医の制度を設けることである。欧州諸国でもまだ「公医の設」を聞かないが、独逸における〈強制的疾病保険〉はこの欠陥を補い、細民の非命を救うのに近い。五〇年前から独逸各連邦に端を萌し、今や法律となり、帝国全体に及んでいる。最初一八四五年に普魯西《プロシア》で、手工業徒弟救護法の設定の権を各市町村に与えたが、四九年には機械工業労働者に対しても疾病救済法を設けた。五四年になると各工場主に命じて労働者救護機関を設立させた。各地方の費用が欠乏するときは公費で補うよう市町村にも義務を負わせた。六九年、バイエルン王国では疾病者救護の期限、金高、病後回復期間の休業への一定の補助規定などを設け、今から二〇年前に統一した疾病保険法が制定された。》（明治三六年一〇月七日付）

【第12回】《独逸の現行の疾病保険法は一八八三年に制定され、しばしば改正され、昨年も改正があった。これは第一に、すべての労働者で日給六馬克六六片《ペニー》＝約三円三三銭＝以下を得るもの、第二に労働者以上の身分にして会社の事務員、郵便電信鉄道などに勤務する年額二〇〇〇馬克（約一〇〇〇円弱）以下の収入のもの。以上はこの保険法に強制的に加入しなければならない。第三に法律上の義務はなくても各自の自由意志によって加入できる。

疾病保険の機関としては（一）地方保険＝同一の自治区内で同一の職業に従事する労働者及び雇い主・資本家によって組織するもの、（二）市町保険＝同一の市町において職業の異同を問わず、総ての保険義務者に対しその自治体の機関が組織するもの、（三）工場保険＝五〇人以上の労働者がいる工場の労働者及び雇い主が組織するもの、（四）建築保険＝同一の建築業に従事する労働者及びその資本主が組織するもの、（五）鉱山保険＝同一鉱山に従事する労働者及び鉱山主が組織するもの、（六）同業保険＝同一の自治区内で同一の職業に従事する徒弟見習い及び手工業者とその監督が組織するもの、（七）自由保険＝法律上の義務がなくても各自の自由意志で相互保険をなすもの、などである。農夫、山林業者でも地方保険に加入してよい。

その組織は、自由保険を除いて、資本の三分の二は被保険者が負担し、三分の一は雇い主・資本家の負担が原則。労働者は労銀の百分の一を掛け金とし、雇い主がその半額を補足し、百分の一半を全掛け金とするのが通例。欠損の場合、ある程度まで掛け金を増加できるが、あとは資本主、市町村に補う義務がある。

これは被保険者にとって頗る有益である。病気しても無代で医師の治療を受け、病気が三日になれば養生料として一三週間、平生の日給の半額が支給される。産婦も産前六ヵ月間加入していれば四週間以内の一切の給養を得る。被保険者が死亡したときは日常労銀の二〇倍が支給される。これは最低額を規定したもので、これ以上もありうる。例えば掛け金を雇い主一人が負担してもよく、養生料も日常労銀の四分の三まで支給できるし、その期限を一年間にもできる。死亡金も、労銀の四〇倍にし、労働者の妻の死亡にも全額の三分の二、子供にも三分の一支給できる。〈知るべし、法律は其給養の最低額を規定して是より以内に下るを得ざらしめ、又其最高額を規定して其組合の健全を期するものなるを〉。》（一〇月一〇日付）

【第13回】《細民救護のために罹災保険、老廃保険もあり、いずれも政府の施策で、その組織は頗る簡単である。しかし、疾病保険は職業の違いなど事情により異同がある。自由保険を除く六種の保険掛け金を平均すると、一八九七年には労銀百分の二・六に当たり、受け取る養生料は労銀百分の五二・六である。〈即ち二分六厘の懸金を為して医薬の外五割二分二厘の救護料を受取る訳なり〉。ただ自由保険は養生料の高額に制限がない代わりに懸け金の高さも制限がない。

この便利な保険があるので狡猾な労働者は往々作病をすることがあるが、医師に発覚され、また刑法に触れて、市長村、組合の名誉を毀損したものや、〈喧嘩、暴行、酔狂等により生ぜし疾病及花柳病等は此救護を得ざることと為り居れり〉。しかし花柳病は議論があって撲滅方針から治療の対象となり、罹病したら警察に届けなければならない。

この保険制度は頗る好結果を生じ、一八九八年には全独逸の保険組合数は二万一六〇七となり、被保険者数は全人口の一割七分、即ち九三二万五七二二人に上った。労働者が受け取った金額は掛け金総額より多いこと、二五六〇万九九九九馬克となり、これは資本主が負担したわけである。

独逸のほかに強制的保険法を行なうところは墺匈国（オーストリア・ハンガリー帝国）だけで、英国では一七世紀のころ盛んであったか、これは皆自由組合であった。仏国では鉱山業者の疾病保険があるだけで、労働者二分、鉱山主五割の負担である。露国は一八八六年の営業法によって雇い主に全労働者の疾病救護する義務を命じた。瑞西《スイス》では一度は成案を得たが、排斥された。

しかしスイスでは面白い施策がある。人が生まれると国家が五〇フランクを贈り、これを貯金して六五歳になるとき、元利積んで八〇〇フランクとなる仕組み。これは一種の養老保険であって、六五歳前に死ぬと没収となる。その代わり死者は国葬にして葬式料として六〇フランクが贈られ、葬送用の車が派遣される。〈病人の無代治療及び死者の無代埋葬の如き、之を行ふ必ずしも異例にあらざるを信ず。其方法の如き孰れにしても可、唯精神を取れば則ち足る〉》(一〇月一二日付)

★いかにも社会改良主義者のこだわりである。第11回では、軍隊に軍医がいて、大会社にも医師がいるように、一つの大団体である社会にも公医を置き、社会の一員である疾病者を無代治療をするのは当然であり、それも村・町・市・県にそれぞれ機関を設け、公費で施療する社会政策を述べる。その存在はまだ欧州各国に聞かないというが、いわば現在日本の「保健所」を想定すればよいのか。

公医制度に近いものとしてドイツに「強制的疾病保険」があると、その説明が続く。それは一八四五年にプロシアで手工業徒弟救護法の設定権が市町村に与えられたのを初めとして、四九年には機械工業労働者にも疾病救済法が設けられ、五四年になると工場主に救護機関を設置させ、市町村にも公費負担を義務づけた。六九年にはバイエルン王国にも広がるなど、一八八三年、統一した疾病保険法が制定されたという。

第12回では、収入額による強制加入の指定、七種の保険機関、組織の資本負担、掛け金、欠損の補給などを述べたあと、病気の無料治療、疾病期間に伴う養生料、妊婦への対応、本人・家族への死亡金など、支給面も記される。法律は給養の最低限を示し、最高額も規定して組合の健全化を期する、という。素川は、一九〇三(明治三六)年の疾病保険法の改正についても触れているが、その内容は歴史年表によれば、養生料(日給の半額)給付期間を一三週から二六週に延長したとある。

第13回では、保険掛け金と養生料との割合を、労銀の二・六%を掛けて、養生料として五二・六%を受け取るという、一八九七年の平均値を示している。つまり収入の二・六%を掛けておくと、病気になっても無料で治療を受けたうえで、半年間は収入の五割以上を補償されるのであろう。ところが被保険者数は全人口の一割七分でしかないという。法律による強制保険とはいえ、一般に普及した国民皆保険ではないようだ。いわば掛け金を払えて一定の生活が可能な階層の社会改良政策というわけであろう。他にはオーストリア・ハンガリー帝国が行なうだけとある。それら保険の実績はどう進んだか、総括論に出合いたいものだ。

養生料は現代日本の失業保険の役割も兼ねているようだが、それにしても進歩的であり、素川としては、これこそ社会改良主義だといいたいであろう。日本の健康保険や国民保健は無料治療ではないし、養生料の支給もない。賃金や物価の比較もあり、いちがいに比較できないが、現代日本にも通用する約一〇〇年前の驚くべき「セーフティーネット」といえないか。ちなみに日本の健康保険法が公布されるのは一九二二（大正一一）年であり、施行されるのは二六（大正一五）年と遅れる。

結論として素川は、どのような方法にしろ、その「精神を取れば足りる」と〝裁断〟している。

## 日曜休息の実行は法律をもって強制

【第14回】《（六）**所得税、財産税、遺産相続税には逓進増加法を行ひ、正系相続者なきものゝ遺産は国家に没収する事**》

所得税と遺産相続税の逓進増加はだれも異論ないところ。財産税ではそうではない。所得税で増徴されたうえ、二重課税の嫌いもある。正系でないものの遺産相続は国家没収にも一理ある。しかし、わが国のように個人本位でなく家族を本位とし、祖先の祭りを絶やさぬため養子制度を取るにおいては、正系でなくとも、相続は不道徳ではない。しかし幾分か没収もまた不可ではない。

《（七）**国民教育と実業教育を盛んにする事、十四歳以下の児女の労働を禁止し、又法律規則にて許された**

るもの丶外婦人の夜業を禁止し且一般に労働時間の制限、日曜日の休暇等を実行する事〉

未成年者の労働禁止は義務教育さえ実行されれば自然に消滅する。婦人夜業の禁止、一般労働時間の制限、これまた必要。欧州では八時間労働を普通とし、労力の要らない勤務は一一時間を制限とする。例えば商家の手代売り子らは朝七時出勤、昼一時間休息、夕は六時に引き揚げる。だから欧州の都会は朝と昼、夕方の三回は道路は潮の沸くように活発である。未開国の労働者は時間の制限を知らず、休息と労働の区別を知らず、営々として働く。日曜休日は最も必要である。休息後の新精力をもって生産するのは休息なしで解弛力をもって生産するより優れると信じる。欧州の日曜休息の励行は宗教儀式ではなく〈多くは法律を以て強制するなり〉》。》（一〇月一三日付）

【第15回】《日曜休日を宗教上の儀式とする時代は去って、一九世紀からは〈社会問題として之が見地を立つるに至る〉。ジスモンヂー（シスモンディ）も労働者に安息の一日を与えるのは美行と述べている。独逸では一八三七年ごろから日曜作業に反対する運動が起こって、スツッガルト（シュトォットガルト）の実業委員は、特に件数をこなす賃仕事は一週一日休暇の方が七日間の出来高より多いと証明した。それまで西洋各国では生活問題から日曜を犠牲にして賃働きし、機械を遊ばせず、なかなか日曜休息を実行できなかった。英国では二二〇年前から日曜休息を励行してきたが、仏国は一〇九年前にようやく日曜休日の法律を制定したものの、官庁は励行しても庶民は行なわなくても勝手と宣言したりして、それでも四〇数年を経て商家雇い人らは日曜休日を実行するようになった。独逸では国会に議案が出たが、種々の条件によって通過せず、営業規則で二三の業種を除き、日曜祭日の作業を禁止した。除外されたのは特殊の工業、交通機関、郵便電信、娯楽場、料亭などである。墺匈国、瑞西《スイス》でも法律によって日曜休日を実行した。欧州の日曜休息は皆法律の結果であって、宗教の力は与からなかったことを知るべきである。日曜休息によって、ともに同時に楽しみを得て、公園に行き、劇場に赴き、音楽を聴く。したがって公園が必要であり、演劇の改良、音楽の進歩もあって、家族がともに楽しみ、個人の不善も許されない。家庭上、社会上頗る有益である。日本でも日曜休日の範囲を拡張しようと思えば〈法律を以て之を規定する可為り〉。》（一〇月一四日付）

★所得税、遺産相続税の逓増に異存ないが、財産税は所得税と二重課税の嫌いがある。正系相続人のいない遺産を国家没収とするのは、わが国のように養子制度をとる国としては、正系でなくても遺産相続に不道徳感はない、という。ここでも国家が個人本位か、家族本位かの差異が出てきた。

一四歳以下の児女の労働禁止は、義務教育さえ実行されれば自然と消滅するというが、果たしてそうであったか。婦人の夜業禁止とともに確かに「必要」であろうが、把握は深刻でないようだ。最後に「日曜休息」を次回にわたって詳述する。その要点は、日曜休息は宗教的な儀式や慣習ではなく、各国とも実現には時間を要し、法律・規則によって獲得されたものと強調し、日本でも法律で規定、強制すべきだとする。さらに日曜休息によって公園や劇場の設置が捗り、演劇の改良、音楽の進歩などにもつながって、家庭上、社会上、すこぶる有益だと展望するのは明治三六年段階では至論であろう。

## クルップ、ボルレー、スピンドラー、ツァイス

【第16回】《〈八）法律の規定を以て労働者にも事業収益の分配に与からしむる事。〉

（製鋼と兵器製造の）クルップが一九〇〇年に職工及び職員のため支出した各種慈恵金は実に三二一万二五九七馬克の多きに上る。その一半は法律の規定により資本家の義務として負担すべきものだが、一半は法律上何

らの義務なしに支出したもので、莫大である。今やクルップが死んで会社組織が改められたが、その遺業も遺志も依然としてある。〈吾人はクルップの養老村を観、堯舜の政は乃ち是に在りと以《おも》へり。人皆衣食の患なく、天命を楽んで以て残年を送る、優哉悠哉。其養老村ならざるもクルップに働くもの皆棲に家あり、食ふに肉あり、他の労役者よりも裕かにして各其所を得る〉。これは法律の命ずる結果ではなく、業主の好意によって、事業収益の分配に与かるものといえる。法律によらない分配は一つの恵与であり、これを哀願することはできても、請求すべきではない。収益を分かつ権利があれば、損失を負担する義務もあるわけで、権利だけを主張し義務を忘れてはいけない。クルップは自分の天良をもって、調和したといえる。その例はクルップだけではない。甚だ多い。ベルリンの最大の牛乳屋ボルレーもその一つであり、その施策を本紙に記載したこともある。スピンドラーという染め物屋もそうである。職工職員総計で二二七八人（うち男一三〇五人、女九七三人）を使役し、ボルレーと同じ慈善の施策を行なっている。スピンドラーは六一年前、二二歳で身を起こし、叔父に少資を借り、地下の一室で開業。「休めば腐れ錆びれる」との金言を守り、熱心に働き、絹、木綿、毛物の染め方のほか、ベジン《ママ》による化学的洗濯法を発明し、いまやベルリンの市外に移転し、宏大無比の染め物工場となり、世界各国の需要に応じている。六三歳で死亡、二子が後を継いで、職工職員の待遇や慈善的施策は至れり尽くせりだ。

エナ（イェナ）の顕微鏡会社ツァイスは最も特記しなければならない一つである。今から五七年前、カール・フリードリヒ・ツァイス氏が助手一人と弟子二人で開業、イェナ大学で使用する硝子器の修繕、簡単な虫メガネなどを造っていたが、完全な顕微鏡を造ろうと思い、実験だけではだめだと、大学で物理学と数学を修め、顕微鏡の発明に苦心した。当時はフランス製が最精巧とされ、バイエルン王国のフラウンホーフェン氏発明の顕微鏡も盛んであった。ようやく独特のものを発明し、開業後二〇年経って徒弟二〇人を使って一年に一〇〇〇個の顕微鏡を製造、今日の盛況となった。イエナ市は大学で持つ、いやツァイスの顕微鏡会社で持つといわれるようになった発端である。》（一〇月一五日付）

【第17回】《ツァイス氏は一八六〇年末に当時イエナ大学の教授補であった物理・数学のアッペ氏を得て完全な顕微鏡を造った。アッペ氏がさらに精巧な硝子を必要というので一八八一年、ドクトル・ショットを得た。氏はウェストファーレンで化学者として硝子製造業に従事していたが、普漏西《プロシア》配下につくのを好まなかったものの、イエナに移り住み共同事業に打ち込んだ。ツァイスは仏国政府から年三万馬克の補助を得たが、二年で辞拒した。ショットの硝子とアッペの学理とツァイスの実験で世界無比の顕微鏡ができた。アッペ発明の原則は双眼鏡、写真鏡《レンズ》に、ショット発明の硝子は寒暖計や洋灯《ランプ》ホヤにも応用され、社運隆々となり、七年前のツァイス氏の開業五〇年には約一三〇〇人の職工職員を使役し、その年収入は一八〇万馬克、純益は九〇万馬克に達した。ツァイスはイエナ大学の名誉ドクトルとなり、七二歳で没した。ここで全顕微鏡会社はアッペ博士と嗣子ローデリヒ・ツァイス博士の共同事業となった。嗣子ツァイスは一年で社長の座をアッペに譲り、アッペ死後に社の一員として復帰したが、亡きツァイスの遺志に従い、職員職工の休養をよくするため、厳重な規則を作り、会社を財団法人とし、匯馬《ワイマール》公国の文部大臣の監督に一任した。これは職員の共同共利を主とする社会主義に偏せず、また官業を主とする国家主義にも偏せず、心は共利主義に、形は官の監督、それも規約実行の保証を取るだけの折衷法であって、共産主義でなく、資本家独占主義でもなかった。会社は四人の委員組織から成り、一人が社長、もう一人が副社長となる。社長の俸給は、勤続三年で二四歳以上の職工の平均賃金の一〇倍以上を受け取れず、総ての救助機関、例えば恩給、扶助料、疾病救助、利益平均予備などの基本金を蓄積したあとの純益の残余は、平等に俸給額に割り付け、分配する方針である。役員は終身、職工は三年間試役したあと、見込みあるものを採用、恩給は全俸給よりも二割以上の増加であり、一切の休養もこの割りである。競争品がないため高いので有名だが、〈其組織の一種無類なるを以て有名なり。又其動機の業主より出でしを以て有名なり〉。吾人は利益分配に労働者をかかわらせる可否は深く論議したくない。》（一〇月二〇日付）

★都合二回の題名は「法律の規定をもって労働者にも事業収益の分配に与からしめること」である。素川が留学の二年間に訪れた企業の社会政策を説く。この場合、事業収益は「分け与える」ものなのである。

第16回では、まず係累三代にわたって築かれたドイツの鉄鋼王「クルップ」の「慈恵金」の話から始まる。二代目アルフレッド（一八一二〜一八八七）は一四歳で父の事業を継ぎ、継ぎ目無しの車輪を発明し、鉄道業と結んで事業を発展させ、普仏戦争では武器の供給を引き受けて「帝国の兵器工場」といわれた。「労働者対策も独特」であったと人名辞典にある。三代目が第一次大戦から係わり、ヒットラーに接近、第二次大戦遂行に協力した。素川が知る「クルップ」は、アルフレッドが死んで一六年後あたりの姿である。

「吾人はクルップを見て、堯舜の政はこれにありと思った」と言う。退職後の職員職工らが悠々と過ごしていた。ところが、この「職工救済」は「恵与」であって、「哀願」はできても、「請求」すべきものではない。収益を分つ権利があれば、損失を負担する義務がなければならず、素川はそれを忘れるなという。ここでも権利と義務が持ち出される。同等の社会的存在なら、あるいは利害得失が同レベルで問われる関係にあれば、成り立つ論理であろうが、立場を異にしては権利と義務は成り立たないのではないか。労働力しか持たない職工が、資本家の工場で働いた結果として養老村を手に入れるとすれば、「請求権利」があるといえないか。「請求」しても手に入らないのが現実であったろうし、一方「哀願」しなければならない存在も、精神的苦痛を伴って、さて養老村の生活実態は外見とは違っていたかもしれない。この際、むしろキリスト教やユダヤ教の「施し」「寄進」の理解が有効かもしれない。ユダヤ教では貧しい者は富める者にその財を要求する権利があるとさえいう。日本仏教の「喜捨」は、近世以降にふるわなくなったというから、「智慧と慈悲」の世界で、自他の「悟り」に至ろうとするとき、素川に「義務」の観念が生じてきたのかもしれない。いずれにしろ、一般化されない、資本家の「施し」がよって立つ必然性を探りたくなる。（『宗教学辞典』東京大学出版会を参照した）

そして牛乳屋ボルレー、染め物屋スピンドラーが取り上げられ、特に顕微鏡屋ツァイスについては第17回にも詳述され、それらの出世伝や大資本への成長過程、慈善施策が記される。その労働規則、会社組織、経営、利益配分、なかんずく手厚い「救済」は、ドイツ特有の手本とすべき事例であったろう。「社会政策」学派が誕生する理由も理解できる。しかし、全ての資本家が篤志家ばかりではなかったし、全ての工場が莫大な利益を挙げたわけでもなかった。つまり全体として「救済」が永続して、社会経済を支配する存在とはならなかった、資本主義経済下では素川の期待にもかかわらず、「社会政策学」はやはり「百年河清を俟つ」の類いではなかったか。

### 慈善的質屋、数はドイツ、規模はイタリア

【第18回】《〈九〉高利貸を取締る事〉

世に質屋がある。大阪市だけでも（明治）三五年年度末の調べで店数は九一五ある。年間貸出し＝一、

七五〇、五二〇円、口数＝一、四五〇、三九七。流金高＝二一九、三二五円、同口数＝一八四、五四七である。一口の金額は平均一円二四銭、質流れは百分の一・三。総戸数二一〇、一三一三に割り当てれば一戸一年の質入れ回数は六回余。質入れしないものも多いのだが〈質屋は細民に取り必要なる金融機関である〉。法による利率制限は二五銭以下は一ヵ月一銭、一円以下は四銭、五円以下は三銭、一〇円以下は二銭五厘を越えてはならない。質屋が多いのはその営業の有利を示している。

外国では質屋の多くは慈善的施設である。収利を目的とせず、細民救恤を原則とするので、王立も、国立も、市町村立もある。私立もあるが、厳重な政府監督下にあって高利貸の性格を帯びない。この公立質屋制は伊太利《イタリア》で発芽した。一〇〇〇年前、羅馬《ローマ》法王が高利貸を禁止したのに乗じて、統治されない猶太人《ユダヤ》が金貸し業を始めた。以来、一般に欧州国民に排斥され、一三～一五世紀には国外追放となった。今春の露国キシネフでの猶太人虐殺も暴利を貪られた怨恨の爆発である。いったん猶太人に奪われた金貸し業は伊太利人によって営まれ、基督教の本山地であるので慈善的公設質屋も最初に開かれた。今日では〈其数の多きは独逸なるも、其規模の大なるは伊太利なりとす〉。）（一〇月二二日付）

【第19回】《伊太利では四五〇～六〇年前、各僧正によって無利子貸付の質屋が営まれたことがある。資本は寄付金によったが、うまく運ばず、些少の利子をつけても及ばず、止んだ。一四七三年、フローレンツで猶太人の金貸業を奪って国立質屋が始まった。寄付金を基に多少の金利がつけられた。その後、羅馬でも宏大な質屋が建設され、僧侶が管理して、慈善的な質屋が発達した。しかし奈破翁《ナポレオン》一世が侵入し、質屋も戦利品として押収し六〇〇万フランになった。それでも二〇〇フラン以下のものは預け主に返却したという。近年には各種の法改正で質屋は全く慈善的業務になっている。

白耳義《ベルギー》でも早く公的質屋が起こり、仏国革命の余波を受けたが、その後も多数勃興し、資金が不足するときはまず貧民課より補充、なお不足すれば市町村費をもって補足する。収益はまずその補足費を償却し、次に営業費に当て、第三に運転資本の増加を図り、なお余れば貧民救助に当てることになっている。

仏国では僧侶の慈善的質屋があったし、また路易《ルイ》一三世は猶太人を放逐し、国立質屋を設けようとしたが、実行に至らなかった。革命ののち、何事も自由平等となり、高利貸も自由となった。一八五一年後は一変して公設質屋の仕組みになり、業務担当者は政府が任命し、資本は政府、県衙、町村の負担となった。

その他、和蘭《オランダ》、西班牙《スペイン》、また墺匈国（オーストリア・ハンガリー帝国）にも仏国とほぼ同様の質屋組織がある。ただ英国と北米合衆国には観るべき組織はない。もっとも英国では慈善的精神で私設会社が営んだが効果はなく、米国紐育《ニューヨーク》では九年前から一大会社が起こり、低利をもって貸し付けている。

独逸でも一五世紀の初めから一、二の都市に公的質屋が起こり、一八世紀中頃から各市いたるところに設立された。現に漢堡《ハンブルグ》、リューベックには国立質屋があり、伯林《ベルリン》には王立、滙馬《ワイマール》及びアイゼナッハには大公立、ゴータには公立、デトモルドに侯立、各市町に市町立があって、その数は欧州で首位である。その営業法は（一）価格変動のない貴金属には実価だけ貸付け、（二）衣類には実価の約四分の三を、（三）その他の品物には実価の約三分の二を貸し付ける。利率は大抵三カ月を一期として、三〇馬克以下には一馬克につき二片（ペニヒ＝プフェニッヒ）＝約我が五〇銭につき一銭の割りである。則ち一分ないし二分の利子である。普通、独逸の貯金利子は一分ないし二分、貸金は大抵三分以上の利子である。質ものが流れると、競売にかけ買価が貸付金を上回った場合には質入れ人に返却する。これは、わが国では思いもよらぬこと。わが国には質屋はおろか高利貸もいるので、厳重な取締を要する。》（一〇月二三日付）

★項目の題名は「高利貸の取締」であるが、金貸し業を握ったユダヤ人の追放や取締を述べるほかは、慈善的施設としての欧州の質屋の概説である。質屋の設立者は、僧侶・教会に始まり、王侯や国、市町など多岐にわたり、収利を目的とせず、細民救恤を原則とするなど、「社会改良主義」が存在していたというわけであろう。日本の質屋、「庶民金融」からは想像できない社会であるし、資本の増殖は賃貸利息に始まるのではなかったか。それにしても明治三五年の大阪市の数字をもって日本の質屋が利益優先であったと記されるのは貴重である。ちなみに質屋取締条例ができるのは一八八四（明治一七）年であり、質屋取締法公布は一八九五（明治二八）年であった。ここでも欧米社会の「救済」の実際と宗教的背景が活写される。

### 失業保険と職業紹介所と労働の保護

【第20回】《〈十〉労働の保護を行ひ又労働なき時の安全を図るべき事〉

わが国では職業がなく路頭に迷う労働者が少ないようであるが、裏面をみれば、救いを社会の表面に求めず、縁故旧知に求めるものが多く、身分あるものもそうである。欧州社会では恃《たの》むべきは自己だけであり、救済は社会的組織に求めなければならない。

今や欧州にあって労働の保護及び労働のない時の安全を図るのに〈保険制度〉をもってしようとする。それは平生、保険の掛け金をしておき、職業を失ったとき、一定の救護金を得る仕組みである。これは容易に行なわれなかったが、昨年になって、伯林にある醸造業紹介組合の片仕事として現れた。毎週二五銭ずつ掛け金をしておき、失職したとき独身者は一日五〇銭、有妻者六〇銭、小児一人があれば七銭五厘までの割増、二人以上は一七銭五厘までとなる。一三週間以上掛けたものは三週間以内の救護金を受け、掛け金を継続すれば一八週間まで保護される。しかし、総ての労働者を包括するのは困難なため、醸造業に従事する労働者だけを対象にして、その掛け金も醸造業主から半額を徴収する。さてこの組織、成功するかどうか。

欧州にはまた職業の紹介所がある。また伯林ではローカル・アンツァイゲル新聞が毎日午後四時に市内要所で職業案内を印刷した小付録を無代で配布する。わが国で職業を求めるには、総て裏面運動を要するので卑劣心を生ずるが、欧州の求職は〈公然的で〉男らしい。米国では業主と対等に談判するという。今や欧州の社会主義者のなかには、労働保護の手段として職業紹介を市役所の一事務にしようという説があり、失業のときは市役所に使役させようというのもある。市役所が随時、業を与えるのは困難であるが、伯林では臨時にこれを行なっている。例えば冬に失業が多いと、雪が降れば雪掃きに雇う。しかし、雪は希望どおりには降ってくれない。》（末尾に「消費組合」の記述があるが、続き具合から次回に移す。一〇月二四日付）
★ベルリンにおける労働保険制度の発足が一九〇二（明治三五）年とあるので、現在の日本でいえば「雇用保険」に当たるであろうから、それらしき法案を探してみると、内務省が労働者退職積立金法案要綱を発表して、賛否両論が起こるのが一九三五（昭和一〇）年であり、翌年には公布されるものの、同じ系列と思われる労働者年金保険法の公布となるのは四一（昭和一六）年である。失業保険法を探すと、失業手当法、職業安定法とともに公布されるのが戦後も一九四七（昭和二二）年、これが雇用保険となるのが七五年である。
次に職業紹介所の話が続く。日本の場合は内務省が一九〇九（明治四二）年にまず、六大都市に職業紹介所設置を奨励するのが皮切り。一一（明治四四）年には東京市が浅草と芝に全国初の紹介所を開設、二〇（大正九）年になると、東京府が神田に中央職業紹介所を開設し、この年、全国に四四の紹介所が新設されている。また、職業紹介所法の公布が一九二一（大正一〇）年であり、翌年施行になっているので、法律としては、遅れて現実の施策をカバーしたのであろうか。

さらに労働の保護に関して、これを日本に引き直してみると、最初の労働立法とされる「工場法」の問題となろう。農商務省が工場法案を起草するのが一八九八（明治三一）年で、これを一九〇二（明治三五）年に全国の商業会議所に諮問すると、一ヵ月後に臨時商業会議所連合会が開かれ、反対を決議する。翌年にかけて全国から反対や時期尚早の決議、建議が相次ぐ。〇七（明治四〇）年には社会政策学会が、工場法を議題として第一回大会を開く。公布にこぎつけるのは一一（明治四四）年で、枢密院の反対で揺らぐものの、一六（大正五）年には施行されている。この間、大阪朝日新聞は明治三五年一一月七日付で、諮問された段階の法案について雪堂・本多精一が次のように論評している。

今回発表せられたる工場法案の要項に対して、吾人は大体において賛成の意を表するもの也。工場法の眼目とする所は、主として其の第一段たる労働者の保護にあり、法案に示せる工場取締、職工徒弟の年齢制限、徹夜業及び就業時間の制限等、皆此の精神の発展に由る規定に非ざるはなし。欧米諸国の実例に徴するに工場法の効果は…法の運用如何と工場主の労働者に対する方針態度の如何に在る。…徒に幼者婦女子を無制限に使用し、或は成年労働者に過度の就業を強ゆるは、決して満足なる労働の効果を収むる所以に非ず。工業の生産力を増加せん為には工業者は此際更に一歩を進めて、職工の技術的精神的教育の必要と方法に関しても亦思を致さんことを望む。（雪堂）

本多は東京大学で法律と経済を学び、同志社で教えていたのを経済面拡充のため迎えられた。当然、商業会議所の反対決議とは違っていたし、素川の留学総括の論評を待つまでもなく「欧米諸国の実例」を知っていたようである。ちなみに婦人及び年少者の深夜業が禁止されるのは一九二九（昭和四）年のことになる。

## 家計支出を減らし、貯蓄もできる消費組合

【第21回】《労働者に貯蓄心を生ぜしめ、平生の生活を軽便にするものに消費組合がある。欧州各国で最も成功しており、わが国に輸入する必要がある。生活を容易にするには収入を多くするか、経費を少なくするか二つの道があるが、消費組合は後者に属する。

消費組合とは各人が任意に一つの組合を組織し、初めに幾分の資金を拠出し、組合員の中から業務担当者を選挙し、厳重な監督を設け、各種の日用品を吟味して廉価に買い入れ、必要な入費を除き、廉価に組合員に売りさばく。組合員の利益は①精選した品物を、詐りなく、割安に、安心して購入できる。平生は製造元と需要者との間に商人がいて、手数料を儲ける。ごまかしものを高価に売り付け、家計上の不利はもちろん、衛生上の危害も及ぼす、その弊を防ぐ。②年二回決算し、相当の予備金を貯蓄したあと、純益は組合員の購入金額に応じて配分する。独逸、英国、伊太利、墺匈国などでは現金で分配し、仏国、白耳義では証書で分配する。英国では分配の前に二分五厘を慈善事業に寄付する規約になっていて図書館、孤児院、救助船などがその対象となる。③分配利益によって自然に一家の貯蓄ができる。

消費組合の買い物は現金払いを原則とし、その利点は家庭生活の尺度となる。わが国のように社会組織が不完全で、生計費の高額なところは、この組合設立が最も必要である。独逸では少額の収入者でも二割は貯蓄する仕組みになっているが、反対にわが国では収入の二割以上の生活をしなければ社会上の地位を保てない。ここに〈社会組織を一変するの必要あり〉。家計上の緊縮をなすため消費組合を設ける必要がある。

この組合は欧州一般に好成績を表し、英国では発達して大製造業を営むほどである。一八八九年の調べでは、野蛮国といわれる露国でも一一二の組合があり、英国は一四六八、独逸は一三七二、仏国一四五〇、墺

匃国七四〇となっている。瑞西では組合のほか株式組織もある。わが国に輸入するに〈不当なる利益を貪りつゝある小商人の外、恐らくは何人も異議なかるべきなり〉。》(一〇月二五日付)

★素川は、欧州諸国で成功している消費組合導入の必要性を強調しているが、わが国での消費組合設立は一九二〇(大正九)年、岡本利吉らが東京で結成した労働者消費組合=共働社が最初のようである。二二(大正一一)年には共働社系の東西四消費組合が消費組合連盟を結成し活発化。二六(大正一五)年には関東消費組合連盟に改組とあるのは、拡大したのか。素川紹介から一七年後の実現といえるようだ。

## ドイツで進む強制的罹災・老廃保険

【第22回】《〈十二〉罹災、老廃に関する強制保険を設くる事〉

欧州では労働者の罹災に関する法律がない国はない。しかし、強制的保険制があるのは独逸のほか墺匃国などだけである。老廃保険にいたっては独逸のほかは、どこも強制的に設けていない。独逸とて実行後一二年であるが、今日までの成績は見るべきものがある。昨年、デュッセルドルフの博覧会に際して同地で開いた労働者救護万国会議で、独逸内相ボサドウイスキー氏は、各国がこの国家的強制保険を採用するよう勧告した。独逸の実施までには、ウィルヘルム一世が原案を定め、フリードリヒ三世が連邦会議の議題とすることを許し、現皇帝が一八八九年の議会に提出、幾多の修正を経て通過し、一八九一年から実行された。この間一〇年、いまや孤児寡婦保険もそれに加えようとの説もある。これを疾病保険と比較すると、その機関は頗る簡単で、単一の国家の施設である。則ち中央に帝国保険局を設け、その分派が全国に三一個あるだけ。その掛け金も、疾病保険は雇い主が三分の一を負担したが、罹災保険は雇い主がその全額を、また老廃保険はその半額を負担する。加入の義務があるのは、一六歳以上の総ての労働者、諸会社の下級役員で年二〇〇〇馬克（約一〇〇〇円）以下の収入のもの、もしくは年三〇〇〇馬克以内の収入ある教員及び保育者で、加入の必要あるものなどである。掛け金は五級に分かれ、年金も五等に分けられる。

年金は生活の最低を標準として定めたもので、被保険者一〇年の掛け金ではこれだけの年金は与えられない。実は国庫から一人に年五〇馬克を補給している。養老保険はさらに一四年間掛け金しなければならず、七〇歳になると年金を受け取れる。

老廃保険の廃疾とは、労働の機能を全く失ったものはもちろん、多病、老衰、虚弱などから常人の労働の三分の一になったもの、あるいは半年以上病気して平癒の見込みないものなどを指し、それらの状況が続く限り廃疾金を受け取る。また五年以上被保人であった婦女が結婚するときは総掛け金の半額が返却され、被保人の死亡には遺族に対して年金の半額が給与される。罹災被保人の遺族にはもちろん全額が支給される。この罹災保険は、工場の労働者に対しては雇い主が保険する義務があり、被保人はほとんど無関係である。

一八八二年の老廃被保人は一一〇〇万人あって、一九〇〇年には一二〇〇万人以上であろうとされ、独逸全人口の二割以上に当たるという。だから一九〇〇年の廃疾年金の支払いは、五二四〇万馬克に及び、養老年金の支払いも二六四〇万馬克に達した。この二つの国庫補給は実に六五〇万馬克という。〈独逸は実に社会問題を解決するに一生面を開くものと謂ふべし〉。機械工業が進歩し、また生存競争が劇甚となるわが国にも、早晩このような施設が最も必要となろう。》（一〇月二六日付）

★ドイツで当時実施されていた罹災保険が、日本では労災保険＝労働者災害補償保険に当たるであろうことはわかる。労災保険の法定は戦後の一九四七（昭和二二）年であり、船員・公務員は対象から外れて、別の法規で救済され、七三（昭和四八）年の改正で通勤災害が追加されたのは時代の変化であった。それにしても、素川の「輸入」提案からいっても遅い。そこで戦前にさかのぼって探してみると、一九三一（昭和六）年に「労働者災害扶助法」が「入営者職業保障法」とともに公布されている。これも四〇年も遅れている。もう一つの老廃保険も、労災保険の一種とみなければならないようだが、年金的要素も含んでいて、日本の健康保険とも異なり、現代日本からは区別しにくい。それぞれに国の事情があって保険の形態が違うにしても、ドイツの社会保障が法的に、あるいは強制保険のうえで特に進んでいたことになる。

## 欧州各国の労働者用家屋建設と大阪市の問題

【第23回】《〈十二〉法律を制定し各市町をして貧民生活の困難を救済せしむる事〉

衣、食とともに住居は、特に都市に住むものにとって問題であり、欧州では労働者救護万国会議の重要議題となり、解決の試みがなされている。わが国でも問題になりながら、多年の習慣になれ、衛生思想に乏しく、意に介しないが、〈都人〉の中以下いや上流人の家屋も果たして健康に適するか。ペスト流行のたびに大掃除をし鼠退治をしなければならない。欧州の室内には鼠をほとんど見ない。日本人が鼠と雑居しているというと皆驚く。欧州では建築条例があって、高低の標準から空地の広狭まで建築警察が取り締まり、衛生警察が衛生上の取締をする。だからほとんど流行病を知らない。

わが国の家賃は一般に高い。いわれのない敷金制度もあって、家主の権利とばかりに、その二割を没収する。大阪市の家主と借人を比較すれば、

市内総戸数　　二一万一三一一三戸

家屋税納付者　　四万〇三五六人
差し引き残数　　一七万〇九五七人

家屋税を納めるものがすべて家主ともいえないので、一割を引いた三万六〇〇〇余人を家主とみても、一七万余の借家人は不合理な契約に甘んじている。欧州には家屋巡視官がいて不合理な契約を取り締まっている。

欧州で最も家屋問題の解決を試みたのは英国で、労働者のために廉価で、健康な住居を与えようと、各市町に命じて不用な建物は労働者の住居に当て、不健康な住宅は引き上げさせた。また政府は諸官庁、会社、組合などに対して、労働者用家屋の建築資として四〇年賦の低利の金を貸与する。新聞によると、今春、倫敦《ロンドン》の伯爵会は三万七〇〇〇人の労働者を容れる家屋を建てようと、約我が二一二五万円の支出を議決した。またピーボジー慈善院は現に約我が一四〇〇万円を投じて一八カ所に五一五九軒の貧民借家を持っているし、ジャイネス慈善院も八カ所に二五七四軒の貧民借家を持つ。そのほか一夜泊まり旅宿五七〇軒もあって総数三万三〇〇〇余人の貧民を容れることができる。これは慈善的なもので、利を図るものではない。わが国にも保険制度若しくは家屋建築会社など、その形式だけは外国から輸入したものがあるが、惜しいかな〈盡く是れ営利的なり、盡く是れ本来の精神を忘れたるもののみなり〉。》（一〇月二八日付）

【第24回】《仏国ではこの九年間、法律を発して細民の住居を建設する組合に対して、政府が低利の資金を貸し付けるほか、登記料、建設資本に対する所得税を徴収しないことにした。墺太利《オーストリア》では特別免税法を設けて安家賃の労働者家屋建築を奨励し、家賃税、所得税を二四年間免ずることにしたが、好結果を得ていない。独逸では労働者家屋建築のため国家予算で一昨年から一〇〇〇万馬克を支出し、各地の保険事務局では一億馬克の低利貸出をした。帝国だけでなく、普国、バイエルン王国、リューベック、漢堡《ハンブルク》の両市などでも種々の方策を行なっている。全独逸の労働者家屋建築の共同組合は、総数三八四あって、建築した住居は三万五〇〇〇戸に達したという。社会主義者が法律を以て保護しようというのは宜《うべ》なり。》（一〇月二九日付）

★労働者用の家屋建設に低利融資など、種々の対策が取られているのを知ることができる。資本主義の進展に沿って、都市の貧民街が拡大固定するのは知られるところであり、欧州の場合、都市内部の再開発よりも遠隔部への造営が傾向のようである。それへの移転可能な階層は別にして、低所得層対策、社会政策は当然必要であり、不用の建物を住居に転用してみたり、伯爵会や慈善院が動き、国も市町も乗り出さざるを得ないのであろう。それは利を求めるものではないというが、社会主義者が法律をもって保護しようというのは〈宜なり〉と、素川が認めるのも確かであろう。

大阪の高い家賃と敷金制度を取り上げて、不当な敷金を批判、欧州の「巡視官」を採用して取り締まれという。そもそもわが国で借地借家法が公布され、施行されるのが一九二一（大正一〇）年であり、翌年には借地借家調停法が東京など五府県で施行されている。明治三六年の論評から法律の成立までやはり時間を要しており、賃借人の権利が保護強化されるのは四一（昭和一六）年の法改正まで待たなければならない。家屋建設の面でみると、「輸入」されたのであろうか、住宅組合法が借地借家法と同時に公布されている。さらに住宅営団法ができて、資本金一億円で営団が設立されるのも昭和一六年と、賃借人の権利保護が図られるのと機を同じにしている。まだ日本ではそれほどに社会的要求として差し迫っていなかったのであろうか。貧民街の深刻な問題はまた別のようである。

## 素川による「ドイツ社会民主党綱領」批判

以上、紹介してきた「社会新論」のなかで素川は、第８回から第24回までは、国家の基礎の上に立つものとそうでない社会主義があるが、社会政策では往々に一致する。どの派の政策か区別したくないが、吾人の尺度で測ると述べて、次の政策を論評している。

第８回＝直接普通選挙と婦人参政権。第９回＝国民皆兵主義と万国平和会議。第10回＝義務教育と無月謝・一切の給養。無代訴訟と死刑廃止。第11〜13回＝強制的疾病保険と無代埋葬。第15回＝所得税・相続税。国民教育・婦人労働・休暇。第16〜17回＝事業収益の分配。第18〜19回＝高利貸取締と慈善的質屋。第20〜21回＝失業保険と職業紹介所。消費組合。第22回＝強制的罹災・老廃保険。第23〜24回＝貧民生活の救済と家屋建設。

これに対して、ドイツ社会民主党大会が一八九一年にエルフルト（ハレに近い）で開かれ、ここで採択された党綱領が「エルフルト綱領」といわれ、その後半部分に要求項目が次のように記されている。

一、普通・平等・直接の選挙権と投票権。
二、人民の直接立法。帝国・各領邦・各州・各市町村における人民の自決と自治。
三、国民皆兵制にむけての教育。国際紛争の仲裁裁判的方法による調停。
四、表現の自由及び結社と集会の権利を制限する法律の廃止。
五、婦人を差別待遇するすべての法律の廃止。
六、宗教を私事と宣言すること。宗教的目的のための公費からの支出を全廃。
七、学校の非宗教化。義務就学。無料教育。学用品と食事の無料支給。

八、無料訴訟と無料弁護。刑事事件における控訴権。死刑の廃止。
九、医療の無料化と医薬の無料支給。埋葬の無料施行。
一〇、累進的な所得税及び財産税。累進的な相続税。
労働者保護のための要求。
一、労働者保護の立法。（a）八時間をこえない標準労働日の制定。（b）一四歳以下の児童の労働禁止。（c）夜間労働の禁止。（d）週一回の連続三六時間の休息。（e）現物給与の禁止。
二、全営利事業団の監督。営業上の衛生管理。
三、農業労働者と家事使用人に営利事業労働者と法律上平等の地位を。
四、団結権の保障。
五、全労働保険の帝国への移管とその管理に労働者の参加。
これらドイツ社会民主党の要求項目と先述の素川論評の項目を比較して気付いたのだが、「四、表現の自由および結社と集会の権利を制限もしくは抑圧するすべての法律の廃止」など、抜け落ちがみられるものの、項目の順序からしてほぼ一致している。ということは「どの党の政策だと区別して取り上げない」といいながら、実はこの「社会新論」、素川による「エルフルト綱領批判」であるといえるわけで、それも日本の現状批判を含む、西欧文化との比較検証となっている。

その「エルフルト綱領」は一八九〇年一〇月、ハレで大会を開いたドイツ社会主義労働者党が「ドイツ社会民主党」と党名を変更、「ゴータ綱領」改正の方針を決議したが、翌年六月、党幹部会が出した第一次綱領草案に対してエンゲルスが批判、これを普通「エルフルト綱領批判」とよぶ。これを受けて党幹部会は第二次草案を出し、九一年一〇月のエルフルト大会にはカウツキー起草の「ノイエ・ツァイト」編集部の草案など三つの綱領草案が提出された。リープクネヒトを議長とする綱領委員会は、「ノイエ・ツァイト」草案を修正した最終草案を採択した。これは「ゴータ綱領」のラサール主義的要素を清算し、マルクス主義を指導理念として確立して、その後の各国の労働者党綱領の模範となったとされるものである（以上はマルクス『ゴータ綱領批判』による）。それに対する社会政策派・素川の批評であるから興味深い。

## 新宗教としてみる社会主義について

【第25回】《これまで述べたのは労働問題あるいは経済問題からみた社会主義である。さらに〈新宗教として見たる社会主義〉を述べようと思う。

東洋でも西洋でも常に政治と相対して人民の心を支配したのは宗教である。孔丘の教、釈迦の教、基督の教は〈吾人は其帰を一にする所あるを認む〉。ところが東洋では孔教、仏教に中毒して、今やかえってこれを罪にしようとする。吾人は、これは国民と政体の罪であるとみる。西洋でも基督教がなかったならば発達はもっと速やかであったろう。世人は西洋の開花は基督教の賜とするが、誤解である。看よ、今日の西洋は全く基督教を無視する。少なくとも、その精神を忘れ、わずかに形骸だけがある。もとより学校でも家庭でも教え、祀るが、道を教える点では基督教の勢力は幾何《いくばく》か。基督教の道徳を比較的奉持するのは新教徒よりも旧教徒である。その代わり旧教徒は社会においては退歩者であり、保守者である。単に進歩の点からみれば無宗教者に多い。道心の分量をいえば、無宗教者より宗教者に多い。ここにおいて宗教と進歩はほとんど一致しない。基督教は時勢とともに進むが、進むところは漸次無宗教に近づく。欧州のように生存競争の盛んなる国では、生温い道徳心を振り回すべきでない。振り回しても失敗するだけである。吾人は、かの王陽明が弟子に諭えた「我道行く人を見て聖人の如く見れば、其人亦我を見て聖人とすべし」という原則を信じるが、これはある程度まで応用され、ある程度以上は全く無用となる。支那戦国では孔子、孟子が出て頻りに仁義道徳を説くが、〈迂なり〉回り遠いとして用いられなかった。そのように何を以て己を利するかというのが、今日の欧州一般の生存競争原則である。博愛と犠牲心に富む基督を今日欧州に生まれさせても〈迂なり〉といって退けられるか。磔殺《たくさつ》されるだけであろう。

欧州においては法律が唯一の道徳である。しかし実際において法律と道徳は一致しないことが多い。一致しないのは、多くは自利を主とし、他利を無視するところにある。即ち個人主義の相衝突するにある。さすがの欧州も今やその〈弊〉に堪えず、〈此個人主義を制する為に社会主義なるもの起これり〉。社会主義は、自利自他、いや、ある場合には自他心を多く主張する。非国家主義と称する世界的社会主義者がそれであろうと吾人はみる。国家主義を基礎とする社会主義者は、この自利自他の両主義を調和しようとする。〈此点に於て吾人は社会主義を目し、旧宗教の失墜に乗じ現出し来りたる新宗教と謂はんと欲す〉。旧宗教は信仰の上に基礎を置いたが、新宗教は道理の上に基礎を置くものであると〈信ぜんと欲す〉。

独逸の社会党は今更「宗教が民事に立入らんことを冀望する旨」その綱領の一つに加えた。歴史は明らかに旧宗教が政治や私事に干渉した弊害を証明しているのに、また、社会党は新思想家といっているにかかわらず、宗教の干渉を望むのは、よくよく道徳の復興を渇望しているとみえる。また同党首領ベーベル氏が人間の改良を主張したのに対し、自由国民派の首領オイケン・リヒテル氏は冷やかして曰く「もし社会党が希望するような社会が幻出するときは人間は皆天使でなければならない」と。ベーベル氏は答えて曰く「余計な人間は要らない。しかし少なくも現在の人間よりは賢く見識あるものでなければならない」と。社会道徳を進める必要が人間改良論を生んだわけで〈新宗教たる社会主義は乃ち此人間改良の薬材たるか、非耶〉》（一〇月三〇日付）

★社会主義を「新宗教」とみたてて論評するとなると、はてさてと困惑するが、要点をたどってみると、今日の欧州一般の生存競争の原則は、己を利する、すなわち自利である。自利を主とし、他利を無視するところでは法律と道徳が一致しない。言い換えれば、個人主義（カテゴリーが現代と違うので、仮に「利己主義」とでも解したい）の衝突である。この利己主義を制するために社会主義が起こった（ここまではその意を憶測できる）。社会主義は自利自他、いやある場合には自他心を多く主張する(この「自他心」の意味がつかみにくい)。自他心をいうのが非国家主義の世界的社会主義者であり、国家主義の社会主義者は自利自他の両主義を調和しようとする。この点において社会主義は、旧宗教の失墜に乗じて出現した新宗教とみなすという。その根拠となるのが、ドイツ社会民主党が「宗教が民事に立入らんことを冀望する旨」をその綱領の一つに加えた、からであろうか。実はそれが先述した一八九一年の「エルフルト綱領」では、「宗教を私事と宣言すること。教会および宗教的な目的のための公費から支出の全廃。教会団体および宗教団体は、各自の問題を完全自主的に処理する私的結社と見なされるべきである」、「学校の非宗教化」とあるだけで、「宗教の立ち入りを希望する」などは含まれていないのを確認できる。その後、素川帰国の一九〇三年までの間に、党首ベーベルが「人間改良」を主張して、綱領を変更する事態に立ち至ったのであろうか。それを素川は「社会道徳を進める必要が人間改良論を生」んだが、新宗教である社会主義が人間改良の薬材となるかどうか、と即断しない。

ここで注目したいのは王陽明に言及されていること。新聞「日本」時代に陸羯南に指示されて筆写した李賛の著書『焚書』。これによって素川は陽明学を知ったのだが、ドイツ留学を経て、西欧文明を比較論評する際に蘇って応用されている。その際、王陽明が弟子に喩えた「原則」を素川は信じるとして、確信しているようだ。戦国時代の孔子、孟子の仁義道徳、あるいはキリストの博愛、犠牲心も、当時の生存競争の中では「迂」、つまり、回り遠い、として通用せず、用いられていないとみている。

## 素川、党首ベーベルの「まだ不完全」に味方する

【第26回】《ベーベル氏がその理想社会を叙述して曰く。

家居的生活は極必要なる小部分に限られ、その代わり社会の大部分は開放され、演説討論若しくは政治問題の協議にも共同に大なる公会堂を使用し、寄席も博物館も遊戯場も体操場も、はた公園、運動場、共同浴場、各種の学校及び保育場、研究所、病院も皆それぞれに設置して美術学術ないし遊興にいたるまで十分の機会を与え、以て最高最善の行ないを為すを得る。あゝ、いかに現在の社会は不完全極まるか。

吾人の理想とする社会を現出してこそ、初めて本屋の蛆《うじ》、金銀の奴隷、誤謬なる判決などを免れて最善最美の真理によって万事を決行することができる。

ベーベル氏は欧州の中央にあって、社会施設が不完全であると訴える。並べた諸機関は欧州では既に設けられ、四民平等、皆その慶を受けている。吾人は欧州社会において自己を犠牲にする道徳心の著しく低いのを認めるが、社会施設に見るべきものが多いのも認める。我が国と比べると〈其優るや万々なり〉。劇場も博物館も皆備わっている。世界一のパリのルーブル博物館は一文の入場料も徴収せず、どんな微賤なものも観覧させる。伯林の劇場には三つの王立があって、国王観覧のときでも平民も入場できる。また、いつもは

桟敷の如何によって安く見ることができる。伯林の博物館その他皆無料であるが、傘杖の預かり料をとって市の慈善費に当てる。また絵画展覧会は日曜日は入場料を半減して平常暇のない細民の来観に供する。公園や運動場も欧州の都市では第一に施設される。パリもロンドンも公園で名があり、伯林の真ん中に東西一五町、南北六、七町の大公園がある。皇帝も散策し乞食も散歩することができる。伯林市が本年度予算に示す公園費は八二万三八五五馬克である。地価の高い市中心部に大公園を有し、前年度は一二一万三〇〇〇余馬克を費やし、いかにも不経済である。しかし、公園は都市における公共遊楽場であることを、また市民衛生の最要機関であることを思わなくてはならない。共同浴場も伯林においては市立で盛んに設けられ、特に冷水浴まである。その代価も至極低廉で、市民に入浴を奨励している。本年度の伯林市の貧民救護の予算は一八四〇万馬克に達する。その救護機関として〈国民厨〉がある。普通の三分の一以下の値段で飲食できる。また、寒中には〈温室〉を開き、労働者もしくは無宿者がきて体を温める。〈休養所〉もある。家のない労働者は一ヵ月に三回、ここで寝台に寝て、温浴できるし、衣服は消毒して与えられる。学校、病院などもこれまで述べた通りであるが、ベーベル氏のように、まだ不完全だと絶叫するものがいる。もし我が国に来たら〈其れ將た何とか謂はん〉。どこまでも完全でなければならないというのは当然で、〈吾人はベーベル氏の絶叫に左袒（味方）す〉》（一〇月三一日付）

★文化的公共施設が限りなく出来て、四民平等に利用して夢のようだが、自治体の財政の実際はどうなっているのか。現代日本なら、すぐ「財源探し」の話に落ちてしまうが、敗戦後には「軍備を削れ」となったものだ。しかし今は違う。兵器産業が巨大化するのはいずこも同じ。社会改良派の楽観論に難癖付けるより、党首ベーベルに左袒した方が賢いのか。それでも民衆・人間の内心の問題は残るのではないか。

## 欧米と東洋の文明の比較

【第27回】《文明の要義は国民の品位を高めることにある。例えば中等社会を一つの水平線とすると、これ以上には幾らでも高めたいが、これ以下には多く下らぬようにしなければならない。この水平線を標準として欧米諸国と東洋諸邦を比較すると、欧米諸国は水平線上に非常に高く、東洋は水平線下に非常に低い。この高低差で文野の度を卜することができる。

露国は富と智とにおいて他の文明国と水平線上の高位を争うことができるが、水平下で非常に下るものがある。だからまだ文明国の列に入れない。支那は富において水平上の位置を争うこともできようが、智と貧の度において非常に下るものがあり、だから到底文明国の閾《しきい》を越えられない。我が国は幸か不幸か水平線上に余り高からず、水平下にも余り低からず、遊離不同、一定の地位にある。もし社会主義からすれば、理想に近いとするか。しかし水平線下の地位を以て文明諸邦のそれと比べると、富、智において非常に下るものがある。かつての鎖国のときはよかったが、テームズ川の水もわが淀川の水と相通じ、世界潮流の干満直ちに大阪湾の海水と平均をとろうとする今日、決してわが国の程度をもって留まってはいけない。水平線上に高め、水平下も引き上げねばならない。

欧州諸国では多年の自由競争に任せた結果、貧富懸隔の度非常に相違して、社会主義はこれを平均するために起こった。その欧州の水平線下も東洋諸邦に比べるとなお頗る高い。いかなる下等社会も支那・朝鮮に見るような下等なものではない。支那・朝鮮はもちろん露国でも乞食以下の貧民がいる。同じ貧民だが、欧州ではそのような貧民は見ない。これが文野の度の異なる所以である。

水平線下の状態を高めるには智と富と健康の三つを兼ねなければならない。智育は教育を主として、国家的に施設して、国民学校の無月謝はもちろん、教員を優遇し、俸給も国庫負担にすべきだ。欧米各国では学校以外の教育が多い。だれに会っても教員以上に学力があり、家庭では誰でも智育を進める。我が国の家庭では一番の学者は学校生徒である。社会には教育を打ち消す材料が多く、富についてもそうである。商業は詐欺を唯一の手段と心得、物を売るにも懸値があり、物を買うにも懸引きがあり、ただ狡智があれば足りるとする。官吏も会社員も生活に規律がなく、四辺の事情に圧せられ、無用な手腕車に乗らないなら紳士ではないというように、また宴会政略がなければ交際できないように、正当な富の養成にも大いに欠けるところがある。人各々が豊かでなければ自分を守るのは難しいし、衣食足って礼節を知るのは陳腐な言ではない。露国のゴルキーの近頃の小説の一節に一貧民が他の貧民の非常識を責めると、反撃して「常識といい、名誉というが、それは何だ。富者になれば始めて常識も名誉も必要だろうが、無一物の我らに常識や名誉をいっても靴一足も出てこない」という。一種の真理であろう。富にも程度がある。普通、衣食に心乱さなければ始めて私徳を全うする。私徳があって始めて公徳が行なわれる。私徳と公徳は表裏一体であるが、世の中ではよく公徳を責めて私徳を忘れる。公徳が行われるのは難しい。古言に君子は屋漏に恥じずといい、このような君子にして初めて公徳があるといえる。また、恒産なくても恒心あるのは士だけがこれを能くすという。まず恒産が一般的になる必要がある。また勤勉、手腕で巨万の富を得るものがいる。これまた大丈夫の快事。錦衣を着て玉食に飽き、殿楼さかんにしてもよい。しかし、それ以上行なえば悪人である。

健康は幸福の最大のもので、富も智も健康がなければどうにもならない。英国人の平均寿命は五〇年だが、我が国ではわずかに三七年。わが身長も体重も年々減少し、三五年度徴兵検査の結果は前年に比べ、身長二分、体重一二匁減ったという。軽々に看過すべきでない。健康を保つには衛生事務を取り締まって、国民の不衛生な遊戯及び生活を改め、都市衛生を講じる必要がある。伯林では下水工事を施してから、一八七〇年に死者一〇〇〇人のうち三〇・九であったのか、一八九五年には約半数の一八・四となった。また、窒扶斯《チフス》は七・七が〇・六に激減した。我が大阪には不十分ながら水道敷設はあるが、下水道を設けねばならない。

以上、智と富と健康を保って初めて国民の品位を高められる。要は水平線下を切り上げ、水平線上に進めることだ。その切り上げの方法として社会主義は起こる。その極端なのは一概に水平線上を切り崩して、社会平等、即ち水平線に均一にしようとする。吾人の社会主義はこれとは異なり、〈資本家も助け、労働者も助け、これを導くに私徳と公徳とを以てし、又歴史と自然とを重んじて国家の存立を図り、一に国際間の競争に勝ち、且つ国民の幸福を進めんとするものなり。其名付けて新宗教と為すは、社会全体を教育せんと欲すればなり。（素卿）（完）〉》（明治三六年一一月一日付）

★素川が国家社会主義者として理想社会像を述べている。一九〇三（明治三六）年当時の論評である。自由競争の結果、貧富の格差を来たし、社会主義が起こり、改革を図るという。特に第8回以降は社会的諸問題を細かく論じて、現代に通じる側面があり、福祉問題など学ぶべき点が多々あった。一方で男女平等などでは時代的隔たりがあって違和感を伴った。また、素川の思考や感性を示す王陽明（二五回）やゴーリキー（二七回）も登場して、素川の批判基準となっているとわかり、頷けた。いずれにしろ、これがドイツ留学の成果であり、長文になったが、敢えて詳しい要約になってしまった。

あと一五年経つと、第一次大戦に敗れたドイツで一九一八（大正七）年一一月、革命が起きる。その論評を知りたいのだが、素川自身も「大阪朝日」を退いて、残していない。

# X　日露戦争　主戦論と講和反対

## はじめに

一九〇四～〇五（明治三七～三八）年に日本と帝政ロシアが満州・朝鮮の制覇をめぐり戦った。明治三七年二月に国交断絶、開戦後、八月以降の旅順包囲、翌年三月の奉天大会戦、五月の日本海海戦に日本が勝利して、九月には米国のポーツマスで講和条約が成立したが、熊本出身の「東京朝日」の池辺三山、「大阪朝日」の鳥居素川らは当初から主戦論の急先鋒であったし、素川は従軍記者として前線から報道、講和条約締結では反対の論陣を張った。まず、その主戦論の論旨を朝日新聞社史や「大阪朝日」の紙面によって探りたい。

## 池辺三山の行動力

明治三六年、義和団の乱鎮圧後も満州に居座るロシア軍は第二次撤兵期限の四月八日を過ぎても動かない。逆に鴨緑江沿岸に兵力を集め、河口の韓国領竜岩浦に進入し、軍事施設を構築する動きもみせる。

伊藤博文、山県有朋の両元老と首相桂太郎、外相小村寿太郎は四月二一日、京都の山県別邸・無隣庵に秘密裏に集まり、対露交渉の基本方針を協議、韓国での日本の権利を要求するかわりに満州ではロシアのある程度の経営権を認めると申し合わせる。ところが、ロシアが清国に対して新たな密約を迫り、撤兵延期を図ったと特電が入るのが二三日。「東京朝日」の池辺三山は、さっそく桂を訪ね決意を聞き、持論であるロシアの不撤兵とその不徳義を責め、新たな要求は日本への侵略的挙動であると、満州へ猛進を進言する。二六日に伊藤に会ったうえで三〇日、初めて対露強硬論の社説を掲載する。クリミア戦争を例にとり「日本は固より露国の条約履行を希望するの外他意なしと雖も、其利益を防衛し東洋平和を維持するの必要に余儀なくせらるゝあらば、英アバージン内閣に倣はざらんと欲するも得じ」と、武力行使もあり得ると論じた。

六月二三日、御前会議（伊藤、山県、大山巌、松方正義、井上馨の元老と首相桂、外相小村、陸相寺内正毅、海相山本権兵衛が出席）で対露直接交渉を決めるが、その紙面扱いが「東京朝日」「大阪朝日」ともに小さく、意に染まない三山は動き出す。二四日に陸軍参謀次長田村怡与造、法相清浦奎吾に会うとともに、強硬論の「七博士の意見書」全文を「東京朝日」に掲載する。さらに二七日、徳富蘇峰の国民新聞がロシアとの話し合い解決を主張し、満韓交換論に賛成するのに対して、三山は社説「不謹慎なる同業者を戒む」で攻撃している。三山の記者活動は、要人との接触を重視し、自らの主張を貫徹するために行動と社説を同時、並行的に展開している。それは「桂に接近しすぎる」と、のちに社内批判が出るほどであった。

## 大阪朝日の論説陣と情勢把握

この時期の「大阪朝日」論説陣は内藤湖南が中心で、あとから西村天囚が加わり、ドイツ留学から帰国した鳥居素川が執筆に携わるのは明治三六年八月からである。

当時の「大阪朝日」論説の基本ベースは明治三七年一月二四日から五回掲載された湖南社説「和戦の決と

其得失」に代表されるようで、その最終回に「我邦は実に人口の繁殖の為に土地の必要あり。而して工業生産物の排泄の為に新市場の必要あり。…此大なる要求を満足せしめ、永く他国の圧迫より脱するは戦争の結果による外なし」とある。まさに侵略・膨張主義そのものといえる。

内藤湖南（一八六六・慶応二年～一九三四・昭和九年）は東洋史学者。南部藩出身で秋田師範卒。一八八七（明治二〇）年に上京、米人に英語を学んで九〇年、政教社同人となって雑誌「日本人」の編集に携わり、三宅雪嶺の影響を受けた。台湾日報の主筆、万朝報を経て大阪朝日新聞に入社。一九〇七年、狩野亨吉に招かれ京都大学講師のち教授となり、熊本出身の狩野直喜とともに東洋史の京都学派を育てた。

それでは論説陣はどれくらい中国、満州を知っていたのか。池辺三山は明治三四年九～一二月に朝鮮、中国方面を視察旅行しているし、内藤湖南も三二年から六回も訪中、清末の学者、民国の政治家らと交わって、「大阪朝日」にいた三六年には満州、華北、華中を視察したとある。

では鳥居素川はどうか。さかのぼれば日清貿易研究所に学んだ明治二三～二四年の八カ月の間に上海を知ったし、日清戦争では従軍記者兼通訳として旅順大戦、威海衛の役を取材、「縲絏《るいせつ》の身」つまり囚われの身にもなったが脱出、その通信は新聞「日本」で読むことができる。このほか何よりも三六年五月にドイツ留学の帰途、シベリア鉄道から東清鉄道（満州里～ハルビン～大連）を経由して帰国し、先述の通りロシアの進出ぶりを目の当たりにしている。

## 紙面にみる鳥居素川の主戦論

明治三六年八月以降の鳥居の社説・論説、それも日露戦争関係を拾うと次のようになる。

【一九〇三年】

八月一七日＝「現内閣何をか為す」＝「大将にして総理大臣たる桂氏、佩ぶる所のサーベル果たして鉄なるか将た鉛なるか」と、アジテーション調だ。

一一月一〇日＝「唯一誠あるのみ」＝露国征伐に従った普国のゲ子《ネ》ラル・ヨルクがナポレオンに敵してライプチィヒで破った故事を挙げ、「今や理論既に尽き中朝尚遅疑す。誰かヨルクと為るか」と政府の煩悶ぶりを嘆く。

一一月一九日＝「宋襄の仁」＝宋の襄が楚人と戦うに機を失して大敗した故事から、平和的交渉をもってするのは「敵国に仁なる所以は其自国に不仁なる所以なり」という。

一一月二三日＝「十年前の今日」＝日清戦争で得た旅順をいま北辺の狄国が略守し恥ずるなし。兵力彼に劣れりとせず、而かも尚躊躇し、機を逸し国家を誤らんとす。

一二月一八日〜二一日＝「露国と日本」一〜四回＝露国に一六年間住み、内情を知るドイツ人の観察を引用し、ロシアを論ず。火酒専売による国庫収入増と庶民生活の破壊、シベリア鉄道をはじめとする戦争準備、高利貸しに走るユダヤ人、虚無党や社会党の伸長と南部の百姓一揆などをあげて、ドイツ人は、日露戦争は早晩起こり、日本は敗れるが、結果は露国の不利とみる。クロパトキン大将と目される高官の話として、露国は極東に戦力を集中し、いつでも日本の襲撃に応じ得る。既に日本と同等の海軍力を有す。黄人種の境域を開拓するに平和の進行を害した場合、武力を使用するというクロパトキンは、条件付の平和論者であるとする。露国が満州を露化したのは事実であるが、開発したのではない。露国の労働者は支那人と伍し幾んど撰ぶ所なし。互に同等の交際を為す。日本人は、支那人と同等の貧者なりとも高く自らを持し、同等の交際はせず、ともいう。

一二月二五日＝「干渉来たらんとす」＝満州問題への英、米、独、仏からの干渉は、露国に利ありて日本に不利なることは吾が道破せしところ。同盟国たる英字新聞さえ黄人患をいうのは受取難きほど滑稽なるもの。

【一九〇四年】

一月　七日＝「責何人に在る」＝満韓問題に対して露国が勝つよりも日本の勝つをもって列国は不利益とするなり。五十万の陸軍も殺潰しの藁人形に斉しく二十五万噸の軍艦も屑屋の古鉄に過ぎざらしむ、それは桂伯以下諸公の責なり。

一月一〇日＝「戦気漸く動く」＝日露交渉半年、帰着点は戦争にあり。当初の主題は満州の撤兵にあり。露国は之を言はず、而して徒に朝鮮の分割を云々す。而かも朝鮮南岸の一不凍港を要望す。鉄面も亦甚し。何を言うても彼は世界の一等国なり。慢心を以て之に向へば由々しき大事なり。大和民族、膨張の一新紀元を迎へんことを望む。

一月一六日＝「露国譲歩説」＝露国の為す所は常識を以て断ずべからざるものあり。他人の領土を横領し、兵を駐し、政を執り、而して尚其国の主権を認むといふ。…撤兵期に至るや約を履まず、公々然国際の信義を無視す。…日露の交渉たるや、独り我当局者のみ秘密を守り、国民敢て実際の交渉の内容を知悉する能はず、唯外国電報に據りて之を綜合し、且内閣員の平生の主張に依て之を稽へ、以て之を知るを得。…然るに露国より同意を表せんとすとの電報あり。

吾人は全然我要求を容るゝの暁なきを保せず。

一月二八日＝「平和と時局」＝露国皇帝陛下は平和を維持せんことを思し給ふに似たり。極東総督府の機関たる関東報の所論を見よ。「外交談判の主題は固より朝鮮のみ。満州に関しては露国の独占を確定し他国の容喙を許すべからず。今茲（満州）に三十万の兵ありたらんには日本人の思想全く一変せん」。露帝の平和冀望の如き到底一時の糊塗策に過ぎざるのみ。

二月　六日＝「国民を規す」＝武人は命を捧げ、文人は職を守り、商工は業を励み、農夫は鋤を把り、婦人童幼、馬丁車夫に至る迄、與に荷ふの時なり。


日露開戦の直前まで、鳥居が何を主張したかをたどってきた。池辺と内藤によって既に始まっていた主戦論の主張は、鳥居の論説参入の時点では当然固まっていたろうし、国家の存立を大前提とする思考方法に鳥居も異存はなかったようだ。そこには基本的に内藤のいう領土拡張、市場獲得のための海外進出の観念が共有されていたろう。そして何よりも、満州に居座るロシアの第二次撤兵の不履行が最大の問題である。約定を守らぬロシアは信用できないどころか、投資した幹線鉄道の維持を口実にして駐留兵力を増強し、領地を広める。それは不凍結港を求め南下政策をやめられないロシア帝国としては当然のねらいであろうが、日本にとって、外交上の誠意が欠如しており、この事態は、危機感をいやが上にも高める、ということであろう。

それは一八六一（文久元）年、ロシア軍艦ポサドニック号が対馬藩領の浅茅湾に来て芋崎に上陸、軍事基地建設をねらって建物を作り、井戸を掘るために住民と衝突するまでに発展した事件が、各藩の注視を集めたように根は深い。さらに日本にとって日清戦争に伴う三国干渉を忘れるわけにはいかず、臥薪嘗胆の思いが敵愾心を煽ることになる。しかし大国ロシアを相手とする政府にとっては、約定によって平和を維持できるのであれば、多少の譲歩もやむなしとする協商論も捨てられない。ところが、それこそ争いを先延ばしにするだけと、戦争不可避論をとるのが主戦派だ。そして、欧州のロシア軍主力が満州に移動する前に決着をつけようと、いわば防御的先制攻撃の必要を強調することになる。

## 非戦論の社と主戦論の社

さて、池辺や鳥居の主戦論のほかに他の新聞社のうち「時事新報」が主戦論であったし、「大阪毎日」も講和容認の段階までは主戦論であった。

一方、非戦論を主張したのは、外交交渉に望みを持つ伊藤博文の立場を支持した「東京日日」があり、「東京横浜毎日」を改題した「毎日」と「万朝報」の両社は人道主義的平和論にスタンスを置いた。

その「万朝報」では、幸徳秋水・堺枯川・内村鑑三・河上清らの非戦論が強い一方で、円城寺天山と松柏軒は対露強硬論であって、紙面に両者の論争まで現れた。しかし社長黒岩涙香が〇三年一〇月八日、論説「戦争は避く可からざる乎」をもって、開戦論への転向宣言とすると、幸徳と堺は即日退社、内村も翌日同調した。幸徳・堺は一一月には「平民新聞」を創刊して、翌年一月廃刊まで、非戦の節を曲げなかった。平和解決を主張し続けた「東京日日」も二月六日、国交断絶通告の日に主戦論に踏み切った。

## 戦闘開始、素川が再び従軍記者に

さて、一九〇三年一〇月六日に東京で始まった外相小村と駐日公使ローゼンの直接会談は、直後にはロシア軍の奉天城占領もあったが、一二月に至っても進展せず、結局、ロシア側は満州について日本の干渉を認めず、朝鮮についても日露均等の権利を主張して譲らず、決裂した。

ローゼンは、本国ペテルブルグの外務省と連絡するのではなく、旅順に八月設置された極東総督府の、主戦派として知られるアレキセーエフ総督の指示を受けており、ロシアの外交ルートの乱れが、のちに日露戦争史の評価を分けることにもなる。

年明けて〇四年二月四日、御前会議は対露交渉を打ち切り、軍事行動に移ると決めて、六日には国交断絶を通告。八日、佐世保を出航した連合艦隊は九日未明、旅順港の露艦隊を奇襲攻撃して戦闘開始、陸軍先遣部隊も仁川に上陸して、一〇日に宣戦布告している。

戦況報道はどのように行なわれたか。まず仁川での戦闘開始が二月一〇日早暁に号外発行となり、報道合戦に入る。実際には旅順沖海戦が半日早く始まったが、到着した第一報は韓国からであった。関西での号外合戦は無料配布（関東は有料）とあって「大阪毎日」との間で熾烈を極め、「大阪朝日」の場合、一日四回発行の日もあって年間二四八回に達した。

陸上戦況の公報発表は、第一軍が鴨緑江を渡河した五月一日から始まったが、遅れがちであるため各社は佐世保、門司、宇品（広島）などに記者を常駐させて、帰還した将校、負傷兵から戦況を聞きだして送稿することが多かった。戦地からの軍用電信は制限され、原稿検閲が厳しく、長文原稿は郵送にするか、帰還者に委託して、門司か下関で打電する方法がとられ、掲載は遅れた。紙面では見出しも本記も次第に大型活字の使用が多くなり、派手な紙面が人気を集めたという。

平素と変わらなかった社会面も二月一四日の旅順沖開戦の戦死者名発表で一変、遺族訪問記で埋まるようになった。また息子を亡くした父親が写真と功績文を広告欄に掲載してほしいと、八円余を送付してきたが、返金して雑報扱いとし、この種の記事が広まった。また、第二回旅順港閉塞作戦での広瀬武夫少佐の戦死報道が「軍神」の誕生となった。

新聞社の臨戦体制として、池辺は前年一〇月には社長村山龍平らと戦時通信の給与規定などを決定。従軍記者の布陣も検討され、鳥居素川は第一陣として陸軍第一軍付きに登用される。第一軍主力は三月出発、一四日に韓国の鎮南浦に上陸、北上して五月一日に国境の鴨緑江を渡り、九連城を占領しており、鳥居の動きもこれと合致しよう。通信には中国の安東県の地名もみえる。五月半ばには帰社して、「東朝」の記者と交代している。この間の鳥居の通信は人間味のある簡潔明快な記事で、戦地の将兵にも人気があったと社史にあるが、『明治文学全集』第九一巻で読むことができる。

【一九〇四年】

五月一四日＝「俘虜を慰問す　五月六日　安東県にて」＝従軍記者としての通信。鴨緑江の戦いで日本の死傷は八六〇人だったが、敵の埋葬死体（一三六二人）と俘虜は一九七五人。負傷は戦死の三倍というから敵の損害は五九二五人となるか。負傷した将校とドイツ語で話したが、日本の待遇に感心して満足、日本は開明国だと言って、しかし旅順は一年ぐらいは陥落すまいとも語った。

五月一五日＝「従軍記者の宿営　四月二九日」＝義州の東方の小村で六畳ぐらいの土間二つに三人ずつ棲

む。住居は不潔極まりない。一軒家だからまだ清潔だが、馬小屋であったようだ。酒・煙草より糧食運搬が第一で、物を送っても届くまい。

五月一七日＝「戦利品を見る　五月七日　安東県にて」＝野砲、機関銃、小銃を日本製と比較して、先方のレベルが高いと評価。衛生材料も勝っているが、露軍医の施術は旧式で劣るという。

続けて、この年の主な鳥居論説を拾っておく。

八月一九日＝「汝の首に秋水を加へん」＝第三軍による第一回旅順総攻撃を前に降伏勧告したのに敵将ステッセルは拒否。怒った素川、首切ってやると。（日本の戦死は第一回だけで一五，八六〇人に達した。）

九月　七日＝「旅順を干乾にすべし」＝旅順が簡単に陥落しないとわかって、攻略をあわてるなと、国民説得の論調に転換。

一二月一六日～一七日＝「擬黒鳩公上皇帝書」＝クロパトキンになぞらえて皇帝ニコラス第二世に書をたてまつる。露軍の満州に送り得る陸兵は四〇万～五〇万人だが、敵日本は開戦当時四八万九千人、徴兵令を改正して新後備に一七万人を召集、本年の新募集兵も一九万人いるので八四万九千人に達す。臣顧ふに兵戦は到底勝利の見込みなし。天の時、地の利、人の和、一つも敵国に及ばず、敢て聖断を仰ぐ。

一二月一八日＝「露国内政の動揺」＝露国の男女学生一五〇〇人の運動は流血のなかで始まった。市会も決議した。一〇〇分の八一・五を占める百姓は、単に租税を納める器械たるに過ぎず。今回の戦争は啻に東洋の平和を維持するが為のみならず、百年苛政に苦しむ露国一億二千の蒼生を済ふ仁義の帥たるなり。

〇四年まで「大阪朝日」の主戦論をたどってきたが、問題は尽きない。例えば熊本出身の上田仙太郎・仙風居士による「露都郵信」が、管見の限りで、〇三年九月二七日発信（約一ヵ月遅れで掲載）から年内に八回みえる。貴重なロシア発の情報である。さらに「露国陸軍の編成」も三回、満州太郎調査の「満州露軍の配置」もある。「露国新聞の時局観」まであってロシアの状況把握と日本の世論形成に手を尽くしているといえるようだ。

## 「必要のなかった日露戦争」とは…

### はじめに

小森陽一・成田龍一編著『日露戦争スタディーズ』（紀伊國屋書店刊、二〇〇四年二月）の中に大江志乃夫「必要のなかった日露戦争」という二頁の小論があった。その要旨を拾う。

日露戦争は「開戦の主導権を日本がとったという意味で日本がしかけた合法的な戦争であった」が、宣戦の詔勅で「帝国が平和の交渉に依り求めむとしたる将来の保障は今日旗鼓の間に求むるの外なし」という、その開戦「理由は正しかったか。…米英のイラク戦争とおなじ『必要のない戦争』ではなかったか」を「検証したい」と始まる。三国干渉、シベリア鉄道、茶貿易、ロンドンの金融市場に触れ、さらにロシア政府の「極東政策の責任者であった蔵相ヴィッテ」のシベリア鉄道構想と清国との交渉をあげながら、旅順・大連租借と義和団戦争（一九〇〇年）が情勢を一変させたと続く。

当時は「ドイツの鉄道建設がめざましく、いざ軍事動員という場合、ロシアはドイツに対抗する力がなかった。ヴィッテ、クロパトキン陸相、ラムズドルフ外相らはこのことを案じて、日本との軍事的対決は絶対に避けるべきだと主張し、ヴィッテは満州全土からの撤退とシベリア鉄道の民営化、クロパトキンはハルビン以南からの撤退・ハルビン以南の鉄道売却と旅順・大連地区の清国への返還を主張し、皇帝は韓国全土を日本の勢力圏として承認することを認めた」とある。

さらに「クロパトキンらの案は政府の方針として成立し、クロパトキンは勅命を受けて一九〇三（明治三六）年六月に訪日し日本政府の内意を探ろうとしたが、すでに四月に元老の山県有朋と伊藤博文、首相桂太郎、外相小村寿太郎の四人の密議で対露開戦の方針を決めていた日本政府は、クロパトキンを国賓待遇でもてなしただけで政治的会談を避けてしまった。ロシア皇帝とその政府の最大の失敗は、皇帝側近の極東利権主義者たちの画策の成功の結果、旅順に極東太守という植民地総督なみの職を設置し、極東の陸海軍の指揮権・行政の全権のみならず、極東諸国との外交権まで太守に与えてしまったことであった」とある。

結論は「ロシア皇帝の韓国を日本の勢力圏として承認するという勅命も、満州の大部分からロシアの政府も軍も手を引くという提案も、日本の政府に伝えられることなく、日本は主観的な危機感だけから、あの大戦争を実行に移してしまった。明瞭な事実をいうと、開戦前、ロシアは韓国侵略の意図をまったくもたず、南満州からの全面撤退をしてでも日本との戦争を回避したかったのである。それは急速に高まりつつあるヨーロッパ情勢の緊張のためであった。…ロシア陸軍は対日戦争の準備もしていなかった」と締めくくる。

## 日露開戦までの情勢

さて、まずは歴史年表に一九〇二年から日露開戦前までの背景を一応当たってみる。

〇二年一月には日英同盟が締結され、シベリア鉄道のウラジオストクーハバロフスク間が開通する。四月、露・清は義和団事件で居座る露軍の満州撤兵に関する協定に調印。一〇月に第一期は履行されるが、二期以降は履行されない。〇三年四月、露が撤兵条件七項目を出すが、清は拒絶。山県・伊藤・桂・小村が京都で対露策を協議。五月、露軍が鴨緑江を越え竜岩浦に軍事拠点を建設開始。六月、露が鴨緑江木材会社（責任者はベゾブラーゾフ枢密顧問官）を設立。露陸相クロパトキンが旅順への途次、訪日し桂らと会談。御前会議で満韓問題に関し対露交渉開始と協定案を決定。七月には東清鉄道が正式開通。露・韓が竜岩浦土地租借契約を締結。八月、露が旅順に極東総督府を設置、関東軍司令官アレクセーエフを任命。蔵相ヴィッテは失脚し、満州・朝鮮への武力進出を狙うベゾブラーゾフ一派が勝利。九月、露が新要求を提出するが清拒絶。一〇月、東京で日露の交渉開始。露軍が奉天省城を占領。〇四年二月四日、御前会議で対露交渉を打切り、軍事行動に移ると決議。六日、露に国交断絶を通告。一〇日、宣戦布告。どの事象を拾うかによって情勢の印象が違ってくるが、ロシアの満州・朝鮮への進出と不撤兵とは否定できないようだ。

## 対決回避派の三人とロシア皇帝

さて、「必要なかった」という大江論旨の順に従って疑問点を検討し、主戦論に立つ「大阪朝日」紙面や同社社史はどのように捉えていたかも取り上げる。

満州撤退を主張して軍事対決回避派だというヴィッテ蔵相、クロパトキン陸相、ラムズドルフ外相についてみると、ヴィッテは伯爵、シベリア鉄道建設・外資導入による資本主義育成を推進。だが極東政策ではアレキセーエフ太守らに負けて失脚、ポーツマス会議では全権として復活し講和成って首相に就任。第一次ロシア革命収拾につとめたが、失脚。日露開戦前には極東利権派に歯が立たなかったようだ。クロパトキン陸相は満州派遣軍司令官として決戦の奉天会戦に破れ、第一軍司令官に格下げされ、失脚。晩年は郷里の中学で教えたとある。訪日と旅順会議については後述する。ラムズドルフ外相は伯爵、ヴィッテの知遇を得て一九〇〇〜〇六年に外相。親仏政策で知られ、〇三年の皇帝訪欧にも随行。しかし露軍の満州撤退は進まなかった。さて三人はいつ皇帝に認められていたのだろうか。

三人が戴くロシア皇帝ニコライ二世は一八九四〜一九一七年の在位。英独皇室とは血縁、欧州で多くのつながりをもつ。皇太子時代に訪日し、大津事件で負傷。「意志薄弱で皇后（ドイツ人）に左右され、晩年には政治にも無関心」との評も。父祖からの専制政治を継続し西欧的立憲政治の導入に反対。農民反乱、ゼネストが続発し日露戦争中に「血の日曜日」事件が起こり、第一次革命を招く。ヴィッテの国会開設、農業改革によって危機を脱したが、第一次世界大戦では自ら総司令官となり、内政は皇后とラスプーチンら宮廷奸党に任せきり、一七年の二月革命によって帝政崩壊、ロマノフ王朝滅亡。のち銃殺される。

三人組による対決回避策が政府方針として成立したのはどの時点であろうか。成立したのに、なぜ実行されなかったのか。一方ではアレキセーエフに極東太守を任せ、クロパトキンを遠ざける、矛盾した勅命を出す皇帝は一貫していない。以下に述べる。

## クロパトキン訪日と旅順会議

クロパトキンの来日については朝日新聞社社史「明治編」も触れている。しかし四月の山県・伊藤・桂・小村の四者密議で「対露開戦の方針を決めていた日本政府」という判断はしていない。むしろ主戦論の「朝日」としては煮え切らない元老・政府を動かそうと社説では、撤退しないロシアの不誠実を糾弾し弱腰の日本政府批判を強めている。池辺三山は山県との会見でも「開戦」を進言している。

クロパトキンは極東方面視察の途中、六月一二日来日、一三日に天皇謁見、一四日は青山練兵場で閲兵し、夜は小村外相の晩餐会。一五日は陸軍士官、幼年両学校を視察し、大山参謀総長の午餐会、伏見宮第一師団長の晩餐会に臨み、一六日東京を去るが、予定を変更して、大阪、京都を見物している。これについて社史は「クロパトキンは離京後ただちに旅順にむかうことになっていたが、ロシア皇帝の突然の勅電で神戸西郊の塩屋に一〇日間も滞在した。これは、旅順にむかっている主戦論者の侍従武官ベゾブラーゾフが到着する前に、平和論者のクロパトキンが先着しては、旅順の関東総督アレキセイエフ（のちの極東総督）に与える心理的影響がまずいと判断されたからだといわれる。クロパトキンは表向きの理由は静養と称して、ホテルに陣どった」と述べ、釣り三昧の動静を連日伝え「大朝」記者の単独会見記では「日本には古い文化があり、農業もよく発達している。日本人は勤勉で外国人には非常にいんぎんである」と語らせている、とある。

二五日神戸を出航、途中寄港した長崎では「日本の政治家に親しくロシアを視てもらい、ロシアの政治家らに日本の文物制度や国民一般の思想を理解させることができれば、双方で釈然と悟るところがあるに違いない」と朝日の記者に語り、記者は「此点よりするも陸相は平和を好む非戦論者ならんか」と書いている。

さて、クロパトキンは微妙な時期になぜ訪日したのか。勅命がなければ訪日はしないであろうし、社史は「満州および東部シベリアの視察が主な目的とされていたので、東朝社説も、かれが日露間の緊張に政治的な役割を果たすことを期待しなかったが、大朝では、ロシアの極東進出をカムフラージュするための一種の陽動作戦ではないかとみて、警戒をよびかけた」とある。何らかの探りがあったのは確かであろう。社史に次の挿話がある。クロパトキンは、フランス在勤中に旧知となった寺内正毅陸相に「相当打ち明けた話をしていた。このことは七月二一日、三山が山県をたずねたとき聞かされた」とある。

「クロ曰く、露国は御承知之通り借金政略にて既に八億余を極東に固定せしめたれば、若し此新経営が失敗すれば露国政府破産の外なし、此事は推察してもらひたい。曰く、満州還付条約は実はラムズドルフ（外相）の失策也。新営造物保護のためには、到底満州より撤兵すること難し。それでも期限通り撤兵に着手したるが、満州各方面之当事者は皆此処分に反対したり。…曰く、旅順着手工事は自分は最初反対なりき。然れども今日となりては致方なし。現勢を維持せざるを得ず。曰く、戦争の禍害烈矣。中々卒爾にやれることではない云々。しかし、朝鮮を日本に放任するゆゑ満州に容喙してくれるな等の語は、一つも口外せざりし由也。此クロパト寺内対談は余程山県等が貴重して対露策定の参考となし居るものゝ如し」（『三山日記』）

ここでクロパトキンは撤退賛成ではなくなっており、現状維持に転じている。どれほど寺内と親しかったのか。日本の譲歩を交渉するつもりはなかったのか。主戦派の三山は、協商派山県が対露策定の参考にするとみているが、現に御前会議で交渉開始が決まる。

旅順でのクロパトキンはアレキセーエフ、ベゾブラーゾフ、ハルビン駐屯軍司令官、駐清・駐韓のロシア公使らと、いわゆる旅順会議を開き七月二九日に露都に帰っているが、旅順の機関紙「関東報」は会議では対日強硬方針が決定したと報じた。しかし明治四一年にアメリカの雑誌に載ったクロパトキンの調書によると、満州問題への対策は軍事的ではなく商業的にすべきであると決まったとある。結局、ベゾブラーゾフは対日韓積極論を、クロパトキンは平和論を主張したとみるのが正確である、と社史は判断している。

## 旅順の太守へ権力集中

さて、「ロシア皇帝とその政府の最大の失敗」である旅順の極東太守の設置については、仙風居士がペテルブルグから発信する「露都郵信」の随時連載があって、詳しい解説がある。実は一般読者にロシア情勢がこれほどに知らされていたわけで、反応はどうであったかと思うくらいである。仙風居士とは熊本県出身の上田仙太郎（一八六八〔明治元〕年～一九四〇〔昭和一五〕年）であって、鳥居素川とは済々黌、独逸学協会学校で同学であり、一九〇三年、鳥居がドイツ留学からペテルブルグ経由で帰国する際には上田が露都案内役を務めている。その五年前に、上田は三カ月かけてシベリア経由で露都に入り、大学卒後も研学中と注記がある。日本公使館との関係も生じていたろう。一九〇三年九月二七日発信では次のように説明している。

「絶東（極東）特に満州に対する露国の経営が陸軍海軍及び大蔵三大勢力の下に分属し此三者が各自行動手段方面を異にし互に相競ひて其所謂大目的に向って進行しつつあるは今日の有様に有之候」。ところが内外の事情からこれらを一つにまとめる必要に迫られ、「海軍の勢力を中心とし旅順口を以て国威発展の源とし、満州の経営は勿論、ハバロフスク市総督府の軍政的経営もダルニー（大連）市の所謂大蔵省的経済経営も一々太守アレキセーエフ海軍大将の管轄内に帰し、加之外交さへも太守の手に帰しむることゝな」った。関東州長官であるアレキセーエフにはもともと中国、日本、朝鮮の外交を司る機関の役割があったが、これは外務大臣の下にあってのことであった。今や「将軍は外務大臣の外に立ちて外交に関係することゝ相成、要するに…絶東に於ける露国の態度は一に将軍の所存に存すること〻なりたる次第」。将軍の所見は機関新聞「関東報」を通して発表される。バイカル湖以東を旅順口太守府の管轄下におくことは、一定の期限があるだろうが、施行される州地方制は目下、旅順の委員会で編纂中であり、ロシア皇帝は、その発布までは沿黒龍軍と官衙も太守の権限下に置くと勅命した。また半官新聞によれば、欧州師団からの志願者による二個旅団を極東に新設し、海軍省も義勇艦隊から大汽船を買い上げ、さらに一隻も輸送船とし、極東太守府付属とすると報じた、と記している。

さらにロシア皇帝の動きとして、ワルシャワ付近の演習地から独逸ヘッセン国へ、次いでウィーンへ行く予定で、ラムズドルフ外相が随行している。頗る危険であったバルカン問題も今は少し下火となり、露外相は墺外相とともに非干渉策を講ずることになろう。西欧では英皇の仏国行き（〇三年五月）以来、両国の間柄頗る接近、英仏伊西は態度を一にしモロッコ問題も仏の利益をもって決められようとしており、英仏は近東でも以前の反感はなく、反って露仏の間こそ冷やかに感じられる、と伝えている。

## 戦争の外はあるまじく候

帝国の膨張を図って仕掛けた日本。ロシアの不凍港への執念、錆びついた大国意識、遅れて来た帝国主義日本への無智と軽侮、そんな関係にあって、戦争への大きな流れは止めようもなかったか。仙風居士は一九〇四年一月四日発信、二月一〇日掲載で次のように言う。

露国民は一般に戦争に冷淡にして露国は何の為に領土外なる満州朝鮮の為に戦はんと欲するかと疑ふ者も有之、単に戦争に熱心なるは有力なる満州出先の官吏及び関係者乃至御用商人なるべく候。若し此外に主戦論者ありとせば、そは自国政府の敗北を希ふ一種の革命派なるべく候。但し日本を軽侮するは露国上下一般の風なり。半官記者が日本に対し漫りに大国風を吹かし威厳論を喋々するも畢竟此消息に基く点はあり、日本何を為さんとの考へだけは上は公爵下は百姓に至るまでの通有性に有之候。此考へは露国の露国たる所以にして露国立国の根本なりとせば致方も無之、戦争の外はあるまじく候。

と仙風居士は述べている。

## 従軍記者・素川の対応

### サイド記事で気を吐く

一九〇四（明治三七）年二月、日露戦争が始まると、素川は従軍記者第一陣として三月から五月半ばまで、第一軍付で中国へ渡る。記した従軍記は「俘虜を慰問す　五月六日、安東県にて」（五月一四日掲載）、「従軍記者の宿営　四月二九日」（五月一五日）、「戦利品を見る　五月七日、安東県にて」（五月一七日）などがある。戦地での行動は制限され、戦況の報道などできる状況にはなくて、サイド記事が中心であるが、むしろ社史はこれを素川の観察眼の鋭さとして評価している。

帰国後の社説「汝の首に秋水を加えん」（八月一九日）は、旅順での降伏勧告に対するステッセルの拒否回答に怒って書くのだが、やがて現実は惨憺たる戦況とわかって「旅順を干乾にすべし」（九月七日）では、攻略をあわてるなと国民説得の社説に転じている。一一月二六日の二〇三高地占領の記事解禁は一二月八日とあって、当時の取材の難しさがわかる。このあと「擬黒鳩公（クロパトキン）上皇帝書」（一二月一六、一七日）、「露国内政の動揺」（一二月一八日）などもある。

三八年五月の日本海海戦の勝利ののちに八月から米ポーツマスで日露講和会議が始まるが、条約内容が期待に反するものとわかるにつれて、講和反対が強まる。桂内閣に接近し過ぎると社内から批判されていた三山も九月一日、反桂に転じて社説「講和談判の成立」では「政府は償金、割地、露艦交付、海軍力制限の四条件をすべて放棄した。樺太分割も露の提議によるものだ」と攻撃している。ロシアではこの一九〇五年の一月〝血の日曜日〟事件、六月〝ポチョムキン号の水兵反乱〟事件が起きて揺らいでおり、日本でも大々的に報じられている。この時点における社会的状況と言論活動の効果をさらに追求しなければならない。

## 講和反対、騎馬で練り歩く

さて三八年九月三日、大阪中之島公会堂で開いた市民大会には講和条約破棄、閣僚と元老の処決、戦争継続の三点を要求して五〇〇〇人が集まる。素川はこの大会に弁士として参加しており、「大朝」はその大会記事で第三面を埋めている。社史は、大阪では「東京ほど政府その他の要路との接触がなく、わが国の兵力、経済力の限界についての情報にも欠けるところがあり、それだけ政府攻撃には烈しさが加わった」と認めている。しかし二日後の東京の国民大会も大荒れとなり、軍隊が出動し、戒厳令が敷かれ、御用紙「国民新聞」が襲撃される日比谷焼討事件に発展している。

また新聞記者の街頭への進出としては、「大朝」二回目一六日間の発行停止が明けた一〇月四日、社説で桂内閣総辞職を要求する一方、発行停止の間には社員らは非講和演説会などに出席し熱弁をふるったという。当時、「大阪毎日」の学芸課員で、翌年に「大朝」入社、のち信濃毎日、新愛知の主筆となる著名な反骨記者桐生悠々は記す。

大朝は三度発行を禁止された。白面の一書生であった当時の私は、大朝が同（講和）条約の反対の為にデモンストレーションを起こして、市中を練り回った光景を見て、心を躍らせた。就中、西村天囚や、鳥居素川氏などが「一剣倚天寒」と筆太に書かれた旗を先頭に、騎馬で、市中を練り回りつゝあった颯爽たる姿を見たときには、羨ましく又妬ましくてたまらなかった。（当時の大毎は、むしろ条約に対する無言の弁護者であったから、東京の国民新聞焼き討ちの報に接するや警戒せざるを得ず、多数の刀剣を二階に積み並べて万一に備えた、という。桐生政次自伝『思ひ出るまま』から）

さすがの「大朝」も一一月一九日には、社説「戦後経営第一義」を掲げ、講和問題から筆鋒を転じる。社史は、在籍のまま外務省嘱託となった「大朝」出身の内藤湖南は、西村や鳥居らとはやや意見を異にし「外務省が講和談判でとった態度を、それほど屈辱とは考えなかった」（内藤手記『日露戦争の前後』）と指摘しており、留意しなければならない。一二月二一日、桂内閣は総辞職し、西園寺内閣に引き継がれる。しかし、その西園寺内閣も四〇年になると七月四日総辞職し、七月一四日第二次桂内閣が成立する。さっそく翌日の「大朝」社説は「吾人は此内閣を歓迎せず」を掲げ、以降、「東朝」に比べて「反桂」の論調を激化させている。その桂は、素川にすれば独逸学協会学校に学んだころの校長であったのだが…。

# XI 発議した漱石招聘、信念が親交結ぶ

## 漱石の「朝日入社」をめぐる顛末

### はじめに

片や、第一高等学校や東京大学での教育に嫌気が差していた英文学者であり、「吾輩は猫である」によって売り出し中の作家を兼ねる。もう一方は、基本的には肥後国権党系ながらドイツ留学の蓄積に根ざす反権力の塊の新聞記者。同じ慶応三（一八六七）年の生まれで、江戸っ子夏目漱石（二月九日、旧暦一月五日～大正五・一九一六年一二月九日）と肥後人鳥居素川（八月三日、旧暦七月四日～昭和三・一九二八年三月一〇日）の二人が相互になぜ、そして何に共感して「漱石の朝日入社」へ動いたか。それも熊本を舞台にする小説「草枕」を読んだ素川が感服して「漱石招聘」を発議したというのが定説だが、社内には招聘に異論があったし、大阪対東京の対抗意識もからむ。漱石自身も研究者から新聞小説家に転換しようというのであるから、その決断は尋常ではない。その経過の整理とまとめは「素川」を追っかけている筆者にとって懸案であった。

この問題を解くには、まず朝日新聞に関する書籍にどのように記されているか検討する必要がある。それ

は①『村山龍平伝』（朝日新聞大阪本社社史編集室編、昭和二八年。以下「村山伝」と略）や②『上野理一伝』（編集・朝日新聞社史編修室、昭和三四年一二月、発行・㈱朝日新聞社＝大阪市北区中之島。以下「上野伝」と略）があり、社関係史としては③『朝日新聞社史　明治編』（編集・朝日新聞百年史編集委員会、一九九〇・平成二年七月、発行所・朝日新聞社　東京・北九州／大阪・名古屋。以下「社史」と略）がある。村山・上野は社主であるが、それぞれの編集と発行所の表記が変化していることに注意したい。

そのほか社内用の刊行物として④『鳥居素川と寺内内閣（編年史別巻）―「朝日」に対抗した「大正日日新聞」』（朝日新聞社社史編修室、昭和三九年一二月。執筆は社内の清水三郎、以下「清水本」と略）がある。さらに③「社史」よりも二六年早く刊行された、数少ない素川評伝の一つ、新妻莞『新聞人・鳥居素川―ペン・剣に勝つ―』（朝日新聞社刊、昭和四四年四月）もある。

これらを点検することによって明治四〇年四月の「漱石入社」にかかわった人物や交渉経過をみながら、同時に瀬沼茂樹『夏目漱石』（東京大学出版会、一九七〇年七月）の「年譜」と照合して、二人の近代感覚は如何にあったか、さらに文芸・文化的な意味なども考えてみたい。

## 「村山伝」が述べる「漱石招聘」

①「村山龍平伝」は朝日新聞社の「伝記」としては、最初に社内の総力をあげて制作されたはずであるが、「漱石入社」を次のように述べる。

漱石の小説は哲理を交え彼れ独自の人生観を顕著に表しているので、新聞の連載物としては当時の一般読者の文化的教養の水準から考えて、如何あるべきかと社内では少からず危ぶんだが、大阪の鳥居素川が池辺（三山）と図り、文学精神は時代精神に合致すべく、新聞小説は徒らに十年一日の如く、多数読者の嗜好にのみ迎合していては、その向上進歩は望まれない。日露戦争後の日本は文芸の面においても、世界の近代文学の水準に到達した作家を待つ状態にある。現在の日本においてこれに近い資格を有する第一人者は漱石である。朝日は漱石の筆によって戦後の日本の啓蒙運動を行うべきであって、読者受けの如何はこの際第二議とせねばならぬとの論を立てて村山社長の意見を叩いた。村山もこれより先、鳥居の推薦によってすでに漱石の新著は出版されるごとに目を通していたので、池辺と鳥居の説くところをほとんど一議に及ばず了解し、最高の礼をつくしてこれを迎えることに決したのであった。

ここでの主役は「漱石招聘」を提案した素川であり、素川は「漱石の筆によって（日露）戦後の日本の啓蒙運動を行うべきである」などと大上段に構えて素川らしい強引な立論によって新聞小説の大衆的、娯楽的、通俗的な状況から脱却しようとねらっていた。ところが池辺三山も東京で社会面と小説欄の刷新に乗り出しており、二人の新聞改革の意識は近似していたといえよう。しかし社内では漱石の小説が当時の一般読者の知的水準や嗜好に合致するのか、異論があったと指摘するのは「村山伝」だけである。

「村山伝」はまた、三山らの命を受けて漱石と直接交渉に当たったのは白仁三郎（坂元雪鳥＝註1）であるが、その白仁に宛てた漱石の手紙を引いて、漱石の心情を次のように述べる。

「小生の小説は到底今日の新聞には不向と思ふ夫でも差支なきや。尤も十年後には或はよろしかるべきやも知れず。然し其うちには漱石も今の様に流行せぬ様になるかも知れず。夫でも差支なきや」「小生はある意味に於いて大学を好まぬものに候。然しある意味にては隠居の様な教授生活を愛し候」「大学を出て江湖の士となるは今迄誰もやらぬ事にて候夫故一寸やって見度候。是も変人たる所以かと存候」と、漱石は身の処し方に不安と自信を表している。

## 素川はゾラやゴーリキーに関心

「村山伝」の六年後に刊行された②「上野伝」は「漱石招聘」を鳥居素川に関係して次のように始める。

素川は新聞小説についてハッキリした一家言を持っていた。かれは明治三十年代の新聞小説に、時代精神の足場を踏まえて、文学精神の発揚につとめようとする作家の出てこないことを不満としていた。かれは…十九世紀末のドレフュース事件におけるゾラの活動に共鳴して、その紹介で、「大朝」紙上を賑わしたり、マキシム・ゴリキーという作家の戯曲「どん底」に熱中して、ドイツ語から重訳し「無宿者」という題で「大朝」紙上で連載したりした。

素川に夏目漱石の「吾輩は猫である」を是非一度お読みなさい、と勧めたのは、「大朝」東電係の林寛だった。素川は評判の「猫」の単行本を林から借りて「…一度読んでみた、感心もしない。二度読んで見た、感心もしない」と読後感を後日率直に書いている。（大正五年十二月十一日付「大阪朝日」所載、素川の追悼記「漱石君を悼む」から）

そのうち漱石の評判はいよいよ高くなるばかりなので、いま一度読み直してみようと思い返し、たまさかの休暇の一日、こんどは『鶉籠《うずらかご》』を手にして、自宅からほど近い阪神沿線芦屋の浜にそそぐ小川のほとりに寝ころんで、おちついて読み始めた。

「ハテな、唯の小説ではない。殊に編中の草枕に逢着し、ハテな、我等の論ずるところを君は小説で書いている。偉い、唯の人物ではない。仰げば蒼天、俯せば草枕、自分は此の時を以て君の筆に融合して仕舞った」（「漱石君を悼む」から）、とある。

まず、ドレフュス事件とは、一八九四（明治二七）年一二月、ユダヤ系フランス軍将校ドレフュスがスパイ容疑で逮捕され、終身禁固に処されたのが発端。社会主義的色彩を強めた小説家ゾラは九八年、大統領宛での公開状「われ告発する」を新聞に発表、そのため告訴され禁固一年の判決を受けたが、ゾラは一時イギリスに亡命するなど、ドレフュス弁護にあくまで闘ったとある。それを、明治三〇年末「大阪朝日」に入社して間もない素川が、紙面に取り上げたことをさす。また戯曲「無宿者」の掲載については「大阪朝日」のマイクロフィルムで確認したが、日露戦争勃発により数回で消えていた。ドイツ語からの重訳ならば、ドイツ留学に挑む素川であるから、可能であったろう。

## 漱石の作品発表と照合

さて、漱石年譜をみると、「猫」は明治三八年一月から「ホトトギス」に掲載、これによって漱石の文名は上がり、小説家としてスタートする。第一～第六を収めた単行本『吾輩は猫である・上編』が服部書店から刊行されるのは三八年一〇月であり、初版は二〇日で売切れたという。一般的には素川は「草枕」を読んで「漱石招聘」に動いたというのだが、『猫』を読んでいたとすれば当然、一年も早く漱石を知っていたことになる。

また、漱石が「猫」の第一一回（最終回）を脱稿するのが三九年七月一七日で、二六日には「草枕」を起稿して、文芸誌「新小説」に発表するのが九月である。さらに四月「ホトトギス」に掲載した「坊っちゃん」に「草枕」「二百十日」を加えて収録、『鶉籠』として、春陽堂から世に問うのが四〇年一月である。

さて、素川が『鶉籠』を手にして「小川のほとりに寝ころんで」読んだというが、それは可能だったのか。冬も一月以降の寒さの中では六甲颪《おろし》が吹くような時節、状況的にそぐわないのだが…。

「上野伝」はまた、その後の経緯を次のように続ける。

気のせわしない鳥居は、感心すると矢も盾もたまらぬように、その夜、漱石へ宛てて「大阪朝日」の新年紙上に何か随筆を書いてもらえまいか、と依頼の手紙を出した。その手紙を受取った漱石は、鳥居と面識がなかったので、双方の友人である中村不折から、ことわりの手紙を出して貰った。

それから三カ月たった明治四十年の二月、東京朝日新聞社を通じて漱石に入社の交渉が始まった。

鳥居素川は自ら愛誦おかざるところの「鶉籠」「漾虚集《ようきょ》」を読んだあと、そのころ真《ま》韮《にら》館といわれた旧社屋の奥まった総務局の机の上にポンと投げ出しておいた。自分が面白いと思った点だけ朱線がのべつにひいてある。二、三日たつと、素川は村山、上野のところへノコノコでかけて返事を催促する。

「ご覧になったですか、あれ?」「あれとは何だい」「夏目漱石という男の新著です、新しい時代の小説とはあんなものを指して言うのでしょう、大いしたもんだ」。最初の交渉は、この位で切り揚げて帰り、また両巨頭の手のすいたようなときを見かけてはノコノコと出かけて行き、漱石礼讃の講釈を一席聞かせて帰る。このようにして、素川は村山、上野の二人を間もなく漱石信者にしてしまった。

鳥居は池辺とはかって、漱石への交渉を進めた。またそのころ社会部長として「東京朝日」に入社したばかりの渋川玄耳もこの交渉に一と役買うことになった。

渋川柳次郎（玄耳）は日露戦争で第六師団の法官部にいて、朝日の従軍記者弓削田精一と知り合い、朝日紙面に「陣中の二十四時間」「陣中写生帖」などの陣中便りを送って注目され、三山の社会面刷新のお眼鏡にもかなって、入社を決めるのが明治四〇年二月（正式には三月）である。その渋川に対して素川が「肩入れ頼む」と電話したとあるのだが、さて…。直接的には第五高等学校時代から漱石門下にあった白仁三郎が「最初の交渉を試みることとなった」（その五高の頃、漱石中心に俳句結社「紫溟吟社」が設立され、六師団の渋川も参加している）。

## 素川の「漱石認知」は早かった

ここで註釈が必要になる。素川は『鶉籠』の「草枕」を読んで新年（明治四〇年）の紙面に随筆を漱石に頼んだとあるが、原稿依頼は明治三九年内でなければならない。ところが『鶉籠』は四〇年一月の刊行であり、この話は成り立たない。だから素川が「草枕」を読んだのは三九年九月の文芸誌「新小説」に発表された「草枕」であったろうと推測できる。つまり素川は、以前から漱石の作品に関心を持っていて、あるいは「ホトトギス」をも読んでいたのかもしれないのだ。

仮に「猫」だけを取り上げてみても、三八年一月の「ホトトギス」で掲載が始まり、『我輩は猫である・上編』が刊行されるのは明治三八年一〇月であるから、「東電係の林寛から単行本『猫』を借りて読んだ」のは、それ以降の時点になる。さらに『漾虚集』（三九年五月刊）と『鶉籠』（四〇年一月刊）を村山らの机上に置いたとすれば、その刊行後に説得工作は始まったことになるのだが、それでは間に合わない。

その『漾虚集』には何が収録されていたのか。漱石初期の(a)「倫敦塔」(明治三八年一月「帝国文学」に初出)、(b)「カーライル博物館」(一月「学鐙」)、(c)「幻影の盾」(四月「ホトトギス」)、(d)「琴のそら音」(五月「七人」)、(e)「一夜」(九月「中央公論」)、(f)「薤露行《かいろ》」(一一月「中央公論」)、(g)「趣味の遺伝」(三九年一月「帝国文学」)の短編七編であり、三八年の作品が六編を占めている。

江藤淳の分類によれば、(a)(b)が「留学もの」、(d)(g)が「怪談もの」、(c)(f)が「騎士道もの」、(e)は「判じもの」とある。「留学もの」は報告記の趣だが、「倫敦塔」はダンテ『神曲・地獄門』から自身の訳文を使ったり、「騎士道もの」も叙事詩を下敷きにし、あるいはアーサー王伝説を枠組みにするなど、篤学な英文学者のユニークな作品としながらも小説としての問題点を論じている。

『漾虚集』は当時の一般読者にはそれほど受けなかったともいわれ、社内の危惧の念も合点がいく。そして村山らの説得には「草枕」だけでは材料不足であろうし、他の作品も持ち出して論議されたのであろうが、それにしても「上野伝」は昭和三四年刊であるが、漱石の執筆歴も調べず、話を作りあげたかと疑われる。

## 「清水本」が素川批判の指摘

「漱石招聘」の交渉過程について④「清水本」は次にように指摘する。

素川は旧知の中村不折を通じて新年物の随筆を書くことを漱石に交渉して貰ったが、漱石は断わった。明治三九年一二月二日に漱石が不折に出した返事を引いて「鳥居素川先生の手翰拝読致候…(多忙のため)諸方よりの依頼も乍遺憾謝絶致候…鳥居君へ宜しく御断わり被下度…」と記して「清水本」は「素川の交渉が漱石招聘の緒口になったことは間違いない」と認める。そして続ける。
「東朝」主筆池辺三山の意を受けて、漱石の教え子の東大文科学生坂元雪鳥（当時白仁姓）が漱石に会見を申し込んだのが四十年二月二十日である。ところがこの点について誤解され易いのは、大正五年十二月十三日の「朝日新聞」紙上に載った素川の「漱石君を悼む」という一文があるためである。それを要約すれば、素川は漱石の「草枕」を読んで感服し、村山社長にこれを読むことを勧め、また社員として招聘するよう献言した。そこで自分は社長の命に依り、東朝の池辺三山君に申送った。三山君よりは迚も六ケしかろうとの返事が来た。併し石田三成が島左近を泡《抱》へた例もある。況や我社をやで、交渉を託すると、意外にも反響がある。

若干説明が必要だろう。中村不折は新聞「日本」時代からの素川の知り合いであり、明治三四年に素川がドイツ留学するときには、パリへ赴く不折と同船している。そして坂元が漱石に「会見を申し込んだ」明治四〇年二月二〇日について、「清水本」はいう。
ところが四十年二月二十日、つまり坂元雪鳥が漱石に面会申込の手紙を出した同じ日に、三山が両社長に出した手紙には
扨昨今流行第一之文学家小説家夏目漱石君二百円くらいの俸給ならば大学教授を辞職して入社いたし候べき見込有之此際断然招聘如何と存じ候其人物及伎倆は鳥居君承知に候御聞取奉希候
とある。この文面を見れば、素川が「社長の命により」三山を通じて「交渉を託した」という書き方

ではなくて、全然初めて三山から社長に漱石招聘を切り出したように受け取れる。…この素川の追悼記は、三山を初め、坂元雪鳥、弓削田秋江、渋川玄耳などの人々が誰も在社していない時期に書かれたものであることも念頭に置いて考える必要があるのである。況んや漱石が朝日入社の最後の決意を固めたのは、漱石自身が書いているように三山への全幅の信頼感に因ったものであった。あえて素川の功を奪うつもりはないが、素川の手記が誤解を生むおそれがあるので、この点を特に指摘して置きたい。

この交渉では、素川は漱石を二葉亭四迷と同じように「大朝」社員として独占したいらしかったが、いわば三山に出し抜かれたような形で、大いに不満であった。京都へ着いた漱石に対し「実は大兄を擁し同じ堡塁に拠りて天下を引受け勇戦仕度存居候も一蹟再蹟遂に是に至り…」という手紙を書いているのでも分る。しかし素川のような条件であったら、漱石が果して「朝日」入社を承諾したかどうか疑問である。（「東京朝日新聞編年史明治四十年」第一三九頁以下参照）

要するに社長の命によって素川が「漱石招聘」を三山に申し送ったという点に清水は異議を唱えて、三山は独自に「漱石招聘」に動いたのだと言いたいようだ。また確かに二葉亭は大阪朝日入社だが、大阪には行かず、仕事は東京で済ませている。村山の苦言に対しては三山が執り成している。

因みに当時の東西「朝日」間には資本的系列、支配があるのは勿論だが、紙面的には互いに独立意識が強かったこと、掲載する小説さえも別個であったことを知っておかねばならない。大阪が発祥の地であり、部数的にも大阪の優位がはっきりしている時期である。それにしても三山は東京にあって、大阪にいる村山・上野両社主との連携に信用と力をもっていたこともわかる。

しかし村山らへの三山書簡は、この段階では状況にしっくり合致しない点がある。ここでも「漱石年譜」と照合すると、朝日新聞から招聘の話があるのが二月二四日とある。白仁の会見申込みが二〇日なので辻褄が合う。しかし白仁が漱石に会って、可能性を感じ取り、三山に報告した後でなければ、三山は「入社いたし候べき見込有之此際断然招聘如何と存じ候」と言えないのではないか。

また「清水本」は、素川が「漱石君を悼む」を書いたころには「招聘」関係者は在社しないというが、肝心の村山社主は昭和八年まで生きて健在であり、村山の目は光っていたはずだ。それでも確かに素川の追悼記「漱石君を悼む」には問題点がある。

漱石が死亡した大正五年一二月には大阪では新社屋が完成、機構改革と人事発令があって、素川は編集局長に昇格する。「大朝の素川時代」となって、局内は社会部長・長谷川如是閑、通信部長・丸山幹治、整理部長・原田棟一郎など、ほぼ素川派一色となって、素川にすれば気分高揚の時期だが、迂闊な執筆は要注意の時期ではないか。社屋落成式では礼装した素川が村山社主の横に陣取っている写真が残る。

## 「朝日社史」による「漱石入社」

いろいろな論点を整理して答えるのが③『朝日新聞社史　明治編』である。平成二年刊行だから、それまでの資料の蓄積や検討を経て一定の判断を示しているといえるようだ。特に白仁による交渉過程が詳しくなり、三山の強力な指揮振りが目立ってくる。重複するが、素川の取り組みを「社史」は次のように記す。

漱石に最初に目をつけたのは大阪朝日の鳥居素川であった。明治三十九年十一月、漱石の「草枕」を読んで感動し、新年紙面に漱石の随想を掲載したいと思い、旧知の洋画家・中村不折を通じて依頼したが、漱石は…断わっている。

素川が「草枕」を読んだのは三九年一一月とするのは新しい見解である。『鶉籠』でなく、「新小説」に掲載された「草枕」を素川が読んでいたことになり、話が通じる。もっとも「上野伝」も「それから三ヵ月たった明治四十年二月になると」入社交渉が始まったという文章があるので逆算すると、素川が「草枕」を読んで、新年紙面用の随筆を依頼するのは一一月となる。「社史」は続ける。

「ところが四十年二月、漱石を朝日に入社させようという話が急に具体化する。そのきっかけをつくったのも素川であった」として、漱石が入社直後の四〇年四月一二日、白仁三郎に宛てた手紙で「今回の事はもと大阪鳥居氏の発意に出で夫より東京にて大兄の奔走にて三分の二以上成就致候事と信じ居候」と述べているのを取りあげ、素川の当初のかかわりを漱石が認めていることを示す。これは三月三一日、京都で素川と接触して漱石が知り得た経過であろう。

さらに「社史」は、素川の「漱石君を悼む」を取り上げて、「自分は社長の命に依り、東朝の池辺三山君に申送った。三山君よりは逆も六ケしかろうとの返事が来た。…」の部分を採用し「社長の命」があったと認めている。そして「社史」は別の見方も示す。

「ところが、これとは別に漱石と朝日を結びつけようと考えていたのが白仁三郎と渋川玄耳である」と、大阪とは別に白仁らの動きがあったと認める。そして「二人は漱石とは十年来の知り合いで、二十九年四月、漱石が…熊本の第五高等学校に赴任した、その翌年、白仁は同校に入学…。白仁は漱石の家で開かれた句会に出席し、以来、句稿を携え訪れるようになった。三十一年、漱石を師として寺田寅彦ら五高生を中心に町の若い俳人らと俳句グループ紫溟吟社を組織した。…渋川玄耳は熊本の第六師団法官部理事試補であった。

渋川も俳句をつくっており、師団内の仲間と紫瞑吟社に合流した。これによって三者の親しい関係が生まれた」と述べる。これは熊本では夙に知られる事情である。

このあと「社史」には渋川の社会部長就任と、一方の白仁も五高を経て東京帝大に入学、渋川の紹介で茜子の筆名で朝日に随筆を寄せていて、漱石入社のあとに自分も入社している、とある。「社史」は続ける。

白仁はのちに記している。「或時二人の間に、夏目先生を朝日に紹介したいものだといふ話が持ち上った。…最初は先生の作を専ら、或は最も多く朝日へ載せたいといふだけの考で、大学と高等学校との職に就いて別に何とも考へ無かった。…」。四十年正月に読売が漱石の寄稿を社告しているころであった。

と、白仁らは当初「招聘」までは考えていなかったとわかる。

## 東西「朝日」の漱石争奪戦

「社史」はここから新解釈を述べる。「白仁は二月二十日、三山を自宅に訪問した。そのあと三山はただちに大阪の村山、上野宛に筆をとっている。『拐昨今流行第一之文学家小説家夏目漱石君二百円くらいの俸給ならば…』と前述のように書いた。「三山は、素川から漱石を入社させるよう働きかけてもらいたいと要請をうけていた」。それは社長の命でもあったが、「迚も六ケしかろう」と返事したばかりであった。白仁の「漱石を朝日に紹介したい」という話を、「三山は招請が可能であるとの見通しをつけ、村山らに知らせた」。白仁は「話が『招聘』まで発展したので大いにおどろいた」とある。

これで事情が整理された。二月二〇日には白仁が漱石に会見を申し込む手紙を出すだけでなく、その前に白仁は三山宅を訪れて、渋川と考えた「漱石紹介」を述べたところ、三山が話を一気に「漱石招聘」まで発展させ、村山への手紙となったわけであろう。「清水本」にはこの説明が抜けており、素川への対抗意識だけが目立つ。それにしても三山の「二百円くらいの俸給ならば大学教授を辞職して入社いたし候べき見込有之」という予測ないし勘は、大胆な踏込みである。しかし、後述するが、漱石への回答書に弓削田精一が「月俸二百円、累進式」と書き入れている。なぜ弓削田が書き込むのか。よほど打合せが、その日の内に進んだのか。また「其人物及伎倆は鳥居君承知に候御聞取奉希候」は、蛇足であろう。漱石作品を読んでいる村山らは、とっくに承知のことだし、連絡が緊密でなかったか、あるいは三山は素川に対して東京主導の姿勢を知らせたかったのかもしれない。

白仁が漱石宅を訪れ、漱石の心を探るのが四〇年二月二四日。留学後の教師としての義務年限は過ぎていて、漱石が自由の身であることを知った白仁は、飛んで帰社して三山に好感触を報告、取って返して、漱石宅の近くに構える二葉亭四迷宅で待つ渋川玄耳、弓削田精一と会って大いに喜んだとある。

ここから「社史」による交渉過程の描写が、白仁日記を引用し俄然、時系列に詳しくなる。

三月三日「…夏目先生招聘之件を決せる由を聞き、談判を委任され」、翌四日には「漱石師より封及び葉」が来た。それは入社の条件を具体的にあげ、詳細に質問する内容であり、それを白仁が九ヵ条にまとめて弓削田に見せると、朝日側の回答（カッコ内）を弓削田が書入れたとあり、具体的に詳説してある。

一、手当月額如何、並に其額は固定するか或は累進するか。（月俸二百円、累進式ナリ（註2）但シ僕ノ如キ怠ケ者ハ動モスレバ固定シ易キ傾向アリ）

二、無闇に免職せぬと云ふ如き保証出来るや。池辺氏或は社主により保証され得べきか。（御希望トアラバ正式ニ保証サスベシ）

三、退隠料或は恩給とでもいふ様なもの丶性質如何。並に其の額は在職中の手当の凡そ幾割位に当るや。夫等の慣例如何。（…早晩社則ガ出来ルナラント信ズ。先ヅ御役所並位ノ処ト見当ヲ…）

四、小説は年一回にて可なるか。其連続回数は何回位なる可きか。（年二回、一回百回ノ大作ヲ希望ス。尤モ回数ヲ短クシテ三回ニテモ宜敷候）

五、作に対し営業部より苦情出ても構はぬか。（営業部ヨリ苦情ノ出ル抔イフ事ハ絶対的ニナキ事ヲ確保ス）

六、自分の作は新聞（現今の）には不向とおもふ。夫でも差支無きや。（差支ナシ。先生ノ名声ガ後来朝日新聞ノ流行ト共ニ益世間ニ流行スベキ事ヲ確信シ切望ス）

七、小説以外に書く可き事項は、随意の題目として一週に幾回出す可きか、又其一回の分量は幾何。（其時々ニ御相談致シタシ、多作ハ希望セズ、…）

八、雑誌には今日の如く執筆の自由を許さる可きか（「ホトトギス」ヘハ御執筆御自由ノ事、其他一二ノ雑誌ヘ論説御寄稿ハ差支ナシ、但シ小説ハ是非一切社ニ申受ケタシ、又他ノ新聞ヘハ一切御執筆ナカラン事ヲ希望ス）

九、紙上に載せたる一切の作物を纏めて出版する版権を得らる可きか。（差支ナシ）

なぜ三山ではなく、弓削田が書き入れたか説明はない。政治部長の弓削田は漱石打診の段階から渋川とともに参加しており、東朝内の協議を承知していたのであろうか。

朝日の回答をもって白仁は三月七日、漱石を訪問する。

三月九日には、三山は村山、上野宛に手紙して「夏目漱石君之事鳥居君迄申置候、御聞取奉希候。大抵入社談纏まり候見込に御座候。此事は猶追て可奉得御意候」と報告し、素川とも連絡していることがわかる。

漱石が検討した結果は、いっそう細かい要求として、三月一一日付けの白仁宛て手紙に次のように残る。


大約左の如き申出を許可相成候へば進んで池辺氏と会見致し度と存候。
一、小生の文学的作品は一切挙げて朝日新聞に掲載する事。
一、但し、其分量と種類と長短と時日の割合は小生の随意たること。
一、報酬は御申出の通り二百円にてよろしく候。但し他の社員並に盆暮れの賞与は頂戴致し候。是は雙方合して月々の手当の四倍（?わからず）位の割にて予算を立て度と存候。
一、もし文学的作物にて他の雑誌に不得已掲載の場合には其都度朝日社の許可を得べく候。
（…ホトトギスと雖も入社以降は滅多に執筆はせぬ覚悟に候）
一、…学説の論文等は無断にて適当な所へ掲載の自由を得度と存候。
一、小生の位置の安全を池辺氏及び社主より正式に保証せられ度候。…

以上のように漱石との交渉は細かくて厳しかったが、白仁の努力で「三分の二」はまとまり、最後は三山の出番となる。漱石宅を初めて訪問した三山に対して、西郷隆盛を連想した漱石が入社を決意するに至るのは三月一五日である。

「社史」は、一年前の明治三九年三月に発行の「文章世界」に載った「余が文章に裨益せし書籍」と題する漱石談話を紹介して「明治の文章では、…日本新聞に載った鉄崑崙という人の『巴里通信』を大変面白いと思った。其頃ひどく愛読したものである。因みに云うが、鉄崑崙は今の東京朝日の池辺氏であったそうである」としている。漱石は日清戦争時の明治二七年一〇月からの「巴里通信」を覚えていたわけである。また、三山の死後、明治四五年五月に刊行した三山著『明治維新三大政治家』の序文を漱石が執筆しているが、「社史」はそれを引いて三山について述べる。

池辺君は先を越して向ふから余の家を訪問した。…出て面接して見ると大変に偉大な男であった。顔も大きい、手も大きい、肩も大きい、凡て大きいづくめであった。…（きゃしゃな借家の二階に上げると）大仏を待合に招じたと同様に不釣合いな感を起こした。…彼が帰った後で、余はすぐ余を「朝日」へ周旋する者に手紙を出した。…（話は）略纏まる段になったにはなったが、何だか不安心な所が何処かに残ってゐた。然るに今日始めて池辺君に会ったら其不安心が全く消えた。

翌一六日の白仁日記には「漱石師より来書あり、携えて朝日社へ行く」とある。それは入社を承諾するとの書簡であり、三山はすぐ大阪へ知らせた。一九日には有楽町の日本倶楽部に漱石を招いて晩餐会を開き、三山、渋川、弓削田、佐藤北江、中村不折らが同席した。

### 素川「京都常住」で粘る

ところが翌二〇日、大阪の村山から電話が入り、漱石を京都に常住させることはできないかという。明らかに素川の進言によるもので、二一日、三山は白仁に漱石の意向を聞かせる一方、漱石が応じないと判断して、漱石の返事を待たず「東京在住の意思はかたい」との手紙を出した。白仁からはやはり漱石が京都常住の考えはないと伝えてきた。ところが大阪の返事がいっこうに来ない。三山は二五日、また「何卒々々至急御指図承度。いかにしても入社せしめ度、小生は熱心罷在候」と村山らに手紙し、二六日にも督促した。

さて、三山と入社で合意し、大学を辞めて気軽になった漱石は、二八日朝、新橋から京都旅行に出かけ、五高時代にともに勤務した狩野亨吉の家に留まる。それと行き違いに大朝から東朝入社でよいとの返事が届いた。三山は京都にいる漱石へ「本日大阪より来書あり、改めて東京朝日に御入社を乞う事と相成候。願ったり叶ったり、此にて確定仕度…」と知らせた。

一方の素川は漱石が京都に来たと知って、三一日、京都に漱石を訪ねて、初志の「大阪朝日入社」にこだわって、「清水本」があげる「実は大兄を擁し同じ堡塁に拠りて天下を引受け勇戦仕度…」という文面の話をしたようで、漱石はこれまでの経緯を初めて知ることになる。

漱石と「長話」をしたあと、帰社して村山と相談した結果を素川は手紙する。「…今朝は始て拝眉仕候に拘らず不得要領の長話をいたし御迷惑恐縮に奉存候。帰来社長に相話申候処御心中も相酌み大阪朝日最初の申出も徹底し居らざりしこと遺憾に存候得共、何れにしても御入社確定仕候以上は御懇親も願度四日夕御差支無之候わば当地にて粗飯差上度御都合如何に御在候哉…」と。つまり大阪最初の申し出が徹底しなかったのが遺憾だがと、素川としては渋々、東京入社に応諾、ついては「御入社確定仕候以上は御懇親も願度」と四月四日の懇親の宴に誘っている。

そもそも三山は漱石招聘に「迚も六ケしかろう」という見通しであったし、交渉過程で「大阪朝日」採用を持ち出した形跡はない。逆に白仁の「漱石紹介」の話によって、一転して東京独自の交渉案に乗り換えた、というのが実相であり、東西「朝日」の「漱石争奪」に発展したというべきであろう。三山には大阪との妥協案として「漱石小説の共通掲載」があったようで、それが切り札となった。

なにしろ交渉を東京側に委ねざるを得ないのが素川の痛いところであった。しかし、素川の手紙や初会見での経過説明は漱石に影響したようで、漱石は四月、大阪用だけに原稿「京に着ける夕」を送って気を遣っている。四一年六月にも小品「文鳥」を大阪専用に、七月に同じく「夢十夜・第十一夜」も大阪先行にして掲載している。これは東京での交渉内容を熟知しない素川が執筆要求したせいもあるようだ。

## 三山による収拾の早業

その後の三山の対応は素早かった。四月一日紙上に紙面改良の社告を掲げたが、その末尾に「序ながら披露仕候。近々我国文学上の一明星が其本来の軌道を廻転し来りていよいよ本社の分野に宿り候事と相成居り候。…如何なる星如何なる光、試みに御猜思下さる可く候…」と漱石の名は伏せて予告。翌二日には「…誰れぞ誰れぞとお尋ね少からず、実は本人目下旅行中にて…強いてお尋ねに付きては名前をも申し上べく候。新入社は夏目漱石君に候。…」と漱石入社を明かした。これ以上、大阪に口出しはさせぬという態度を鮮明にしたことになる。後手となった「大阪朝日」も三日に社告した。

その間の動静を「社史」は省略しているが、高木健夫『新聞小説史』（国書刊行会、一九七四年）は四月三日のことを次のように述べる。

漱石と会って関西在住の意思のないことを聞いた素川は、東朝の出し抜き社告にどうすることも出来なかった。村山龍平はいった。「長谷川（二葉亭）さんといい、夏目さんといい、近年の大家たちは、どうも大阪がお口に合わぬらしいナ、まアよい、よい、こんどは池辺君の手柄にして入社してもらおうじゃないか。」…そして素川は京都鴨川の狩野邸に滞在している漱石に手紙を書いた。「（前略）東京朝日にては御入社のことを発表致し小生の苦心も水泡に帰し申し候。実は大兄を擁し同じ堡塁に拠り…（「清水本」が取り上げた手紙）…万事みな因縁のシガラミと存じ申し候。されば明後夕拝眉仕り候も、もはや何も申し上ぐべき事もこれなく唯々一笑握手、歓を尽し申すべきのみ、村山社長よりも宜しく申し出で候　拝具」

これは素川の敗北宣言でもあろう。「大阪朝日」にすれば、素川が「草枕」を読んだ明治三九年一一月から数えると、四カ月の試行錯誤であったし、「東京朝日」にすれば、三山が村山らに「入社の見込有之」と手紙した四〇年二月二〇日から四〇日間の棚ぼた様の成果であったか。

また、漱石の京都旅行は『全集』に「日記三」（明治四十年三月二十八日―四月十日）〔手帳⑤九一〇、一九四、一九二―一七七縦書〕として収録されている。

三月二八日は「八時東京発」…「夜七条にツク車デ下加茂ニ行ク。京都ノ first impression 寒イ」と記すだけで、狩野とその邸にも触れない。三一日の素川との会見も出てこない。

四月四日は東本願寺、東寺、西本願寺などを巡ったあと、「〇七条の停車場に至る。時早し／〇大坂着　中の島散歩。朝日新聞社へ赴く。社主村山氏に逢ふ。小山氏にも逢ふ／〇ホテル晩餐会に臨む。会するもの十二三名なり／〇夜高麗橋際星野方に宿す」

五日「○宿の神さんの話を昨夜鳥居氏よりきく」（その会話が一行続くが省略）

この京都旅行の日記は取材も兼ねていたらしく、寺社や仏像などのメモが丹念に記される一方、人との交流などは四日の晩餐会のほかは一切ない。しかし素川の名前が上がっている。

五月三日には漱石は「東京朝日」に「入社の辞」を掲載、「大阪朝日」は「嬉しき義務」と改題して四、五日に分載した。五月二八日には早くも入社最初の「虞美人草」の予告が出て、六月二三日から一二七回の連載が始まり大人気。虞美人草浴衣や虞美人草指輪まで売り出されたとある。

かくて漱石の朝日入社は実現したが、素川の大阪への執着は実らなかった。

## 註

（1）白仁三郎。蒲池正紀『夏目漱石論』（日本談義社、昭和四二年）によれば、明治一二年生まれ、柳川藩士の三男。五高に学び、漱石の俳句門下となる。東京帝大法学部に入るが、国文科に移り、この間、朝日文芸欄に寄稿する。明治四〇年七月卒業。朝日新聞入社、四二年退社。昭和一三年まで朝日に能楽評を執筆。四一年、鹿児島藩士の養子となり、坂元姓となり、雪鳥と号した。昭和一三年没。夫人八千代は医者で晩年の渋川玄耳の医療に当たった。

（2）漱石の月俸。朝日解答では「累進式」であったが、牧村健一郎『新聞記者　夏目漱石』（平凡社新書）は最後まで二〇〇円で変わらなかったとしている。「社史」は、他に賞与が年二回、それぞれ一ヵ月分、漱石の収入は二〇〇〇円で、入社前より一〇〇〇円多くなったとしている。

## 素川は『草枕』に何を読んだのか

### 「小説改革」をめざす素川と三山

大阪朝日新聞に「漱石招聘」をと言い出したのは鳥居素川であって、それは小説「草枕」を読んで「ハテな我等の論ずるところを君は小説で書いている。…自分は此の時を以て君の筆に融合して仕舞った」と、漱石追悼文で言うが、何に感服したのか、なぜ融合したのか、それは言わない。この文章は脚色染みて怪しい個所もあるが、新聞小説になぜ、東京帝国大学講師の夏目漱石を引っ張り出そうと考えたのか、それは素川追究者にとっては大問題であり、文学史上でも無視できないのではないか。素川は「予て文学精神は時代精神に合致すべく、新聞小説は徒に十年一日の如く、多数読者の嗜好にのみ迎合していては、その向上進歩は望まれない。日露戦争後の日本は文芸の面においても、世界の近代文学の水準に到達した作家を待つ状態にある」として、その第一人者は夏目漱石であり「朝日は漱石の筆によって戦後の日本の啓蒙運動を行うべきである」と言っていたとある。世には自然主義文学が台頭する時期にあって、その違いも問題であるが、これは実は「大阪朝日」内にあってライバル関係の西村天囚の「浪花文学会」や社内の小説家渡辺霞亭らの存在を向こうに回しての発言なのである。

一方、夏目漱石は「草枕」について「でもし、この俳句的小説――名前は変であるが――が成り立つとすれば文学界に新しい境域を拓くわけである。この種の小説はいまだ西洋にもないようだ。日本には無論ない。それが日本にできるとすれば、まず、小説界における新しい運動が、日本から起こったといえるのだ」（明治三九年一一月の「文章世界」での談話筆記「余が『草枕』」）と、自信を示している。しかし、素川の感覚がその方向にあるようにはみえない。

## 漱石と素川の近似点を探す　漢詩と禅

そこでまず、漱石と素川の間に幼少時から共通する部分・感覚がないか探してみる。

『草枕』には冒頭から「詩」と「画」が出てくる。「住みにくさが高じると、安い所へ引き越したくなる。どこへ越しても住みにくいと悟った時、詩が生れて画が出来る」とある。

素川にとっての「詩」は勿論、英詩、シェレーの雲雀などではあるまい。それは当時の知識人の素養に属する漢詩であろう。『草枕』には漢詩の難解な語彙が頻出して「注」を読むのに忙しく、なかなか進まなかった。漢詩を操る漱石に対して素川はどのように感じたのか。二人の漢籍、あるいは禅定への親しみ方を幼少からの経歴に照らしてみる。なお漱石も素川も慶応三（一八六七）年生まれであるので比較しやすい。

漱石は、明治一一年に入学した東京府第一中学校を一四年に退学、麹町の三島中州の二松学舎に入り、漢学を学ぶ。一五年ごろに漢籍や小説を読んで文学に関心を示すが、兄に止められる。一六年には大学予備門受験のため私立成立学舎（神田駿河台）に入学、英語を学ぶ。一七年から大学予備門予科、改称して第一高等中学校となった同校を経る間に二二年、子規と知り合い子規の詩文集「七艸集」を漢文で批評。八月、学友と房州を旅行し紀行漢詩文「木屑録」を書いて子規に批評を求める。他に漢作文「居移気説」もある。二三年、同校本科を卒業。八月、箱根に遊び漢詩十数首を作る。九月、帝国大学文科大学英文科に入学、二六年に卒業し大学院に入学。翌年一二月、鎌倉の円覚寺塔頭帰源院に入り、宗演のもとで参禅する。

さらに松山中学を経て、二九年に熊本の第五高等学校講師に就任し、七月、教授昇進。三〇年年末から正月にかけて山川信次郎と小天温泉に旅行。三一年、漢詩を多く作って、長尾雨山に添削を乞う。三二年、英語主任となり、九月、山川信次郎と阿蘇登山。三三年五月、英国留学を命ぜられ、九月に横浜出港。

とりあえず熊本時代までみたが、漱石が漢学を学び始めるのは明治一四年、漢作文は二二年、漢詩は二三年に始めたことになっている。熊本では俳句だけでなく、漢詩も「多く作り」とある。参禅するのは二七年一二月から翌年一月まで著名な臨済宗の円覚寺で続けるが、その後の行動は「ジャパン・メール」の記者を志願して、禅について英語の論文を提出したが不採用。四月には東京高等師範学校と東京専門学校を辞職し、松山中学教諭に就任するため愛媛県松山に赴く。その間の心の不安定もあり、参禅によって得るものはなく、失敗であったとする説もある。

一方の鳥居素川については新妻莞『新聞人・鳥居素川』によれば「六歳から漢学塾」に学び、それは「当時聞こえた明石華陵の漢学塾」とあるが、これが判然としない。明石華陵が人名だとすれば、管見ながら地元の関係資料には見当たらない。明石鑑次郎なら、明治一一年四月開校の華陵小学校の第二代校長（一一年一〇月〜一五年一一月在任）として『春日の歴史』（春日小学校創立百周年記念事業期成会）にみえる。そして春日学校から校名変更した華陵小学校の校長明石は中学進学をめざす子供たちのために自宅で漢学塾を開き、一説では「花陵塾」と称しており、素川はそこで漢学の初歩を学んだであろうと推定される。小学校卒業は本山小学校と確定できるのだが、その年月は限定できない。同校は実学党系の若手教師をそろえて、飛び抜けた教育を施し、子供たちの演説会も行なったとある。『城下の人』の石光真清は、兄真澄ら若手教師が明治一二年には東京へ去ってしまったと記している。そして鳥居は済々黌へ進むのだが、これも年月不明である。済々黌では皇漢学などのほかドイツ語を一年間学んだことが特徴的である。これが鳥居一九歳までの教育環境である。この後上京し、独逸学協会学校に学ぶ（拙著『考証「鳥居素川」（上）明治大正期・言論人の周辺』参照）。いずれにしろこの時期には漢詩への関心はみえない。

また鳥居は明治二三年九月になると上海の日清貿易研究所に転じ、その授業は関係専門授業のほか、清語学は会話口授が週一二時間、英語学が六時間、和漢文学一時間がある。一〇月、支那語教師の御幡雅文に書を習い始め、一二月には支那語教師の桂林に漢詩の添削を依頼していて、初めて漢詩が現れる。当時は二三歳であり、漱石と同じ頃、興味を示したことになろう。

禅については二四年一月、所長代理の根津一（乾、のち東亜同文書院初代院長）から「禅帯一條給せらる。共に練騰法を授かる」とあり、翌日も「考案一題授か」り、愈々禅学修業の念起こり、その夜から三時間の座禅を始めている（以上、素川の「遊滬日誌」）。

病で上海から帰国したあと、京都に転居。二四年一一月には友六人と京都嵐山で舟遊び、素川、井手三郎ら四人が漢詩を競っている。素川は律一詩も作り、友人の作を「詩の体を成す」と評する力量である。これに先立って九月には中川重麗に漢詩の添削を頼むとあり、関心が強かったとみえる。また友人らと清水寺から山科へ遊ぶ際、逢坂の関の少し手前、午餐をとった走井亭の庭を賞し、素川は次の詩を記す。

茅簷倚石景幽寥　紅葉薔花天欲焦　別有流泉鳴玉瑟　仙人乗鶴下雲霄

さらに大津に至り長等山三井寺に詣つ。前に琵琶湖、後に山を負ひ眺望絶佳。一律を賦す。

水閣山楼碧瓦重　湖光沓漫渚煙封　晩鐘有恨三井寺　夜雨無痕唐崎松
十里帰帆釘夕日　数行飛丁落前峰　瀟湘此景維描得　分付詩人錦瀟胸（「遊滬日誌」）

以上について専門家に見てもらうと、いずれも規範に則っているとの評であり、日記には表れないが、かなり独自に学んでいたようだ。

また禅については、素川は京都での一年二カ月の間、臨済宗京都五山の第二位次、相国寺派本山の相国寺で座禅を始めて、碧巌録提唱にも加わったほか、南禅寺、林丘寺（いずれも臨済宗）などで参禅三昧を体験している。それも知友となった僧鉄眼を通じ、天竜寺管長をつとめたあと林丘寺に隠居した滴水禅師を知る。さらにその講筵に同席した新聞「日本」社長陸羯南とも僧鉄眼の紹介によって知り合い、入社の契機を得る。講筵には京都地裁判事であり、のち貴族院議員となる河村善益らも参加、その河村から碧巌録を借りて素川は学んでいる。

因みに滴水禅師（文政五・一八二二〜明治三二・一八九九）は、臨済宗の僧で、諱《いみな》は宜牧、姓は由理。丹波の人で天竜寺管長、大教正として天竜寺再興に努めた。門下に竜淵、峨山、山岡鉄舟らがいるとある。なお、新妻莞は姓を「由利」としている。

また天竜寺は京都の嵯峨にある臨済宗天竜寺派の大本山。山号は霊亀山。足利尊氏が貞和元（一三四五）年建立。のちに京都五山の第一となり、五山文化を主導、大堰《おおい》川に臨み、嵐山に対する、とある。

さて、「草枕」は〝大学教授の小説〟といわれ、その文体はペダンティックで、衒学的なだけに鼻持ちならない臭いがすると、評する向きもある。しかし、小宮豊隆は記している。

漱石は『草枕』を書き出す前に『楚辞』を読んだのだそうである。これは『楚辞』の世界に自分の頭を同化させる目的であったのには違いないが、然しそれよりも『楚辞』の絢爛豊富な語彙に触れて、自分の中に蓄積されている語彙を掘り起こし、それを一一手近に待機させて用に立てる為だったのだろうと思う。（新潮文庫『草枕』解説）

『楚辞』からの引用も多いというから、難解なのであろう。それらの例を検討しようかと思ったら、そんな論文は夙にあった。しかしその割に当て字、俗字が多いのはなぜと感じたら、それは漱石文学が俳句を基礎にしているからだという人もいる。序でに『楚辞』とは春秋戦国時代の楚の屈原による辞賦とその門下および後人の作を、漢の劉向が集めた書で、詩経と並んで中国古代の二大詩集とされる。興味ある種明かしになったと解すべきかどうか。

## 素川論説と「草枕」の合致点は？

さて、「我等の論ずるところを君は小説で書いている」という鳥居素川だが、明治三九年に何を論じていたのか。彼の記事・論説を探しても適当なそれが見出せない。例えば政治的問題にしろ、一月に第一次桂内閣に代わって第一次西園寺内閣がスタート、二月に韓国では統監府が開庁して、初代統監伊藤博文は三月に着任するが、現地では各地で抗日の反乱が頻発している。三八年から日露講和反対運動や日比谷焼討事件など騒々しいが、目立った政治的事項は見当たらない。

社会的には賃上げ要求などで同盟罷業が相次ぐ。まず石川島造船所で職工七五〇人が罷業（二月）、次に阪神電鉄の運転手・車掌ら一二〇人（五月）、横浜市では左官職二〇九人（六月）がスト、小石川砲兵工廠や呉海軍工廠造兵部でも騒擾、造機・造船部にも拡大（八月）。宮城、岩手、福島など東北地方で大飢饉（三月）、八月には青森県北津軽郡嘉瀬村の村民四〇〇人が米倉を襲い一六〇〇俵を各戸に分配している。
東京では三月、市電値上げに反対する市民大会、四日後デモの一六〇〇人が市庁、鉄道会社に押しかけ電車を襲い、軍隊、騎馬巡査が出動して鎮圧。八月に値上げが認可されると、九月には反対運動が激化し群衆が日本橋、神田付近で暴動化している。むしろ社会状況が緊迫している。

以上が年表にみる明治三九年だが、既述の事情を背景としながらも、それらが「草枕」と直接関係しているわけではなかろう。しかし漱石が、そのような社会状況に嫌気がして主人公の画工を桃源郷・那古井へ逃げ込ませたという想定はいかがであろうか。

ちょっと横道に反れるが、「逃げ出し」を漱石の場合に想定したのは江藤淳ではなかったか。漱石が養父塩原昌之助に無心されるのは三八年早春であるが、江藤は「草枕」一一章における漱石の怒りを、つまり「世の中はしつこい、毒々しい、…いやな奴で埋まっている。…」という個所に続いて、探偵をつけて屁の数を数えてどうなるのだというあの怒り、その源泉を説明するのに江藤は養父の無心を持ち出すので、こじつけ感が強いと思っていたら「草枕」冒頭の名文句「住みにくさが高じると、…」さえ、読み返すと理解が冴えてくるのを発見した次第。

**日露戦争の捉え方**

さて、どうにも埒が明かないので、已む無く時間を遡ってみると、素川の側から考えられるのは、やはり日露戦争関係である。素川は日清戦争に続いて従軍記者となり、明治三七年三月から五月半ばまで戦地に居たが、軍隊の陣後を追っかけて、サイド記事を書くのが精々であり、二カ月程度で従軍を交代している。しかし九月一日「旅順の戦況」の記事で報道禁止に触れ罰金三〇円を取られたが、これは、旅順総攻撃が第一回から戦死一万五〇〇〇人を出すという実態を、山東省の芝罘《チーフー》で手に入れたロシア紙「関東法」（ノーウィ・クライ）で知り、主戦論に若干の変容を施すなど、印象は強烈なはずであった。さらに講話条約締結にも、騎馬で街頭を練り歩く反対運動をしている。それから約一年を経過したか、まだ素川は日露戦争の影響下にあったはずである。

そこで、「草枕」に日露戦争を探す。

《雨は満目の樹梢を揺かして四方より孤客に逼る。非人情がちと強過ぎたようだ》とあるように、画工はずぶ濡れになって峠の茶屋に辿り着き、第二章は《「おい」と声を掛けたが返事がない》で始まる。婆さんに火を焚いて貰って生き返り、《「閑静でいいね」「へえ、御覧の通りの山里で」》と話しているうちに雨もあがり、めざす那古井は《「はい、二十八丁と申します。旦那は湯治に御越しで…」「込み合わなければ少し逗留しようかと思うが、まあ気が向けばさ」》の遣り取りのあと婆さんが《「いいえ、戦争が始まりましてから、頓と参るものは御座いません。まるで締め切り同様で御座います」》と、ひょいと戦争の話が飛び出して虚を衝かれる。

次は志保田の隠居から観海寺の大徹和尚と二四、五の甥久一さんと余の三人が御茶の御馳走になる。床には徂徠の大幅、山陽愛蔵の「端渓で鴝鵒眼《くよくがん》が九つある」硯を見せられ、薀蓄を傾けているうちに、和尚が「何なら久一さんに頼もうか。買うて来て御くれんかな」と。言われた久一さんが「硯を見付けないうちに、死んでしまいそうです」と答える。

「支那の方へ御出ですか」と余はちょっと聞いてみた。／「ええ」／ええの二字では少し物足らなかったが、その上掘って聞く必要もないから控えた。障子を見ると、蘭の影が少し位置を変えている。／「なあに、あなた。やはり今度の戦争で――これがもと志願兵をやったものだから、それで召集されたので」／老人は当人に代って満州の野に日ならず出征すべきこの青年の運命を余に告げた。この夢のような詩のような春の里に、啼くは鳥、落つる花、湧くは温泉のみと思い詰めていたのは間違である。現実世界は山を越え、海を越えて、平家の後裔の住み古したる孤村にまで逼る。朔北の曠野を染むる血潮の何万分の一かは、この青年の動脈から迸る時が来るかも知れない。…（第八章）

三つ目は、川舟で久一さんを吉田の停留場まで見送る途中のこと。久一さんと老人、那美さん、那美さんの兄さん、荷物の世話をする源兵衛と余の六人が船中にある。

「那美さんが軍人になったらさぞ強かろう」兄さんが妹に話しかけた第一の言葉はこれである。語調から察すると、唯の冗談とも見えない。／「わたしが軍人？　わたしが軍人になれりゃとうになっています。今頃は死んでいます。久一さん。御前も死ぬがいい。生きて帰っちゃ外聞がわるい」／「そんな乱暴な事を――まあまあ、目出度凱旋をして帰って来てくれ。死ぬばかりが国家のためではない。わしもまだ二、三年は生きるつもりじゃ。まだ逢える」／老人の言葉の尾を長く手繰と、…末は涙の糸になる。…（第十三章）

最後は、改札場を通り抜けてプラットホームに出たところ。

轟と音がして、白く光る鉄路の上を、文明の長蛇が蜿蜒《のたくっ》て来る。文明の長蛇は口から黒い烟を吐く。…／「いよいよ御別れか」と老人がいう。／「それでは御機嫌よう」と久一さんが頭を下げる。／「死

んで御出《おい》で」と那美さんが再びいう。…（同）

これらが気付いた「草枕」に現れた日露戦争である。これについて素川は何を感じたであろうか。主戦論者素川といえども戦争の市民への影響は理解できたはずである。戦死した息子の話を紙面化してくれと広告料を送りつけてきた親がいて、お金を送り返し、それから戦死者の英雄譚が始まったと社史にあるが、その報道の功罪は別にして、感激屋の素川にすれば、率先していたかもしれない。

漱石の場合はどうか。明治三八年一月、漱石最初の小説「吾輩は猫である」が「ホトトギス」に発表されたとき、世の中は日露戦争の真っ最中であった。戦争後の「草枕」の中で漱石は既述のように冷静に戦争批判を述べる。峠の茶屋の婆さんの言葉は、桃源郷の山の中まで戦争が浸透してきたことを指し示す。お茶の席を楽しみながらも出征する青年の前途について曠野を染める血潮に託して想像する。そして漱石は、那美さんの「乱暴な」言葉で「死」を語らせる。乱暴とは言えない含蓄を含ませているのかもしれない。

さらに漱石が三七年五月「帝国文学」に新体詩「従軍行」を発表したことも記しておきたい。

一　吾に讐あり、艨艟吼ゆる
　讐はゆるすな、男児の意気。
吾に讐あり、貔貅群がる、
　讐は逃がすな、勇士の膽。
色は濃き血か、扶桑の旗は、
……………………

二　天子の命ぞ、吾讐撃つは、
　臣子の分ぞ、遠く赴く。
百里を行けど、敢て帰らず、
　千里二千里、勝つことを期す。
粲たる七斗は、御空のあなた、

鼬を照らさず、殺気こめて。…　傲る吾鼬、北方にあり。

この調子で第七まで続く。当時流行しだした新体詩について漱石は自分も書ける力を示したかったという説もあるが、勇ましい言葉の羅列はそれだけの意味なのであろうか。

**新しい小説「草枕」の思考論理**

そして日本の文学界は、日露戦後には自然主義文学の全盛期を迎えるわけだが、漱石は『彼岸過迄』序文で、広いむやみに西洋の新しい思想をありがたがり、文壇の中だけで通用する「空疎な流行語」を振り回して、広い国民生活の現実とかけ離れがちになる傾向を批判している。しかし読者は多かったが、漱石は当時の文壇では高い評価は得られず、漱石は傍流の作家であり、文学青年からは軽視されていたともいわれる。

これを朝日新聞の側からみれば、漱石の信頼を得て、売り出し作戦に長けた池辺三山が東京にあり、先物買いに先見の明があった素川も大阪にいて、彼らにとって当座は自慢の成功であったろう。逆に漱石作品が読者嗜好に合致するか危惧した一部にとっては杞憂に過ぎなかったことになる。しかし、それも五年後には三山退社の一因に暗転するのだから変化する事態を深くは読みにくい。

漱石は「俳句的小説」を述べる中で《私の「草枕」は、この世間普通にいう小説とは全く反対の意味で書いたのである。ただ一種の感じ――美しい感じが読者の頭に残りさえすればよい。それ以外何も特別な目的があるのではない。さればこそ、プロットもなければ、事件の発展もない。…在来の小説は川柳的である。

穿ちを主としている。が、このほかに美を生命とする俳句的小説もあってよいと思う》と言っている。

これを小宮豊隆は「当時頭をもたげつつあった文壇の自然主義的動向などに対して、アンテイテーゼを置こうとする意味もなくはなかったが、漱石はむしろ、西洋的なものに対する日本的なもの、東洋的なものの高唱を企てているのである。文章から言っても、これはひどく気負ったものを持っている」（岩波文庫本解説）という。そしてシェレーの雲雀の詩に対置するに陶淵明や王維の漢詩をあげる個所を指摘している。

## 近代文明論の起点・ロンドン地下鉄

慶応三（一八六七）年生まれの夏目漱石と鳥居素川が三三～三六歳のころ、共通して経験したことは海外留学である。明治三三（一九〇〇）年九月に横浜を出発しロンドンに滞在、三七年一月、東京に帰国する漱石。同じく三四年に大阪を汽車で発ち、七月六日に門司港から出帆、ベルリンを中心に滞在、三六年六月に帰国する素川。片や第五高等学校の教授であり、他方は「日本」および「大阪朝日」両新聞社で活躍九年の記者である。一定の社会的経歴を経た二人が官費と社費による貧乏留学のなかで僅か一週間であるが、ロンドンに同時に滞在した奇縁がある。勿論二人は面識ないし、邂逅していない。漱石は最後の五番目の下宿、Clapham Common の Miss Leale 方に移って四〇日ほど経ったころである。ベルリンへ赴く途中の素川は、一九〇一年八月二七日から九月二日までロンドンを探索している。そこでまず「世界一の大都市」ロンドンに対して二人は何を感じたか。それを検討すると、漱石が「草枕」に書き込んだ時代認識に対して、素川がロンドンの記憶を喚起しながら共感、感服した過程が推測出来るかもしれない、という想定なのである。

「草枕」の最終一三章に次の文章がある。

いよいよ現実世界へ引きずり出された。汽車の見える所を現実世界という。汽車ほど二十世紀の文明を代表するものはあるまい。何百という人間を同じ箱へ詰めて轟と通る。情け容赦はない。詰め込まれた人間は皆同程度の速力で、同一の停車場へとまってそうして、同様に蒸氣の恩沢に浴さねばならぬ。人は汽車へ乗るという。余は積み込まれるという。人は汽車で行くという。余は運搬されるという。汽車ほど個性を軽蔑したものはない。文明はあらゆる限りの手段をつくして、個性を発達せしめたる後、あらゆる限りの方法によってこの個性を踏み付けようとする。…

汽車は二〇世紀ではなく、一九世紀の文明であろうという説もあるが、人間を同じ箱に詰め込んで「轟《ごう》と」走って、情け容赦もなく人間の個性を踏みつけようとする。だから汽車こそ現今の文明だというのであろう。このように漱石の中で汽車と文明とが繋がって表れる。さらに言う。

一人前何坪何合かの地面を与えて、この地面のうちでは寐るとも起きるとも勝手にせよというのが現今の文明である。同時にこの何坪何合の周囲に鉄柵を設けて、これよりさきへは一歩も出てはならぬぞと威嚇《おど》かすのが現今の文明である。…憐むべき文明の国民は日夜にこの鉄柵に噛み付いて咆哮している。文明は個人に自由を与えて虎の如く猛けからしめたる後、これを檻穽《かんせい》の内に投げ込んで、天下の平和を維持しつつある。この平和は真の平和ではない。動物園の虎が見物人を睨《にら》めて、寝転んでいると同様な平和である。檻《おり》の鉄棒が一本でも抜けたら――世は滅茶々々になる。第二の仏蘭西革命はこの時に起るのであろう。個人の革命は今既に日夜に起りつつある。北欧の偉人イプセンはこの革命の起るべき状態について具にその例証を吾人に与えた。余は汽車の猛烈に、見界なく凡ての人を貨物同様に心得て走る様を見る度に、客車のうちに閉じ籠められたる個人と、個人の個性に寸毫の注意をだに払わざるこの鉄車とを比較して、――あぶない、あぶない。気を付けねばあぶないと思う。…

## 二人とも「革命」を敏感に語る

つまり鉄柵に囲われて憐むべき文明の国民がいかに鉄柵に噛みつき咆哮しようとも、文明はこれを檻穽に投げ込み天下の平和を維持している。動物園の虎同様であり、檻の鉄棒が一本でも抜けたら第二の「仏蘭西革命」が起こるであろう。すでに個人の革命は起りつつあるとイプセンが言っている。人を貨物同様に心得て走る汽車を見ると、閉じ込められた個人、その個性に注意を払わない鉄車＝文明は危ないと思う、と漱石はいう。「仏蘭西革命」については小説「二百十日」でいっそう激しく言及されるが、国王を処刑し共和制を樹立した「仏蘭西革命」を漱石がどのように解しているのか判然としない。イプセンは他の漱石作品にも登場して、個人革命を説いている。

これらを漱石の近代文明の認識、把握としておこう。なお「二百十日」は明治三九年一〇月の「中央公論」に発表されており、朝日新聞社の漱石に関する事前の調査が確かであれば、素川は「草枕」に次いでこれをも読めたに相違ない。漱石との交渉が始まったのは四〇年二月である。

さらに明治三四（一九〇一）年四月九日付の正岡子規宛書簡で漱石は、その頃のロンドン生活を述べながら「スタンダード」新聞を読んでいるとして、次のように記す。

吾輩は先第一に支那事件の処を読むのだ。今日のには魯国新聞の日本に対する評論がある。若し戦争をせねばならん時には日本へ攻め寄せるは得策でないから朝鮮で雌雄を決するがよからうといふ主意である。朝鮮こそ善い迷惑だと思った。その次にトルストイの事が出て居る。トルストイは先日魯西亜の国教を蔑視すると云ふので破門された。天下のトルストイを破門したのだから大騒ぎだ。（「倫敦消息」＝註1）

支那事件とは義和団の乱・北清事変を指し、漱石も、その頃からロシア情勢やトルストイに関心を寄せていて日露戦争を気にしているということになろう。

「倫敦消息」は、正岡子規が自分宛の漱石の手紙を整理して「ホトトギス」（明治三四年五、六月号）に掲載したものであるが、当時、留学を控えた鳥居素川が漱石に関心を寄せていたとは思えない。それよりも素川のロシアへの関心は明治二四、五年の京都時代からシベリア鉄道に興味を持っていたし、ドイツ留学中の一九〇二年初から始めた新聞社への通信では、日英同盟の調印に遭遇し二月は多忙であったが、三月二〇日には「露国大学生ノ蜂起」、二一日「露国革命ノ発端」を「郵投」しており、敏感である。さらにいえば留学からの帰途にはシベリア鉄道を利用し、日露戦争前の情勢把握に努めている。また従軍後の戦争中には、社内にあって編集に携わりながら、一九〇五年一月の「血の日曜日事件」や六月の「戦艦ポチョムキン号の水兵反乱」を機敏に紙面展開し、第一次ロシア革命を捉えている。それが明治三九年九月、雑誌「新小説」に発表された「草枕」を読み、日露戦争を描く漱石に対して素川が反応しないはずはなかろうと想像する。

個性の確立についていえば、素川は近代ドイツの変化を目の当たりにして社会政策を学んだ結果を、帰国後の連載、講談社会主義論「社会新論」で述べている。これはマルクス『ゴータ綱領批判』を読んでいて、どうも、その筋立てと内容が似ていると気づいて調べたところ、ドイツ社会民主党の「エルフルト綱領」に対し、素川独自の見解を述べたものであるとわかった(既述)。ついては素川の「革命」定義も不確かなのだが、感覚的には漱石と革命観を同じくするところがあり、まさに素川がいう「我等の論ずるところを君は小説で書いている」との解釈につながるかもしれない。

## 漱石、パリへの鉄道旅行の試練

漱石が「汽車」と「近代」を結びつけて考えるようになるのは次の体験も一因であろう。つまり留学のための長途の船旅を終えてイタリアのゼノアに上陸する。ロンドン到着の前に四月から開かれているパリ万国博覧会を見物しようと、大陸縦断の鉄道旅行になるが、混雑のなかで同行の四人と離れ離れになりながら、座席確保のために苦闘する様は、西欧文明との衝突の連続であり、漱石を縮み上がらせる。日記から拾う。

一九〇〇(明治三三)年一〇月一九日(金)=午後二時頃 Genoa に着す。丘陵を負いて造られたる立派なる市街なり。薄暮上陸、Grand Hotel に着す。宏壮なるものなり。生まれて始めてかようなる家に宿せり。食事後案内を頼みて市中を散歩す。

一〇月二〇日(土)=午前八時半の汽車にて Genoa を出発す。旅宿の馬車にて停車場に駆付たるは立派なりしが、場内にて委細方角分らずうろうろする様洵に笑止なり。漸く汽車到着せしが乗車せんとすればどこも occupied と剣突を喰い途方に暮れたり。漸く Cook の agent を見出してこれに英語を以て頼みしが、やがて乗客満員のため新列車を増加し漸くこれに乗込みしが、Turin にて乗易る訳故気が気にあらず。漸く該所につき停車場前の旅館に至り中食し四時半の発車を待ち合わす。Genoa 上陸以来一切夢中にて引き廻さる如き観あり。見当違の所に至らざるが仕合なりとす。四時三十分頃旅屋の番頭に送られて汽車に乗る。どこもoccupiedといわれて這入るを得ず。五人離々になりて漸く乗込。就中余は最後まで赤帽に引きまわされて茫然としてうろうろすること多時、漸く毛唐人の内に割込む。皆きょろきょろとして余が顔を見る。この体裁にてModaneまで至る。茲所にて荷物を検査して仏の国境に入るという故、手荷物を持ちて下りることと心得て車を飛び出せば豈計らんや、検査官が車中に来りて検査すというに倉皇引き返せば知らぬ奴が我物顔に自分の席を占めている故、此は我席なりと英語でいえば仏語にて君は何も置て行かぬ故此に座したるなりと威張って入れず。やむをえず藤代氏の席の所に至り廊下に佇立するに、車掌の如き者来り次の部屋指し連《しき》りに分からぬことをとかく申す故、のぞき見れば八人定員の処に一の空席あり。これ幸いと座を占むれば同席の一行六人連の奴原《やつばら》連《しき》りにわれを罵る様子なり。しかし、こちらも負けぬ気にて馬耳東風と聞き流す。かくして東方の白む頃までやり通し八時頃漸くパリスに着す。

停車場を出でて見ればまるで西も東も分からず恐縮の体なり。巡査如き者を捕えて藤代氏（禎輔・ドイツ留学、のち東大教授）船中にて一夜造りに勉強したる仏語にて何かいうに、親切なる人にて馬車を雇いくれて正木氏（のち東京美術学校長）の宿所まで送り届けくれたり。正木氏英国旅行中にて会わず。渡辺氏（文部省書記官）あり、朝食と昼食の馳走を受く。仏人と会食せるはこれが始めてなり。食後停車場に至り再び荷物を受取り返る。晩餐を料理店に食に行く。美人ありて英語を話す。夜Nodier婦人の家に帰りて宿す。これは渡辺氏の周旋にて借りたるものなり。》

このゼノアーパリの鉄道旅行はヨーロッパの第一印象としてかなり強烈であったようだが、翌日からはさっそく、渡辺氏の案内で博覧会見物や「エヘル塔」に登ったりする。ロンドン入りは一週間後になる。

## ロンドン交通網に尻込み

「漱石日記」によればロンドンに到着するのは一九〇〇年一〇月二八日夜である。二九日には歩いて市中に出て、夜にはどんな連絡があったのか、美濃部達吉と雑踏の中を散歩。三一日にはタワーブリッジやロンドン塔を見物するが、これも徒歩である。その夜また美濃部と会って、ヘイマーケット座で観劇している。

そして年末の妻鏡子宛手紙でいう。「倫敦の繁昌は目撃せねば分かりかね候位、馬車・鉄道・電鉄地下鉄・地下電気等蛛の糸をはりたる如くにて、なれぬものはしばしば迷ひ途方もなき処へつれて行れ候事有之剣呑に候。小生下宿より繁華な処へ行くには馬車・地下電気・高架鉄・鉄道馬車の便有之候へども処々方々へ参り候故時々見当違の処へ参る事有之候。十二月二十六日、鏡どの」(書簡集、明治三三年)と記す。

ロンドン到着直後の漱石は方角も地理もわからず、「表へ出れば人の波にさらわれるかと思い、家に帰れば汽車が自分の部屋に衝突しはせぬかと疑い、朝夕安き心はなかった。この響き、この群衆の中に二年住んでいたらわが神経の繊維も遂には鍋の中の麩海苔の如くべとべとになるだろうとマクス・ノルダウの『退化論』を…大真理と思う折さえあった」(「倫敦塔」=明治三八年一月「帝国文学」掲載)と不安で仕方がない。

また「倫敦は広い。…地図にたよって膝栗毛で出掛ると、一、二軒尋ねる内に日が暮れてしまう」。いくらか慣れてくると「交通機関は便利だね。…色々のがあるよ。その代りやかましくっていやだ。馬車へ乗って済していると元の方角へ連れて行かれたり、汽車を乗り違えて飛でもない処へ持て行かれたりする事が沢山ある」(狩野亨吉・大塚保治・菅虎雄・山川信次郎宛の書簡、明治三四年二月九日)といっている。

ロンドン生活当初のことではあろうが、交通機関恐怖症とでもいえるような心境のようだ。「しかも余は他の日本人の如く紹介状を持って世話になりに行く宛もなく、また在留の旧知とては無論ない身の上であるから、恐々ながら一枚の地図を案内として毎日見物のためもしくは用途のため出あるかねばならなかった」(「倫敦塔」)。確かに街を知るには歩くのが一番であろう。よく寄席や観劇に行き、のちには古本屋通いに精を出している。一度に四〇円もつぎ込むなど、生活費を節約しながら本代は別扱いだ。

その漱石がロンドンで初めて汽車に乗るのは一一月一日で、「汽車にて」ケンブリッジへ行き「同大学」の様子を探ったが、漱石の少ない留学費ではとても無理だと知った。同じ留学生だが、軍医研修のためにドイツ公使館にあった森鷗外はドイツ宮廷と交わる(「独逸日記」)など、漱石や素川の貧乏留学とは別格待遇であった。漱石はその格差を「倫敦消息」で嘆いている。なお、この旅の汽車についてはコメントはない。

そして漱石が初めて地下鉄道に乗るのはロンドン到着一六日後の一一月一三日である。日記に「Underground railway に乗る。Ker の lecture を聞く」とある。

漱石の第一の下宿はガワー・ストリートにあったが、料金が高すぎて地図を頼りに膝栗毛で探した。安い第二の下宿はウェスト・ハムステッド、85 Priory Load にあるミス・マイルド方であった。一一月一二日に引っ越しており、その翌日、地下鉄道に乗った。ケアは、ユニヴァーシイティ・カレッジの教授であるので下宿から大学へ行ったのだが、地図から推測して、この地下鉄道は一八七九年開通したメトロポリタン鉄道の支線であり、その本線が一八六三年に開通したロンドン最初の地下鉄道だという(『百年前のロンドン』＝註2)。初期地下鉄道は蒸気機関車が牽引して、車内は硫黄臭く、暗く、すすで汚れていた。それでも地上の道路は泥だらけで、乗合馬車などでごった返していたので、地下鉄道は市民には苦にならなかったろうともある。

漱石自身が地下鉄道を説明する文章はやはり「倫敦消息」にある。四〇日間いた第二の下宿を去って、第三の下宿はテムズ河南岸カンバーウェルのフロッデン・ロードにあるブレッド家である。そこには四ヵ月留まるが、下町へ出るため地下鉄を乗り継ぐことになる。肝心の地下鉄に関するコメントだから、長くなる。

「僕の下宿は東京でいへば先ず深川だね。橋向ふの場末さ。下宿料が安いからかゝる不景気な処に暫く――ぢやない、つまり在英中は始終蟄息して居るのだ」。その下宿から下町へ出るとなると「先ずケニントンと云ふ處迄十五分許り歩行いて、夫から地下電気で以てテームス川の底を通つて…」という「地下電気」は地下電気鉄道のことで、一八九〇年一部開通、一九〇〇年に全通した「シティ・アンド・サウス・ロンドン鉄道」である。続けてケニントン駅でのこと。

　十銭拂つて「リフト」へ乗つた。連が三四人ある。駅夫が入口をしめて「リフト」の綱をウンと引くと「リフト」がグーツとさがる。夫で地面の下へ抜け出すといふ趣向さ。…穴の中は電気燈であかるい。汽車は五分毎に出る。今日はすいて居る、善按排だ。隣のものも前のものも次の車のものも皆新聞か雑誌を出して讀んで居る。是が一種の習慣なのである。吾輩は穴の中ではどうしても本抔は讀めない。第一空気が臭い、汽車が揺れる、只でも吐きさうだ。まことに不愉快極まる。

リフトは有料のエレベーター。乗客は以前の日本のように新聞か雑誌を読んでいる。室内照明はメトロポリタン鉄道のようにガス灯ではなく電灯だが、それほど明るくなく、電灯の真下に座ったものだけが新聞雑誌を読めたという（註3）。漱石は、穴の中で本など読めるものではない、と全くの拒絶反応だ。さらに続く。

　停車場を四許りこすと「バンク」だ。こゝで汽車を乗りかへて一の穴から又他の穴へ移るのである。丸でもぐら持ちだね。穴の中を一町許り行くと所謂 two pence Tube さ。是は東「バンク」に始まつて倫敦をズット西へ横断して居る新しい地下電気だ。どこで乗つてもどこで下りても二文即ち日本の十銭だからかう云ふ名がついて居る。

地下道を一丁も移動してtwo pence Tubeに乗る。これはセントラル・ロンドン鉄道のことで、漱石が到着する三ヵ月前の一九〇〇年七月三〇日に開通したばかり。最新なだけに室内は広く明るく快適であり、どの駅も通勤客、買い物客で活気があったという。次の文章は漱石の近代文明への認識を表すようだ。

乗つた。ゴーと云つて向ふの穴を反対の方向に列車が出るのを相圖に、此方の列車もゴーと云つて負けない気で進行し始めた。車掌がnext station Post-officeといつてガチヤリと車の戸を閉めた。…

新しい地下電気鉄道は「ゴーと云つて」両方向に発車し、地下を潜って突貫していく。この交通の大動脈は、漱石がいう、人間を箱に詰めて突っ走り、個性を踏みにじる文明に違いない。

因みに日本の地下鉄は一九二七（昭和二）年に浅草―上野に開通したのが最初である。

**同じ頃、素川も「地下鉄」観察**

さて、留学一〇ヵ月目の漱石が居るロンドンを、鳥居素川も探訪し、地下鉄を体験している。それはドイツ留学へ向かう途中のことで、一九〇一年八月二七日から九月三日までの一週間、テムズ河口の「チリブリードッグ」に繋留する若狭丸を拠点にして、二九日にグランドホテルに一泊するほかは毎日「汽車ニテ約一時間、フエンチヤーチ停車場ニ着ク」というルートで「世界一の大都市」ロンドンを観察している。フェンチャーチ駅はロンドン中心部でも東寄りに位置しており、そこから徒歩中心にバス、地下鉄を有効に使って、友人田中の知人である英国人二人に案内してもらうなど、活発に行動している。この見物の模様は素川の「欧行日誌」に詳しく、ここでは「地下鉄」に関わる部分を抜粋する。

八月三一日には、英国人二人を同道して、地下鉄道と地下電気鉄道を乗り比べている。地下鉄道は「瓦斯及地下ノ暗黒ノ為、頗ル不愉快」と漱石と同じ反応だ。また地下電気鉄道は「最モ新式ニ係リ、英蘭銀行前ノ広ギニテ、トアル石階ヲ下レバ、地中広闊ナル石壁ノ場処アリ。此処ヨリ『エレメートル』ニテ地中ニ下ル、約七十呎《フィート》」、そこには「電灯煌々タル綺麗ノ停車場アリ。暫シ待ツ、間モナク電車来ル。普通ノ汽車ヨリハ稍小ナルモ、頗ル綺麗ニテ心地宜シ。聞ク、同鉄道ハ長サ七哩《マイル》ニシテ、鉄管ヲ埋メ其中ヲ馳駆シ、資本ハ我郵船会社ヨリモ大ナリト。此ノ鉄道出来テ、倫敦有名ノ地下鉄道モ、テームス河下ノ大道モ、皆顔色ナキニ至リタリ」と詳しく記す。さらに公衆便所について「多ク地下ニ設ケ、広キハ同時ニ四十余人モ用ヲ便スルヲ得ベシ。而シテ昼間尚電灯輝キ、又水常ニ注ゲリ」と述べる。

漱石がいう two pence Tube つまり最新の地下電気鉄道は「頗ル綺麗ニテ心地宜シ」と当然二人の感想は一致する。しかし会社規模を「我郵船会社ヨリモ大ナリ」と日本企業と比較するし、同時に四〇人も用便する公衆便所には「電灯輝キ、又水常ニ注ゲリ」と感心して首都機能の充実を肯定的に受け止めている。

## 繁栄のロンドン、裏側には下等労働者

日本人の英文学者と新聞記者が、一九〇一年のロンドンを観た。一方の学者は学問追究に専心し、意識的に外部との接触を避けようとして塞ぎがちである。他方はドイツ留学に将来を期す野心の新聞記者であり、観察の目は自ずから違った。しかし、事象認識においてはかなり「接近」していたのではないか。留学初期の漱石がロンドンにどのような印象を得ていたか、日記に拾うと有名な文句が連なる。

一九〇一年一月三日（木）＝倫敦の町にて霧ある日、太陽を見よ。黒赤くして血の如し。鳶色の地に血を以て染め抜きたる太陽はこの地にあらずば見る能わざらん。／彼らは人に席を譲る。本邦人の如く我儘ならず。／彼らは己の権利を主張す。本邦人の如く面倒くさがらず。彼らは英国を自慢す。本邦人の日本を自慢するが如し。／いずれが自慢する価値ありや試みに思え。

一月四日（金）＝倫敦の町を散歩して試みに痰を吐きて見よ。真黒なる塊の出るに驚くべし。何百万の市民はこの煤烟とこの塵埃を吸収して毎日彼らの肺臓を染めつつあるなり。我ながら鼻をかみ痰をするときは気のひけるほど気味悪きなり。

一月五日（土）＝…往来にて向うから背の低き妙なきたなき奴が来たと思えば、我姿の鏡にうつりしなり。我々の黄なるは当地に来て始めてなるほどと合点するなり。

以上、黒赤く血の如き太陽や真黒なる塊の痰は、ロンドンの冬を経験した漱石にしか表現出来ないことであろう。しかし市民の行儀の良さでは素川の見方も漱石と次のように合致している。

英人ノ行儀、表面ノ観察ノミヲ以テセバ、実ニ賞スベク、行クニ道ヲ譲リ、人出ノ多キ割ニ静粛ニシテ互ニ慇懃ナリ。我々苦シ少シニテモ、マゴツケバ、直ニ懇切ニ教ヘ呉レ、一般ニ好風習アリ。又少年ノ動作ノ如キモ穏順ニシテ我京都人ニ似タリ。其品善キハ国家ニ取リ実際ニ賞ムベキヤ否ヤハ知ラザレドモ、兎ニ角愛スベキ人民ナリ。

しかし「下等労働者ノ又何処迄下等ナルヤハ言語ニ絶ヘタルモノアリ」とも述べているが、何を指して言っているかは分からない。また、三日目の二九日には、グランドホテルに一泊したが、荷物が少ないため保証金二ポンドを取られ、夜には寄席に出かけて「華麗ナルコト驚ク許リ」であったが、パリ博覧会を演じる中に出てきた日本婦人が「滑稽ニテ実ヲ枉クル、腹立タシキモノアリ」とし、一二時帰途につくとき「婦人及馭者等ノ道頭ニ攫ミ合フヲ観タリ」とも記している。漱石も散歩した夜の公園での行状について述べている。

## 共有する「戦争への変動」

さて、漱石を中心に近代文明を代表する「汽車」について、執拗に例証を求めながら、素川の理解と共感にどう繋がるか検討してきたつもりである。

漱石の場合、留学からほぼ三年の時間を経て「草枕」を執筆するが、日本の田舎の停車場に「轟《ごう》と音がして白く光る鉄路の上を、文明の長蛇が蜿蜒《のたくっ》て来る。文明の長蛇は口から黒い烟を吐く」と汽車を綴る。これは地上と地下との差異はあるが、恐らく留学当時「ゴーと」突進していくロンドンの電気地下鉄の印象を想起し文明を表象しようとしているのではないか。「ガチャリ」とドアを閉めて次の駅名を告げる車掌は、吉田停車場で「ぴしゃり、ぴしゃりと戸を閉めながら」走る車掌の姿に重なる。「ごっとりごっとりと調子を取って動き出す」汽車の音は、のんびりしているようだが、戦争へ突入していく重たい時代変動を描いているわけで、これを読んだ素川もロンドンのイメージが閃いて、「共感」「感服」に連鎖したのではなかろうか。

そして持ち分の論説はもちろん、集会での演説や市内での騎馬デモなど、行動をもって激しく闘った日露講和反対も秘密主義の小村外交のワナにはまり、持論の主戦論は挫折の隘路に陥り、いまや沈思に潜む明治三九年の素川。次の挑戦である新聞小説の刷新をかかげる中で、ゆったり川舟に揺られ、召集されて行く青年と見送る係累一族。田舎の駅頭で別れる運命と感傷を直感的に理解できないはずはあるまい。静と動を対比しながら、素川の「漱石招聘」の発議はそもそもロンドンに根源があったと解したい所以である。

註

（1）素川が漱石に関心を寄せる明治三九年に「倫敦消息」（「ホトトギス」）を読もうとすれば当然可能であったろう。しかし一九一五（大正四）年、文集『色鳥』に転載された「倫敦消息」では最初の手紙の「地下鉄」部分などは漱石によって削られてしまう。

（2）（3）清水一嘉『自転車に乗る漱石　百年前のロンドン』（朝日選書、二〇〇一年）。

## 入社後の漱石と文芸欄の行方

さて、明治四〇年四月、朝日新聞に入社して以降の夏目漱石の去就を見ておきたい。新聞小説は勿論、特に鳥居素川との関係で「大阪朝日」だけに掲載する小品の類も拾う。これは、素川の原稿依頼もあるが、同時に漱石の気遣いが反映しているからである。また漱石の病歴についても注目したい。文芸欄スタッフの弟子たちに対する社内批判が高まる中で、絶対の漱石擁護者であった池辺三山が退社する一因になるのも、漱石の健康が影響しているといえるからである。荒正人『評伝　夏目漱石』の年譜と、岩波『漱石全集』（第二七巻）年譜を照合しながら朝日新聞社史も援用して、若干、私見も加筆する。素川との関係は太字にした。

**【明治四〇（一九〇七）年】**初めての新聞小説「虞美人草」を六月二三日から一二七回掲載（主に「東京朝日」

掲載を記す）するが、その前に小品「京に着ける夕」を四月、「大阪朝日」のみに三回掲載する。

この年一月一日、単行本『鶉籠』刊行。同じく「野分」を「ホトトギス」に発表。（注・鳥居素川は「草枕」とともに「野分」も読んだと思われ、漱石招聘の発議の一因になったであろう。）

九月二日、駒込西片町の家主が家賃を三五円に値上げすると言い出したので憤慨、九月二九日、牛込区早稲田南町七番地へ転居している。転居後は大正二年初めにかけて神経衰弱はおさまったが、胃病に悩む。

**【明治四一年】**新聞小説「坑夫」を一月一日から九一回連載。さらに「三四郎」を九月一日から一一七回。

小品「文鳥」は六月、「大阪朝日」のみに九回掲載。「夢十夜」を七月、東西で一〇回掲載。

三月二三日、新聞各紙が森田草平と平塚明子（本名・明《はる》（らいてう））の心中未遂事件を報道。二六日、生田長江が森田を連れてきて、森田は四月一〇日まで漱石宅に寄寓する。

五月上旬、ロシア特派員となる二葉亭四迷と、漱石、上京した鳥居素川の三人が、神田明神下の鰻料理店神田川で午餐をともにした。（四迷と漱石は従来、特に親しくなかったが、以後）ペテルブルグに向け六月一二日新橋を発つ四迷が、六月初め漱石宅へ出立のあいさつに訪れ、七月、漱石は談話「露国に赴かれたる長谷川二葉亭氏」を雑誌「趣味」に掲載する。

東京で取り決めた朝日入社の条件が、大阪に通じていなかったのか、大阪から原稿依頼が矢継ぎ早に出され、漱石は一、二年の間は注文に応じたとある。

**【明治四二年】**新聞小説「それから」を六月二七日から一一〇回掲載。小品「永日小品」を一月、二五回掲載。但し八回は大阪のみ。最後の「変化」を三月、さらに注文で「クレイグ先生」を同じく大阪のみに三回追加した。

一月一日、森田草平「煤煙」の掲載始まる。漱石が渋川玄耳に掲載の決定を依頼した。「それから」は八月脱稿したが、胃痛が激しくなる。

「満韓ところどころ」を一〇月から年末まで五一回掲載。社内の期待と異なり、漱石から中止を申し出る。これは七月三一日、親友の満鉄総裁中村是公に七年ぶりに会い、満韓旅行に誘われて、九月二日出発、一〇月半ばまで巡遊する。旅程は大阪から船で大連へ、旅順、営口、奉天、撫順、ハルビン、長春、安東、平壌、京城、開城と廻り、一〇月一四日、馬関に到着する。

一五日汽車で大阪に到着し「大阪朝日」を訪ねるが、社長村山も鳥居素川も西村天囚も不在。長谷川如是閑を大阪南部の天下茶屋に尋ね、堺の浜寺へ行く。（二人は途中、近くに住む素川の留守宅を訪ねて夫人トモと会ったという、長谷川如是閑の記事がある。その部分を拾っておく。）

> 私（如是閑）の狭い家に夏目君が上がったか何うか、夫も記憶がない。君は其時、君の所謂「是公」（中村是公）に勧められて満州へ行った帰り途であったことなどを説明して、間もなく二人で何処か見物で歩くことになって外に出た。…
>
> 二人は夫からつひ近所の素川君の留守宅を訪ねた。其家は庭が広くて池や低い築山などがあって、縁先に高塀を立てゝある私の家から此処に行った夏目君は頻に感服して素川夫人と対応して居る頃から私の記憶はモヤモヤになって、私達二人は浜寺に来た。（「大阪朝日」大正五年一一月一八日、）

論旨とずれるが、当方にとって関心事は、鳥居素川が明治四二年までは大阪の天下茶屋に住んでいて、その後兵庫県芦屋に移ったことが判明する点である。また漱石の朝日入社は述べたが、雑誌「日本及日本人」

にいた如是閑を四一年、「大阪朝日」に呼んだのは「日本」の先輩である素川である。池辺三山もそうであるが、素川も「人物道楽」と言われるほど、人材集めに熱心であった。なお、この如是閑の記事は「初めて逢った漱石君」と題する、大正五年一二月に死去した漱石追悼文である。

一一月末、池辺三山が支援して、漱石主宰の文芸欄を創設。しかし、担当する森田草平の社員への採用は社長村山に反対され、漱石が森田に給料を出し、小宮豊隆も実務を援ける形となった。

**【明治四三年】** 新聞小説「門」を三月一日から一〇四回掲載。

六月一八日、胃潰瘍診断で内幸町の長与胃腸病院に入院、七月三一日退院。八月六日、転地療養のため修善寺温泉菊屋旅館に逗留。その夜から病状悪化。一七、一九日吐血。胃腸病院の医師来診、留まる。二四日夜、大吐血、人事不省、危篤になる。二九日には危険状態を脱し、見舞客も帰る。一〇月一一日帰京、長与病院に入院、翌年二月まで。二〇日ごろから「思ひ出す事など」の執筆始める。

**【明治四四年】** 二月二〇日、博士会から文学博士授与の通知を受けたが、辞退を申し出る。四月まで文部省と折衝、物別れとなる。

「池辺君の史論に就て―『明治維新三大政治家』再版序―」を五月執筆（三山死後の四五年五月刊）。

八月、大阪朝日新聞主催の講演会のため関西へ。一三日、明石で「道楽と職業」、一五日、和歌山で「現代日本の開化」、一七日、堺で「中味と形式」、一八日、大阪で「文芸と道徳」を話し、時代変化の必然性などについて論じた。直後に胃潰瘍再発、大阪で入院。九月一四日帰京、神田町錦区佐藤病院で痔の手術。

九月一九日、「東京朝日」の評議会で、森田草平「自叙伝」（「煤煙」の続編）が不道であるとの理由で文芸欄廃止が論議されるが、池辺三山が極力反対した。

## 頼みの池辺三山が退職、死去

一〇月初め、池辺三山が社内問題で東京朝日新聞主筆を辞職。漱石も一一月一日辞表を提出したが、池辺や、文芸欄廃止論の弓削田精一らに再考を促され撤回した。しかし同月末、文芸欄は廃止となる。

**この時点の鳥居素川は外遊中であり、池辺は私信で「居ないのは寂しいが、騒動が大きくならないのはこれでよい。急ぎ帰国の必要はない」と伝えている。**素川帰国は翌年一月になり、三山死去の直前であった。

**【明治四五・大正元（一九一二）年】**新聞小説「彼岸過迄」を一月二日から一一八回掲載。「門」以来、一年半ぶり。「行人」を一二月六日から「友達」編をはじめ、大正二年にかけ「兄」「帰ってから」と書き継いだが、四月七日で病気のため打ち切り。九月から「塵労」を一一月まで続けて、合計一六七回掲載。

一月二八日、**鳥居素川宛書簡に「病余自分の健康を気づかひわざと毎日一回分の小説の外か書かざる為め其日々々に追はれ落着きかね候」と書いている。**二月二八日、池辺三山死去。

六月一〇日の日記に、靖国神社で行啓能を見る。「皇后陛下皇太子殿下喫煙せらる。而して我等は禁烟也。是は陛下殿下の方で我等臣民に対して遠慮ありて然るべし」「皇室は神の集合にあらず」と記す。

これは明治四三年九月一日、天皇が華族総代を召喚し、華族の風紀を戒める勅語を発しているのと関係するかもしれない。他にも例えば漱石の「華族嫌い」を日記・書簡にみると、明治三九年一〇月発表の「二百十日」に屡々現れる「華族嫌い」の例もある。

また、明治四五年には①七月二〇日の日記に「晩天子重患の号外を手に」して、川開きの催しが中止となったことや、演劇などの興業の停止が取り沙汰される状況を批判する意見を書き付けた。同年七月三〇日、明治天皇が亡くなり、元号が大正に改められた。②大正元年八月八日、森円月宛書簡に「諸新聞の天皇及び宮庭に対する言葉使ひ極度に仰山過ぎて見ともなく又読みづらく候」と書いた。

九月二六日、痔の再手術で六日間入院。退院後も通院。一一月頃から孤独感強まる。

【大正二年】一月頃から強度の神経衰弱が再発、六月まで酷い状態が続く。三月末、胃潰瘍再発。「行人」連載を四月七日中絶。五月下旬まで自宅で病臥。五月二八日、池辺三山の追悼会に出席。病後、初めての外出。

【大正三年】新聞小説「こゝろ」（「心　先生の遺書」）四月二〇日から一一〇回掲載。

九月中旬、四度目の胃潰瘍発病、約一カ月病臥。一一月二五日、学習院で「私の個人主義」講演。

【大正四年】小品「硝子戸の中」一月一三日から三九回。三月一九日から京都旅行。胃病が悪化して寝込む。四月一七日帰京。新聞小説「道草」を六月三日から一〇二回掲載。

**一〇月初旬、漱石宅を来訪した鳥居素川にヴェランダで写真を撮ってもらう。**一〇月一一日、談話「文壇のこのごろ」が「**大阪朝日**」**に掲載された。素川の執筆であろう。**（素川との交流は続いていた。）年末からリウマチによる腕の痛みに悩む。

【大正五（一九一六）年】腕の痛みのため執筆中の「点頭録」も「軍国主義」「トライチケ」も中止。四月半ばリウマチではなく糖尿病による痛みと分かり三カ月治療を受ける。五月中旬「明暗」を一日一回ずつ執筆始める。五月二六日、第一回を発表。

一一月二一日「明暗」一八八回を書く。二八日、大内出血起こり病状悪化。一二月九日死去。一二日、青山斎場で葬儀。戒名は文献院古道漱石居士。二八日、雑司ケ谷墓地に埋葬。

「明暗」連載は一二月一四日に一八八回で中絶、未完に終わる。

以上で漱石年表関係を終えて、時間的には遡るが、社内問題に戻る。当然、漱石関係もからむ。

# ⅩⅡ　素川と西村天囚の確執

## 東京に飛び火、漱石スタッフにも影響

さて、明治四三年一月に「大朝」は創刊以来、一万号に達した。半面、編集部門では部内不統一とマンネリズムの矛盾をはらみ改革を求める声が高まっていた。その原因は西村天囚と鳥居素川の確執にあった。社長村山が社内に改革意見を求めたのに対して次のような意見書が残っているという。

整理課長鳥居素川は①主筆を設け、そのもとに編輯長を置くか②池辺三山に東西両社の主筆を兼務させて編集を一任するか③各課の廃合を行ない、整理課が統一の任に当たる、の三案から選び、「老朽」「無用」のものを管理職からはずす、などを強調している。

販売課長小西勝一は、編輯部を統率する首脳がおらず、特に論説は平々凡々の評がある。有力な主筆を招請すること。編輯部に評議会を設け、緊要の問題や人事を評定する。通信課に専任課長を置き、東京との連絡を密にし、内外の通信を統括する。経済課長に適任者を望む。販売上からは小説、社会面記事に力を入れて、時折には家庭記事を求める、など。通信課の牧放浪は、専任の通信課長を置く。経済記事は不評判。課

長会議を開き政治、外交、経済問題、小説の選択などで意見交換を図る。編輯、営業合同の会議を開き、両者のミゾをなくすなどを主張。土屋元作は特に整理課長に人材を得ることが急務と要望している。

気になる点を拾ったが、論説や経済記事への不満や小説の問題が指摘されて、三山の「漱石・四迷重視」の考えに対し大阪らしい主張がみえる。さらに素川整理課長への批判も出て、派閥色が明らかである。

一一月には上野理一と交代で村山龍平が社長に就任する。村山は年末、小西勝一と牧放浪の意見を採用して「評議会規則」を発表し実施、東京にも評議会を設置した。社長指名の評議員は大朝が西村天囚、鳥居素川、久松定憲、土屋元作、牧放浪、高原操、小西勝一ら。東京は池辺三山、松山忠二郎、杉村楚人冠、佐藤北江、弓削田精一、渋川玄耳、上野精一らで、会長には互選によって大朝・西村、東朝・池辺が就いた。

しかし編輯部内の感情的確執はとけず、大朝内の対立は東朝に飛び火して、池辺三山が辞職する事件に発展する、と社史にある。

一方、夏目漱石は修善寺温泉での大吐血以来の入院生活を東京の長与病院まで引きずり、やっと明治四四年二月、退院したが、まだ執筆するまでには到らず、小栗風葉の小説「極光」が完結したあとの適任者が見つからぬまま、四月二七日から漱石門弟森田草平の「自叙伝」が始まった。これは平塚明子との心中未遂事件を扱った「煤煙」の続編であり、当初から評価が分かれて、漱石の委嘱によって森田が文芸欄を担当していたため、文芸欄の是非論にまで発展した。九月一九日、既述の東京評議会では外勤（政治）部長の弓削田精一が文芸欄廃止を主張する。つまり漱石招聘に熱心であった者が漱石糾弾に動いている。これに対して池辺三山は存続論をもって漱石を擁護し、激論となった。弓削田が「貴方の文芸欄擁護は情実ではないか」と詰め寄ったため三山は怒ってしまい「僕は責を負って辞職するが、君も辞職せよ」と言って、互いに辞表を出す結果になった。

当時政治部員であった宮部敬治によると、問題は「自叙伝」だけでなく、漱石の門下生たち（森田、小宮豊隆、安倍能成、阿部次郎ら）が書く文芸欄自体に対して政治部の誰もが嫌っていて、それだけ当時の新聞記事の論調と違っていたという。それを弓削田が代弁したわけであろうが、何を嫌っていたかについては書いてない。しかし漱石も後に門弟たちが気焔を上げ、思い上がっているような点があったことを認め、小宮に宛てて手紙している。

また、池辺退職の一因に、時の首相桂太郎に池辺が近づき過ぎているという社内批判もあった。それは池辺が批判してきた桂に対して、明治四五年開催予定の大博覧会を桂が財政整理の都合から五年間延期したのに対して、池辺が社説で支持したため、桂に買収されたと中傷するものである。池辺が明治四一年ごろ牛込若松町に家を買ったことに結びつける悪質さで、池辺一郎・富永健一『池辺三山』（中公文庫）は、松山忠二郎（哲堂）の証言をもって否定しているほどである。蛇足ながら、桂に対して最も接近したのは徳富蘇峰であったことも思い浮かぶ。

さらに明治四三年に始まった白瀬中尉の南極探検の企画が毎日新聞と競争の結果、朝日が後援して大々的に寄付金を集め、ニュースの独占を図ろうとしたが、計画は海軍の横やりなどでうまく進まず、結局、朝日が手を引く結果になった件で、池辺と村山・上野との間に亀裂が入ったことも挙げられる。これを「反池辺」の形成の一端と見るのが朝日新聞社史編修室『池辺三山の生涯』（上巻）であり、執筆は清水三郎である。

池辺は明治二九年、「大阪朝日」に主筆として入社し、翌年には「東京朝日」に転じて、一五年間にわたって「東京朝日」を育て上げてきた。しかし池辺は元来が「政論記者」であった。しかし新聞界は日露戦争によって大発展を遂げ、資本主義的経営の煩雑さに適応せねばならない状況もあった。当然「主筆」の立場も変化を迫られていた。つまり小説「自叙伝」にかこつけて変化を求める弓削田らの抗議を、時代の変化の一面があると受けとめる必要があったが池辺は〝漱石擁護〟に固執している。最後は嘗ての池辺の威力が通らなくなっていたといわれ、中公文庫『池辺三山』の著者も、三山が時代に合わなくなっていたと認めている。

それをまた資本家の村山・上野は、人材は使い様だと、時に応じて抜擢し、用済みとなると切り捨てる冷徹さだ。池辺の例は大正デモクラシーに際しての鳥居素川の取り扱い方にも通じていると言えよう。

## 明治言論人・池辺三山の終焉

池辺は結局、上京してきた村山に対して辞意には触れず、愛蔵の刀剣一振りを献じたとあるが、同好の村山はこれを辞意は固いと察して、敢えて慰留しなかったという。九月二九日に会議を開き、三山の退社が決定する。三山は一〇月三日、病床の漱石を訪ねて、退職を告げる。漱石は二四日の評議会に出席して、漱石自ら文芸欄の廃止と森田の解嘱を提案し、決定している。

その他、社史には森田草平が、池辺と弓削田の対立には他に重大な原因があり、たまたま小説「自叙伝」は付随的に問題になったのではないかと語っているとある。重大な原因とは何か、数年前からくすぶる東西「朝日」編集内の紛糾を指すのだという。

「大阪朝日」の西村天囚派と鳥居素川派の確執は久しいが、明治四一年一月、「東京朝日」内に大阪通信部が設けられ、部長に「大阪朝日」の土屋元作（大夢）が就き、さらに「東京朝日」政治部長も兼ねることになる（従来、政治関係は主筆池辺の統括下にあった）。それ以来、大阪の西村と鳥井の確執が「東京朝日」に持ち込まれたという。つまり土屋は西村派、弓削田は西村の妹婿で勿論西村派。これに対して経済部長の松山忠二郎（哲堂）は鳥居派であり、池辺は派閥に与しなかったが、鳥居と同郷熊本出身であり、鳥居派とみられていた。また松山は社会部長の渋川玄耳と親しかったが、渋川が社会面改革のために政治・経済の分野にも取材を広げたので、両部員らは反感を持ち、渋川排撃運動が起きて紛糾していた。

四四年二月、大阪通信部が廃止され、土屋は大阪に戻り、新たに外勤部が設けられ、政治・経済部員はこれに属し、部長に弓削田が就いた。これは土屋に代わり弓削田が政治部長に昇格したことになり、松山は経済部長のままであったので、経済記者は二重の指揮下に置かれ、勢い西村派・弓削田と鳥居派・松山の対立が深まり、池辺と弓削田の関係も悪化、そこへ「自叙伝」問題が絡んで、決裂に至ったというのである。

退職後の池辺は、「中央公論」の滝田樗陰にすすめられ、明治維新の人物論を口述、同誌に掲げて意欲を燃やしていた。ところが母世喜が四五年一月二一日死亡、親思いの三山は衝撃を受け、肉食を断って、墓参と写経を日課にしていたが、二月二八日、自身も持病の心臓疾患のため、牛込区若松町の自宅で急死した。まだ四八歳になったばかりであった。三月四日、青山斎場で葬儀、新宿区河田町の月桂寺に一族の墓所があり、三山の墓碑は「三山池邊君墓」とあり、古城貞吉撰の碑文が刻まれている。

漱石は、「門」以来一年半ぶりの小説「彼岸過迄」の連載が四五年元日から始まっており、三月一日、「東京朝日」に「三山居士」と題して追悼文を寄せている。

### 東朝に編輯局、大朝は編輯部制に

四四年九月、統率者を失った「東京朝日」は急ぎ後継者を決めなければならない。紛糾の感情的余波もある中で一一月、評議会を開き、主筆制を廃し、初めて組織的な編輯局制をとることを決めた。しかし編輯局長は当分欠員とし、編輯部長は佐藤北江、政治経済部長は松山忠二郎、社会部長は渋川玄耳、調査部長は杉村楚人冠、論説選定委員は佐藤、松山、渋川の三人がなり、他に内地通信部と外報部ができた。目立つのは渋川で、編輯部次長、政治経済部次長も兼ね、論説にも関与することになったが、従来からの反発はやまず、結局、大正元年一一月退社した。調査部はロンドン・タイムズ社に倣う日本初の発足であった。

「大阪朝日」は一一月、一旦解消した東朝に置く大阪通信部を東京の機構改革に合わせて復活、部長に弓削田が就いた。同時に大阪でも「編輯部職務規定」を定め実施。初めて編輯部に部長を置き、その下に論説班、整理課、経済課、通信課、外報課、府市課、社会課、調査部を設けた。整理課は「各課回付ノ原稿及東京通信ヲ受ケテ」その紙面整理を行なうほか、「東京朝日」内の大阪通信部、東京電話係、校正係などを含む最大の課となった。通信課は東京通信を除く内地通信のほか、アジア地区からの通信も取り扱い、新設の外報課は欧米からの通信を扱い、調査課も新設した。

人事は編輯部長に西村天囚、整理課長に鳥居素川、通信課長に牧放浪、外報課長に土屋元作など。経済課長には住友銀行支配人を務めた志立鉄次郎を客員として迎えて、最高給の二五〇円を支給した。漱石が二〇〇円、天囚一八〇円、素川一七〇円の頃である。これは社内改革の意見を求めた際、経済面の不備が指摘された問題への対応であったが、志立は大正二年には日本興業銀行の総裁となって、去ってしまう。社会課長には小説家として書きまくる渡辺勝（霞亭）がなった。論説班は西村、鳥居、志立、牧、土屋、石橋為之助（府市課長）と客員の本多精一（雪堂）の七人体制とし、幹事として高原操、長谷川如是閑を当てた。また「社員海外留学規定」を新設した。明治三三年、松山忠二郎を英国へ、翌年、鳥居素川を独逸へ留学させた実績を制度化したもので、三人目は大阪経済課の高原操を独逸へ送り出した。

## 素川、英国取材から諸国探訪へ

「海外留学」もさることながら、明治四三年ごろからヨーロッパへの特派員派遣が相次いでいる。まず「大阪朝日」の長谷川如是閑が日英博覧会取材のため四三年三月、英国へ特派され、シベリア鉄道経由でロンドンに向かった。ところが博覧会開幕の直前、五月六日、国王エドワード七世が亡くなった。如是閑にとっては思いがけない事変。ウェストミンスターホールでの遺体安置式の陪観を許され、二〇日行なわれた葬儀の模様とともに詳しく伝えて来た。博覧会は二日延期されただけで一四日から開いたが、喪中のため、さすがに開会の儀式はなかった。送稿の中で如是閑は日本からの出品が「古物や風景や小手先の細工や吉原だけが日本であるかのように誤解されている」と批判した。帰国は地中海からスエズ運河を経ての航路で、各地から現況を伝えた。

さらに巡洋艦「生駒」がアルゼンチン独立百年祭に参加した後、日英博覧会の祝典に臨むことになり、これには東朝政治部の宮部敬治（熊本出身）が特派され、アルゼンチンからブラジルのリオデジャネイロに寄港、停泊中を利用して陸路サンパウロ、サントスの日本人移民を訪問し、その生活を詳報して来たのは異色であった。

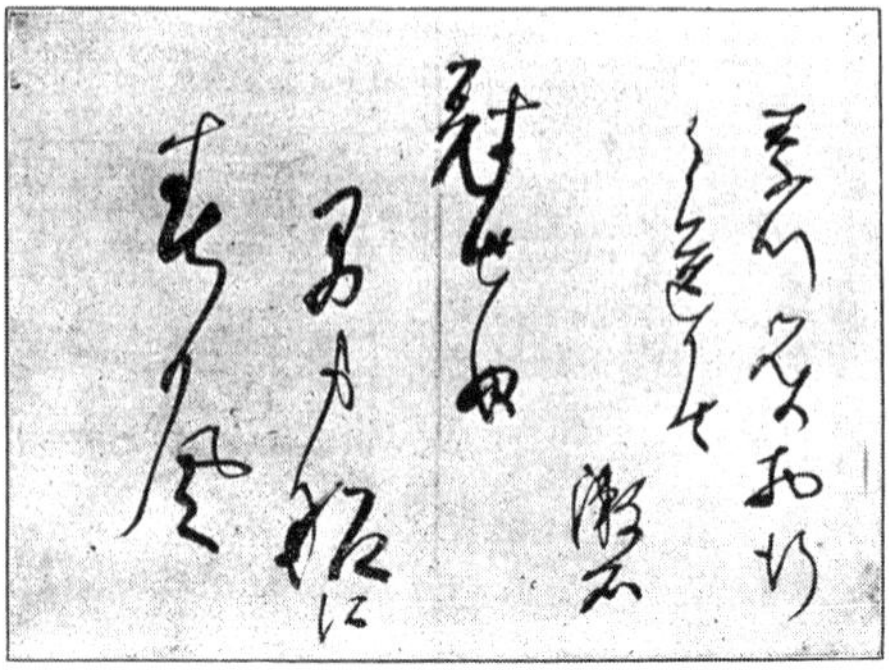

夏目漱石の句と書

朝日はこの年四月、四一年の「世界一周会」に続いて二回目の「日英博覧会見学の世界一周会」を主催、五二人の参加者があり、これには大朝の西村天囚、土屋元作、岡野養之助、東朝の佐藤真一（北江）の四人が特派員として加わった。「大阪朝日」は西村一派が目立つ。一行はハワイを経てサンフランシスコ着、米大陸を横断して各地を回り、ニューヨークへ。ヨーロッパにわたり、ロンドン、パリ、ローマ、ベルリン、ペテルスブルクなどを見物、シベリア鉄道を経てウラジオストクから敦賀に七月帰り着いた。この間、一〇〇日余り、各地から筆を競う訪問記が届き、興味を引いた。

## 漱石君、吾を送るの句

四四年になると、鳥居素川が英国王ジョージ五世の戴冠式取材のため、三四年のドイツ留学に続き再び渡欧した。四月一五日、神戸から賀茂丸に乗船すると、この船は御名代・東伏見宮夫妻の便船で、マストには皇族旗が掲げられ、東郷平八郎、乃木希典の両将軍をお供に関係者十数人が乗っていた。

素川は第一報「渡英記」で、船中の模様を「船は幾んど一行の占むる所にて普通旅客は少数なり。此の間に布衣一介の士、筆を載せて従う。…漱石君、吾を送るの句あり、曰く『冠せぬ男も船に春の風』と書いた（句には「素川兄の西行を送りて　漱石」の添え書きがある。四月一九日付け「大阪朝日」）。素川が無冠の報道人の自負をみせたわけだ。続いて各寄港地から船中通信を送信し、五月二九日、マルセイユに着いて、ここで素川は一行と別れて、一人パリへ向かい、ロンドンに着いたのは六月二日である。二日にはさっそく「戴冠式前記」を送り始め、七月二日から九回掲載された。六月二二日、戴冠式当日を迎えた。素川は「欧州再遊日記」に記す。

二二日　午前六時に出て借切りの自動車に乗り式場なるウェストミンスター寺院に急ぎ、階上なる新聞記者席の第一位に着き俯瞰すれば王座は眼下に在り、各貴族及貴婦人の盛装美観眼を眩ます許りなり。式は午前一一時より始まり午後二時に終る、如此荘厳なる儀式は英国の外観る能はざるべし。

二三日　第二日とて行列拝観に行く。…王室よりの招待券を受け、高桟敷で見物。諸兵行列各種異様花の如く御菓子の如し、…流石大英国の壮観を見る。王及皇后は幌無しの八頭立馬車にて御通御あり。一々拝観人に会釈し其の愛嬌好きこと流石は英国君主たり。

二四日　愈観艦式の日なり。…ポーツマス港に赴き「鞍馬」に乗る。英国軍艦百七十余隻、戦艦を前に順次小艦を後ろに流石は又英国の大海軍と見たり。各国軍艦十七隻前に列し商船多数其の後に列す。斯て国王はヨットに乗り二周して軍艦を検閲し我「鞍馬」の前を通航の時挙手の礼行はれたり。式は五時に終り夜イルミネーションあるも自分は…午後八時半の汽車にて帰りたり。

## ベルリンを拠点に東奔西走

素川は七月一一日ロンドンを発ち、翌日ベルリンに着いた。ドイツには明治三四年から二年間留学しており、一〇年ぶり二回目の滞在となる。ここでも現地の新聞からまとめた「英国の同盟罷工」などの解説記事を送った。素川の行動は社史に詳しい。

九月二九日にはイタリアとトルコの間でいわゆるトリポリ戦争が始まり、さっそく開戦を打電すると、従軍の用意をして一〇月七日ローマに到着、アフリカのトリポリに行こうとしたが、林駐伊大使の意見もあってとどまり、「伊土戦争」と題する解説を送り、一一月四日付の第五面を埋めた。

一〇月二六日、素川は東欧からバルカン諸国を一巡しようと、ウィーン、ブダペスト、ソフィアを回り、トルコには一週間滞在、コンスタンチノープル、ベオグラードを経て一一月二一日ベルリンに帰った。ソフィアからは見聞記を三回送っており、いわば移動特派員の役を果たし、あまり知られない国々への関心を示し、自らも世界情勢をみつめて蓄積を図っている。

このあとイギリスからアフリカにわたり、横浜に帰着したのは明治四五年一月二七日であった。帰国後には外遊記「頬杖つきて」を五月一日から「大阪朝日」の第一面下に八三回も連載した。

## 初の著書『頬杖つきて』を刊行

それまで素川は「新聞記事を二度利用するのは外道だ」として書物にするのを嫌っていたが、今回は思うことがあったたか、同じ題名『頬杖つきて』をその年末、大正元年一二月二九日、政教社から出版している。

凡例に曰く。
一、英皇戴冠式に赴き、夫れより曾遊の独逸に留り、更に瑞墺伊佛に遊び、巴爾幹《バルカン》より土耳其《トルコ》に至り、今春亜米利加を経て帰る、其の間の観察、所感、紀行、論評、其の他雑録を集めたるもの。／一、題して『頬杖つきて』といふは、帰後其の遊踪を回想して書きしもの多ければなり。／一、往航は東郷乃木両大将と船を與にす、故に筆の両大将に及ぶもの多し。／一、書き去り書き捨てしものを今更出版すること丶て、心に満たぬ節多し、去れど勧めらる丶儘、聊か之を増補し、諸友人の経営する政教社に託す。

カラーの絵画「英皇ジオルジ五世陛下」を最初に、モノクロで「乃木大将の著者に書き与えたる書及賛」「東郷大将の歌」さらに「ウエニス」の絵画、三つ折り込みの「ボスポルス海峡」の絵、五つ折りの「戴冠式巡幸の光景」など、前付けが大仰だ。

目次には「カイゼルは何を考えつ丶ある」「大独逸帝国建造の理想」「劒や大砲の代りに商工業の武器」「勝利を急がぬ社会共和党」「日本兵は怖き神の笞」など九九項目にわたって興趣の論評が続いて、五一〇頁に及ぶ大冊である。

内にも関連写真が紙質を替えて多数挿入され、漱石が贈った句の書も入っている。定価金二円。

この「硬い」印象の著作、さてどれ程に普及したものか。

素川には著書が少ないが、昭和二年に「大阪毎日」と「東京日日」から出版した『支那は支那なり』は、当時の中国情勢から関心を呼んで、紙面連載の反響（うち「舞台は廻る」は「大阪朝日」に連載）と熊本出身の社長本山彦一の肝煎りもあって、大いに売れたという。つまり「大正日日新聞」で挫折後、兵庫県芦屋に隠棲したものの、中国への関心を再燃させて探訪、蒋介石らに会見した平易な表現ながら、外交論でもあるところに特徴があり、これは六二歳で死亡する前年の著書である。

# XIII　憲政擁護と白虹筆禍事件

## 憲政擁護運動（第一次）素川の関わり　――大阪朝日を中心に――

### はじめに

大正デモクラシーの旗手と言われる鳥居素川だが、憲政擁護運動の初期のころ、朝日新聞社史「大正・昭和戦前編」の中では、なかなか名前を現さない。――しかし大正三（一九一四）年、編集部長となり、同五年には編集局長に昇格して「大阪朝日」では「素川の時代」が始まる。その前段となるのは社長村山龍平が提議する「大正時代に相応しい編集陣の編成」、つまり「論文主任制」の設立である。その腹案は最初から「素川主任」のようであったが、実現までには時間を要している。憲政擁護運動の政党論議はさておいて、まずは新聞人（社）や民衆運動の側面から、その展開を点検し、「素川時代」の背景を探っていきたい。

### 東京から護憲運動の火の手

◇一九一二（大正元）年＝第二次西園寺公望内閣は陸相上原勇作が天皇に辞表提出する、いわゆる「帷幄《いあく》上奏」があって、陸相の後任を得られず一二月五日総辞職する。一〇回の元老会議を経て一二月二一日第三次桂太郎内閣が成立するが、桂は内大臣兼侍従長に就任してわずか四カ月後の政界復帰であった。

この間に三田（慶應義塾）系の政治家、実業家、新聞記者が集まる交詢社では、顔を合わせたメンバーが政治の在り方に憤慨して、一二月一四日「交詢社の炉辺会談」といわれる話合いの中で国民的示威運動の立ち上げを決める。居合わせたのは東京朝日駐在で「大阪朝日」の本多精一（雪堂）、「万朝報」の斯波貞吉、「時事」の小山完吾、「日本」社長の伊藤欽亮、元時事記者で代議士の菊池武徳（政友会）らであった。

その日の夕方には尾崎行雄（政友会）や犬養毅（国民党）ら代議士と新聞記者ら三〇余人が東京の築地に集まり「時局対策懇談会」を開き、座長に尾崎を選び、①閥族政治の打破②政党主義の発揮③憲政の擁護の三スローガンを決めた。機敏なスタートダッシュである。

さっそく一二月一九日、政友・国民両党の代議士と新聞通信社員の連合計画で「憲政擁護大会」を東京は木挽町の歌舞伎座で開く。「大阪朝日」によれば「会する者総て三千余名。政治家、実業家、新聞記者、学生、車夫、露天商各種の階層が…」とある。衆院副議長の関直彦があいさつし、座長の杉田定一（政友会）が決議文を朗読、尾崎行雄、犬養毅、本多精一が演説している。

一二月二六日の「大阪朝日」は社説「政友、国民二党に望む」を掲げ、国民党は立つべき時をためらうな、政友会には閥族と妥協するなと注文をつけ「閥族の命運は既に明治を以て終る。…二党たるもの、宜しく国民の期待に従うべし」と論じた。東京では一二月二七日「憲政擁護連合会大懇親会」を築地の精養軒で開き、二五〇余人が集まり、運動の盛り上げを決議した。翌日、記者団は全国各紙に運動参加を呼びかけ、閥族政治打破、桂内閣反対を目的に来年一月に築地で「全国同志記者大会」を開こうと通知した。

（朝日社史は、東京の運動を何故か、「大阪朝日」の報道や論説によって説明する部分が多い。また活動家として示される記者名を細かく拾ったが、概して素川との関係が近くない人たちである。）

◇一九一三（大正二）年＝一月一二日には日比谷の松本楼で「憲政擁護連合大会」が開かれ、民間の一八団体が集まる。まず「東京朝日」の論説記者石川安次郎（半山）が宣言書を朗読し、「大阪朝日」の中野正剛らが演説した。

・大阪では同日、土佐堀の岸松館で大会を開き、尾崎行雄、「大阪朝日」の本多精一らが演説。一三日も土佐堀の青年会館で大演説会。犬養、尾崎、本多精一らが登壇する。

・全国各地に大会が広がる。九日金沢、一〇日長崎、一一日京都・大津、一二日高知、一三日福井・高松、一四日神戸・丸亀・舞鶴・広島、一六日鹿児島で開く。

・前年末から準備した「全国同志記者大会」が一月一七日開かれた。北海道、東北、関東、北信、東海、近畿、中国、四国、九州の代表四〇〇余人が参加、桂内閣弾劾を決議する。これを朝日の美土路昌一は「新聞記者が政党と合流し同一の目的のために言論機関の立場を守り、政党を監視しつつ進んだ」と評価する。

## 首相桂太郎が新党結成

首相桂太郎が一月二〇日、新聞各社代表を招いて「大正日新の時局に応酬し、憲政完美の功を全うせんことを期す」として結成する新党の組織を発表した。これに対し「東京朝日」も「大阪朝日」も社説で批判、「歴史無く訓練なき政党は、烏合の衆とこそは謂い得べけれ…」と評した。ところが桂は一月二一日、予算案印刷が間に合わぬとして議会を一五日間停会にして、国民・政友両党の切り崩しに出る。国民党からは大石正巳、河野広中、箕浦勝人、島田三郎らが参加に動くが、政友会は一人も参加しない。

しかし一月二七日になると桂支持の記者団が生まれる。「大阪朝日」によると「国民、都、太平洋、読売、報知、大正日報、サンデー、独通の官僚記者」らが東京・烏森の浜屋で会合し、一月三〇日日比谷・松本楼で会名を「憲政促進記者団」とし、新党の成立促進を決議する。

一方の護憲派は一月二四日東京・新富座で第二回連合会大演説会を開き、一万人といわれた群衆を前に犬養、尾崎らが演説して盛り上げ、二六日には名古屋の新聞記者大会に二一新聞社の代表が参集し宣言と決議を可決している。さらに二月一日には大阪中之島公園で第二回大阪憲政擁護大会が寒風の中で開かれ、聴衆は一万人を超えた。次の日、東京では政友、国民両党の院外者と全国記者同志会との連合大会が日比谷・松本楼であり、「東京朝日」の佐藤真一（北江）が同志会を代表して登壇した。


さて一五日間の停会が終わり議会は大正二年二月五日再開。しかし尾崎の演説によって再び五日間の停会となり、この日は衆議院門前に群集三〇〇〇人が押し寄せ、一〇〇〇人の警官隊と対峙してもめた。

桂の工作も進んで二月七日桂新党「立憲同志会」が立党宣言を発表、帝国ホテルに国民党脱党者四六人、中央倶楽部三四人、無所属三人を集めて、桂が所信表明した。

### 民衆が御用新聞社を次々襲撃

二月一〇日、これに反発して数千の群集が議事堂を取り囲み、二五〇〇人の警官隊とにらみ合う。その中を反政府派議員は主張を示す白バラを胸につけて登院した。しかしまたも三日間の停会となったため群衆は激昂し警官隊と衝突しながら、午後三時ごろ日比谷公園になだれ込む。

うち数百人は①内幸町の都新聞社を襲い放火、駆け付けた消防車にも投石。次いで②京橋区日吉町の国民新聞社を襲撃。二、三階の窓ガラスを壊し、玄関の横額をはずそうとしたので副社長の阿部充家（熊本出身）ら社員数人は日本刀を振りかざして斬り込み、ピストルを撃つなどして死傷者も出た（「徳富蘇峰自伝」にその描写あり）。他の一隊は③有楽町の報知新聞社へ投石、夕刊数万枚を撒き散らした。さらに国民新聞を襲った一隊と合流し、④やまと新聞社⑤読売新聞社へ向かい、午後七時半ごろ⑥二六新報社も襲う。次いで上野方面へ向かい、交番を壊し⑦上野警察署で警官隊と乱闘、放火。消防車を妨害し全焼させる。市電も各所で壊され、群衆が解散したのは翌日の午前二時半ごろであった。

群衆は京橋区滝山町の「東京朝日」にも現れたが、新聞発送の手伝いをするなどして数十分で離れて行ったと、「大阪朝日」が報道している。なぜ嫌われなかったのか。論調が民衆に受け入れられていたのか。

耐え切れなくなって遂に二月一一日桂内閣が総辞職。五〇日余りの短命であった。朝日社史は「全国的な民衆運動の高揚が内閣を総辞職に追い込んだのは未曾有のこと」であり、大正デモクラシー運動の発端となったと意義づけしている。

民衆の怒りは大阪に飛び火して、二月一一日午後一時から土佐堀の青年会館で「大阪青年倶楽部発会式兼憲法発布記念式大演説会」が開かれ、「大阪朝日」の小山保雄、木崎愛吉らも桂攻撃の演説をした。演説中に臨監の警察署長が中止を命令したため会場は混乱。閉会後、数百人が吹雪の中を中之島公園へ繰り出し二人が演説後、群衆から「御用新聞をやっつけろ」の声が出て、群衆は真っ先に今橋四丁目の蘇峰の国民新聞支局を襲い、次いで報知新聞支局、やまと新聞支局、大阪朝報社、二六新報支局を次々襲い、警官隊と衝突、交番を破壊し市電に投石して、深夜に及んだ。朝日は大阪でも「万歳の声で迎えられた」とある。

この他、神戸では二月一三日から三日間の騒乱となり、変節代議士邸や東京紙の支局が襲われた。広島でも一六日、群集は中国新聞社に押しかけ玄関などを破壊。京都では一七日から三日間、国民新聞など東京紙の支局が襲われ、一九日には円山公園に四〇〇〇人、西陣方面に一万人が集まったとある。

この状況の中で二月一六日、「大阪朝日」は社説「民衆の騒擾を戒む」で述べる。「憲政の前途は尚遼遠なり。国民が大に力を用うべきの時多し。此の際、軽挙騒動を続けては却って識者の同情を失わん」と自重をうながした。しかし一七日には神田青年会館で演説会が開かれ、中野正剛のほか尾崎行雄、古島一雄、萬朝報社長の黒岩涙香（本名周六、土佐生まれ）も登壇している。

さらに「大阪朝日」は先回りして二月一七日社説で「山本内閣には反対なり」と政友会の変節に対し「他日再び東京騒乱のような事態が発生するかもしれぬ」と警告し、一九日の社説「政党を売らんとする政友会幹部」では「閥族政治家を以て国民の公敵とすれば政友会幹部も亦同じく国民の公敵なり」と断じる。二一日の「似而非政党の運命」では「日本の政党は悉く八百長政党なり。鵺《ぬえ》的政党なり。…今や国民は民衆の威力を代表する民衆の目的の為の政党を要求す」と政友会を攻撃している。

## 山本内閣発足、シーメンス事件発覚

大正二年、第一次山本権兵衛内閣が二月二〇日成立するが、薩閥であり海軍閥に変わっただけである。山本は政友会に協力を求め、①政友会の政策を施政方針とする②首相、陸海軍相、外相を除いて政友会から選ぶの条件を受け入れて、内相は原敬となる。尾崎行雄らは脱党へ動く。国民党は「政党内閣の本義に反する」と政友会と絶縁。全国記者同志会は「山本が政党に入らぬなら」反対の態度となる。

二月二三日に尾崎行雄ら二四人が政友会を脱党し、政友倶楽部を結成する。（この政友会の脱落で憲政擁護運動は暫く鳴りをひそめる。）

一二月二六日になって、やっと憲政擁護会は築地の精養軒で会員総会を開き、尾崎行雄ら代議士二〇人、朝日の客員・本多精一、大阪通信部長・弓削田精一ら新聞記者十数人が出席した。

◇**一九一四**（大正三）**年**＝山本内閣は一月二一日議会を再開し海軍拡張費一億六〇〇〇万円の予算化を図る。

ところが一月二三日シーメンス事件が発覚する。シーメンス・シュッケルト商会と日本海軍高官との間に贈収賄ありとのドイツ電報を各紙とも報道する。同商会東京事務所のドイツ人が事務所の機密文書を盗み出し、それを基に恐喝に及んだためベルリンで裁判となり、贈収賄が暴露されたというもの。さっそく衆院予算委で立憲同志会の島田三郎が緊急質問に立った。

さらに英国で建造中の軍艦「金剛」の落札に絡んで同じく日本海軍高官が英国のビッカース商会から三井物産を仲介として収賄した事件も発覚。呉鎮守府司令官松本和中将らが検挙される汚職事件に発展した。民衆は激昂し、国民党、中正会（政友倶楽部の会派）を中心に、かつて桂新党と非難された立憲同志会も加わって、山本内閣を攻撃。薩閥・海軍閥と原敬内相が率いる政友会が標的となった。

二月五日、憲政擁護会が立ち上がり、東京築地で有志大会を開き、犬養、尾崎ら代議士、記者ら四〇〇余人が参集。朝日の弓削田精一が開会の辞を述べた。翌日は両国国技館で全国有志大会を開き、島田三郎、尾崎行雄らが内閣弾劾の演説。「東京朝日」はこれを社会面トップで扱い、岡本一平のスケッチを入れたが、その過激な説明が当局の忌諱に触れ起訴された。東京日日、やまと、二六、読売も起訴され、罰金六〇円。二六は新聞発行を禁じられた。全国新聞記者大会が二月九日築地の精養軒で開かれ、三派の代議士も加え一五〇人が出席。「東京朝日」の石川安次郎も記者代表として倒閣演説、社説でも激しく攻撃した。

## 東京日日と東京朝日記者が負傷、原内相の責任問う決議

大正三年二月一〇日には国民、中正、立憲同志の三派が内閣不信任案を提出したが、四一票の差で否決される。一〇時から日比谷で内閣弾劾国民大会が開かれ、終了後、群集一万余が国会を包囲した。一年前の東京騒乱と同じ日だ。各所で警官隊と衝突、遂に近衛連隊の一個大隊が出動、追われた群衆は「政府派新聞襲撃」を呼号、まず政友会機関紙を出す中央新聞社へ押し寄せた。この時、警官隊は抜刀して群衆に切りかかり、東京日日の記者が全治二週間の傷を負う。群衆は毎夕、時事新報にも押し寄せた。

二日後には神田で時局問題講演会。聴衆二〇〇〇余人が議事堂へ向かった。しかし追い払われ、小伝馬町から浅草橋へ移動しながら交番や市電に投石し、警官隊と乱闘となった。

二月一四日には政府派の中央新聞、東京毎夕、東京毎日の三社を除く、各社の代表二四人が会合。記者連合会を組織、萬朝報の黒岩涙香を座長とし、記者に対する警官の暴行事件について「責任者たる内務大臣は書面をもって謝罪の意を表明すべし」と決議文を可決した。

二月一五日、今度は「東京朝日」社会部の記者が原内相の邸内で一二、三人の暴漢に襲われ、全治一五日間の傷を負った。翌二月一六日記者連合会の代表が原内相に抗議したが、埒開かず。一八日、全国記者大会

の開催を申し合わせる。一九日には「東京朝日」の松山忠二郎ら代表四人が、東京地裁の検事正に記者暴行事件の取り調べを急ぐよう申し入れ、二〇日には野党三派と記者連合会は倒閣運動に取り組むことにした。

記者暴行事件問責の全国記者大会が二月二三日東京築地で開かれ、東京から五〇余社、地方から四〇余社、三派代議士ら二〇〇余人が参加。松山忠二郎が経過報告し原内相の辞任を求める決議文を可決。

大阪でも二三日近畿記者大会を開き、二二社の代表が参加。村山龍平があいさつ、「原内務大臣の責任を問い、その処決を促さざるべからず」と述べ、大毎社長本山彦一を座長にして決議文を可決し、東京大会に打電した。このあと会食となり、上野理一が発起人代表としてあいさつ、「政府当局者は官権を濫用し、民衆に対して不法の圧迫を加う。民衆の信頼すべきもの一に吾等新聞の正義のみ。されば吾人は諸君と共に正義を絶叫し公道を践んで、この大会の主旨を貫徹せん事を期す」と述べた。因みに原内相は大阪毎日の第三代社長であり、本山は第五代である。

野党三派は二月二六日内相弾劾案を出したが、否決された。三月四日になって、記者連合会代表五人は宮内省を訪れ、山本首相・原内相の引責辞任を求める請願上奏文を提出した。

三月六日には東京で、七日に大阪で、八日東京歌舞伎座と福島（東北同志記者会）で大会を開く。

さらに三月一五日に関西記者大会が大阪ホテルで開かれ、西日本各地から五〇社の代表が参加。「大阪朝日」からは村山龍平、上野理一、西村天囚、鳥居素川、長谷川如是閑ら一〇人が参加。「東京朝日」からも石川安次郎も参加し、村山が座長となって宣言文、決議文を可決した。（**一連の護憲運動の中で社史にやっと鳥居素川の名前が登場したことになる。**）

これらの動きに対し政府は三月一日～一九日新聞取締りを強化、大阪日報、大阪日日、不二新聞、大阪報知、万朝報、都新聞、大阪朝報、報知、二六新報、雑誌「日本及日本人」を発売禁止にした。

しかし三月二四日山本内閣は総辞職する。海軍拡張費に両院妥協ならず、大正三年度の予算が不成立となり、四月一六日第二次大隈内閣が成立することになる。

（ここで背景説明は終える。なお、第二次護憲運動は一九二四（大正一三）年一月一〇日政友会・憲政会・革新倶楽部の三派有志が、貴族院議員を中心に組閣した清浦奎吾内閣の打倒運動によって始まる。）

## 中国の反日事件、記事差し止めを無視

次に世情を騒がすのが中国における袁世凱軍による反日事件である。時点は遡るが、中国では一九一三（大正二）年七月一二日大総統袁世凱の独裁に反発し江西省都督李烈鈞が挙兵、七月一七日～八月八日の間に安徽・湖南・広東・福建・四川の各省も独立して反袁軍を組織、第二革命が始まる。八月五日、孫文は広東の独立に失敗、台湾へ亡命し、八月八日門司に到着する。

この状況のなかで八月五日、日本支那駐屯軍の大尉が山東地方視察中に袁政府軍兵士に監禁される。

さらに八月一一日には日本の漢口派遣隊付の少尉が江岸停車場付近の袁軍兵舎を訪れた帰途、三〇数人の兵士に取り囲まれ、軍服をはぎとられて柱に縛られたあと兵舎に拘禁。次には九月一日に袁政府軍が南京を占領して、略奪暴行放火に及び、避難中の日本人三人が殺害される。この報道に日本の世論はわき立った。

一方、日本国内では九月五日外務省政務局長が東京の自宅前で刺され、翌日死亡する事件が発生。犯人二人は一連の日本人暴行事件に対する日本政府の態度が軟弱であると主張。この事件が起こると東京地裁の検

事局は新聞紙法第一九条によって記事掲載の差し止めを命じた。

しかし「大阪朝日」は命令を無視して六日紙面で報道（「東京朝日」も七日に詳報）。さっそく七日、対支問題国民大会が東京日比谷公園で開かれ、中国出兵要望を決議したあと、民衆は外務省に押し掛けた。九日夜、犯人一人が自殺して、一一日以降も朝日の両紙は命令を無視して報道、東京では国民、時事、報知、東日、日本、やまと、萬朝、中外、二六、毎夕、読売、ジャパン・タイムスなどが命令に従わなかった。結果は命令無視の一九社が略式命令で罰金刑、正式裁判の東京地裁でも罰金刑は変わらず、「東京朝日」は一二〇円、上告した「大阪朝日」は罰金七〇〇円であった。

## 素川は何をしていたのか

さて、憲政擁護運動の中で、日露戦争の講和条約反対のときと違って、何ら目立った行動を見せない鳥居素川は、その間何をしていたのか。そもそも護憲運動の取っ掛かりは東京で三田系の新聞記者や政治家たちによって始まったようだ。しかし素川にとって藩閥反対も憲政擁護も従前からの主張であり、同調するのは当然のはずだ。ましてや最初は大阪籍の東京駐在員が活躍している。中国・欧州専門の素川だが、力を入れていたのは、やはり「社説」であったようだ。ここに二つの証言がある。

まず長谷川如是閑が憲政擁護運動について「僕は、そういう政治問題についてはあまり知らないが、鳥居素川というのはやっきとなるほうでね。だから素川は、自分で書いた論文を『危ないからなおしてくれ』といって僕に見せるんだ。熊本県人の気性かどうか知らないが、むきになるんだね」と語っている。また西村天囚についても「名義は編集の主任みたいだったけどいっこう口を出さなかった」という。これは雑誌「別

冊　新聞研究」No.1（日本新聞協会刊、昭和五〇年）の「聴きとりでつづる新聞史」で話しているものだが、政治問題を知らない如是閑に素川が原稿を見せたかどうか、逆にそんなことは一切しない人との評もあって問題だが、とにかく社説を書いていたのは素川である、という証言になる。米寿を超えて安楽椅子に身をゆだねる如是閑が応答しているので正確といえるかどうか…。

その長谷川如是閑（一八七五・明治八年～一九六九・昭和四四年）といえば、東京は深川木場の材木問屋の二男で、東京法学院（中央大）と東京英学校に学んで、明治三五年に新聞「日本」に入り、外字新聞の翻訳、日曜付録の編集などをしていたが、陸羯南が「日本」を伊藤欽亮に譲り、伊藤が社内改変を始めたので三九年、三宅雪嶺らと同盟退社。三宅の貧乏雑誌「日本及日本人」にいたのを「日本」出身の鳥居素川に誘われ四一年「大阪朝日」に入社した。整理部に籍を置き外報、通信を手伝い、四三年にはロンドンの日英博覧会に特派、以後社会部で通した。大正三年の「論文主任制」では素川支持を主張、五年に素川編集局長、如是閑社会部長で政府批判を貫く。七年の白虹筆禍事件で退社後は東京に帰り、雑誌「我等」を創刊する。戦後二一年に貴族院議員に勅選、二三年文化勲章受章。四四年死亡、享年九三歳だった。

もう一つの証言は、嘉治隆一『明治以後の五大記者』（朝日新聞社刊、昭和四八年）に「長谷川如是閑」の章があって、その中で「大阪朝日の社説はすべて素川のものと世間も認め、政府も恐れをなしていた」と書いている。嘉治も朝日出身である。白虹筆禍の時も、社説や論評は素川と如是閑がすべて書いていたとしており、大正の初期からそうなっていたことになる。

つまり、その伝からいえば右記の大正元年一二月二六日社説「政友、国民二党に望む」から大正二年二月一六日「民衆の騒擾を戒む」、二月一七日「山本内閣には反対なり」、二月一九日「政党を売らんとする政友会幹部」、二月二一日「似而非政党の運命」などは素川執筆となるであろう。

## 編集部長から局長へ「素川時代」始まる

### 「大正」に相応しい編集体制

「大阪朝日」では一九一四（大正三）年二月二七日、社長村山龍平が編輯会議で「論文主任制」を設ける議を提出した。原内相問責近畿記者大会で村山が「吾人の天職は天下の輿論を代表するの言論にあり」と述べた四日後のことである。「新しい時代に適したスタッフをそろえて、強力な言論戦を展開しようという決意であった」と社史にある。出席者は村山、上野のほか西村天囚、**鳥居素川**、土屋元作、**長谷川如是閑**、岡野養之助、**丸山幹治**、一宮房治郎、稲原勝治、**花田大五郎**、岡部重一郎、東京在勤の本多精一、「東京朝日」の松山忠二郎の一四人であった（太字が鳥居派）。

まず会議では次の「論文規定」を決定した。つまり①社論の統一を図るため一年を限り論文主任を置く②主任は論文記者の互選とする③論文に対し一切の責任を有し、取捨添削を為す事を得④主任は毎日論文記者会を開き意見を徴し方針を定む⑤論文主任は社説以外の紙面全体にも統一を図る⑥東西朝日の論調を整えるため東西主任で協議し連合協議会を開く事を得、などというもので、主任は大きな権限を持つことになる。

三月四日「大阪朝日」の論説記者一三人によって互選を行なったところ結果は西村七票、鳥居四票、土屋一票、無効一票で、西村が選ばれた。ところが席上、長谷川が「天囚氏は今日のデモクラシー時代の陣頭指揮者としてふさわしくない」と反対意見を述べたため紛糾、収まらず、四月一日村山は自ら論文主任となり、西村、鳥居ら従来の課長級以上をすべて編輯顧問格の閑職に置いて、部長は空席のままで各課長の新人事を発表した。そして村山は編輯部内の鎮静化を待った。

村山は一二月末に再び人事異動を行ない、西村を総務局に移し、鳥居が編輯部長となった。つまり鳥居は編輯の責任者であると同時に、編輯部内に属する論説班をも指導下に置くことになり、「大阪朝日」の社論は鳥居によって決定される体制になった。明治的風格をもった西村の時代は去って、村山は新しい時代の舵取りを鳥居素川に託したことになる。

他の人事は新設の出版部長に土屋元作、調査部長に牧放浪がなり、原田棟一郎が整理課長、岡野養之助が通信課長、高原操が経済課長、稲原勝治が外報課長、藤沢穆が府市課長、長谷川如是閑が社会課長となった。

一方の「東京朝日」では創刊以来の名編集部長であった佐藤真一が大正三年一〇月死亡し、明治四四年編集局制を実施して以来、空席であった初代局長に松山忠二郎が就任した。松山は池辺、鳥居とは懇意の仲である。

この大正三年には七月二八日第一次世界大戦が始まり、日本は日英同盟によって八月二三日ドイツに宣戦布告。日本軍は九月二日山東省竜口に上陸開始、一一月七日青島を占領している。さらに大正四年一月には日本は中国の大総統袁世凱に二一ヵ条の要求を突き付け、旅順・大連の租借期限延長、山東省のドイツ利権の譲渡をはじめ膨大な利権を求めている。

最後に、初期の大正デモクラシーは藩閥反対と憲政擁護の段階ではあるが、記者たちが果敢な反政府行動と政治運動を展開する。記事差止め命令を無視して立ち上がる行動力には、報道の自由を求める熱気がある。対抗する政府の側には、あの仇敵・朝鮮総督の寺内正毅が最後の長州閥として一九一六（大正五）年一〇月九日組閣して待ち構えるのであるから、闘いは止まるところを知らない。

## 素川と寺内総督との前哨戦

一九一六（大正五）年一二月、「大阪朝日」では局制が敷かれ、編集局長には編集部長であった鳥居素川が就任した。

これより早く編集部長の鳥居は四月、中国視察に出掛け、途中、朝鮮・京城で新聞記者嫌いの総督寺内正毅に会見を申し込んだところ、意外に簡単に実現した。これは宿命の対決といわれる素川と寺内の関係でもその前哨戦ともいえるもので、厳しい会見の模様は伊豆富人『三代言論人集』「鳥居素川」でも、新妻莞『新聞人・鳥居素川―ペン・剣に勝つ―』にも、ほぼ次のように描かれている。

寺内は広い総督室の中央に腰かけ、素川の椅子は手前の部屋に置かれ、部屋越しの会見だ。これを見た素川は自ら椅子を引きずって行き、寺内の前に腰かけ、話を始めた。一介の武弁寺内は素川の敵ではなかった。激論となって、見かねた副官が、閣下、御約束の時間ですと、助け舟を出した、とある。

中国政策、朝鮮統治で立場を異にする両者の意見が合うはずもなく、素川はのちに書いている。「総督は内々袁世凱に糸を引いていたので、私らが袁を攻撃しているのを咎めて、支那内政干渉は不可と詰責した。私は、貴下がその椅子に座り、総督たるは同じ内政干渉ではないか、朝鮮はもと他国であるというと、君の論に服するわけにはいかぬ、論をやめよう」となった。つまり、寺内は「袁擁護」のために会見を受けたのであろうか。素川は中国では袁とも会見、帰国後に論評しようとしたら、袁が急死したため「舞台は廻る」の連載となった。これは鳥居素川『支那は支那なり』（大阪毎日新聞刊、昭和二年）に収録されている。

## 日韓併合時から始まる寺内批判

溯るが、ここで朝日新聞と寺内正毅統監とが、批判と弾圧の応酬によって仇敵関係となる問題を若干説明しておきたい。（詳しくは拙論「韓国併合と新聞人たち」〔熊本近代史研究会誌「近代熊本」34号〕参照。）

寺内が韓国統監に親任（陸軍大臣兼任）されるのは一九一〇（明治四三）年五月で、伊藤博文暗殺犯人として韓国人安重根が死刑執行されて二カ月後である。赴任するのは七月で「仁川京城間の沿道警戒の厳重なるは未曾有」のこと、入京の際は警官は総出、憲兵補助員まで動員し「一間毎に配置」するほどで、それだけ反日感情は高まっていた。以後、報道への介入も激しくなる。その憲兵司令官が諜報活動で知られる明石元二郎であり、現地紙は勿論、日本からの新聞も没収が相次ぐ。

八月になると、流言蜚語が益々盛んになり「今にも市街戦が始まり、京城は修羅の巷に変ずる」などの説まで飛び出していると京城電報にある。八月二二日に「日韓併合ニ関スル条約」が調印されたが、正式発表はされず、二三日付け「大阪朝日」は「確かなる筋」による条約内容で第二面を埋めるに止まり、また京城電報は統監府の規制によって「統監邸に至り何事か会談」したなどとしか打電できなかった。釜山電報は「二十四日着の朝日、毎日他九新聞又又押収さる」と報じ、京城電報は「二十五日夜到着の二十四日の大阪新聞、二十三日の東京新聞は全て押収さる。地方新聞も亦同様にて、韓国全道は真の暗黒なり」と伝える。

条約正文は八月二九日に正式発表された。ところが「大阪朝日」社説は「日韓併合は自然なり」であり、「東京朝日」は三〇日に「我天皇陛下の新領土と新人民とが永久に合併の恩沢を被らんことを祈る」などと、現地の状況を理解できず、無視している。

しかし一〇月になると、社説に変化が生じる。「大阪朝日」の二日社説「朝鮮諸官制発布」は、総督府官制第二条の「総督は親任とし陸海軍大将を以て之に充つ」を取り上げ「武官出身に限るうえ大将とは何事ぞや」と批判し「朝鮮各道に朝鮮役人よりも暴虐なる日本人役人あるを淘汰し、一に仁政を布き、実際に無告の民を恤《あわれ》むは今日の急務なり」と説いて「吾人は寺内総督の今後に危惧の念を抱くものなり」と、社内でひと悶着あったとみえる変化である。

一〇月一二日、「大阪朝日」の京城電報は「国民新報は十一日より愈廃刊、之にて韓字民間新聞は全滅せり。徳富猪一郎氏は大韓毎日新聞（韓字機関紙）の社長兼主筆として十一日より経営すべし」と伝える。蘇峰は寺内とは日清戦争時から便宜を得て親しく、寺内に依頼され「一切の新聞を京城日報に集中するに如かず」と、朝鮮における新聞統合を指揮し実現している。題字は変化して「京城日報」となるが、これこそ熊本国権党が経営していた旧公使館機関紙「漢城新報」と「大東日報」を買収、統合して創刊した統監府の機関紙である。（蘇峰は昭和一六年には日本でも新聞統合案を首相東條英機に具申するが、朝毎読三社の猛烈な反対を受け実現出来なかった。）

一〇月一六日、寺内が京城から上京したのを捉えて「大阪朝日」は一八日社説「寺内総督の帰朝」で、総督は朝鮮統治に当たって黄金で懐柔し武力で鎮圧する愚策を用いているが、いつまでも続くものではない。内地官人が暴政を行ない、民は怨嗟の声をあげている。「寺内総督能く之に注意し従来の積弊を改めんこと肝要なり」と批判している。

もう一つ、挙げておきたい。明治四三年から京城特派員となった「大阪朝日」の岡野洋之助（告天子）の長編「寺内総督論」である。

〔第一　総督の不評判〕「一言に尽せば曰く不評判なる総督なり…人心を得ざるの謂いなり。」「藩閥の力に拠り、絶対階級主義なる陸軍部内に成功し来りしも、民政については新参者なり。」

〔第二　寺内の逆櫓〕「寺内子の政治は艫《とも》の櫓を取って之を舳《へさき》に付け。而して流れに逆って上らんとす、是れ真の逆櫓にして、而して其の愚を笑わざるものは人にあらず」「彼の云々する所は一警察署長を出でざるの観あり。曰く何々取締、曰く何々規則、曰く小使馬丁の訓戒、…吾人は殆んど読者をして軽々に信ぜしむる能わざる程ケチ臭い小事に日夜没入し、遂に八道人心の趨向を誤らしめんとす」。

〔第十一　善政と嘱託密偵〕寺内政治は部下の服従、言葉づかいにまで小言をいうばかりか、総督政治を批判する者には密偵をつけ、一言一句もらさず報告させ、机上に報告書が積まれている。…これら報告書は十中八九虚構なるも、寺内子は信憑するので偏狭なる頭脳は益常規を離れ、諸取締規則が如何に遠くかけ離れるか…」。

〔第十五　総督の器に非ず〕各官庁の事務が渋滞し、下級官吏が困惑している実情を列挙し「如此の類豈枚挙に暇あらんや今姑く其の大なる者を挙げて、以て寺内子が総督の器に非ざるを論ずるのみ」と結論している。

当然総督府は第一、二回を掲載した東西「朝日」を発売禁止にする。「朝日」は続稿の掲載を中止し「寺内総督論は治安妨害と認められたので朝鮮版には抜くことにした」と伝えた。

ところが、この項冒頭に述べた大正五年の素川・寺内会見の後、一〇月九日には元老政治によって寺内内閣が実現する。そして素川との対決が最高潮に達し、白虹筆禍事件に繋がっていく。

## 白虹筆禍事件で「大阪朝日」退社

### 「白虹筆禍」とは

「白虹筆禍事件」についての一般的な説明は「一九一八（大正七）年に起きた大阪朝日新聞の筆禍事件。寺内正毅内閣批判に関連する記事に〝白虹日を貫けり〟の語句があったことから、記者らの起訴、社長村山龍平に対する右翼の暴行、社長辞任、編集局長鳥居素川らの退社にいたった」とある。これを信夫清三郎『大正デモクラシー史』（日本評論社刊、一九七八年・第二版第二刷）に拾うと次のようになる。

吉野作造とならんで民本主義の主張を強力にとなえていたのは、鳥居素川・長谷川如是閑・大山郁夫などの論客を擁した「大阪朝日新聞」であったが、浪人会の攻撃はまず大阪朝日新聞社にむけられた。

米騒動さなかの八月二十五日、関西新聞社通信社大会が大阪でひらかれ、八六社を代表する一六六名の記者が米騒動の報道記事を弾圧する寺内内閣を攻撃した。大会の有様をつたえたその日の「大阪朝日新聞」の夕刊記事は「金甌無欠の誇りをもった我が大日本帝国は、おそろしい最後の裁判の日に近づいているのではなかろうか。〝白虹日を貫けり〟と昔の人がつぶやいた不吉な兆が点々としてフォークを動かしている人々の頭に電光のようにひらめく」としるした。〝白虹日を貫く〟というのは、白色の虹が日をつらぬくのは兵乱の兆となるという中国の古語であったが、浪人会は日は天皇である、天皇を貫くとはけしからんといいがかりをつけ、社長の村山龍平をしばり、「国賊」の捨文をつけて白昼の大道に投げだした。検察当局もまた執筆記者大西利夫と新聞署名人山口信雄を新聞紙法違反で起訴した。鳥居素川をはじめ幹部は責任を負って辞職し、民本主義の一角はくずれたかにみえた。（同書四九二頁）

問題の記事は大正七年八月二五日発行の夕刊（二六日付け）二面に掲載されたもので、その内容は信夫流に読み下されているが、原文は「金甌無欠の誇りを持った我大日本帝国は今や恐ろしい最後の裁判の日に近づいてゐるのではなからうか。『白虹日を貫けり』と、昔の人が呟いた不吉な兆が黙々として肉叉を動かしてゐる人々の頭に雷のやうに閃く」である。「恐ろしい最後の裁判の日」は四倍画の大文字にしてあり、すべての漢字にはルビがふられ、「裁判」は「さばき」、「兆」は「しらせ」、「肉叉」は「フォーク」、「雷」は「いなづま」となっている。信夫の「点々」は、原文では「黙々」となっており、適切かどうか。浪人会は、玄洋社の頭山満や黒龍会の内田良平らが「大阪朝日」に対抗するため組織したものであるが、『朝日新聞社史大正・昭和戦前編』（一九九一年刊、以下「社史」と略）では、浪人会の発足は一〇月になっている（同書九九頁）。「白虹日を貫けり」の解釈について、朝日側は公判では反皇室の論拠としては成りたたないと主張する。しかし朝日自体も、慣用句としては不適当と判断、鉛版から四行を削って、すでに印刷した三万部を刷りなおして配布したが、一部は回収できず事件となった。つまり朝日側も神経過敏に措置していたのである。

以上によって、事件がいくらか明らかになったが、当日の発売禁止処分が抜け落ちている。まず確認しなければならないのは、政府が米騒動に関する記事を差し止めたため、これに抗議する新聞社大会で、参加した記者たちの胸中を察する雑感記事の字句が、筆禍事件につながったことである。米騒動にゆらぐ社会経済問題を政府の無策、失政によるものと攻撃する新聞。言論封殺をねらう政府当局とその手先が、皇室を持ち出して、問題をすり替えるところに焦点があるが、「いいがかり」をつけられる前提として、「大阪朝日」が寺内内閣の発足時点から強硬に執拗な批判攻撃を続けていたことも、事件とつながることを知らなければ理解できない。その陣頭に編集局長鳥居素川が立つのである。

事件の経過については「社史」第二章「白虹事件にゆらぐ」に詳しいので、もう少し追加しておこう。大阪府警察部は、記事中の「金甌無欠」以下数行は内乱を意味し、国民に不安、動揺を生じさせるものと解し、当日の新聞発売を禁止するとともに、筆者ら二人を新聞紙法第四一条「安寧秩序ヲ紊シ又風俗ヲ害スル事項ヲ新聞ニ記載シタルトキ…」に該当するとして、即日、大阪区裁に告訴し、素川らも参考人として取調べを受ける。九月九日起訴、同二五日に公判が始まると、冒頭に地検検事が予め「発行禁止の処分を要求することを通告しておく」と述べる。つまり、ここで「大阪朝日」を廃刊に追い込もうという政府の意図が示されている。そして二八日には社長村山が中之島公園で暴漢に襲われる。その暴力にはひるまなかったという村山であるが、『村山龍平伝』（朝日新聞社刊・昭和二八年、以下「村山伝」と略）によると、村山家は代々の勤王家であって、皇室反対派と受け取られるのを最も恐れたという（同書五一一〜五一二頁）。つまり「白虹日を貫けり」という表現は朝日側トップにとっては迷惑であったようだ。村山は共同経営者である上野理一に社長の座を渡して、自身は辞任してしまう。村山派筆頭である編集局長鳥居素川としては、なお戦う気でいたようであるが、肝心の社長が辞任したのでは「徳義上責をひいて退社を申出」ざるを得ず、「社長更迭」が報じられた翌日、つまり大正七年一〇月一五日朝刊二面に「鳥居氏退社」の一段見出しで「本社編集局長鳥居赫雄氏は今回本社を退職せられたり」となってしまう。以上によって先述の二つの説明が詳しくなる。

## 「反寺内」と時代背景

「大阪朝日」と「寺内」の対立関係を「社史」によってみても、時代をさかのぼって根が深い。既述のように一九一〇（明治四三）年五月、寺内が第三代朝鮮統監（陸軍大臣兼任）となって赴任、八月に韓国併合に乗り出すころから始まっている。特派員岡野養之助と後任の中野正剛らは総督政治の欠陥を厳しく追求している。

さて、大正五年一〇月には、大隈内閣に代わって「寺内内閣」が成立するが、その発足が立憲的な政権授受ではなく、元老山県有朋らの策した陰謀に近いものであったとして、とくに編集局長の鳥居素川が憤慨して、社説で立証しながら、桂太郎内閣、山本権兵衛内閣のときの憲政擁護運動と同じように、強硬に寺内反対論を展開する。組閣前に元帥陸軍大将となった寺内正毅は長州出身で、「藩閥政治の最後の旗手」「新聞嫌いで自由主義嫌い」「狭量の武断政治家」などと評されている。一方、国外の中国では、南方革命派と段祺瑞らの直隷派が闘争していたが、寺内の段支援と西原借款問題に対し、国内世論は反対が多く、朝日も陸軍の増師問題と合わせて反対。さらに第一次世界大戦の末期、一九一八（大正七）年七月、寺内内閣がシベリア出兵を決めると、これまた官僚外交、軍閥追従外交の危険を説いて盛んに反対する。これに対し内務省は出兵関係記事を差止めるし、各地で新聞の発売禁止が相次ぐなか、出兵はバイカル湖畔にまで侵入、収拾に困る失態となる。他方、国内では米価が暴騰、同年八月三日、富山県下に始まった米騒動は瞬く間に各地に広がり、東京、大阪、神戸では軍隊まで出動する。騒動が絶頂に達した八月一四日、内相水野錬太郎が「米騒動に関する記事の差止め」を命じたため問題はさらに大きくなり、次々に新聞記者大会が開かれ、内閣弾劾運動が激化する。そして八月二五日の関西新聞社大会の記事が筆禍事件となるわけであるが、事件前の双方の対立関係を「社史」は次のように説明している。

なんといっても朝日における反寺内の急先鋒は大朝の鳥居素川で、素川の大朝は寺内にとっては「一大敵国」となっていた。寺内の意をうけて内相後藤新平は、折りあらば大朝に峻烈な弾圧を加えようと、かねて林市蔵大阪府知事に内命、検察、警察を督励して監視の目を光らせていた。またその一方では、右翼団体に雑誌「新時代」を発行させ、もっぱら朝日攻撃に集中した。中心となったのは国民新聞記者杉中種吉らで、「人道の公敵・危険思想の権化・大阪朝日」「国賊大阪朝日を葬れ」といった調子で朝日攻撃をくりかえし、右翼国粋団体からの脅迫の投書が大朝にひんぴんと舞いこんでいた。」（同書九七頁）

## 新聞社大会で素川演説

ここで「関西新聞社通信社大会」の当日の模様を紙面から拾うと、これは近畿大会に続く二回目の大会であるが、「大阪朝日」夕刊一面には「言論擁護・内閣弾劾」を掲げて八六社・一六六名が参加。「大阪毎日」の桐原相談役が開会の辞、村山社長を大会座長に（初回の座長は本山彦一大毎社長）、決議案を採択。九州新聞記者大会や各社の決議文などを披露、各社の代表演説に移る。その最後に大朝の『鳥居赫雄君』も立って次のように演説している。

言論の擁護は憲法の擁護にして、憲法の擁護は国家の擁護なり。操觚に従事する吾人が決然言論擁護の為めに起てるは、実に憲法を支持し国家を擁護せんが為めに外ならず。寺内内閣が、与論を防ぎ言論を抑圧するは恰も水を防ぎ空気を圧せんとする暴挙なり。国家の前途真に寒心に堪へざるなり。最早余命幾千もなかるべけれど我々言論の力に依て之を葬り去らざるべからず。

このあと席を大広間に移して午餐の宴（このときの雑感記事が筆禍事件の引き金になる）。ここでも五分間卓上演説となり、それが終わると村山座長の発声で陛下の万歳を三唱して散会している。

それにしても、大会には社長や幹部も出席、それぞれ積極的に活動しており、また、参加者をみると、のちに有名記者となる氏名が多く見受けられる。最後に桐原相談役は、各社にはそれぞれの立場があり、「平素必ずしも一致はして居らないと思ひます。然るに今回各社は言論擁護、内閣弾劾といふ呼号の下に共同の精神を以て諸君を茲に送ったのであります」と、言論擁護では各社が一致していると述べている。

なお、このあと「寺内内閣弾劾全国記者大会」が九月一二日、東京は築地精養軒で開かれる。「東京朝日」によると、三〇余社が参加、招待した貴衆両院議員を合わせて二〇〇余名に達し、冒頭に国民新聞の山川瑞三があいさつしている。九州日日新聞からは山田珠一が参加、山田は「今や此会合は議会に代りて寺内内閣を弾劾しつゝあるものなり。寺内内閣既に去らんとす。若し寛假せんか第二の寺内内閣は出現せん。決議の末文たる立憲的内閣の確立に対し大に努力する所なかるべからず」と演説している。

この激しい世論攻勢によって、さすがの寺内超然内閣も総辞職する。二三日付朝刊二面には「失意の人と見受けられぬ　笑顔の寺内伯　内閣総辞職の日に　何時にないニコニコ顔」と四行の二段見出しがみえる。これに対して「村山伝」はより詳しく、次のように述べる。

「九月に入つて米騒動は漸く平静に帰したが、世論の総攻撃にあつて満身創痍となつた寺内内閣はついに月半ばに辞意を明らかにし、後継内閣について元老山県は政党内閣出現阻止のために心肝をくだいたが、とうとうたる時勢の奔流を食い止めることはもはやこの老人の力では及ばず、九月二十七日原敬を首班とする政友会内閣が出現した」。初の政党内閣の司法大臣は、「大阪朝日」に対して「極刑で臨むハラを極めていた松室致に代って」「平民宰相の原敬が一時兼任」になったと、要点を押さえている。しかし、寺内への論及はない。つまり、倒閣の成果よりも、新たな抗争を予想させる展開になっているからであろうか。原は、一八九七（明治三〇）年に朝鮮駐在公使を退いて、「大阪毎日」の編輯総理、続いて社長に就任しており、かつてはしのぎをけずったライバルである。さらに原の政友会に対して「大阪朝日」はことごとにその保守的体質を批判してきており、またも敵対する政府の出現である。

このあと一〇月一五日に至って、村山辞任と鳥居らの退社へと朝日側は動くが、寺内辞職から約三週間の村山の動静は明らかでない。社の解散も考えたという村山が辞任を決断する時点で、依然闘うつもりの素川との間に乖離が生ずるわけで、この間の二人の考え方の違いこそ事件の節目ではなかったか。

## 同調退社が五〇人も

さて、寺内内閣の「一大敵国」素川陣営は、若手記者の筆の走り過ぎによって尻っぽをつかまれてしまった。なにより主戦派指揮者である鳥居素川の退社は、影響が大きく、社内で同調して退社するものが相次いだ。論説委員を兼ねる社会部長・長谷川万次郎（如是閑）、外報部長・稲原勝治、通信部長・丸山幹治（侃堂）、調査部長・花田大五郎（比露思）と、論説班の大山郁夫らが依願退社したほか、客員として論稿を寄せていた佐々木惣一（憲法・行政法）、河上肇（経済学）、末広重雄（国際法）、小川郷太郎（財政学）、岡村司（民法）、小林丑三郎（財政学）、河田嗣郎（社会経済学）ら京都大学教授連も去って、「大阪朝日」の論調は一変、発行部数も低調に陥る。これは「東京朝日」にも波及し、シベリア出兵反対では「西に素川、東に哲堂あり」といわれ、素川と東西の論陣を動かしていた編集局長松山忠二郎（哲堂）に対する叛旗がひるがえり、松山のほか、松山擁護派であった大庭景秋（柯公）ら政治経済部員九人も一斉に退社する事件となったほか、県出身の政経部長宮部敬治、伊豆富人らも退社している。北京特派員であった「大阪朝日」の中島為喜も遅れて退社、「大正日日」に参加している。

「社史」はその人数について「このとき、全社で三十余人の退社が記録されているが、その大部分は素川とともに大正日日へ走った人たちだった」（一一三頁）と述べる。さらに嘉治隆一『明治以後の五大記者』（朝日新聞社刊、昭和四八年）の「長谷川如是閑」の項によると、「東西（朝日新聞）総計五十余名の大量退社、けだし、大新聞社として空前の大事件であった」（同書二二〇頁）と人数は増加している。花田大五郎も「村山伝」に次のように村山談話を書いている。

> 最初は鳥居君の事業を外部から出来るだけ援助しようと思つてゐたけれども、あんまりうちの社員を誘拐するので、…やめて呉れと申入れたところ、鳥居君は「併し自発的に朝日をやめて私の方に来る者は仕様がない」といふから『…そちらから手を出して勧誘するのはやめて貰ひたい』と言つたら鳥居君

も承諾して帰つたに拘らず、其後になってN君が、社をやめたいと言ふから、事情を聴くと、『…鳥居さんが頻りに引張られますので、同郷の先輩ではあり、恩義もあることだから、断りかねて、そちらに行くことにしました』といふのです。この事あつてよりわたしは鳥居君援助をやめた。（「香雪翁懐古」六四頁）

N君は中島為喜であろう。（中島はのちに細川家家扶から熊本電気社長となり、実業界に転じている。）このように時点によって退社する人数が異なるようであるが、五〇余名とは、いかにも大きい。

この筆禍事件の攻防をめぐる人的関係も興味深い。内務省側の第一線に立って苦慮する大阪府知事林市蔵は、素川の刎頸の友である。林は米騒動を機に方面委員（現民生委員）制度を創立している。また京都大学には済々黌時代からの知友狩野直喜がいて友誼は深く、狩野は「大正日日」創刊では人材勧誘に協力している。さらに事件の検察側指揮者である大阪控訴院検事長は佐賀出身の小林芳郎であるが、これがまた池辺三山を介して素川、狩野と親交があり、三者は往来していたというから、それぞれに公私をわきまえての態度決定は苦衷に満ち、微妙であったことが察せられる。

## 闘う決意、素川の心境

ところで、「大阪朝日」を退社するときの素川の心境については、「社史」も「村山伝」も何も触れない。社長が辞めたのだから、編集局長としては「徳義上責をひいて」退職するのが順当であり、当然であるという立場であろう。しかし、伊豆富人『吾が交友録』（日本談義社刊・昭和二七年、以下「伊豆本」と略）には「素川は飽くまで闘ふ覚悟であったが、村山社長が辞職したので、素川も今は詮方なく」（三三頁）社を去ったとある。この記述は、寺内倒閣に成功したあと、素川はなお裁判段階でも立憲政治の立場を貫いて無罪を勝ち取ろうとしたのではと思わせる。現に翌八年一一月には朝日・毎日を向こうに回して、「大正日日新聞」を創刊して立ち上がっており、「嘉治本」によれば、「大阪朝日」が二七、八万部であったときに「大正日日」は一一万部の実績を一応残したのである。これは反藩閥と立憲政治確立に向けて言論ひと筋であった気概を示すもので、一度は屈したものの、いっそう発奮した結果であったろうと思われる。

さらに興味を引くのは「社史」の素川イメージを再考せねばならないような次の記述が「嘉治本」にある。

素川一派が退陣した際、村山前社長も、「お気の毒なことになったが、自分も社長をやめることにしたから、どうか諒解をしてほしい」という意味の言葉を述べたと聞いている。このことについて素川自身は、「向う様は社長をやめても社と縁が切れるわけではないが、我々はやめれば失業者になるのだから、大分事情は違うわけだ」と身辺の盟友に洩らしたという。（同書二二〇頁）

これが、記者として思いどおりに活動できる場を与えてくれた社長村山に対する素川の発言である。「失業者」という言葉は時代的には当然であるが、当時の新聞記者の世界・感覚では、それを自らの問題として発言するのは珍しいのではないか。明治からの言論人にして、「社長」対「失業者」という企業観念が鮮明であるのは、単に感情的な反発だけではないだろう。大正デモクラシーの牙城を誇った社長村山が、会社存続のためには身を隠す企業家意識を、素川は厳しくみつめたのであろう。ドイツ留学で学んだ経済学の視点を感じさせる。その村山は、社長辞任後は監査役として社に残り、翌八年八月に「朝日新聞合資会社」から「株式会社朝日新聞社」に改組する時点で社長に復帰、病身の上野理一は去って、長子精一が専務に就任、理一はその年の大晦日に死亡している。つまり一〇ヵ月足らずで村山は社長に復帰しているわけである。

ここで思い出すのは、同じく退社した宮部敬治が「村山伝」に書いている「村山さんの器局」の一文である。

（村山さんに）接してまず感じるのは聡明と言う点である。その対応は極めて懇切であったが、その底に何やら冷やりとしたものを感じさせた。これはその変通性若しくは打算性の故であったろうが、しかしその包容力、辛抱力、さらに悪くいえばその横着性については稀に見るの傑物であった。その幕下に幾多の豪強難物を包容しつゝも巧みにこれを操縦して破綻を現さず、結局はこれらを引回して己れの欲する所に適応せしめた斡旋力ともいうか、その執拗性は特技というべきであった。（「香雪翁懐古」七四頁）。

この村山評の「打算性」を、素川も実はわかっていたのではなかろうか。だから自らの新聞創刊に突進し、人材確保に際しては村山に対して斟酌無用となるのではないか。

また、伊豆は朝日退社のとき同郷の清浦奎吾が、素川に対して、費用は調達してやるから、ほとぼりがさめるまで外遊して来い、帰朝後に復社をあっせんしようと勧めたとか。「復社」は素川にとって、ありえない展望であったろう。そして伊豆は、後年にも若手記者たちを相手に三山と素川の話を絶やさなかったと、熊本日日新聞社内で語りつがれている。

ちなみに、徳富蘇峰も「村山伝」に「伊豆山荘にて」と題して村山の人使いについて述べている。「高橋（健三）の縁故で朝日に入った人には保守分子が多かつた。西村天囚然り、内藤湖南然りである。ところが村山君は一方では新しい人物を重用した。やゝ後のことであるが、杉村楚人冠、下村海南の如きはこの範疇に属する。中野正剛、緒方竹虎の如き若手をもうまく使つた」（「香雪翁懐古」四三頁）。これは戦後も昭和二八年の病床での口述であるが、蘇峰は素川を無視している。素川の主張は「国民新聞」とはことごとに対立していた。なお「村山伝」によれば、西村の入社は高橋健三の縁故ではないとある。（同書五一六頁）

## 素川の社説・論文

さて、もう一度、鳥居素川の大正デモクラシー期における言論活動にもどって、白虹筆禍事件に関連する寺内内閣批判で特筆される社説を拾っておく。

①「後継者は寺内伯」＝大正五年一〇月六日社説＝立憲政治に沿わない寺内内閣の成立過程を追求し、「妖怪の出現」と形容、痛烈な寺内攻撃が始まる。

②「武を涜す勿れ」＝同七年三月二日社説＝シベリア出兵については一貫して反対、露人と親善関係を結び、革命後のロシア政権を刺激するな、今は力を貯えよと主張。

③「暴民に化せしむる勿れ」＝同年八月社説＝米騒動に際し天保八年の大塩平八郎の乱の際の対策をあげて、それにひきかえ寺内内閣は全く無策だと酷評。

④「懼然として誡むる所あれ」＝同年八月一四日社説＝素川の代表的労作とされるが、内閣さえ更迭すれば、人心は一新し、総てに緩和さるべく、と激越な論調。

さらに筆禍事件の起訴に際し、検事局が朝憲紊乱を証する資料として提出した「大阪朝日」掲載の論文・記事一五項目（「村山伝」五〇八頁）がある。「嘉治本」は「それらは殆んど素川と如是閑とが無署名で書いたものであり、他に唯一つ稲原勝治の紹介した仏人ル・ボンの一文「革命の心理的基礎」が注意をうけた」（同書二一二頁）といっているが、岡村司の寄稿文も含まれている。また、素川の論調は「他の論文委員が書いた比較的公平な論文を受けとっても、彼（素川）が論文主任の立場からちょっと加筆すると、忽ち筆端に凄味を帯びて、無用なところで政府当局を刺激するものが出来上るので、最初の筆者が困ると言うことも一再ならずあった」（「村山伝」五〇四頁）というほど徹底していたようだ。（ちなみに河上肇の教え子である櫛田民蔵は素川の加筆を嫌っていたといい、在社期間が短く、大原社研に去ったのもそのためらしい。）

その一五項目の資料には、検察側によって「文中いたるところにいろんな圏点を付して「重要」「最も重要」「特に重大」などの注が施してあるが、これによって見れば検事はつねに記事全般を推して重要視しているわけではなく、数行または数字の字句の表現にのみ拘泥していたことは明瞭」（「村山伝」五〇九頁）としてある。次に若干の説明を加えてその一五項目を掲げる。

①大正六年二月二三日＝「その日その日」＝夕刊一面短評。「寺内内閣が出現して、皇室の尊厳を冒涜する事件が頻発、皇室を政治の場に持ち出した責任をどうする」と迫る。

②同三月一九日＝「その日その日」＝露国学生が革命に働けるは、何処やらの大学では恐るゝ所、と皮肉も。

③同三月一九日＝「革命の心理的基礎」（上）、④同三月二〇日＝「革命の心理的基礎」（下）＝仏人ル・ボンの群衆心理研究を紹介。反革命の書というが、日本への言及は厳しい。

⑤同三月二六日＝「目的半ばを達す」＝露国革命は政治の民主化を完うせるもの。独逸また倣はんとす、と革命の広がりを説く。

⑥同四月一〇日＝「政治力の遠心力と求心力」＝一人一票主義の民主政治が一九世紀以降の大勢だと主張。

⑦同六月五日＝「黎総統辞す」＝官僚、軍閥が跋扈しているが、黎総統は民本主義のために最後の奮闘を、南方諸省は立ち上がっているとコメント。

⑧同八月一七日＝「天声人語」＝米国の鉄鋼輸出禁止は、日本の成り金振りの買い方で、価格が吊り上がるのを米政府が恐れているからだ、とする。
⑨同九月二二日＝「教育調査会」＝経験も知識もない首相が、自ら教育を整理せんとするとは、教育の去勢制度である。
⑩同九月二六日＝「官僚政治を排す」（付民本の意義）＝政治は民を本とせざるべからずという。
⑪同一一月六日＝評壇「皇室と赤子」＝君主を救ひ奉らんとするは、いつも平民・赤子＝臣民である。
⑫大正七年一月三日＝「プルードン」＝法学博士岡村司による仏の社会主義者に関する詳細な解説。
⑬同二月四日＝評壇「冷忍の成功か」＝レーニンの画策は世界を通じた階級的横断戦になるかもと推測。
⑭同八月三〇日＝評壇「大塩と跡部」＝施米、救恤の歴史の話。町奉行跡部はなぜ大塩様に及ばぬかと、市民うけをねらった批評。
⑮同九月三日＝「その日その日」＝徴兵検査の不合格者のなかに、立派な体格の山県公の令孫や近衛公らがいると暴露。

以上一五項目には民本主義問題あり、米騒動もある一方で、ロシア革命や関連記事も目立っている。その記事内容は「社史」「村山伝」や関連書籍にもみえないので、紙面に当たってみた。その一端をあげると、「皇室と赤子」に現れるロジックが特徴的である。赤子は「せきし」、つまり臣民の意味であるが、

皇室と国民との間に障壁を設くるものあれば、所謂憲政擁護運動が起る。こんにちは明治大帝の下し給ひたる五條の御誓文を達成するを以て、君国に忠なるものとせねばならぬ。然るに陛下の赤子を迫害するものあらば、実に不忠不義の臣である。国民は新勤王、新愛国の意義を諒解せねばならぬ。

と説く。慶応四年の「広く会議を興し万機公論に決すべし」こそ〝錦の御旗〟というわけで、これに背く者は不忠であるとする。さて、これが閥族に対する有効な牽制になるであろうか。官僚にも同じ論理は成り立つはずである。大正デモクラシーが昭和の「天皇機関説」論議にまで至っていないと思わせる。

## 二〇数年後に蘇る陽明学

### 「大塩と跡部」の論調

大正七年八月二九日夕刊（三〇日発行）の一面トップに「朝日評壇」がある。「▽大鹽と跡部」で始まって▽歴史は繰返す▽騒動の教訓▽政党も出直せ、の中見出しで繋ぎ、約一段半の分量になる。その論調をみる。

いわく▽大鹽と跡部、天保八年の大鹽騒動で大阪の人家がザット一萬軒ばかり焼けた。斯様に焼かるれば、怨骨髄に徹しさうなものだが、実際は反対で、騒動後も大鹽様大鹽様と持て囃され、却て町奉行の跡部山城守が其後、大に施米などをしたに拘わらず、陰では随分悪口された。是れは大鹽の騒動のお蔭で、救恤や施米が初めて徹底的に行はれたので、一般民が大鹽を徳とし、跡部山城が多大の盡力をなしたに拘わらず、相変らず不評判であつたのは、先んじて事を制することが出来ず、後れて狼狽した態度を一般から哂なりとされたからである。

一万軒の家を焼き尽くしても一般民衆が「大鹽様大鹽様」ともて囃すとみるのは、いわば大塩の騒動を肯定しており、さらに素川は言う。

▽歴史は繰返す　…手近い大鹽の騒動でも、今回の米騒動と照し合はせて考ふれば、其處に多くの教訓がある。仲小路農相なども、縦令経済学は知らなくても、切めて日本歴史だけでも知つて居ればよかつた。さうすれば何も跡部山城の後ばかり追はなくてもよかつたはずである。尤も跡部は仲小路君より暁がはやかつたから、騒動後は堂島の米相場抑壓をピタと止めて了つたので、相場は一時上がつたが、ソレ堂島では米が高いと、自から在米が豊かになり、自然的調節を見るに至つた。これも仲小路君には参考にならう。

ここでは大阪ならではの米相場の知識を持ち出して農相をちくりと批判して、さらに述べる。

▽騒動の教訓　…米騒動によって政府も政党も初めて国民の生活問題を生真面目に考慮せんとするの傾向を生じた…今迄の政府も政党も、多数国民の生活などは其実少しも考へて居なかった。彼等の言ふ国民とは、農民ならば地主、商工ならば、多くは資本家階級で、彼等はその上に立脚して、飯事《ままごと》のやうな政治をなして居った…。…今回の事件で政府は後れ馳せながら、多数国民の食糧問題に就いて努力せんと試み、…（これは）実に我国政治思想の一大革命であって、同時に政治内容の一転機を劃するものである。

ここでは米騒動はまだ終息しておらず、政府の弥縫策が始まった時点であるが、割合に肯定的に政府政策を評価している。しかし地主や資本家階級という概念が明確になっている。これはドイツ留学中の社会政策派としての夢想主義を脱し、当時から注目していたロシア学生運動などが二月革命として実現したあとであり、大正七年八月二九日付夕刊に、その認識が示されているのだと思われる。最後のフレーズが続く。

▽政党も出直せ　政治が斯の如く、国民多数の生活問題を内容とするやうになればなる程、政府組織

は益多数国民に立脚せねばならぬのは当然の理路である。斯うなつては寺内内閣などの存在理由は益無くなる。同時に従来の政党も…顔を洗つて出直さずばなるまい。

つまり、それまでの素川論評は最後に「寺内批判」が付き物であったが、ここでもそうである。結局、寺内が辞表を提出するのは九月二一日であり、倒閣には成功したものの、素川も退職のやむなきに至る。寺内は翌年には死亡している。

## 「白虹筆禍」の結末

事件の結末を述べなければならない。まず、社内状況をふりかえると、一〇月一五日付の「社長更迭」、一六日付「鳥居氏退社」、一八日付「長谷川氏退社」、二二日付「大山、丸山、花田三氏退社」に続いて、二五日付では「西村、本多氏登用」となる。つまり穴埋め人事として、編集局長は当分欠員とし、素川の長年のライバルであった西村天囚が、総務局員という閑職から四年ぶりに編集局に迎えられ事実上の主宰者となる。この結果、「痛手だったのは、いちどに論客を失った論説陣で、このため大朝は八年から九年にかけて、その補強に苦しんだ」と「社史」にある（一〇三頁）。

この間に新聞紙法違反事件の公判で、状況の厳しさを知った「大阪朝日」は、判決を三日後にひかえた一二月一日、一面に「我社の本領を宣明す」と題する西村執筆の長文の社告を掲載する。「朝日改過の書」と呼ばれるものであるが、末尾には「近年来の紙面に用意の到らざる者ありしを自覚して、今日に革新し将来に改善せんことを告白するは、誠に責任の重大なるを知ればなり。我社起訴事件に関しては只管謹慎しつゝ天皇の御名に於てせらるゝ公明の裁判を待つゝあるのみ」と述べている。これについて「社史」は「自社の非をあっさりみとめた…社告に対しては、たちまち賛否の両論がうずまいた。詫び証文だという嘲笑もあれば、昨日までの同僚を非難するのは当たらないという声もあった」と認めるが、一方で「ともあれ社告そのものが危機を救うことになったのは、たれしもがみとめるところであった」と評価している。

実は、いちいち新聞の発行を禁止しても際限ないし政治的処理としても妙味がない、責任者らを罷免し、今後は同じ過ちを犯さないと誓約することが事件解決の最低条件だと考えたのは、大阪控訴院検事長の小林芳郎であった。これは「村山伝」の「ある司法記者の回想記」(同書五二六～五三五頁)に詳しいが、前述の「社告」は正に誓約書に当たり、責任者の罷免はすでに果たされている。いわば検察側の思うツボにはまって、社の延命が叶ったわけである。

そこで一二月四日、判決が下り、記者大西利夫には禁固二カ月、署名人山口信雄には発行人として一カ月、編輯人として一カ月合わせて禁固二カ月が言い渡されたが、恐れた発行禁止は判決になかった。したがって「大阪朝日」としては一日も早く全面解決にしたいところ。そのためには両被告の一審服罪が先決だが、大西は、西村天囚ら幹部の説得に対して「責任は負うが、社の犠牲になりたくない」と抵抗したらしい。控訴すれば執行猶予も考えられるのであるが、結局、二人は服罪を受け入れ、一二月中旬、監獄に入り、翌八年二月、出所している。山口は復職したが、大西は村山邸にあいさつに行ったあと、辞表を提出、慰留に応じなかったという。「要視察人」として特高警察の監視から解放されたのは太平洋戦争が終わってからだというから犠牲は大きい。「改過の書」を書いた西村は、講義に行っていた京都大学では反発を受けるし、大正一〇年夏には宮内省御用掛に転じている。寺内内閣は倒したし、社は存続することができたのであるが、それにしても〝進歩的な大阪朝日〟にとっては、やはり大きなつまずきであった。

その感慨を「村山伝」は、弁護人の一人であった花井卓蔵の談話をもって次のように述べる。まず「新聞界における常勝将軍の村山龍平氏が初めて言論の戦において傷つき、一時的ではあつたが、その戦闘力を失つたという点に重大性が存した」「村山氏も鳥居氏も而して朝日新聞も陰謀にあつて傷ついてたおれたのである」「政治的に見れば今まで言論界において不死身の強さを誇つていた大阪朝日が唯一の弱点、すなわち皇室の問題については追求されると頗る苦しむ、ということを或種の思想団体に覚えられてしまつたのはかえすがえすも遺憾なことであつた」「退社して大正日日に拠つた鳥居氏の反撃と競争紙の追撃の挟み討に遭いながら、数年ならずして盛返した底力というものは真に恐しい」などとしている。

一方、朝日には在社しなかったが、素川から手紙をもらって「大正日日」創立に参加した新妻莞は「一世の世論をまきおこして軍閥内閣を倒した鳥居素川」「日本新聞史上ただ一度の事績」と持ち上げる一方、素川について「祖国精神鼓舞の新聞『日本』に論客の第一歩を踏み出したのだから、当然保守派の精鋭・右翼の智嚢であってしかるべきに、時勢の進展に応ずるというよりも先んずるといいたいその活眼は、望んで留学もしたドイツの帝国主義的政治思想に背を向け、デモクラシーを基礎とした英米の流れを汲む政治思想に立って世論の先達となり、特にドイツを範とした帝国陸軍すなわち、軍閥と戦った果てが一門をひきいて城あけわたし、再挙を企ててはたゆまず屈せず、矢尽き刀折れる姿になっても、ついに節をまげず寂しく世を去るに至った幾変転は悲憤ともいいたく」(「新妻本」九頁)と述べている。以後の一〇年、まだ「大正日日」への挑戦などひと山もふた山も残す素川、その片意地の一端を示しているかもしれない。

# XIV 「大正日日新聞」創刊と挫折

## はじめに

白虹筆禍事件によって編集局長としての責任をとり、鳥居素川が大阪朝日新聞を退社するのは一九一八（大正七）年一〇月であったが、翌一九年一一月には「大正日日新聞」を創刊する。新聞界の関心と期待を集めて、一一万部を発行するという、華々しいスタートであったが、わずか七カ月後には廃刊に陥り、あっけない結末となる。従って「大正日日」は世に知られていない。朝日を同調退社した熊本勢を中心に、かなり強引な引き抜きもあり、編集陣に抜かりはなかった。しかしなぜ短命に終わったのか。そこには熾烈な販売競争を展開してきた「大阪朝日」と「大阪毎日」の間に「他紙非売同盟」があり、つまり新しく創刊した新聞は双方とも取り扱わないという、いわば両社の安全経営のための約束ごとがあり、それが「大正日日」にとっては大きな壁となり、両社傘下の販売店を除く、弱小不良店に頼るしかなく、購読料を回収できず、命取りとなった、というわけである。その立ち上げから廃刊に至る経緯を明らかにしていきたい。

参考資料としては①『朝日新聞社史　大正・昭和戦前編』（一九九一年刊。以下「朝日社史」と略）②『村山龍平伝』（朝日新聞社刊、昭和二八年。以下「村山伝」と略）。③伊豆富人『吾が交遊録』（日本談義社刊、昭和二七年。以下「伊豆本A」と略）④同『新聞人生』（熊本日日新聞社刊、昭和四〇年。以下「伊豆本B」と略）⑤新妻莞『新聞人・鳥居素川』（朝日新聞社刊、昭和四四年。以下「新妻本」と略）。他に⑥嘉治隆一『明治以後の五大記者』「長谷川如是閑」項（朝日新聞社刊、昭和四八年。以下「嘉治本」と略）。⑦『毎日新聞百年史』（昭和四七年刊。以下「毎日社史」と略）。⑧千場榮次『高橋長秋伝』（稲本報徳舎出版部刊、昭和一三年。以下「高橋伝」と略）に拠った。

## 期待の創刊と波瀾含みの立ち上げ

### 大正日日新聞社とは

まず、「大正日日」の創刊号を東京大学史料編纂所の近代日本法制史料センターでマイクロフィルムによってみたが、そのときのメモが残っていた。

◇株式会社　大正日日新聞社　◇発行所＝大阪市北区角川町三三三番地

◇日付＝大正八年一一月二五日　◇頁数＝朝刊八頁、夕刊四頁

◇一面＝素川の創刊社説「太陽の光を受けて」　◇信条（二段組）一、記事は絶対に公平なる事。一、記事は機敏確実を期する事。一、記事は穏健清新なる事。

◇四面に見る「本社重役と株主」＝社長・藤村義朗▽常務取締役・鳥居赫雄▽取締役・勝本忠兵衛▽同（法学博士）・岡村司▽同・加藤彰廉
◇九面に見る「本社役員」＝社長・藤村▽主筆兼編集局長・鳥居素川▽編集部長・中島胡泉（為喜）▽内国通信部長・花田比露思（大五郎）▽外国通信部長・丸山侃堂（幹治）▽社会部長・河東碧梧桐（秉五郎）▽学芸部長・中沢臨川（重雄）▽販売部長兼工場部長・竹内克巳
◇写真＝新聞社ビル。塔のある三階建てで、電車の分岐点に面している。八〜九面に一〇〇人以上の社員、従業員が記念撮影している。
◇寄稿＝文学博士三宅雪嶺「大正年間の思想」
◇以後は脱落多い。他日の紙面から拾うと、八年一一月二五日付に京都滋賀版付録二頁▽九年四月一日の夕刊▽四月二日で一三〇号▽四月五日「普選と階級問題」（五）▽四月一五日「国際社会党の改造」（二）▽付ストラスブルク会議▽在巴里・大友恭

後日、国会図書館で「大正日日」のマイクロフィルムをみることができた。次の事項がみつかった。なお、このフィルムには同紙「創刊号」は採録されていない。
①大正九年元旦号四頁に年始広告として「大正日日新聞社員（イロハ順）」が掲載されており、二七一人が数えられ、その規模がわかった。②発行兼編輯人＝森園豊吉、印刷人＝川上幸とある。③東京支社は東京市麹町区有楽町一丁目四に所在。④新聞定価＝朝刊一部四銭、一ヵ月九〇銭、三ヵ月二円六五銭、六ヵ月五円二五銭、夕刊一部二銭。

## 「丕基」を帯にして

さて、鳥居素川は何を思い、大正日日新聞を立ち上げたのか。創刊社説「太陽の光を受けて」の結びで次のように述べている。

国内的にも国際的にも根本的に革新協調を得る時代の転向期は来た。虚偽的老文明は真実の若文明に譲らねばならぬ。この転向期は所謂自然の法則に従ひ、世界大戦争を経て、我眼前に展開し来たり。瞑目すれば戦慄に堪へないが、しかし日出づる国の国民として、又（フランシス）ベーコンの所謂自然に代へて自然を支配し得る人間として我々は努力し自然の変化に対応し、世界戦後の文化事業として、此の新聞を創刊し、我国民の共有とし、読者諸君と与に「国家の丕基を帯にし、八州生民の慶福を図らんこと」を期するもので、茲に凡ゆる力の根源たる太陽の光を受けて、此の稿を草す。

革新協調を得る時代の転向期は来た。それは自然の法則に従うもので―というのが素川の持論であり、彼の根本の認識論である。だから第一次大戦もその流れのなかにあるのだが―自然の変化に対応して、戦後の文化事業として新聞を創刊するという。それは、国家の「丕基《ひき》」、つまり大きな天子の基を帯にして、国民の慶福を図ることを期するもので、万物の力の根源である太陽の光を受けて書き記すという。同じく第一面に二段組で示した「信条」には、記事の公平と、機敏・確実をうたったあと、「記事は穏健清新なる事」とする。言論弾圧を意識したのか、まずは「丕基」と「生民の慶福」を期するところを含めて穏健路線と読める。

創刊社説の分析は後述するとして、一体、なぜ立ち上げたのか、資金・人材はどのように集めたのか。素川周辺の見方、証言を拾う。「伊豆本A」はいう。

（朝日が批判する相手、寺内内閣は瓦解し原内閣が出現したが、政府の朝日弾圧はますます深刻となり）素川は飽くまで闘ふ覚悟であったが、村山社長が辞職したので、素川も今は詮方なく、大正七年十一《ママ》月、二十余年来の牙城を捨てて社外に去った。感慨無量のものがあったろう。…

素川の闘魂は、朝日を退社しても聊も挫折しなかった。素川が閑地に就くや、清浦伯始め先輩知友は、切に外遊を勧めたが、素川はこれに耳を藉さず、一大新聞社を組織して朝日、毎日を向ふに廻し、天下三分してその一つを握らうと決心し、大正日日新聞を創立した。新聞界の人材は翕然として素川の傘下に集まり、大正日日は新聞界人材の淵叢たるかの観を呈した。（同書三三～三四頁）

## 素川のパトロンは細川護立

七年「十一月」は十月である。ポイントは「飽くまで闘ふ覚悟であった」素川が、村山社長の辞職で「詮方なく」退職し、外遊を勧めても断り「朝日、毎日を向ふに廻し」天下三分、その一つを握ろうと決心したという。確かに屈服への怒りと敵愾心もあった。次に「朝日社史」は「『白虹事件』後日談」でいう。

（素川は）郷里の熊本藩主・細川護立の肝入りと、大戦景気でふくれた阪神財界などの資金拠出で大正日日新聞を創刊した。これも同郷の貴族院議員、男爵藤村義朗を社長に、みずからは常務、編輯局長にすわり、丸山幹治、花田大五郎、中鳥為喜、宮部敬治ら元朝日記者を編集幹部にすえ、大朝、大毎を向こうにまわして一戦を試みようと、はげしい闘志を燃やした。資本金二百万円も当時としては破格であり、人材面にも不足はなく、記事を思い切って口語体に改めるなど、滑り出しは好調で、発行部数も十一万部を数えた。（同書一一一～一一二頁）

実は素川との同調退社や人材争奪もあって「朝日」の論説陣に脱落多く「八年から九年にかけて、その補強に苦しんだ」(同書一〇二頁)と自認する「朝日社史」にしては、客観的記述のようにみえる。細川の肝入り、財界の資金拠出、社長は同郷の貴族院議員藤村といかにも順風満帆にみえるが、実は藤村との思惑の違いやスタッフの間にも微妙な熱意の差が潜んでいたし、さらにこれらの裏には当時の大阪で銀行再建を成功させた熊本人高橋長秋がいて、その斡旋と取りまとめが功を奏したことが隠れているのである。

編集幹部には朝日退社組を据え、それも中島、宮部は熊本人である。伊豆もそうであり、「私は東京支局に勤務し素川先生直属のようにして重要な社務にも参与した」(「B本」八六頁)といっており、同時に長谷川如是閑らが創刊する雑誌「我等」の同人でもあった。このほかにも熊本出身者が多く、長谷川は「熊本閥の集団」とみて、「大正日日」の社員に誘われたが、断わったといっている(「別刷新聞研究」No.一九頁、一九七五年一〇月)。

## 資本金と部数

資本金の二〇〇万円は確かに破格である。大正七年一二月に合資会社から株式会社に再度、改組した大阪毎日新聞社の資本金が一二〇万円であったし、「大正日日」より四カ月早く、八年七月に同じく改組した大阪朝日新聞社も、資本金六〇万円を一五〇万円に増資した(「朝日社史」一一七頁)くらいだが、これは「何事も朝日、毎日の上を行け」という意気込みの典型である。しかし、異説もある。「伊豆本B」はいう。

資本金は百万円で、三人でたいてい三分の一くらいずつを出資した。藤村は…三井関係方面から調達してきたのであろう。勝本は、素川先生が目をかけたこともある大阪の鉄商であった。素川先生のパト

ロンは細川護立侯で、資本も細川家の出資が主なるものであった。(同書八六頁)

第三回払い込みの資金も尽き、(素川は)第四回払い込みと、さらに百万円増資の計画を立てたが、藤村も勝本も、これに反対したのでいよいよ行き詰まり、…(同書八七頁)

資本金一〇〇万円の第四回払い込みはまだ終わっておらず、さらに一〇〇万円の増資計画を立てたのであるから、実際に拠出された資金量は一〇〇万円に達していなかったことになる。「重要な社務にも参与した」証言だから留意したい。

また、発行部数が一一万部に達したというのは関係書籍でかなり一致する。しかし実際は違っていて、それは印刷部数であって、配布されても購読料をもたらす販売部数ではなかったようだ。当時の「大阪朝日」の部数については「鳥居、長谷川両首脳が極力苦心した頃でも大朝だけでようやく二十七、八万に止まっていたということである。東朝を合わせても数十万部」(「嘉治本」二一七頁)としたり、「四〇万くらい」(「伊豆本B」八六頁)と、異なるのだが、比較してみると、「大正日日」は表面的には華々しいスタートのようにみえるが、その内実は、さて。

## 出資者たち

ここで出資者を洗う。社長藤村義朗の経歴は人名辞典に次のようにある。

一八七〇(明治三)〜一九三三(昭和八)年。明治・大正期の実業家・政治家。熊本藩士藤村紫朗の長男。京都生まれ、学歴ケンブリッジ大、セントジョンズ大。熊本済々黌教授を経て、一八九四(明治二七)

年三井鉱山に入社。九八年三井物産に転じ、一九〇六年ロンドン支店勤務、〇九年帰国。本社人事課長、調査課長を経て一四（大正三）年上海支店長、一五年英国会社上海紡績有限公司専務を歴任、一八年三井物産取締役となる。同年貴院議員、公正会に属し幹事となり、歴代内閣の外交・経済政策を批判〈カマキリ男爵〉とあだ名された。二〇年大正日日新聞社長、翌年全国養蚕組合連合会創立とともに会長となり、二四年清浦内閣の逓相となった。その後、東京瓦斯・国際電話の取締役のほか養蚕業界の役員などとして活躍した。

藤村は京都生まれで、英国で勉強。済々黌「教授」の呼称は知らないが、父の関係で熊本に来たものの、商社に転じてエリートコースであったようだ。一転、大正七年に貴族院議員となる。父の跡を襲った〈カマキリ男爵〉は商社マンとしての海外経験もあり、勇ましかったのだろう。半年間続いた清浦内閣の逓相も務め、なかなか敏捷だ。だが「大正日日」を「自分の政治的活動の道具にしようとの野心を抱」（「伊豆本B」八七頁）いては、「理想の新聞」をめざす、肥後モッコスで〝大阪反骨〟の素川と合うはずがない。

同辞典には父紫朗の記載はないが、「山梨・愛媛など県令、知事を歴任、明治二三年貴族院議員、二九年男爵」となり「明治四二年没」と『熊本県大百科事典』（熊本日日新聞社刊、昭和五七年）にある。高橋長秋とはいくつもの事業で苦をともにしている。

次は、もう一人の出資者、取締役勝本忠兵衛であるが、その人となりがわからない。「朝日社史」が「阪神財界」というのは一般的には勝本のことであろう。「伊豆本B」は勝本の役を「常務取締役営業局長」としているが、紙面発表とは一致しない。素川亡き後、トモ未亡人の話を「新妻本」は次のようにいう。

「大正日日」を創める時に、あの天びん棒一本から資産を作り上げた勝本さん（忠兵衛・鋼鉄商）が「何か社会事業をしたい」と鳥居に相談を持ちかけたのを二三度断ったのですが、終いに膝詰め談判で「あなたが首をタテにふれば二百万円の金をつくる事が出来る」というので、それでは朝日新聞の兄弟新聞をつくろうというので始めたのでした。（同書二四三頁）

ここでの「二百万円」は、話が大きいが、資金の一端は可能になって素川の気持ちが動いたとすれば、発端としてはあり得よう。「天下三分」に火がついて素川は高橋に相談する。細川家の財政顧問であり、関西や東京に聞こえた銀行再建屋である。これまでも面倒をみてきた素川への思いが、細川当主への働きかけとなったろうことはうなずける。堅物・素川自身の線からの話の広がりは想像しにくい。

## 人材争奪

人材集めを進める素川の当時の気持ちを表している手紙が「新妻本」にある。

小生今回の事業は単なる新聞と思い申さず、一身を捧げて国家社会人道に尽くさんと勉むるのみ、貴君も小生を助けると思わず、この見地に立って快鞭西を指したまえ。（同書九頁）

五年ぶりに米国から帰国した新妻自身への勧誘である。単なる「起業」ではないという。次に、内国通信部長に就いた花田大五郎が「村山伝」のなかで書いている。

鳥居氏が…株式の募集を始め、私にもその社に入社すべく執拗に勧誘されたが、私は加はらない肚を決め、併し…貧者の一灯として一株だけその株を持つことにしたが、鳥居氏は勘弁して下さらない。十二月に入って京都大学の狩野直喜博士から情理を尽したお話があり、私も遂に断りかねて後れ馳せに鳥居氏の下に馳せ参ずることにした。（しかし、これには村山翁の諒解を得べきと考え、訪ねると、翁からN君が社をやめたいといふから事情を聞くと…「私は朝日に居た方がい丶と思ひますが、鳥居さんから頻に引張られますので、同郷の先輩ではあり恩義もあることだから…いくことにしました」（五九頁）という話を聞いたとしている。）

ここまでくると、心情ほとばしって、強引な引き抜きもあったとみえる。素川の友人狩野（直喜）が勧誘に力をかしている。N君とは中国に在任していた中島為喜で編集部長になる。肝心の編集幹部が二人も積極的ではなかったことになるが、外国通信部長の丸山幹治を含めて、朝日退社の錚々たるメンバーだ。その点では、社会部長となった河東碧梧桐（秉五郎）は乗り気である。俳人として知られる一方で、新聞「日本」に同席して以来、素川とは昵懇であり、如是閑に対して参加しないのかと問うぐらいであったと「嘉治本」にある。販売部長兼工場部長となった竹内克巳（夏積、戦後に京都選出の衆院議員になる）は、「朝日」以来の素川の愛弟子であり、抜擢されたと「新妻本」にある。学芸部長の中沢臨川（重雄）は、東大で電気工学を専攻した異色の評論家で、大正期論壇では新理想主義の立場で活躍、評論「旧き文明より新しき文明へ」「新社会の基礎」など素川好みと思われる著書もある。

創刊号の紙面には現れないが、「新妻本」の新妻莞は、夕刊一面の編集担当で、コラム「新生」を執筆し、米国専門の外報部員でもあったと記す。その新妻によれば、広告部長は瀬戸保太郎であり、社会部には鬼才徳光衣城が報知新聞から一門を率いて乗り込み、部長河東はコラム「橋畔語」を書くだけで、運営は徳光に任せていたという。ほかに「報知」出身では鈴木茂三郎（元社会党委員長）が経済部員であった。彼は早稲田で伊豆と同級で親しかった。東京では「東京朝日」政治部長であった県人の宮部敬治が「支社」長でおり、雑誌「我等」と兼務して伊豆もいた。確かにメンバーはそろっており、「販売や広告、経理、総務の経営面と違って、編集面は一切苦労知らず。どんな企画も費用構わずやってのける鼻息」であって、中島編集部長ら幹部も常に積極方針、鼓舞激励であったと新妻はいう（二四〇頁）。

また、人材集めには金に糸目をつけず、記者の月給相場が四、五〇円であったころ、新妻自身の場合、手当別の一五〇円であったというから三倍以上になる。それは「記者待遇の相場を狂わせると評判が立つやり方であった」という。さらに社内では「威勢がよすぎて脱線する者や、会計筋のだらしのない者が出ても、必ずしも信賞必罰厳科を科する方針はとらなかったと記憶する」ともあり、結局、積極方針は金の使い放題とあって、新妻は「社運を狭めた一因になった」としている（以上同書二四〇～二四二頁）。

なお、発行兼編修人の森園豊吉は鹿児島県生まれの歌人で雅号は天涙。大正二年、九州日日新聞社に入社、後藤是山と同勤したことがある。鳥居素川との関係など不明。

### 決断を迫る時代背景

ここで大正七～八年の時代動向を振り返っておきたい。組閣の段階から非立憲（ビリケン）と反対してきた寺内内閣が、シベリア出兵批判と米騒動報道の記事差し止め（七月三〇日と八月一四日）をもって封殺に出たため、記者たちは大会を開き弾劾決議で応じる。その過程で罠にかかって「筆禍」のため素川は朝日退社となった。九月に寺内が辞職、原内閣に代わるが、原は明治三一年から「大阪毎日」社長であったし、また、保守的体質を攻撃してきた政友会の〝平民〟宰相である。しかも言論弾圧の姿勢は変わらない。八年に入ると、納税資格一〇円を三円にする選挙法改正案が議会を通過するものの、東京で期成大会が開かれたのを機に学生、労働者を中心に普選運動が盛り上がる。朝鮮では三・一運動、中国では五・四運動が広がって、反日の火が燃え上がる。欧州では一九一七（大正六）年のロシア一〇月革命。それは素川がレーニンの画策は世界を通じた階級的横断戦になろうかと推測し、「独逸また倣はんとす」と紙面でいったとおり、一八年一一月からドイツ革命が火を吹く。スパルタクス団の極左戦術から一九年七月のワイマール憲法採択まで、その消長は興味つきない。世界大戦のベルサイユ講和条約が同年六月に調印され民族自決、小邦独立も現実となった。国際連盟発足も近い。これらの情勢を、素川はどのように捉えていたのか、創刊社説を読んでみる。

## 創刊社説の論理

題名は万物の力の根源である「太陽の光を受けて」である。文章の途中で別行にして四倍角の文字で中見出しを入れているが、それは「人類生存上の戦争」「立憲政治の真諦」「世界変革の潮頭」「対外関係に於て」の四本である。論旨を紹介する（【　】内が見出し）。

大自然は宇宙一切の変化を促し、世界大戦争もその一つで、瞠目する必要もないが無関心なわけにもいかない。（ドイツの軍国主義を攻撃した英国の）アーレン教授、（排外的国家主義を主張したドイツの歴史家）トライチユケ、（歴史は精神生活の自己展開であるとブルジョア思想を代表したドイツの哲学者）オイケン、この種の論客は今や葬られてしまい、政治観念も国際関係、世界思潮も激変し、欧州の国境地図を変化させた。（平和のための条件一四カ条を提唱、講和会議に自ら出席し国際連盟の創設に努力する米大統領（ウィルソンの空想も、（英国の政治家）ロイド・ジョージと（仏国の政治家）クレマンソーの実際主義も、空想でなくなったり、旧式に陥る兆象もある。日本はいかに対応すべきか。戦争は避けられぬという論結もあるが、窮極に於て戦争は人生の一大非惨事である。昨年の流行感冒でさえ国内で約二〇万人が死亡したし、戦争を痛心する必要はない。大自然には残酷な半面と非常に麗しく平和な半面もあり、これが本体である。今は大自然の遊戯として世界戦争も誘起され、…一時終幕となり、巴里や華府《ワシントン》でその後始末を議している。

（戦争は自然活動の一部とするが、どうも頷けない。当時の外国人論客が数多く出てくる。次に「本社創立趣意書」の一部を取り上げる。「人類生存上の戦争」が見出しででる。）

武力戦争以外、広範の意義に於る【人類生存上の戦争】は内面的と外面的とを問はず、一層の惨烈を逞うして吾人の眼前に展開し来たらんとす。此の時に当り優者敵存の国民たらんとするものは、政治に産業に智徳に芸術に乃至思想慣習に至るまで、人類最高の文明を収得し、以て今後の局面に処するの計を為さゞるべからず。

小なり大なり戦争は免れない。小なる戦争は一身の細胞組織中において、中なる戦争は国内の生活状態において、大なる戦争は国際の競争問題において、即ち内面的と外面的とを問わず、徐々と迫っている。自然の生存欲は死滅の前に恐怖を感じ、その恐怖の故に議論も闘争も起こる。国際連盟も労働会議もこの闘争を避けんがために開催される。力は必ずしも腕力や戦争だけではない。政治に産業に、智徳に芸術に、乃至思想慣習で人類最高の文明を収得すれば、これより偉大な力はない。この力の前には、米国上院議員の無遠慮な排日論も戦争も自然に消滅してしまう。（ナポレオン崇拝者で盲目的愛国主義・排外主義をいう）ショービニストが国家人類に及ぼす行為は実に指弾すべきである。

政治に産業にといったが、【立憲政治の真諦】が行なわれているか。政党政治の衣は着ていながら、眇たる枢密院を唯一の難関とし、大多数国民の利害より、少数有力者の顔色を顧慮、（高騰する）物価調節問題も選挙拡張（普選）問題も、模糊の間に取り扱われる。五大国の一つと言いながら（国際）労働会議では自ら印度と同格に甘んじ、まだ産業が四大国同様には進んでいない、除外例をと絶叫する。（このあと政治、産業、智徳、芸術など文明の収得に触れる。）

【世界変革の潮頭】に立って、押し寄せる衆敵にいかにして打ち勝つか。総ての事物が世界的平均を求めるのは自然の法則であり、今日の物価騰貴がその一事例である。飛行機も無線電信も、貨幣も思想も、東西両球などの壁を超越して自由に交換されるなかで、わが国だけが一厘銅銭を事実上の本位とすることはできない。世界的平均を受け容れるには細心の注意を要し、欧州各国が経過した道程を跳飛して安全の目的地に達するのが、高明な国民の取るべき途である。

普通選挙も労働組合も、些末の争いに留まり、本体そのものを否認するものは一人もいない。それは時間の問題であって、直ちに世界平均に順応するのも為政家の識見である。その方が内面的闘争を避ける唯一の方法である。同じく生まれた人民には同一の人格を認め、選挙権も均一点を求めて文化向上の道を計らねばならない。最高文明とは、…下級民を或る水平線上に引上げ、人間生存の共楽を享けさせるにある。

（普選と労働組合に対し、自然の法則にかなっているとして好意的である。しかし、時にはまだその時期ではないと切り捨てて、論拠が恣意的に映るときがある。「人格を認める」の表現は、これまでにみえなかったし、これが最初ではないか。一大変化といえよう。「水平線上に引き上げる」は、ドイツ留学から帰国後の連載「社会新論」でも強調した持論の掴み方、論理である。）

【対外関係に於て】支那との協調を保たねばならない。当局者が誇った石井・ランシングの隣接地協約は今や反古も同様となり、山東問題さえ臆面もなく論議されている。支那も政治の原動力は借款によって、眼前の政争を行なうだけで、人類共存上の大眼目を忘れている。これも、わが国の政治家に信用がなく、標榜する政策がすぐ裏切られるためで、わが政治の根本的改善を要する。支那が二国家もしくは三、四国家に取り囲まれ、戦争状態になるとすれば、第二の独逸たるものは何国であろうか。国民皆兵、その武器は智力、能力、体力、富力ないし大砲でなければならない。これを総合すれば国力である。国力は智識の上に養成され、智識は学問に根ざす。学問に根柢を置く最高文明が真の国力、否、世界戦争を防ぐ唯一の武器といわねばならぬ。国内的にも国際的にも根本的に革新協調を得る時代の転向期は来た。

（このあと既述の「結び」が始まる。中国側への注文は持論である。「第二の独逸」が日本になる予測は、この時点ではないようだし、協調路線での働きかけに期待する姿勢が、著書『支那は支那なり』まで持続していく。）

## 販売カルテルの壁

### 売れず、捨てる

新参「大正日日」の問題点は、販売と経理にあった。素川の愛弟子で販売部長に抜擢された竹内克巳は「大阪中心に近畿一体は勿論、西日本全般に金に飽かして販売網を作って戦ったが、遂に老舗朝日、毎日の堅陣をゆさぶるまでに至らなかったのを、遺憾ながら確認せぬわけにはいかない、情けないが厳粛なる事実であった」と「新妻本」は嘆く。さらにトモ未亡人の話として「新聞の発行部数は出ているのに、お金が集まらないので、ある日鳥居が配達のあとを尾けて行ってみると、淀川の閉門のところで新聞をみんな川へ捨てているのを発見したような事もありました」（二四三頁）とある。これでは集金は上がってこない。後述するが、これこそ素川自身が「経費も予定の三倍に達し」て「収入甚だ遅緩」とあせる実態であった。そこで「伊豆本」にある「百万円増資の方針」を素川が打ち出したのであろうが、藤村も勝本も賛成しなかった。素川は回顧して「此難関を越せば光明」がみえたのにといっているが、この社の体質改善は無理だったようだ。

## 「毎日社史」が明かす実態

この状況を社外ではどのように見ていたか、「毎日社史」によって説明できる。大正八年下半期の「大阪毎日」営業報告書はいう。

特ニ報告スベキハ十一月二十五日ヨリ大正日日新聞ノ発刊アリ、弐百万円ノ大資本ヲ標榜シ多年大阪朝日ニテ腕ヲ揮ハレタル鳥居素川氏ノ主宰スルモノ其評判高ク前景気ナカナカ旺盛ナリシヲ以テ、愈々発刊ノ上ハ本社紙数ノ上ニモ多少ノ影響アルベキヲ予期シ居タルニ、事実ハ全ク何等ノ反響ナキノミナラズ却テ本月（注・一二月）ニ入リテ以来逐次増数ヲ来シ本日（二十日）マデニ四千三百六十部増加シタル有様ナリ（同書三六一頁）

「大正日日」の発刊は全然影響なかったどころか、すでに一二月には「大阪毎日」は部数を増やしている。資本金二〇〇万円についても「標榜シ」として「伊豆本」に近い見方である。「大正日日」の部数については、「大阪毎日」は「当初二十万ぐらいと予想していたが、実際には十万、そのうち五万は無代紙であった」とみており手厳しい。つまり実際の有料実配部数は五万部しかないとの見方である。無代紙とは購読料を取らないサービス紙であって、これも宣伝のつもりでバラ撒いたのであろうから、かえって経費増につながる。現在の無代紙は、発行本社が販売店に代金を請求しているのが一般的だが、「大正日日」の場合は請求しようもなかったであろう。さらに猛烈な前宣伝や販売不備などを一二月の通信部報の支局長報告で述べる。

【神戸】発行前のプロパガンダには思ひ切って金を使ひ大袈裟にこれを行ひ、市中の目貫の場所へはビラを結び、立札を建て、新装の配達夫多きは十人、少なきも五人打連れ、腰につけたる鈴の如き、一人が十個乃至二十個といふ賑々しさで絶えず市中に広告紙を配布せり。明石市制祝賀会には自動車十台に配達人及社員乗車して…市内を練り廻せり。神戸市の配布数（十二月より有代）は約六千と見るを正当とすべし、但し本社よりは七千を送りきたりしと。

神戸付録は兵庫と岡山両県を包括し、目下の処記事頗る貧弱にて、他紙のため重要記事を素破抜かれ通しなれど、支局員は已に十名を入社せしめ、更に二三名を物色しつゝあれば寧ろ朝日よりも恐るべき敵にあらざるかと思はる。社員は凡て大に緊張し居れり。…支局長元山氏の名に於て神戸の各新聞代表者及関係者四十余名を料亭に招待、発行の披露宴を催せり。一人の経費二十円を出でたりと。

【京都】創刊号を手にせし一般の人々は存外紙面の締り無きに失望の模様。送付し来れる紙数は総計一万七千、直営店六店にて配達するとせば一店の割当平均三千と相成り、従って一店の此配達人は尠くも十四五名は入用に候。然るに各店の配達人は…十人以上なるは殆んど無之模様。右にては配達到底困難なり。尤も処構はず無代紙をバラ撒くに於ては現在の配達人数にても差支無之かるべし。

【広島】発行前日に支局販売店の者が自動車を飛ばしてビラを市中にバラ撒いて、広告に努めた。この朝になって急に恐慌を起したのは朝日並に本社販売店の一部配達夫が奪はれんとした事で、一部賃金値上げをして喰ひとめたと云ふて居た。（同書三六一頁）

前宣伝はビラ、立て札、人・車のパレードと「賑々しい」し、金も大変に使っていよう。記事が貧弱で抜かれっぱなし、紙面も締まりがないと、散々だが、割り引いて読んでも発足早々では「さもありなん」であろうか。しかし、支局の人数は多く、「朝日」より「恐るべき敵」になるのではと心配、社員に緊張感があるといっている。一方では、送られてくる部数を配達するには人員が足りていないし困難だと指摘し、だからであろうか、配達員の争奪まであって、賃上げして防いだとある。

いかにも格調高い素川の創刊号社説も読者に届く前に、空振り状況の営業実態であったわけである。

## 大阪朝日・大阪毎日間に他紙非売協定

販売問題が「大正日日」のネックになったことを的確に語るもう一つの記述がある。（「岡島」とあるのは「大阪毎日」販売の総元締め、「北尾」は「大阪毎日」のそれである。）

新興紙には大毎、大朝のような強固な販売網を持たないのが弱味であった。岡島と北尾は他紙非売同盟を結んでおり、また大正二年以来の乱売停止協定で、配達人の引抜き禁止の申合わせができていた。

岡島か北尾の店をやめさせられた札つきの配達人は、双方が雇わない。岡島、北尾に取扱いをことわられた大正日日が独自の販売店をつくると、これら札つきの質の悪い配達人を全部かかえ込む結果となった。岡島真蔵は後年、「大正日日には販売部を助成してきた吉野という人がいた。元東京の国民新聞の社員で私は心やすかった。それが大正日日を取り扱ってくれと私を口説きに来たが私は扱わなかった。その結果われわれがふだんどこも使わない耄碌《もうろく》配達がみんな大正日日へ行った。…えらいお気の毒でしたが、カスの人間ばかりつかまえて大きな損をした」と語っている。（同書三六一頁）

岡島は他紙を扱わないという協定を守って、「大正日日」が知り合いを通して頼みに来たのを断っている。取次ぎ店ができないとなれば、独自の販売網を作らざるをえないが、集まる配達は耄碌ばかりで、集金しても新聞社に入金しない。つまり金に飽かせて集めた販売陣は札付きが多かったようで、管理できなかったことになる。「毎日社史」は、この協定が「大阪新聞界に大きな影響を及ぼしたのは、大正八年十一月創刊の大正日日新聞の出ばなをくじくことによって、大毎、大朝の地盤を確保したときであった」と認めている（同書三六二頁）。換言すれば、大阪で新しい新聞が起こる余地をなくし、朝毎二大紙の市場独占をもたらした「同盟」であって、新参の「大正日日」を成立させない、まさにトラスト協定だったといえよう。

## 新聞販売の歴史

当初の新聞配達は、八百屋や物品の売り子、車夫などが副業として引き受けたようで、新聞名の入った新聞箱を天秤棒でかつぎ、ある者は鈴をぶらさげて、手甲脚絆の旅装束で宅配したという。また明治一〇年代の商店広告には火薬、紙類・文具、書籍類に加えて「諸新聞雑誌類取次所」とある。店頭販売もあり、かわら版時代に似た「呼び売り」もあったようだ（羽島知之『新聞の歴史』①）。それらはいくつもの新聞を取り扱う「合売」によって成り立っていた。一方で新聞を仕分けて販売店に届ける「取次」の仕事も生まれる。日露戦争を境に新聞は急増するが、小店舗には扱いかねる事態となり、大都市では方面ごとに「合同」販売会社が出現している。新聞の寡占化が進み、取り扱い部数がまとまると、一紙だけでも営業可能となり、「専売」店も生まれ、系列化が始まる。その場合でも「主体・本位」となる最多部数の新聞の「系列店」となる。これらが進むと例えば大阪市内を一手に扱う販売会社となり、巨大化すると、自前の新聞まで発行している。新聞社の政策展開が違うため販売店の成長形態は順序が入れ代わったり、繰り返したりして、一定しない。

一手販売の事例を「毎日の岡島」＝岡島新聞販売舗にみると、早くも明治二五年、販売店一二〇余店を傘下にして大阪市内一手販売契約を結び、明治三一年、業務担当社員として入社した本山彦一によって契約解除されたが、三三年には東京各紙の取次をやめ「大毎を本位とする大阪各紙の合売店」として「大毎専売店」となり、一手販売の実力を保ち、大正六年に契約を復活させている（『毎日社史』三四八、三五三〜四頁）。

その岡島と、同じように大阪市内一手販売の「朝日の北尾」の両者が、それまでの両社間の熾烈な販売合戦を踏まえて、まず大正二年、新聞社代表も加えた乱売防止協定を結ぶ。定価販売の励行と、財産である読者名簿が漏れないよう、相手の販売店を経験した者は雇わないことを約束している。さらに同四年には両者間で「現在両店が特約又は転売にて販売せる以外の新聞並に将来大阪に於て発行せられんとする新聞を両店にて販売を開始せんとする場合は両店合議の上実行するものとす」という「他紙非売協定」ができた。

朝・毎両社だけがそびえて全国紙として発展した大阪の状況は、特殊性はあるが、まさに資本主義的な新聞社発展の典型といえるかもしれない。村山龍平といい、本山彦一といい、秀でた経営者がいて、その前線に岡島、北尾の一手販売もあって、結果として両社を強固にした。多数の新聞が競争して、盛衰を繰り返した東京中心では、戦前までは、ずば抜けた巨大新聞は出現せず、数社がほぼ互角の状況でしのぎを削る状況が長く続いた。戦後にはまた違った様相を見せて市場占有が進んでいる。

## 崩壊の過程

話を「大正日日」に戻し、その崩壊過程を追う。「朝日社史」は言っている。

理想的な新聞を志向した素川と、新聞を政治的活動の足場としようとした上層部との対立に加えて、経営陣の不和、業務の未熟さなどがかさなり、やがて素川自身、株主から責任を追及され、大正九年六月には一派とともに退陣を余儀なくされた。（同書一一二頁）

素川と対立した「上層部」は社長の藤村であり、「経営陣の不和」には利益追求を迫る出資者勝本との対立がある。「そうこうするうちに藤村社長も社長を辞し、勝本も営業局長を辞め、編集も営業も工務も、素川先生が一手に収めることになった」（「伊豆本B」八七頁）ため、素川は「百万円増資」を計画するが、出資者として残留する藤村、勝本は反対したと解釈できようか。次に「新妻本」をみる。

終刊の日は…六月十八日である。その四五日前から鳥居先生は専務を辞し、社は福原俊丸、田中隆三など長州系の新重役陣に乗取られたと、どこからともなく社内に伝わり、誰が新重役陣に買収されたのなんのと、自然穏やかならぬものがあった。（同書二四二頁）

素川は専務に昇格している。さらに素川の責任を追及する「株主」が、長州系の福原、田中という新重役陣であることがわかる。しかし、役員会を開き決定するはずの経緯が不明であり、新重役がどんな人物であるかも明確でない。素川は六月一三日ごろには出社しなくなる。「一派とともに」ではなく、煩悶の結果「一人」のようだ。「新妻本」は続ける。

確実となったのは、十七日の夕刻。輪転機は朝刊一版を景気よく刷っていた。…突然『輪転機を止めろ！』のかけ声…とにかく総立ちとなって緊急相談、即刻編集局全員一体に結束して、その夜から社内に籠城して、各部から執行委員を挙げ、それぞれ担当をきめて対策善処、定時電話は東京以下各支局との連絡機関に変り、新重役とその一党は一歩も社内に入れない意気込み、失職の無収入になるなんて懸念は誰れの顔にも見られなかった。（同書二四二頁）

## 長州系資本に社員抵抗

これで「穏やかならぬもの」が、突然の社内体制の転覆策謀とわかり、さっそく各部から執行委員を挙げ、籠城して「対策善処」。まだ、失職、無収入になるとは信じられない状態だ。このときの写真が素川の遺族から寄贈され熊本日日新聞社新聞博物館に保存されている。裏書きには「大正九年六月十八日夜十時、大正日日新聞編輯局楼上記者大会決議文」とある。広間に集まった約八〇人が写っていて、背後に決議文がみえるが、記者たちに遮られて読めない。判読すると、決議文は「吾等は（新取締）役を信任（せず）」などとあり、「高柳松一郎、丸山幹治両（名を信）任せず」のあとに日付が入っている。（他にも会社解散後の一〇月に大阪市岡町の中島為喜宅に集まった素川ら六人と、一〇月下旬に六甲山下の甲山料亭鶴屋別荘庭で写る素川、中島、岡村、河東、新妻ら九人が見える写真もある。）

「新妻本」は続けて状況を説明する。

新重役陣に買収されたとされた丸山幹治外報部長が、悄然仲間入りを申し入れて来たのは三日目だった。別室に待たせて置き、早速執行委員会にかけ、その結果参加拒絶の申渡しをするの役が、鈴木茂三郎と古市春彦と自分（新妻）の三人、…昨日までの直属部長、何とも言えぬ気持ちだった。こんな騒ぎが一ヵ月余、七月十九日に会社解散、退職手当二ヵ月でケリ、若かりし日の夢である。（同書二四三頁）

終刊の日から一ヵ月、新重役反対の「闘争」が続いたようである。中心の部長であった丸山が懐柔策でねらわれたのであろう。後述するが、素川は「編輯諸氏の此態度に感謝罷在申候」と回顧している。いずれも、事実経過として不確実な記述である。二ヵ月の退職手当が支給され、七月一九日には会社解散になったとあるが、「毎日社史」は「大正日日は大正九年九月に株式会社を解散後、大本教の出口王仁三郎が引き受け、十二年に米田誠夫が買収した」としている。

八方塞がりとなって追い込まれた素川が、どんな心境にあったかを言い尽くす場面が「伊豆本A」にある。

社員の希望は素川と藤村、勝本が妥協して、社を存続して貰ふことであった。私は東京支社社員の意志を代表して、芦屋山手の邸に素川を訪ひ、その趣旨を述べた。素川はこれに対し、「妥協などといふ言葉は俗物のいふ言葉で青年の口にす可き言葉ではない。感情の激発する前に事業はないのだ。大正日日は潰して仕舞へ」と言った。

素川の思想感情や、主義主張の中には、功利主義的な夾雑物は微塵もなかった。…素川の性情から見れば、信念のため全身全霊を傾け尽して闘ひ、遂に玉砕したことは素川の魂に内在する精神主義の勝利であったのだ。区々たる成敗利鈍の如き素川に取りて何かあらんやであった。

専務を引き受けて、慣れぬ増資計画まで立てたが、結局、姿がみえぬ長州系資本に逆に締め出されて「潰してしまえ」となったのであろうか。後半の説明は、「B本」では「これが素川先生の本領である。素川先生は天性の新聞記者で、事業家ではなかったのである」とされる。

## 本山の予算制度

「朝日、毎日の上を行け」といって、にわか放漫経営となった新参「大正日日」には、緻密な経営など望むべくもなかったろうが、水商売といわれた新聞経営に早くから予算制度を取り入れて「大阪毎日」を大手に育てあげた、熊本生まれの本山彦一（号は松陰）。その経営手腕には学ぶべきものがあったはずである。

その予算制度は明治二二年、藤田組支配人のまま「大阪毎日」相談役となると、さっそく収支予算案を提示するが、これはまだ概略的であった。三一年には業務担当社員として「当選就任」し、原敬とともに「大阪毎日」経営を本格化する。三五年四月から予算制度を実施し、月初めに販売、広告の収入予算を見積もり、月末には決算と対照し、欠損は翌月回収に努め、余剰金は不時に備え積み立てるなど、経営の近代化を図る。「通信費・給料・印刷代などの製造費よりも安い値段で読者に提供しているので、広告料で損失を埋め、残れば利益金となる」のが新聞社財務の実際であるとの手記が残る。三六年に社長に就任、以来四度も辞意表明したが、果たせず、死去まで三〇年間社長を務めた。

つまり新聞社経営の近代化を図った本山の実績は、大正八年の「大正日日新聞」創業の経営手法でも取り入れられず、学ばれなかった。それは経営者と言論人の違いであろうか。

## プロデューサー・高橋長秋

### 学資相談で接触

説明を「大正日日」発足段階まで引き戻さねばならない。高橋長秋（一八五八・安政五年～一九二九・昭和四年）の斡旋と支援とを詳述したいからである。肥後財界の大御所といわれる高橋と素川の関係については、素川の日記「客窓要録」に、遊学のため上京した翌一八八七（明治二〇）年五月二三日に「学資相談ノ為高橋長秋氏ヲ訪フ、氏ノ周旋ニ依リ来六月ヨリ毎月金四円三十銭宛有斐校ヨリ給与セフル事ニナレリ」とあって、素川二〇歳のときからの接触が明らかである。この時の高橋は第一高等中学校幹事であり、鳥居がなぜ高橋を知ったか記されない。

なお、当時の高橋の肩書は『有斐学舎八十年の足跡』によれば「有斐学校長」となっていたが、「高橋伝」によって気付き調べた結果、当時は文相森有礼によって、第一高等中学校で初代校長古荘嘉門、幹事高橋長秋、舎監守田愿の三人が「済々黌教育」を実践している頃であり、高橋が有斐学校舎監になるのは森文相刺殺を機に辞任した後の一八八九（明治二二）年であった。

## 高橋の経歴

「高橋伝」の年譜によって、たどってみる。八代に生まれるが、熊本内坪井に移って、藩校時習館に入る。明治となって廃校後は内坪井の郷学校や玉名の池辺吉十郎の私塾に学ぶ。西南戦争では佐々友房隊長の「敵愾隊」を組織し、池辺の熊本隊に加わり、薩摩方に投じる。帰順して二年の刑を終えると、佐々と同じく同心学舎創立に参画、生長に就く。紫溟会の組織化に参加。済々黌と改称した後に皇漢教師に推され、津田静一社長の紫溟会雑誌の編集人も務める。明治一六年に鎌田景弼が佐賀県令となると、池辺吉太郎（三山）とともに任官するが、三年後に鎌田推薦で清浦奎吾内務省警保局長の出版物検閲係となる。このあとに第一高等中学校の幹事、有斐学校舎監となる。傍ら三山と同じく新聞「日本」の客員となり、愚堂のペンネームで国粋主義論文を寄稿している。

二三年には藤村紫朗・高橋是清らの銀山経営に加わるが、失敗し、頭山満らの玄洋社と鎮西館の契約による石炭事業も資金難から売却となり、二六年、大阪転住。二九年に熊本で東肥製紙会社が藤村を社長に設立され、大阪での製品の一手販売が高橋に委託されると、佐野直喜を支配人にしている。三二年、細川家家令となった津田が財政顧問に推薦するが、門司築港埋立工事に藤村と苦心中であり辞退すると、当主護立の声がかかり受諾。同時に肥後銀行取締役に選任。三三年、紫藤猛を肥後銀行熊本支店長に呼ぶ。三四年、支払停止の熊本第九銀行救済で、安田銀行頭取の安田善次郎、日本銀行調査役井上準之助と、肥後銀行頭取となった高橋の三人で整理案を協定。三六年には肥後銀行を細川・安田の共同経営にする。三七年、頭取を安田善助に譲り、副頭取に。この年、大阪百三十銀行が破綻し、救済を安田善次郎が引き受けるに際し、高橋の助力を条件にしたため副頭取となって部下一八人を率いて乗り込み、再建を果たす。

この大阪再転出の経緯は、事態を懸念する桂首相、曽禰蔵相が安田に救済を懇請するが、安田は謝絶。しかし井上馨が「熊本に高橋がいる。熊本人には珍しい経済の頭がある。第九銀行の整理もやった」と勧める。安田が「あれは細川家の人。第九銀行救済は一緒に果たしたので腕は知っている」として高橋の起用を条件にしたので、司法大臣の清浦を経て、細川の了解まで取ったという(同書八九頁)。

このあと高橋は、肥後米券倉庫の設立、熊本電気会社の創立、熊本市合併運動、高橋守雄市長のかつぎ出し、肥後農工銀行の勧業銀行への合併など、郷土への尽力を続けて、昭和四年、兵庫県武庫郡住吉の住居で没している。

## 高橋・細川・藤村

若いころからの高橋の人間関係を拾うと、私塾、西南戦争、済々黌創立、紫溟会結成の間に池辺父子、佐々、津田らと交わり、清浦、古荘とは官と教育で接し、「日本」では三山とともに励み、藤村とは銀山経営・東肥製紙・門司築港埋立で苦労をともにし、銀行に携わって細川、安田と信頼関係を結んでいる。ここで重視したいのは高橋と細川、藤村との関係である。

もともと肥後銀行は破綻した福島第六国立銀行を細川家が買収して設立したもの。高橋はその頭取となり、のちも取締役として影響力を残す。一方で細川家家令津田の推薦により、財政顧問となった高橋は思い切った改革案を打ち出し、合理的で進歩的なだけに保守的部分に不快感を買ったようだが、その敏腕は細川の認めるところであったろう。幼少から計数に明るく、のちに企業、とくに銀行救済にみせる経営手腕は熊本の第九銀行に始まり大阪百三十銀行にいたって、中央でも高く評価され、熊本の経済問題はまず大阪に相談するのが習慣であったという。しかし、熊本市長候補に推されても、断って高橋守雄を推すあたり、また熱烈な郷土思いも、どちらかといえば裏方で努めるタイプ。生真面目で軽薄な交際を嫌ったというのも、近寄り難かったかもしれない。一面では素川との共通点も浮かぶようだ。藤村とは苦心の事業で結び合っており、その縁が息子義朗とつながったのであろう。

## 三山・素川・狩野・林

ここで素川と高橋長秋との友誼関係に戻らねばならない。「高橋伝」から引用する。

鳥居素川氏が大阪朝日を退き、大正八年十一月、大正日日新聞社を創立せる際の如き、細川侯爵家、及び藤村義朗男から、二百万円の出資の斡旋をなしたるも翁（高橋）であり、支那問題に関心を有し、（昭和に入って）支那の実情調査のために、鳥居氏を旅行させ、鳥居氏の『支那は支那なり』の名著が出来たのも、翁の計画によるものである。

なほ翁は京都市外八幡町圓福寺（有栖川宮家関係）境内に、自己の墓地を選定された際、同行した鳥居素川氏が、その後逝去するや、葬儀万般の世話をなし、遺骸を圓福寺境内、自己の予定墓地内に埋葬したのである（同書九八〜一〇〇頁）。

翁が…鳥居氏のために、大正日日新聞社創立に、資金調達、その他大いに尽力せるが如き、翁がよく新聞の必要、新聞事業の如何なるものなるかを、充分に理解してゐたかを知るに足るべく、また如何に友情に厚かったかを察することが出来やう（同書四七頁）。

これで高橋が、細川家と藤村義朗から創立資金を斡旋したことがうなずける。それというのも細川家の財政顧問を務めた実績がものをいっているのであろう。「大正日日」創刊の要因は、素川夫人の証言のように鋼鉄商勝本忠兵衛の打診であったかもしれないが、いざ資金集めとなると勝本への全面委任はできない。そのとき素川の相談相手が高橋であったのは当然であろう。なぜ高橋が乗り出したか、それはかつて新聞「日本」で論客をめざした経歴からも新聞の必要性を十分にわかり、友情に厚かったからだという。さらに素川が『支那は支那なり』を書くのは、昭和二年のことだが、その中国視察旅行の〝軍資金〟も高橋が用意したのであろう。当時の素川は、芦屋の山に隠栖し、なお「大正日日」瓦解の苦汁をなめていたものの、中国情勢の展開にいたたまれず、視察に出かけたと「自序」している。高橋も中国に関心深く合意の視察旅行になったのであろう。現地では「大阪朝日」編集局長の威光がまだ生きていて、蒋介石と会見したり、漢口では武漢政府顧問ボロジーン（ロシア人）に共産主義を質している。しかし、その記事は大阪毎日新聞に連載され、同社から出版されている。その「大阪毎日」社長を勤めていたのは、熊本人本山彦一である。明治・大正時代の関西新聞界において熊本人の羽振りのよさは、その傲慢さも含めて、昭和も三〇年代まで語り種になっていた。

白虹筆禍事件のときは名前のみえない高橋であるが、素川・狩野・池辺、そして政府の弾圧最前線となった大阪府知事林市蔵とも「兄弟の如く親密に交際して常に往復し」ていた高橋であれば、筆禍事件の際も相談に与かっていたろうし、心配の種であったろう。それにしても「大正日日」創立資金斡旋には、よほどの覚悟が必要であり、のちの新聞社整理も深刻であったろう。高橋の尽力は「高橋伝」筆者がいうように「新聞の必要性」をよくわかっていたからかもしれない。自らの死より一年早く、昭和三年三月一〇日に死亡した素川を自分の墓地内に葬る。三山が言うように「鳥居は仕合せ也」である。そして自らの死を前に「鳥居が待っている」といったという高橋には「兄弟」ならではの感もある。

## 瓦解、素川の心境

### 事業失敗に「唖然、失笑」

高橋長秋の援助は大きかったが、素川の「大正日日」設立の挑戦は結局、失敗に終わった。その後の心境を示す素川の書簡があることを、上村希美雄氏に教えてもらった。西村竹四郎『シンガポール三十五年』(東水社刊、昭和一六年)の「鳥居素川兄の遺墨」(三〇九頁)のなかで示される「西村宛書簡」がそれである。

御懇書辱じけなく拝見仕り候。時下御清勝大賀の至りに候。小生事業も、全部失敗唖然失笑仕り候。理由は誠に複雑筆紙に盡し難く候。御来示の如き二重の性質無論に候。外界の人気好く、意外に大袈裟になりたる為め、經費も豫定の三倍に達し、資本の固定する割に収入甚だ遅緩、此難関を越せば光明々に候を、金に恐れを懐く者と、勢力に恐怖する者と、陰に抱合し、財外不況を好機に攻め入り、単調且つ財的手腕なき小生は見切をつくる外無く、一人青山に嘯くつもりに候處、編輯総員百六十餘名結束、新重役に反抗し、遂に休刊、重ねて瓦解に相成申候。小生としては受持ちの編輯方面必ずしも不成績ならず、且編輯諸氏の此態度に感謝罷在申候も、會社に対し何等の貢献なく且失敗は唖然たる外なく、英雄自古迍邅なり、大観せば何等損益なしなどヤセ我慢を申居候。御一笑被下度、今は清閑を得十分秋を賞し度存居申候。

貴下は御渡歐の御意思ありとか、一度拝眉を得度き心持いたし居り候。内地の風物も時には宜しく候、御来遊如何に候哉。

小生も或は今一回経印度埃及を見たく考へ候も、少し健康を害し候間、今少し内地に静養し度く、又一面には世もイヤに相成候間、舊都に隠栖し白眼世を見たくも考へ居候。

此程漱石遺墨展覧会有之、書と畫と故人を偲ぶもの有之、殊に見上げた作品多く、餘技には候へ偉人の迹は尚敬服す可く候。貴下御習書心神錬磨の具なる可く、小生も是より少し心がけ度くも、年長じて進境も六ケ敷しかる可く、唯消閑にと存じ候。末筆乍ら令室にも呉々も宜敷、舊時の遊を想起し御懐かしく候也。

敬具

鳥井（ママ）　赫雄

十月二十一日

西村　點南　机下

## 新聞の寡占化

事業の失敗に対して唖然、失笑という。理由は複雑で、文章にできないほどに事情があるのだろう。また二重の性質というが、それは何を指すのか。外界の人気は確かに好かったろう。「意外に大袈裟になって」経費が三倍かかった、というのは証言からいえば放漫経営のせいといえる。「収入が遅く緩慢」というのも、新妻がいう「売れなかった。売れても収支償う基礎を固めるには程遠かった」のが実態であろう。それでもこの「難関を越せば光明」は明らかなのにというのはいかがか。「金に恐れ」る勝本派と、「勢力に恐怖」するのは藤村派であろうが、二派が抱き合って攻め入り、「単調で財的手腕のない」と自認する「小生」は、見切りをつけるしかなかった、という。

一人、青山にうそぶくつもりでいたら、一六〇余名にもふくらんだ編集総員が、新重役の登場に反抗し立て籠もって、いわばストライキ。だが、ついに瓦解となった。編集諸氏の態度に感謝するしかないが、「会社に対して何の貢献もなく」と恐縮、しかし「失敗は唖然たる外なく」は、自分の現実を言い得ても、呼び集めたスタッフに対し責任を今やいかんともしがたい。記者稼業と新聞経営はなかなかに両立しない。「大観せば何等損益なし」は、痛みを超えての感慨であろうが、それは「自然に従う」独自の弁証法であろうか。慣れ親しんだはずの新聞のなかでも〝異分野〟に手を出した疲れには、いまや清閑の秋を賞するしかない。

別の見方をすれば、「大阪朝日」と「大阪毎日」が東京に進出し、全国制覇、つまり寡占化を競い合っていく企業力、あるいは編集内部にいてはみえにくい組織力の真価を見損なっていなかったか。それらを有効に生かす権能は、記者能力とはまた違っているし、日清、日露の戦いや世界大戦を経て、拡大してきた新聞の言論絶対主義から報道主義への変容は、言論では売れなくなった「自然法則」を示し、一方では本山彦一の新聞商品論に代表されるのかもしれず、それを受け入れる読者層の現実についても果たして十分に認識されていたかどうか。

「朝日」の村山には記者手腕はなくても、記者感覚があった。だから記者を使いこなす凄腕の経営者であった。素川は凄腕の記者ではあったが、村山に使い捨てられ、自らは経営手腕に乏しく、「理想の新聞」刊行は瓦解した。伊豆のいう「素川先生は天性の新聞記者で、事業家ではなかった」は至言であろう。

# XV　鳥居素川という人　その思想形成の過程

最後に言論人・鳥居素川の考え方の中心をなすものは何か、考え方を固めた契機とその背景を探しておきたい。それが彼の人となりを語ることに繋がるのではないか。（既述の論点を再編して述べるため、重複は避けたい。詳しくは関係の章を参照していただきたい。）

素川が「大阪朝日」で主導権を握る、そもそもの発端は大正時代に相応しい人材を求めて、社長村山龍平が「論文主任制」を提議、約一年かけて議論と抗争の結果、ライバルである西村天囚に代わり、素川が編集と論説に采配を振るう政治部長になるのが大正三年であり、「大阪朝日の素川時代」（大正三年一二月～七年一〇月）が始まる。同五年、編集局制が敷かれ、局長になる。すでに東京では三田系記者らを中心にして憲政擁護運動が展開されている。

まず、一つの疑問がある。国権党系統の済々黌を経て、国粋主義者と言われる陸羯南が社長の新聞「日本」で記者修行を始め、五年間在籍した素川であるから、保守的であって然るべきなのに、朝日に移ってから大正デモクラシーを推進する主義主張になった。その思考の変遷をいぶかる見方がある。尤もなことだと思うが、素川は「自らは変わっていない」というかもしれない。なぜなら、世（天皇制）の転覆は望まないが、考え方の基本は社会改良であって、それを阻む存在は排除しなければならない。つまり現実に沿った実現可能な論策を社説ないし論説として主張する。それを疎むものには対抗する。それが権力にまみれない、大阪から発する正論であると言って、人材探しの際にも、相手を説得したと読んだことがある。その点では、池辺三山が時の権力者を取材したうえで結論を社説にする手法とは違う。政権中枢と接触の機会が少ない大阪なればこその言い分であろう。

その社会改良の論説の先駆けは明治三二年四月、「大阪朝日」に書いた「社会教育の必要」である。書き出しに「欧州今開明と称す、豈啻学校教育の整備を以て今日の盛を致したりと謂はんや、必ずや社会教育と相待て始めて完全なりと謂ふべし」とあり、①地方図書館を設くる事、②無月謝夜学校を設くる事、③国民運動場を設くる事など、五項目を提案している。図書館や夜学校などを挙げるのは欧州改良派の主張であり、「欧州今開明と称す」とあるのは何らかの外国情報を基に書いているわけで、それは密かに独習しているドイツ語によるものと推測する。これは後述する日本の社会政策学会発足に匹敵する早めの着目だと言えるだろう。

## ドイツ留学で社会改良主義の経済学を学ぶ

その後の素川の思想形成に決定的に影響したのは、やはり一九〇一（明治三四）年からのドイツ留学であろう。素川は最初の一年間はベルリンから一六〇キロ離れたハレ大学で学ぶ。語学習得の傍ら興味を示したのは、コンラードの経済学である。ベルリン大学に移ってからもワーグナーに出合って、同じく経済学を学んでいる。両者とも時の社会政策派の世界的な論客である。また、国会を傍聴したりして、ドイツ社会民主党に共感している。

留学した一九〇一年のドイツは、素川が尊敬してやまない、ドイツ統一を果たした鉄血宰相ビスマルクが九〇年、皇帝と衝突、辞任して過去の人となり、当時は「社会主義」を加味しない学者はいないぐらいの大学の状況にあり、政治的には社会民主党が健闘している、そんな社会である。

## 吾人は国家社会主義を包持するの一人

この留学の成果は、帰国後の一九〇三（明治三六）年九月二〇日から「社会新論」と題して「大阪朝日」一面トップに二七回連載して示した。それを知ったのは、長谷川如是閑が『村山龍平伝』に「素川の講壇社会主義論」が紙面掲載されたことがあると書いていたからで、そのコピーを取り寄せた。

素川はその第一回に社会主義の分類を説明する中で「社会改良主義及び国家社会主義に至りては吾人の最も主張すべきものなり」「吾人又国家社会主義を包持するの一人である」と明言しており、その前段では「今のドイツ社会民主党は半共産党の遺流を汲む傾向にある」と述べ、最終回では、党首ベーベルの主張に「吾人はベーベル氏の絶叫に左袒（味方）す」とあって、素川の立場が明らかである。また、その一部分は社会民主党の左寄りエルフルト綱領に対する素川による批判になっていることも分かった。しかし、彼の家族主義はいつも主軸となって頭を離れない。

いわばこの連載は鳥居素川がドイツ留学において、マルクス主義には反対の、社会改良主義の持論を詳細、かつ豊富にして、彼なりに理論武装しているといえるわけで、敢えて長文になったが、紹介しておいた。

## ドイツ語・中国語・禅・漢詩・陽明学の蓄積

ここで素川の青年時代まで返って人間形成の過程を見ておきたい。

まず明治一八年、済々黌で初のドイツ語教科が始まり、素川は一年間学んだあとに上京。独逸学協会学校で二年三ヵ月間学んでいる。この期には語学だけでなく、ドイツは勿論、世界の状況を知ったと思われる。ところが済々黌時代に交わった荒尾精が現れ、創立する日清貿易研究所へ誘われて、同二三年上海に渡航、中断する。しかも肺疾患のため八ヵ月滞在しただけで帰郷する。但し、ここでの収穫は所長代理根津一と出合い、禅修行を知ったことである。これは京都寄留の間には座禅三昧となり、臨済宗相国寺で指導を受ける。滴水禅師と愚庵鉄眼とも親しく接し、滴水禅師の講莚に参列した新聞「日本」社長の陸羯南に鉄眼が、同席した素川を紹介、「日本」入社の契機となる。その間、漢詩の習作に励み、知識も広げた。のちに漱石「草枕」の漢詩も読みこなした。新聞「日本」では日清戦争の従軍記者を経験。民兵だか馬賊だか記さないが〝囚われの身〟となり、危うく脱出する経験もした。さらに陸に指示されて陽明学を知ることになる。（これはドイツ留学を総括する「社会新論」の中でも論じられるし、米騒動の時、大塩平八郎を引いての論評として蘇る。）「大阪朝日」に転じてからは密かにドイツ語の習得に集中した。

以上が鳥居素川が三四歳までの間に学識を深めた経過であるが、そこにはドイツ語、中国語、禅、漢詩、陽明学の五つの要素がある、としておきたい。うちドイツ語と中国語は素川の未来を切り開いてきたし、禅は、自制しての穏やかな老・素川の姿に繋がっているし、漢詩は素養となり、人間的な厚みを増し、特に陽明学は素川の反権力の傾向に確信を与える論拠となったと思われる。

## 隠棲の素川、社会政策派の衰退に何と答えるか

さらに日本での社会政策学会についても触れておきたい。これまたドイツ社会政策学会をモデルにして一八九六（明治二九）年、金井延らが中心になって結成。一九〇七年から公開全国大会を開き、労働問題だけでなく小農、中小企業、関税など当時の経済的問題を取り上げ、政策提言的学会であったという。金井はドイツ留学から明治二三年帰国、東京大学経済学部を創設する。素川よりも約一〇年早くドイツに学んでいる。しかし第一次大戦後にマルクス主義が強まると影響力を失い、大正一三年に第一八回大会を開いたあと自然消滅したとある。

さて、その頃、素川は大正日日新聞を創刊、やがて経営に失敗して芦屋に隠棲中であるが、現役記者であったならば、この衰退にどう反応したであろうか。さらに留学中に製鉄・兵器製造業のクルップの老人福祉村に「これぞ堯舜の政」と感心していたが、その資本主義観察はやはり不十分であったと言える。ドイツでは第一次大戦に敗れ、一九一八年にドイツ革命が起こり、皇帝は亡命している。素川は白虹筆禍事件によって朝日退社に直面している頃であり、論評はない。幸か不幸か、社会政策派の限界が露呈する時点に遭遇していない。

母一人子一人の育ち、少年時代は粗暴、しかし母親には孝行ひと筋。編入で学校を渡り歩いて正式の卒業証はない。しかし、漱石に並ぶ漢学も独学でものにした。直情と反骨、反権力は新聞人の素地になった。ビスマルク後、ヒトラー前のドイツで社会政策を学んだ知性。揮毫を頼まれると「吾道一以貫之」と書いたという。その情熱とひた向きさこそ、明治・大正時代を生きた新聞人鳥居素川の本領であったと思う。

# あとがき

著書の原稿は筆者から出稿するのが当然であるが、本書の場合は編集の側から出て来た、という思いがある。その理由は一九八五（昭和六〇）年以来、自分が執筆した文章の記録を残していたので、その中から鳥居素川関連を拾い出し、時代順に並べ替えたリストをつくり、素案として、熊本出版文化会館に示したところ、熊本近代史研究会の事務局を兼ねているため、何と、生き残っていたデータや会報・会誌などから「読み取り」によって「原稿」が出揃ってしまった。著者の労力が減ったのに対して、冊子から原稿を探し出す編集担当者の苦労が察せられる。もっとも訂正入りの原稿は読み取りには不適当であろうから、その方式が好都合かもしれない。

遠くなったが、現役のころはまだ写植機全盛の時代であり、「電算編集」の経験としては、新聞の場合は総選挙の票数計算や活字化に利用する程度であったし、出版でも例えば郷土百科事典の電算編集も、最後のページアップは結局、手作業で仕上げたことがあるので、その後の進歩を知らなかった者にとっては、まさに様変わりの現実を見ることになった。

つまり、本書の内容は一九九二年以来の論文・文章を集め整理、要約したものである。従って構成・組立てを如何にするか、重複部分の削除や繫ぎの文章の挿入、いわば削り込みによる「執筆・入力」の苦労が、後回しで待っていた。「削り」は得意技のつもりであったが、年齢とともに能力の低下は蔽い様もなく、その痕跡が残っていないか不安になる。また一定の収容量に納めるため収録を諦めた文章もあった。

さらに鳥居素川を如何に捉えているかを改めて自問させられる作業でもあった。思想上の追及には努力したつもりであるが、体系的に整理、把握されていないし、社会政策派の限界とその結末を言いながら、分析が不十分である。特に「社会新論」に最もスペースを割きながら、紹介するのに手いっぱいで、全体を論理的に批判するまでに至っていない。もっとも論理無視の社会改良論の色々を矛盾なく整理するのは無理かもと思ったりする。また、これはどうも明治・大正期の言論人たちの博識や、漢学など素養の域に達していないコンプレックスが響いているのかもしれない。

言ってみれば、自論を述べるのに四苦八苦で、他人様に読んでもらえるように工夫を凝らすなど、考えもしなかった。何とも不甲斐ないことである。

一方では、心情的に素川らしさを感じることがあった。ロシアへ特派員として向かう二葉亭四迷と、それ程には親しくなかった夏目漱石を誘って、素川と三人が東京・神田の鰻屋で送別の昼飯をとる、その時の素川の配慮が思い出される。二葉亭が能弁であったとか、その後、二葉亭が出発の前に漱石宅に挨拶に行く、漱石もその赴任を別の雑誌に書く。東京の二人を大阪にいる素川が仲立ちして、気難しい作家たちを引き合わせる、素川のその好意はなかなか出来ないことであろう。しかも、それは後に「大正日日」時代のスタッフたちが、隠棲している素川が偶々上京する機会に集まって、偶然その店、その部屋に臨んで、素川が、三人で会った店だと思い出す、そのシーンを新妻莞が記録していて、嬉しくなる光景だ。

もう一つ、素川が病の絶えない漱石を見舞って、ベランダで写真に撮って、大阪朝日の談話「文壇のこのごろ」に記事にしている。大正四年一〇月のことで、漱石死亡の一年余り前のことになるが、明治四〇年の漱石招聘以来の交誼は続いていたわけである。以上二件は、素川の気遣いが好ましい例である。

写真の件では、記しておきたいことがある。一つは本書の大扉裏に収録した「三五歳の素川」を発見したことである。熊本日日新聞の新聞博物館に展示されている写真のうち二枚を本書に掲載したいとお願いしたところ、現館長・松下純一郎氏に快く許してもらった。写真の現物をつぶさに見たところ。表は飾りの枠つきで、新しいフロックコートを装った素川が収まり、下部にドイツ語で写真館の所在地などが記してある。裏面を見ると、明治三五年七月四日撮影とある。ピンと来た。素川の「欧行日誌」を思い出した。直ぐ確認したところ、案の定、写真説明したように記述がある。日本を出立して「満一周年」、その日は素川の「誕生日」、「新服を着けて撮影」、「母と妻に送らんと欲するなり」とある。一七、八年前に故南館長に読ませてもらった「欧行日誌」を読み起こしていて、本書にも収録している。つまりドイツから送られてきた写真が現物であり、大切に一一二年間も保管されてきたわけで、あるいは数少ない写真かも知れず、関係者には貴重な一枚と分かった。

さらにもう一枚「二八歳の素川」も収録できた。日清戦争の従軍記者となった記念写真である。軍服姿と違って、分厚い毛皮に包まり、大振りの日本刀を掴む、記者魂丸出しの姿である。以前はもっと鮮明であった。なお、表紙カバーにあしらった筆跡は、素川「欧行日誌」の中のベルリン到着の感慨を述べる部分。見返しの地図は一九〇〇年印刷のドイツ・ハレ市の市街図である。

今は「鳥居素川生誕一五〇周年」の期間内にやっと刊行出来たなという思いに浸っている次第である。

（二〇一七・一一・三）

# 初出一覧

Ⅰ　生い立ち＝鳥居家のこと、少年時代のころ
◇拙著『考証「鳥居素川」（上）―明治大正期・言論人の周辺』を要約・一九九八年六月

Ⅱ　済々黌のころ＝明治一八年に「独逸学科」設置、忠君愛国の教育のために、蛮勇と激情
◇拙著同右

Ⅲ　上京、ドイツ学に専念＝有斐学舎を拠点に独逸学協会学校へ、二つの出会い
◇「鳥居素川のドイツ学」（「近代熊本」第二六号、・熊本近代史研究会・一九九七年一一月）

Ⅳ　日清貿易研究所に転ず＝上海を観察すれば、禅を知り、東京紙を読む、肺結核で退学、帰郷
◇拙著同右

Ⅴ　雌伏の京都時代＝京都へ母子で転居、結核療養と生活、漢詩を得意に、禅修行三昧、新聞と読書、愚庵鉄眼が陸羯南に鳥居を紹介
◇拙著同右
◇「鳥居素川と禅師・愚庵鉄眼」①～④（熊本近研「会報」第四八七～四九〇号・二〇一二年七～一〇月）

Ⅵ　新聞「日本」からスタート＝「日本」の立場と人材、日清戦争の従軍記者として活躍、「満州風俗」に読む鳥居の中国観、陽明学左派を知る
◇拙著同右

◇「日清戦争と鳥居素川」（熊本近研「会報」第四七一号・二〇一一年三月）

◇「池辺一郎の『鳥居素川評』」（熊本近研「会報」第五〇一号・二〇一三年九月）

Ⅶ　「大阪朝日」に入社、大正デモクラシーへの道＝創刊から明治期「朝日」の流れ

◇「鳥居素川と大阪朝日」（熊本近研「会報」第三四〇号・一九九九年七月）

Ⅷ　ドイツへ社費留学＝何を学んだか　ハレで一年間【一九〇一年九月〜一九〇二年九月】、ベルリン生活【一九〇二年九月〜一九〇三年六月】、ドイツ学生の俗習、素川のロンドン観察、シベリヤ鉄道で帰国

◇「鳥居素川『欧行日誌』に拾う」（熊本言論史研究会報『木鐸』創刊号・二〇〇〇年三月）

◇「鳥居素川、シベリヤ鉄道を体験」（熊本近研「会報」第三四九号・二〇〇〇年五月）

◇「素川のロンドン見物」（熊本近研「会報」第三五〇号・二〇〇〇年六月）

◇「鳥居素川『ドイツ留学』の意味」（熊本近研『近代の黎明と展開』共同執筆・二〇〇〇年八月）

Ⅸ　留学の成果「社会新論」を読む＝

◇「鳥居素川『社会新論』を読むⅠ」（言論史研究会報『木鐸』第二号・二〇〇一年三月）

◇「鳥居素川『社会新論』の概要」（熊本近研「会報」第三六五号・二〇〇一年一一月）

◇「鳥居素川『社会新論』の概要　続1、2」（熊本近研「会報」第三六七号・二〇〇二年一月）

◇「鳥居素川『社会新論』を読むⅡ」（言論史研究会報『木鐸』第三号・二〇〇二年三月）

Ⅹ　日露戦争　主戦論と講和反対＝「必要のなかった日露戦争」とは…、従軍記者・素川の対応、講和反対、騎馬で練り歩く

◇「日露戦争一〇〇周年と鳥居素川―主戦論の根拠を問う」（熊本近研「会報」第三九六号・二〇〇四年九月）

Ⅺ
◇「『必要なかった日露戦争』について」（熊本近研「会報」第四〇〇号・二〇〇五年一月）
発議した漱石招聘、信念が親交結ぶ＝漱石の「朝日入社」をめぐる顛末、素川は『草枕』に何を読んだのか、入社後の漱石と文芸欄の行方
◇「鳥居素川と夏目漱石」①～⑥（熊本近研「会報」四七六～四八一号・二〇一一年八～一二年一月）
◇「漱石『草枕』と鳥居素川」（「近代熊本」第三五号・二〇一一年一一月）
◇「漱石を『朝日に招請』、発議した鳥居素川」（雑誌「KUMAMOTO」第一五号、漱石来熊一二〇年特集・二〇一六年六月）

XIII
憲政擁護と白虹筆禍事件＝護憲運動（第一次）素川の関わり―大阪朝日を中心に―編集部長から局長へ「素川時代」始まる、素川と寺内総督の前哨戦、〔日韓併合時から始まる寺内批判〕、白虹筆禍事件で「大朝」退社、習得二〇数年、蘇る陽明学
◇「白虹筆禍事件と鳥居素川」（「近代熊本」第二七号・一九九九年二月）
◇「韓国併合と新聞人たち」（「近代熊本」第三四号・二〇一〇年一二月）
◇「鳥居素川と陽明学左派との関係」（熊本近研「会報」第五〇〇号・二〇一三年八月）
◇「憲政擁護運動と新聞―鳥居素川の問題」（熊本近研「会報」第五〇三号・二〇一三年一一月）

XIV
「大正日日新聞」創刊と挫折＝販売カルテルの壁、プロデューサー・高橋長秋、素川、崩壊の心境
◇「鳥居素川と大正日日新聞の挫折」（「近代熊本」第二八号・二〇〇三年九月）

XV
鳥居素川という人・その思想形成の過程
◇「大正デモクラシー　鳥居素川の思想形成の過程」（熊本近研「会報」第五五〇記念号・二〇一七年一〇月）

# 「鳥居素川」関連年譜

（素川日誌「客窓要録」「遊滬日誌」「欧行日誌」、「朝日新聞社史」「近代日本総合年表」などで作成）

| 西暦 | 和暦 | 出来事（◇は関連事項） |
|---|---|---|
| 一八六四 | 元治元 | ◇池辺吉太郎（三山）、熊本京町宇土小路に池辺吉十郎の長男として生まれる。 |
| 一八六七 | 慶応三 | 鳥居赫雄、熊本本荘町に藩士鳥居般蔵の三男として七月四日生まれる。（～一九二八・昭和三年三月一〇日）母は医師・松岡元廸の長女ヨシ（由子）。 |
| 一八六八 | 慶応四・明治元 | ◇一月、戊辰戦争。三月、新政府が機関紙「太政官日誌」発行。一〇月、明治と改元。 |
| 一八六九 | 明治二 | ◇三月、政府「新聞紙印行条例」で発行許可制、政法批評禁止など規定。 |
| 一八七三 | 明治六 | ◇一〇月、政府「新聞紙条目」を定める。 |
| 一八七五 | 明治八 | ◇讒謗律・新聞紙条例を定める。（条目は廃止） |
| 一八七七 | 明治一〇 | 西南戦争勃発、赫雄の異母兄、数恵（熊本隊二番小隊長）は矢筈嶽で被弾死亡。<br>◇池辺、父・吉十郎（熊本隊隊長）の刑死後、藩儒国友昌（古照軒）の塾で学ぶ。 |
| ☆期日不詳 | | 鳥居、幼少時に明石鑑次郎の華陵塾で学び、竹崎茶堂が明治四年に設立した日新堂幼年塾の後身である明治九年創立の公立本山小学校を卒業。私立修身学校にも在籍、私立済々黌に進む。 |
| 一八七九 | 明治一二 | ◇大阪で「朝日新聞」創刊。 |
| 一八八一 | 明治一四 | ◇池辺、父の友人鎌田景弼の援助で上京。同人社に入り、慶応義塾に転ずる。（八三年退学して佐賀県学務課に勤める。八四年再度上京、有斐学舎舎監となる。） |

| | | |
|---|---|---|
| 一八八三 | 明治一六 | ◇四月、新聞紙条例改悪、発行保証金制度と、外務卿・陸海軍卿の記事掲載禁止権を新設。<br>◇七月、政府「官報」第一号発行。 |
| 一八八五 | 明治一八 | 九月、済々黌に独逸学科設置。鳥居赫雄、山田珠一、安達謙蔵ら学ぶ。 |
| 一八八六 | 明治一九 | 鳥居、佐々友房の添書を得て一〇月二四日、上京の途に。一一月四日、有斐学校（学舎）に投宿。<br>◇徳富蘇峰、一〇月『将来之日本』発刊。一二月、一家挙げて上京。 |
| 一八八七 | 明治二〇 | 鳥居、二月、独逸学協会学校の募集に応じ五級後期に編入（以後二年三ヵ月間学ぶ）。七月、四級前期に昇級。英学も兼修。<br>◇池辺、「山梨日日新聞」に論説寄稿始める。<br>◇徳富、二月、民友社創立。「国民之友」創刊。 |
| 一八八八 | 明治二一 | 鳥居、二月独逸学協会学校の四級後期に昇級。七月、三級前期に昇級。<br>◇池辺、大阪で東海散士（柴四郎）と雑誌「経世評論」を一二月創刊（～九〇年一月）、編集長。<br>◇「東京朝日新聞」七月発刊（社長・村山龍平、星亨の「めさまし新聞」を買収、改題。八九年、大阪は「大阪朝日新聞」と改題）。<br>◇「九州日日新聞」一〇月発刊（「紫溟新報」を改題）。<br>◇「大阪毎日新聞」一一月発刊（主筆・柴四郎、「大阪日報」を改題）。 |
| 一八八九 | 明治二二 | 鳥居、二月、三級後期に昇級。四月「漢口楽善堂主人荒尾義行（精）帰朝、赤坂葵町の寓居に訪ひ夜更けて帰黌」。六月、独逸学協会学校を退学。九月、帰郷。一二月末、荒尾と会った母から上海渡航の許しを得る。<br>◇陸羯南、二月、新聞「日本」を創刊（～一九一四年一二月）。 |
| 一八九〇 | 明治二三 | 鳥居、一月、京都一乗寺村林丘寺に天田鉄眼を訪ねる。帰郷のあと九月三日、自宅を発ち、遊滬の途に。三角を経て長崎へ。横浜からの六〇名と合流、計一三〇名が七日長崎を出航、九日上海着。二〇日、創立の日清貿易研究所に入学。鳥居が校歌を作詞。所長代理・根津一（乾、のちに東 |

| | | |
|---|---|---|
| | | 亜同文書院初代院長）に禅を習う（佐々、荒尾に次いで影響を受ける）。池辺三山から「日本」新聞が送られて来て、新聞界への誘いを受ける。<br>◇徳富、二月「国民新聞」を創刊。 |
| 一八九一 | 明治二四 | 鳥居、胸部疾患重く四月退学。帰郷。八月、母と京都に転居。肺疾患の治療と禅三昧の日々。義姉が支援。西本願寺門前の九州仏教倶楽部に知友井手三郎がおり、東京の亀井英三郎ら熊本勢とも連絡をとる。林丘寺の由利滴水禅師に学び、その弟子・天田五郎＝愚庵鉄眼とも再会する。 |
| 一八九二 | 明治二五 | 鳥居、滴水禅師の講筵に同席した陸羯南と、鉄眼の紹介によって知遇を得て、一〇月二二日京都を出発、上京。新聞社「日本」に入社。入社後に陸羯南に命ぜられ、李贄『李氏焚書』を筆写。<br>◇池辺、藩主細川護久の世子護成の輔導役としてパリへ。五月、横浜出航。 |
| 一八九四 | 明治二七 | 八月、日清戦争。鳥居「日本」記者として従軍。旅順大戦、威海衛の役を報じ「軍中縲絏の身と為り猶屈せず又第六師団従軍を企」てる。<br>◇池辺、鉄崑崙の筆名で新聞「日本」に「パリ通信」を一〇月から連載。文名高まる。 |
| 一八九五 | 明治二八 | ◇一〇月、ソウルで閔妃暗殺事件。熊本勢が関与。一一月、池辺三山が帰国。獄中の東海散士・国友重章らの釈放に奔走。 |
| 一八九六 | 明治二九 | ◇池辺、陸羯南・東海散士らの推薦により一二月「大阪朝日」に入社、主筆となる。 |
| 一八九七 | 明治三〇 | ◇池辺、一二月「東京朝日」に移籍し主筆を兼務（九八年から専任）。一二月から三山と署名する。<br>一二月、鳥居、三山の紹介で、陸羯南の了承を得て「大阪朝日」新聞社に入社。<br>◇三月、新聞紙条例改正。内務大臣の発行禁止処分を廃止し、司法処分とする。 |
| 一八九九 | 明治三二 | 改正条約施行の年。鳥居、コラム「東京郵信」欄で内地雑居への心構えとして「社会道徳を守り、個人の信用を高め、善と利をともにはかる真正の実業家を育てよ」と説く。<br>鳥居、この年、ドイツ留学を希望するが、果たせず。 |
| 一九〇〇 | 明治三三 | 鳥居、一二月二八日、健軍村健軍の光永トモと結婚。トモは父光永惟齊と母ミチヨの長女、一八八〇（明治一三）年四月四日生まれ。兄惟信が届出、同日入籍。 |

| | | |
|---|---|---|
| 一九〇一 | 明治三四 | 鳥居、ドイツ留学実現。七月門司港出航、途中に二ヵ月余の船旅のあとベルリンに到着。ハレで語学習得後、ベルリンでワグナー経済学・社会政策学など学び、クルップの理想郷に共感。ロンドン見物も果たし、シベリア鉄道経由で〇三年六月帰国。約二年間、四千余円の節約留学であった。<br>◇光永星郎、七月、電通の前身、日本広告㈱と電報通信社を設立。 |
| 一九〇二 | 明治三五 | 「日英同盟」調印。鳥居、ドイツから論評送る。 |
| 一九〇三 | 明治三六 | 鳥居、ドイツ留学から帰国後の九月から「社会新論」と題する論文を「大阪朝日」一面トップで二七回連載。自ら国家社会主義者と称し、ドイツ社会民主党への傾倒を示す。 |
| 一九〇四 | 明治三七 | 二月、日露戦争。「大阪朝日」の鳥居は従軍記者第一陣として陸軍第一軍に付き、三月一四日韓国の鎮南浦に上陸、北上して五月一日国境の鴨緑江を渡り、九連城占領に従う。通信には中国安東県の地名もみえる。五月半ばには帰社、東京朝日の記者と交代する。 |
| 一九〇五 | 明治三八 | ◇五月、日本海海戦、バルチック艦隊を破る。<br>◇九月、日露講和条約に調印、講和条約反対運動強まる。<br>鳥居、九月三日大阪中之島公会堂の非講和市民大会に参加。<br>◇九月五日、東京日比谷公園で国民大会。三万の群衆が首相官邸、警察署などを焼き討ち、「国民新聞」を襲撃。六日夜、戒厳令施行。東西の朝日、万朝報、報知など続々発行停止に。発禁中の西村、鳥居らは「一剣倚天寒」と書いた旗を掲げて騎馬で反対デモ、市中を練り回る。 |
| 一九〇六 | 明治三九 | 鳥居、中国を取材、漢口で袁世凱に会う。 |
| 一九〇七 | 明治四〇 | 鳥居、夏目漱石招聘を発議。結居、漱石は「東京朝日」に四月入社。 |
| 一九〇八 | 明治四一 | 鳥居と西村天囚の抗争、激化。 |
| 一九〇九 | 明治四二 | ◇五月、新聞紙法公布。内務大臣の発行禁止処分復活。 |
| 一九一〇 | 明治四三 | 二月一六日、鳥居の母ヨシ死亡。落ち込む。<br>◇八月、韓国併合。大阪朝日、寺内正毅総督を厳しく批判。 |

| | | |
|---|---|---|
| 一九一一 | 明治四四 | 鳥居、四月、英国皇帝戴冠式取材で二回目の渡欧。帰途、ドイツ、アメリカ視察。（〜一二年二月）。<br>◇三山、「東京朝日」主筆を辞任、客員となる。<br>◇一一月、「東京朝日」は三山退職後に編集局制となる（局長は当面欠員）。<br>◇三月、「大阪毎日」が「東京日日」を合併。 |
| 一九一二 | 明治四五 | ◇三山の母、一月死亡。三山も二月、心臓疾患のため急死。四八歳。 |
| 一九一二 | 大正元 | 鳥居『頬杖つきて』刊行（一二月二九日、政教社、定価二円）。整理課長の職務が続き、編集の実権は西村天囚が握る。<br>◇一二月、護憲運動起こる。 |
| 一九一三 | 大正二 | ◇二月一一日、護憲運動、桂太郎内閣を倒す。 |
| 一九一四 | 大正三 | ◇二月、記者暴行事件で原敬内相問責の記者大会を東京、大阪、名古屋で開く。村山龍平、上野理一、本山彦一も出席。<br>二月二七日、社長村山が編輯会議で「論文主任制」を提案、互選したところ西村が七票、鳥居四票だったが、長谷川如是閑が西村はふさわしくないと異論を唱え紛糾。村山自ら主任を務める形で収める。<br>大正デモクラシーに対応する「鳥居時代」始まる。一二月末の異動により西村は総務局入り、鳥居が編集部長となり、論説班も指揮下に置く。長谷川如是閑は社会課長に。<br>三月一五日、大阪の大阪ホテルで関西記者大会。朝日の参加者は村山龍平、上野理一、西村天囚の次に、杜史で初めて鳥居素川の名が挙がる。他に長谷川如是閑ら計一〇人が出席。西日本各地から五〇社が参加。村山が座長となり、宣言文と決議文を可決。<br>◇八月、日本、ドイツに宣戦布告。第一次大戦に参戦。 |
| 一九一五 | 大正四 | 八月、第一回全国中等学校優勝野球大会（夏の甲子園）を大阪府豊中で開催。抽選のあと、大阪ホテルで一〇チームが茶話会、鳥居編集部長があいさつ。<br>◇一〇月、大阪の「朝日」「毎日」が協定して、天皇即位を機に初めて夕刊を発行。 |

| | | |
|---|---|---|
| 一九一六 | 大正五 | 四～五月、鳥居、朝鮮を経て中国を取材。段祺瑞・馮国璋・王廷楨・張作霖・唐紹儀らに会う。六月「舞台は廻る」を二五回連載。急死した袁世凱の権勢欲や権謀術数ぶりを痛論、「寧ろ堂々と支那の革命を扶け、文明に導きたるは日本なりという大文字を世界の歴史に留めたい」と南方革命軍への援助を訴える。<br>訪中の途次、京城では朝鮮総督・寺内正毅と会談、袁世凱に糸を引いていた寺内が、かねての鳥居の袁批判を内政干渉だと咎めるので、鳥居は総督こそ韓国、支那への内政干渉だと激論。<br>◇大隈重信内閣が総辞職し、寺内正毅内閣、一〇月九日成立。<br>鳥居、寺内内閣を「妖怪の出現」と激しく批判。大隈が後継に加藤高明を推したが、諸元老が寺内を推して組閣した経緯を突く。<br>◇一〇月一二日、東京で全国記者大会、元老の政権私議、閥族・官僚政治の排斥を決議。憲政擁護運動を支持。<br>一二月、「大阪朝日」は編集局制となり鳥居が編集局長となる。「主筆兼局長」の形で一元化。▽整理部長・原田棟一郎▽通信部長・丸山幹治▽外報部長・稲原勝治▽経済部長・高原操▽社会部長・長谷川如是閑▽調査部長・花田大五郎。西村は六月から京都帝大講師となり支那文学講座担当（兼任）となる。 |
| 一九一七 | 大正六 | ◇一一月、ロシア革命。 |
| 一九一八 | 大正七 | 鳥居、シベリア出兵問題で三月二日「武を涜す勿れ」と社説。派兵の無謀と軍の無軌道を峻烈に批判、ロシアを刺激するのは避けよ、と論ず。<br>◇七月三〇日、内務省、シベリア出兵関係記事を差止め。各地で新聞発禁相次ぐ。<br>◇八月二日、政府、シベリア出兵を宣言。<br>◇八月三日、富山で米騒動、全国に波及。一四日、水野内相が米騒動の記事差止めを命令。<br>鳥居、米騒動で八月一四日に社説「懼然として誡むる所あれ」を掲げ、良民を暴民化せしむる失政だと痛撃。出兵、対支、内政問題をも批判。<br>八月二五日、寺内内閣弾劾関西新聞記者大会が開かれ、鳥居も演説。 |

| | | |
|---|---|---|
| | | ◇記者大会の雑観記事（二六日付夕刊）に「白虹日を貫けり」の表現があり発売禁止に。批判していた鳥居らも取調べを受ける。（一二月、執筆者らに新聞紙法違反で有罪判決。）<br>◇九月一二日、東京で寺内内閣弾劾全国記者大会。二一日、寺内内閣辞表提出。二九日、政友会の原敬内閣成立。<br>◇九月二八日、社長村山、中之島で暴漢数人に襲われる。一〇月一四日、社長を辞任。一〇月一五日、編集局長の鳥居、「白虹筆禍事件」によって「大阪朝日」を引責辞任。長谷川如是閑、稲原勝治、丸山幹治、花田大五郎、大山郁夫らが同調退社。東京朝日でも編集局長・松山忠次郎、政経部長・宮部敬治、伊豆富人らが退社、同調退社は三〇～五〇人に及ぶ。客員の佐々木惣一（憲法・行政法）河上肇（経済学）末広重雄（国際法）小川郷太郎（財政学）岡村司（民法）河田嗣郎（社会経済学）ら京都大教授連も去って「大阪朝日」の論調は一変。西村天囚が総務局員から編集顧問に復帰、改過の書といわれる「本領宣明」を執筆して発行禁止を免れるが、人材に欠ける論説陣の補強に苦しむ。政友会の総理大臣・原に呼び出されて、村山ら絞られる。<br>◇一一月、ドイツ革命。 |
| 一九一九 | 大正八 | 鳥居、一一月二五日「大正日日新聞」を創刊（～二〇年九月一七日）。専務、主筆となる。社長は藤村義朗。<br>◇二月、長谷川・大山・伊豆らは雑誌「我等」を創刊。<br>◇三月、朝鮮で三・一運動。<br>◇五月、中国で五・四運動。 |
| 一九二〇 | 大正九 | 鳥居「大正日日」を退社。兵庫県芦屋に隠棲。 |
| 一九二二 | 大正一一 | ◇二月「旬刊朝日」（のち週刊）、四月「サンデー毎日」創刊。 |
| 一九二三 | 大正一二 | ◇九月、関東大震災。 |

| | | |
|---|---|---|
| 一九二四 | 大正一三 | ◇一月、大阪の「朝日」「毎日」元旦号が一〇〇万部突破。<br>◇一月、第二次護憲運動起こる。六月、清浦奎吾内閣総辞職。<br>◇二月、正力松太郎、「読売新聞」を買収。 |
| 一九二五 | 大正一四 | 鳥居、一月から三回目の渡欧。ドイツ訪問。ヒンデンブルク大統領の入場式を見る。一一月帰国。<br>◇三月、普通選挙法制定。治安維持法制定。<br>◇一二月、「東京朝日」「東京日日」、系列販売店を定価売即行会に組織、他紙にも定価販売を強要、圧倒する。 |
| 一九二七 | 昭和二 | 鳥居、中国視察。南京で蒋介石、漢口でボロジンらに会う。「大阪毎日」新聞に「長江を巡りて」を連載。<br>北京へ回って張作霖らと会う。これを「北京にて」と題して「大毎」に連載。大正五年の「舞台は廻る」を加えて一一月、『支那は支那なり』（「大毎」刊）を出版。（当時の「大毎」社長は本山彦一） |
| 一九二八 | 昭和三 | 鳥居、三月一〇日兵庫県芦屋で死亡。六〇歳。京都府八幡市の円福寺の奥山地に高橋長秋墓地と隣接して葬られる。妻トモは昭和三七年九月一八日、熊本市本荘で死亡。子孫はなかった。<br>◇二月、第一回普選実施。三月、共産党員を一斉検挙（三・一五事件）。四月、第一次山東出兵。六月、関東軍が張作霖爆殺事件。<br>◇一二月、鳥居中心に『三山遺芳』（非売品・B４和綴じ）刊行。 |
| 一九三五 | 昭和一〇 | ◇朝日新聞の九州での印刷は門司市で開始。名古屋でも印刷、全国紙体制整える。「大阪毎日」も二月、門司の西部総局で朝夕刊の一部印刷を開始。配布地域は全九州、中国西部、朝鮮、満州、のち台湾も加える。 |
| 一九六二 | 昭和三七 | 鳥居、熊本県近代文化功労者の表彰。熊日紙面に伊豆富人「鳥居素川先生を思う」を掲載。 |

**冨田　啓一郎**（とみた　けいいちろう）

1937（昭和12）年10月生まれ。

1962年、熊本商科大学卒、毎日新聞入社。大阪・東京で紙面編集15年。40歳帰郷。熊本日日新聞で出版編集を10年。不慮の疾病後、ミニコミ紙や業界紙を経験。この間、’90年熊本近代史研究会に参加、言論史を課題に、特に「鳥居素川」を中心に追求。

〒862-0949　熊本市中央区国府3-19-6

TEL・FAX　096（366）8547

大正デモクラシーと鳥居素川　評伝

二〇一七年一二月二〇日　初版

著者　冨田　啓一郎

発行　熊本出版文化会館
熊本市西区二本木三丁目一－一八
☎〇九六（三五四）八二〇一

発売　創流出版株式会社
【販売委託】武久出版株式会社
東京都新宿区高田馬場三－一三－一
☎〇三（五九三七）一八四三

装丁　中川哲子デザイン室

印刷・製本　モリモト印刷株式会社

落丁・乱丁はお取り換え致します。
定価はカバーに表示してあります。

ISBN978-4-906897-45-2　C0095

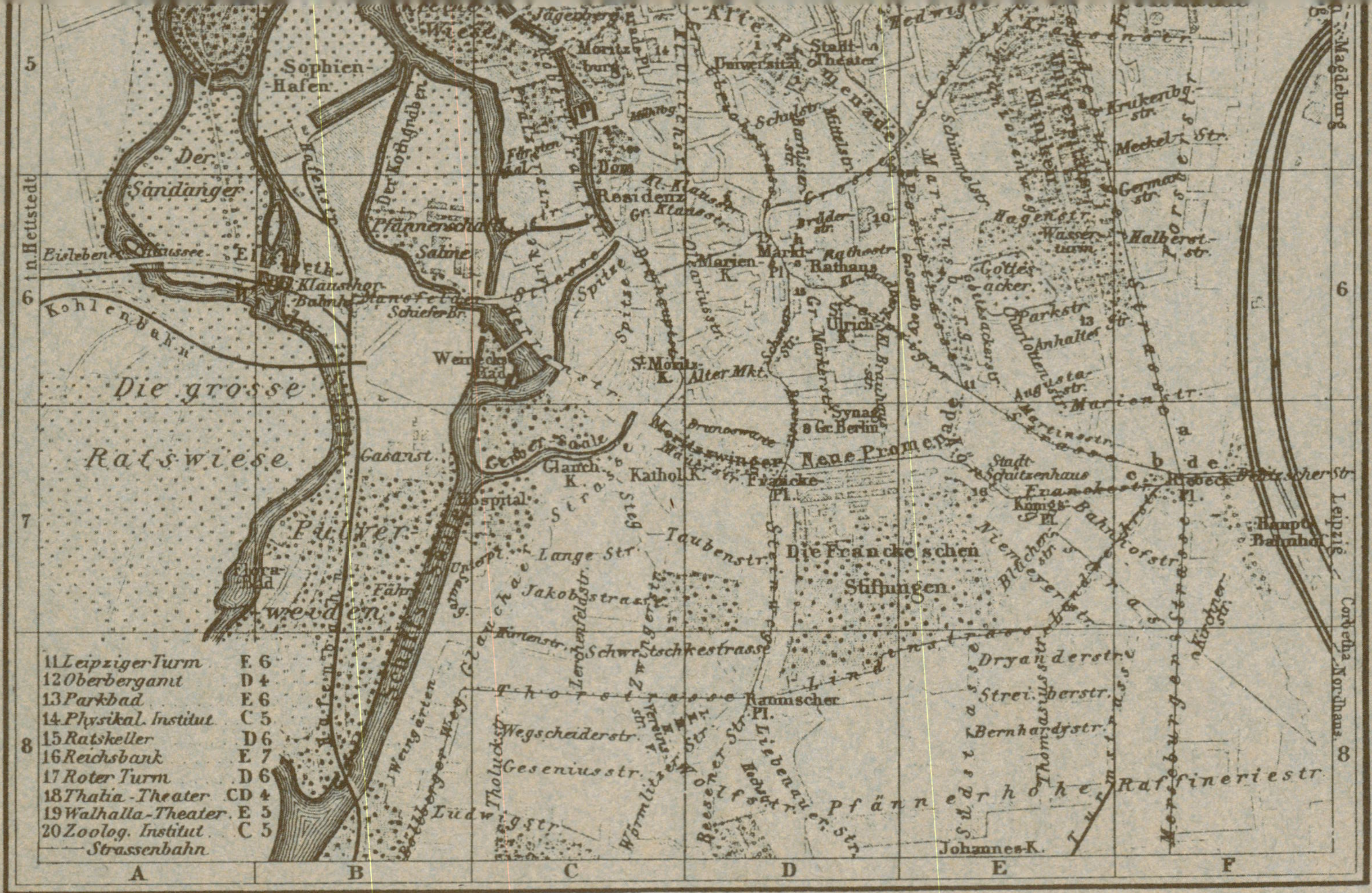

Geograph. Anst. v. Wagner & Debes, Leipzig.